소극적 안락사, 무엇이 문제인가?

기윤실 부설 기독교윤리연구소 편

모든 인간은 하나님의 형상을 닮은 존엄한 존재입니다. 전 세계의 모든 사람들은 인종, 민족, 피부색, 문화, 언어에 관계없이 존귀합니다. 예영커뮤니케이션은 이러한 정신에 근거해 모든 인간이 존귀한 삶을 사는 데 필요한 지식과 문화를 예수 그리스도의 사랑으로 보급함으로써 우리가 속한 사회에 기여하고자 합니다.

소극적 안락사, 무엇이 문제인가?

초판 1쇄 찍은 날 · 2007년 3월 27일 | 초판 1쇄 펴낸 날 · 2007년 4월 5일

엮은이 · 기윤실 부설 기독교윤리연구소 | 펴낸이 · 김승태

편집장 · 김은주 | 편집 · 방현주, 이덕희, 최선혜 | 디자인 · 정혜정, 이훈혜, 이은희
영업 · 변미영, 장완철, 김성환 | 물류 · 조용환, 엄인휘

등록번호 · 제2-1349호(1992. 3. 31.) | 펴낸 곳 · 예영커뮤니케이션
주소 · (110-616) 서울 광화문우체국 사서함 1661호 | 홈페이지 www.jeyoung.com
출판사업부 · T. (02)766-8931 F. (02)766-8934 e-mail: jeyoungedit@chol.com
출판유통사업부 · T. (02)766-7912 F. (02)766-8934 e-mail: jeyoung@chol.com
제작 예영 B&P · T. (02)2249-2506~7 F · (02)2249-2580 e-mail: yeyoungbnp@hanmail.net

ISBN 978-89-8350-428-9 (03230)

copyright ⓒ 2007, 기윤실 부설 기독교윤리연구소

값 15,000원

- 잘못 만들어진 책은 교환해 드립니다.
- 본 저작물은 저작권법에 의하여 한국 내에서 보호를 받는 저작물이므로 무단 전제와 무단 복제를 금합니다.

소극적 안락사, 무엇이 문제인가?

기윤실 부설 기독교윤리연구소 편

예영커뮤니케이션

본 책은 종로 CBMC(종로기독실업인회)의 후원으로 출판되었습니다.

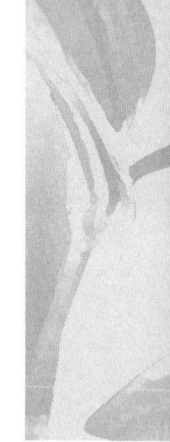

머리글 | 노영상 _ 7
추천의 글 | 강영안 _ 10

1부
안락사의 논점들에 대한 분석 _ 13

1. 안락사의 개념정의 | 노영상 _ 15
2. '존엄적' 안락사의 '존엄성' 문제 | 문시영 _ 32
3. 죽음의 정의와 안락사 | 이인경 _ 48
4. 한국에서의 안락사 논쟁 고찰: 보라매사건을 중심으로 | 원경림 _ 63
5. 안락사의 주요 사례 분석: 퀸란, 케보키언, 시아보 | 이경직 _ 100
6. 안락사: 어떻게 죽을 것인가? | 김소윤 _ 130
7. 의미 없는 치료의 중단과 대안 | 문도호 _ 138
8. 안락사와 호스피스 | 최화숙 _ 154

주 _ 166

2부
안락사에 대한 성경적, 신학적, 철학적, 기독교윤리적 반성 _ 187

1. 안락사, 무엇이 문제인가? | 강영안 _ 189
2. 안락사 문제에 대한 성경적 반성 | 김종걸 _ 200
3. 안락사의 신학적 이해 | 황덕형 _ 215
4. 죽음과 함께하는 삶: 안락사에 대한 '과정윤리적' 고찰 | 홍순원 _ 230
5. 가톨릭교회의 안락사에 대한 입장 | 김중호 _ 246
6. 기독교 생명윤리학적 관점에서 본 안락사 | 박충구 _ 256
7. 네덜란드의 안락사: 미끄러운 경사면의 논증에 대한 경험적, 논리적, 역사적 증명 | 이상원 _ 279
8. 영국 신학자들의 안락사 논의 | 김승호 _ 305
9. 안락사: 논란에서 목회적 해석으로의 초대 | 곽재욱 _ 325

주 _ 333

3부
안락사법 제정과 기독교 _ 353

1. 법적 측면에서 본 안락사 | 김일수 _ 355
2. 안락사 문제에 관한 대한의사협회의
   윤리지침과 기독교윤리 | 정원범 _ 374
3. '연명 치료 중단을 위한 의료법 일부 개정 법률안'에 대한
   기독교윤리적 고찰 | 이연곤 _ 399
4. 안락사법 개정에 대한 국회 동향 | 박성관 _ 412

주 _ 438

머리글

노영상 | 기윤실 부설 기독교윤리연구소 소장

연초 국회 국회보건복지위원회 소속 한나라당 안명옥 의원에 의해 대표 발의된, "의료법 일부 개정 법률안"에 대한 논란이 있었다. 안명옥 의원은 불합리한 연명 치료 중단을 허용하는 내용의 의료법 개정안을 의사 출신의 신상진 의원 등 의원 9명의 서명을 받아 발의했다. 개정안은 환자 등의 치료중단 요구가 있거나, 의학적 기준에 따른 치료 중단이 필요하다고 판단되는 경우, 중앙(지방)의료심사조정위원회 심의·결정에 따라 환자의 연명 치료를 중단할 수 있도록 하였다. 안 의원은 "의학적으로 회생 불가능한 환자를 특수 기계장치를 통해 억지로 연명시키는 것은 환자 본인이나 가족에게 큰 고통이며 사회적 부담도 큰 것이 현실"이라며 법 제안 이유를 설명했다(「쿠키뉴스」 2006-03-01 16:00).

이번 개정안 제출로 그 동안 주로 의료계 내부에서 논의가 있었던 연명 치료 중단, 곧 소극적 안락사 문제가 국회라는 장에서 공론화 되게 된 것이다. 의사협회는 2002년 4월 의사의 사회적 역할과 의무를 규정한 의사윤리지침을 제정하면서, 소극적 안락사를 수용하는 방향으로 기울어진 바 있으나, 종교계를 중심으로 생명경시 풍조를 조장할 수 있다는 반발이 그간 줄곧 있어왔었다. 특히 개정안에 따르면 환자가족뿐 아니라 의학적 기준에 따라 의사들도 치료 중단을 요구할 수 있도록 돼 있어, 연명 치료 중단이 오용될 가능성을 배제할 수 없다는 비판도 있다.

이런 차제에 본 기독교윤리연구소는 소극적 안락사에 대한 기독교계의 입장을 정리할 필요를 느끼게 되었다. 본 책은 크게 3부로 나누어져 있는데, 1부에서 "안락사의 논점들에 대한 분석," 2부에선 "안락사에 대한 성경적, 신학적, 철학적, 기독교윤리적 반성," 그리고 3부에선 "안락사법 제정과 기독교"란 주제를 다루고 있다. 먼저 소극적 안락사에 대한 논의점들을 분석하고, 그 후 그에 대한 다양한 반성을 가하였으며, 그에 따른 오늘의 안락사법 제정의 문제를 검토한 것이다.

이러한 작업을 위해 본 연구소는 기독교인으로서 각계에 활동하는 여러 학자들에게 소극적 안락사에 관한 글들을 폭넓게 부탁하였다. 의료계과 의학계, 신학자, 법학자, 철학자, 행정부의 공무원, 교계의 목회자 등 다양한 필진들의 글이 이 책에는 실려 있다. 신학파트에 있어서도 여러 학자들의 논의가 포함되었다. 성서신학자, 조직신학자, 기독교윤리학자 등 각 신학분야에 있어서의 안락사에 대한 반성을 포괄한 것이다.

본 연구소는 이번의 책을 통해, 기독교계의 목소리를 하나로 통일하려 시도하지는 않았다. 여러 분야의 학자들의 다양한 목소리들을 청종하여, 글을 읽는 독자가 오늘의 연명 치료 중단의 문제에 대한 판단이 가능하도록 하였다. 사실 소극적 안락사에 대한 판단의 문제는 단순한 것은 아니다. 여러 상황에 따라 서로 다른 많은 케이스들이 있는 것으로, 연명 치료의 중단을 단순하게 결론 내린다는 것은 합리적인 것이 아닐 것이라 생각한다. 그러나 오늘의 개정안엔 의사의 판단에 따라 연명 치료를 임의로 중단할 수 있는 소지를 안고 있어, 종교계 및 시민단체에서 반발이 있었던 것을 상기하여야 할 것이라 생각한다. 부디 본 책이 우리나라의 소극적 안락사에 대한 법제정에 작은 참고가 될 것을 집필진 모두는 기대하고 있다.

무엇보다 본 책을 위해 바쁜 일상에도 불구하고 시간을 내어, 원고를 주신 모든 분들께 깊은 감사를 드린다. 김일수 기윤실 대표, 강영안 대표를 비롯한 기독교윤리 실천운동을 위해 앞장서 활동하시는 여러 분들이 좋은 글들을 주셨다. 연구소의 일을 항상 격려하여 주는 기윤실의 양세진 사무처장, 이 일의 편집을 맡아 준 연구소의 김희경 부장, 윤성웅 간사, 장신대 조교였던 김승효 전도사에게도 감사의 말을 전한다. 또한 책의 출판 비용을 상당 부분 부담하여 주신 종로 CBMC(기독실업인회)의 최동규 전 회장님과 여러 회원들께 지면을 빌어 깊이 감사하다는 말을 드린다. 마지막으로 책이 만들어지기까지 수고해 주신 예영커뮤니케이션의 김승태 대표님과 예영의 모든 편집부 직원들에게 감사를 드린다.

2007년 3월

추천의 글

강영안 | 기윤실 공동대표, 서강대 교수

우리가 살고 있는 사회를 과거와 구별해서 여러 가지로 일컫습니다. 생산과 유통, 소비 양식과 관련해서는 '자본주의 사회'라고 하는가 하면, 가치의 원천과 성격에 따라 '세속화 사회'라고 합니다. 가치나 사고, 생활양식이 하나의 단일한 방식이 아니라 여럿이 통용되고 있는 상황과 관련해서는 '다원화 사회'란 말을 붙입니다. 다원화 가운데는 주거 양식이나 음식 문화, 정치 형태 등 여러 분야가 포함됩니다. 가치와 규범의 다원화는 이 가운데서도 많은 사람들을 혼란스럽게 하는 것이 아닌가 생각합니다. 자장면을 먹을 것인가, 아니면 피자를 먹을 것인가 하는 고민은 취향에 맡길 수 있을 터이지만 불치의 병으로 눈뜨고 볼 수 없는 고통 중에 있는 환자의 생명을 계속 지탱하도록 할 것인가 아니면 고통에서 벗어나도록 해야 할 것인가 하는 물음은 취향의 문제일 수 없기 때문입니다.

전통 사회에서 규범이나 가치는 크게 문제가 되지 않았습니다. 하늘이 내린 것이라거나 하나님이 주신 것이라는 믿음이 있었습니다. 예컨대 생명은 우리가 만든 것이 아니라 주어진 것이며 받은 자로서 인간은 생명을 마음대로 처분할 수 없다고 생각했습니다. 가치와 규범은 우리 자신이 아니라 초월적인 데 그 원천이 있다는 믿음이 서양이나 동양 전통에 다 같이 있었습니다. 우리가 흔히 '근대성의 문화'(culture of modernity)라고 부르는 오늘의 문화는 이것을 깨뜨렸습니다. 이 현상을 일컬어 전문적인 용어로 '세속화'라고 부릅니다. '세속화'는 원래 교회나 수도원에 귀속된 재산을 일반 세속인에게, 또는 세속 당국에 넘겨주는 과정에 붙였던 말이 확대 적용된 것입니다. 가치와 규범의 세속화는 이것들의 원천이 하늘이나 하나님이 아니라 사람이라 보게 하였습니다. 사람은 지역이나 문화, 취향에 따라 다양하므로 가치와 규범도 다양하게 이해하고 다양하게 해석할 수밖에 없게 됩니다. 다원화는 이렇게 보면 세속화의 자연스러운 결과입니다.

그리스도인들은 여전히 가치와 규범은 하나님의 생각과 뜻이 드러난 성경에 기초하고 있다고 믿습니다. 이 점에서 세속주의자와 다릅니다. 그럼에도 그리스도인들 사이에도 생각의 편차가 적지 않음을 우리는 늘 경험합니다. 텍스트 자체만을 중시하는 분들이 있는가 하면 콘텍스트를 중시하는 분들도 있습니다. 옛날 사람들의 생각과 행동을 중시하는 분들이 있는가 하면 다시 새롭게 모든 문제를 고민하는 분들이 있습니다. 성경 해석에서도 차이를 보입니다. 전문 분야에 따라 보는 관점과 시야가 다름도 나타납니다. 어떤 하나의 딱 부러진 결론을 내기가 무척 어렵습니다. 가장 좋은 방법은 역시 인내심을 가지고 여러 생각과 주장을 들어 보는 것입니다. 가장 좋은 것이 아니라면 그 중에서 조금이라도 나은 것을 선택하는 일이 지혜롭습니다.

저는 이 책이 안락사 문제와 관련해서 인내심을 가지고 경청해 볼 수 있는 유익한 책이라고 믿습니다. 무엇보다 이 책은 다양한 분야의 전문가들이 참여해서 쓴 책이라는 점에서 의미가 크지 않을까 생각합니다. 안락사 문제와 관련해서 시중에 나와 있는 책들은 대개 철학자가 썼거나 법학자가 쓴 책입니다. 하지만 이 책을 만드는 데는 의학자, 간호학자, 신학자, 목회자, 철학자, 법학자, 정책 관련 전문가들이 참여하였습니다. 다양한 분야의 학자와 전문가가 참여했다는 것뿐만 아니라 다양한 시각에서, 다양한 주장을 가지고 안락사 문제를 접근한 것도 이 책이 가진 장점이라고 생각합니다. 이 책에 참여한 분들은 어느 누구에게도 자신의 생각을 강요하지 않고 각각 자신이 보고 있는 바를 정직하게 서술하고자 애썼습니다. 그러므로 경청해 볼 가치가 있습니다. 특별히 시각의 편차가 큰 분야인 신학 분야에서 여러 스펙트럼을 가진 분들이 참여한 것도 단점이기보다는 장점이 아닐까 생각합니다. 생명의 주이신 하나님과 고통 받은 이들에 대한 사랑이 모든 글속에 배여 있다고 믿습니다. 이 책이 제대로 쓰임받기를 기원하며 귀한 글을 써 주신 분들과 편집에 수고를 아끼지 않으신 노영상 교수님께 감사를 드립니다.

1부
안락사의 논점들에 대한 분석

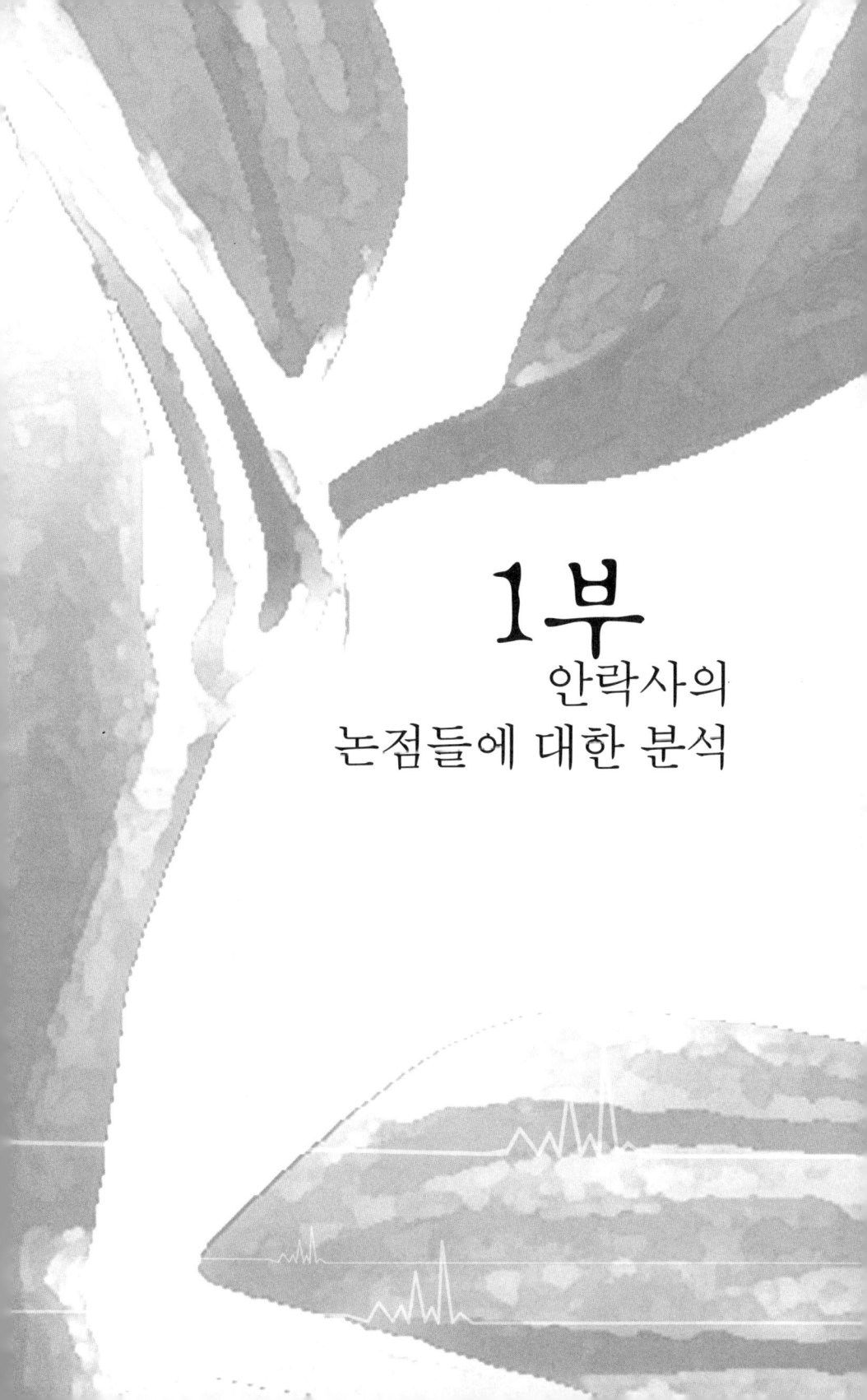

1 안락사의 개념정의

노영상 | 장로회신학대학교 교수 (기독교윤리학)

1. 안락사의 유형 구분1)

안락사의 개념정의는 간단하지 않다. 안락사엔 여러 유형이 있을 뿐 아니라, 각 용어들에 대한 정의도 사용하는 사람에 따라 상이하다. 본 글은 이러한 혼란된 안락사의 용어들에 대해 분석하고 면밀하게 규정하는 것을 목표로 한다. 이러한 고찰이 안락사에 대한 여러 논의들에 긴요할 것이라 생각한다.

1) 안락사의 유형구분을 위한 분류기준들

아래의 분류기준에 능동적인 안락사라는 것이 들어있다. 이에 있어 능동적인 안락사가 과연 안락사의 범주로 적당한가라는 의문이 생긴다. 능동적 안락사의 경우, 그것은 안락사라고 말하기보다는 자살이라고 보아야 할 것 같기 때문이다. 보통 아래 표에서와 같이, 자의적 능동적 직접적 안락사를 의사조력자살(physician-assisted suicide)이라고 표현한다. 능동적인 안락사는 안락사라기보다는 자살의 범주에 넣을 수 있다. 의사조력자살의 경우, 그러한 안락사를 주체적으로 수행하는 것은 환자 자신이며, 의사는 그러한 안락사의 수행을 돕는 보조적인 위치에 있는 것이다. 오늘날 안락사를 논함에 있어, 능동적인 안락사들은 안락의 범주 내에서 보통 제거되고 있는바, '의사조력자살'이란 개념으로 독립적으로 취급되는 것이 보통이다. 곧 '의사조력자살'은 일종의 자살로서 안락사의 범주와는 독립적으로 다루어야 한다는 것이다.7)

분류 기준	관련 유형들		
환자의 자기결정권3) 행사여부에 따른 유형 / 환자의 자율성 (autonomy) 문제	자의적 (voluntary) 환자의 결단	비자의적 (nonvoluntary) 환자가 의식이 없어 자기의 뜻을 표명할 수 없을 경우. 대리자가 결단. '임의적 안락사'라고도 한다.	반자의적 (involuntary) 생명주체인 환자의 적극적인 반대에도 불구하고 제3자에 의한, 사실상의 자기결정권을 무시한 안락사. 이에 강제적 안락사, '타의적 안락사'라고도 부른다.
'행위주체'에 의거한 유형	능동적(active) 환자 본인이 주체	수동적(passive) 환자 이외의 사람, 곧 의사 등이 주체	
'행위동기'에 따른 유형	자비적(beneficient) 환자의 고통과 고난 경감이 목적.4) 전통적인 좁은 의미의 안락사. 자비로운(mercy) 살인, 간단히 자비사 또는 반고통사라고도 불린다.	존엄적(with dignity) 생명의 질 및 환자의 이익(beneficence)이라는 기준으로 판단. 넓은 의미의 안락사에 포함됨. 이것을 존엄사(death with dignity)라고도 한다.	도태적(selective) 삶의 가치가 없는 생명의 말살. 사회공동체의 공동적 이익을 위한 안락사로 도태사, 포기사라고도 불린다.
생명단축의 여부에 따른 유형/ '인과적 접근성'의 문제	직접적(direct) 죽음의 원인을 직접적으로 제공. 혈관에 공기나 약물을 주입하여 사망하게 하는, 즉 생명을 단축시킬 것을 처음부터 목적하여 이루어지는 안락사	간접적(indirect) 병을 치료하지 않거나 연명장치(연명 치료)의 보류나 철회5)를 통해 시행. 이 경우 환자는 질병으로 말미암아 죽는 것이다.6)	

〈표1〉 안락사의 분류기준들2)

2) 분류기준의 조합에 따른 안락사의 유형 [8]

자의/타의	능동/수동	직접/간접	안락사 구분	설명
자의적	능동적	직접적	① 자의적 능동적 직접적	의사조력자살(physician-assisted suicide) 또는 안락사적 자살(euthanatic suicide)이라고 한다. 법적으로는 자살교사죄와 연관된다. 미시건주의 케보키언(Jack Kevorkian) 박사 사건이 예이다.[9]
		간접적	② 자의적 능동적 간접적	환자가 치유 불가능한 질병임을 알고 치료를 능동적으로 거부하는 것
	수동적	직접적	③ 자의적 수동적 직접적	환자의 뜻에 의해서나, 환자의 혼수상태 이전의 뜻에 따라[10] 생명을 직접 단축하는 형태이다. 자비로운 살인의 측면도 가짐
		간접적	④ 자의적 수동적 간접적	환자의 뜻에 의해서나, 환자가 혼수상태가 되기 전 안락사가 시행될 상황에 대해 미리 약속하고, 그것에 의거 연명장치를 제거하는 경우이다.
비자의적	능동적	직접적	⑤ 비자의적 능동적 직접적	
		간접적	⑥ 비자의적 능동적 간접적	
	수동적	직접적	⑦ 비자의적 수동적 직접적	전형적 '자비(로운) 살인'(mercy killing), 자비적 안락사(beneficent euthanasia)라고도 함
		간접적	⑧ 비자의적 수동적 간접적	죽게 내버려 둠(letting die, allowing one to die), 죽음을 느리게 함(slowing death). 카렌 퀸란(Karen Quinlan) 사건은 이 예에 해당.
반자의적	능동적	직접적	⑨ 반자의적 능동적 직접적	이것은 강요에 의해 스스로가 자신의 목숨을 끊는 경우이다.
		간접적	⑩ 반자의적 능동적 간접적	
	수동적	직접적	⑪ 반자의적 수동적 직접적	의사가 강제적이며 직접적 방법으로 안락사 시킴. 도태사가 이런 유형이다.
		간접적	⑫ 반자의적 수동적 간접적	의사가 강제적이며 간접적 방법으로 안락사 시킴

⟨표2⟩ 분류기준의 조합에 따른 안락사 유형

안락사에 대한 분류기준을 세 가지로 구분하고, 그에 따른 조합의 모든 경우들을 위에 열거하였다. 위의 표에서 5, 6번과 9, 10번은 논리론적 조합이 가능하지만, 실질적인 논리로서는 의미가 없는 조합이다. 비자의적이거나 반자의적이면서 동시 능동적인 안락사를 예상할 수 없기 때문이다. 비(반)자의적이란 자신이 안락사를 원치 않음을 의미하며, 능동적이란 자신이 주체가 되어 안락사를 시행하는 것을 의미하는데, 그런 논리는 가능하지 않다. 곧 원치는 않지만, 스스로가 안락사를 행동에 옮긴다는 것은 상식적으로 납득이 가지 않는 내용이다. 물론 그에 대한 일면의 해석을 필자는 위의 표에서 제기하였다. 곧 자신은 원치 않지만 남의 강요에 의해 안락사를 스스로가 수행한다는 해석이다. 자신은 원치 않는데, 타자가 안락사를 강요한 경우, 그러한 강요받는 안락사는 그 안락사를 수행하는 주체에게 기쁨과 유익을 주지 않으므로 그런 죽음은 '좋은 죽음'일 리 없다. 환자의 고통을 온정적으로 보는 의사가 환자의 고통을 차마 보기 어려워, 스스로 목숨을 끊기를 바라지 않는 환자에게 강제적으로 안락사를 수행하도록 강요할 수 있는가라는 문제가 대두될 수는 있겠다. 하지만 만약 강요에 의해서 안락사를 수행하였다면, 그것은 살인교사죄에 해당한다. 이상에서 능동적인 안락사는 자살의 범주에 드는 것이므로 1, 2번이 제거되며, 논리적으로 합당치 않은 5, 6, 9, 10번의 안락사가 제거되면, 남는 것은 3, 4, 7, 8, 11, 12번이 된다.

3) 분류상 혼선의 문제

분류상의 혼선을 가져오는 핵심은 'active euthanasia'와 'passive euthanasia'의 사용에 있다. 이 두 단어를 위와 같이, '능동적 안락사'와 '수동적 안락사'로 번역할 수 있다. 그러나 근래에 와서 위의 두 단어가

'적극적 안락사'와 '소극적 안락사'라는 말로 더 많이 번역된다. 이에 있어 'active euthanasia'와 'passive euthanasia'의 이전의 사용과 근래의 사용을 비교하면 〈표3〉이 된다.

영어	다른 한글 번역	설 명
active euthanasia	능동적 안락사	환자 본인이 주체
	적극적 안락사	'의사 조력 사망'(physician-assisted death)으로 불리기도 함.
passive euthanasia	수동적 안락사	환자 이외의 사람, 곧 의사 등이 주체
	소극적 안락사	치료를 중단하거나 보류(연명 치료의 보류)함으로써 환자가 자연 사하도록 방치하는 행위('치료 중단 결정'으로 불리기도 함)[11] 죽도록 내버려 두는 것

〈표3〉 'active euthanasia'와 'passive euthanasia'

최근에는 위의 두 영어 단어가 적극적 안락사나 소극적 안락사로 번역되고 있다. 보통의 쓰임새는 위의 〈표3〉의 설명과 같다. 적극적 안락사란 가망이 없는 환자를 약물 등을 투여하여 적극적으로 죽이는 안락사를 말하며, 소극적 안락사는 연명 치료 중단하거나 보류함에 의한 안락사를 말한다. 이러한 적극적 안락사와 소극적 안락사에 대한 정의는 앞의 〈표1〉에서의 직접적(direct) 안락사와 간접적(indirect) 안락사의 정의와 비슷해 보인다.[12]

그러나 형법상에서 이러한 적극적 안락사나 소극적 안락사, 직접적 안락사나 간접적 안락사란 단어들이 다음과 같이 구별되곤 한다. '소극적 안락사'라고 할 때에는 죽음의 과정에 들어선 환자에게 치료 등 적극적인 행위를 취하지 아니함(즉 "부작위")으로써 죽음을 초래하게 된다는 점을 강조한다. 따라서 법학적 개념으로는 '소극적 안락사'는 '부작위에 의한 안락사'로 많이 일컬어지고 있다. '간접적 안락사'의 경우 죽음이라는 결과와 그 원인된 특정 행위(그것은 소극적인 행위 즉 부작위일 수도 있고 적극적 행위 즉 작위일 수도 있음) 사이의 인과관계의 간접적 혹은 부수적 성격에 강조점이 있다. 형법상에서는 소극적 안락사를 "환자의 의사결정권"과 그와 연관된 "의사의 부작위"를 분석의 변수로 삼고 있는 것이다.

구 분	형법상의 설명	다른 설명
적극적 (active)	치사량의 약물을 투입하여 말기 환자를 죽임	
소극적 (passive)	부작위에 의한 환자에 대한 연명 치료 중단	
직접적(direct) 안락사	형법상으로 볼 때에도 직접적 안락사는 적극적 안락사와 진배없다.	죽음의 원인을 직접적으로 제공. 혈관에 공기나 약물을 주입하여 사망하게 하는, 즉 생명을 단축시킬 것을 처음부터 목적하여 이루어지는 안락사
간접적(indirect) 안락사	환자의 고통을 완화하기 위해 모르핀을 주사하는 것이 간접적으로 환자의 수명을 단축함	병을 치료하지 않거나 연명장치(연명 치료)의 보류나 철회를 통해 시행. 이 경우 환자는 질병으로 말미암아 죽는 것이다.

〈표4〉 형법상의 설명

위의 표에서 보는 대로, 직접적 안락사에 대한 형법상의 개념은 적극적 안락사의 개념과 차이가 없다. 이에 형법상에선 네 가지 종류의 안락사를 적극적, 소극적, 간접적 안락사의 세 종류로 구분하는 것이다. 이에 있어 적극적 안락사는 적극적 직접적 안락사를 말한다고 볼 수 있을 것이다. 적극적 안락사는 치사량의 약물을 투입하여 환자를 안락사 시키는 것이며, 소극적 안락사는 모든 연명 치료를 중단하거나 보류하는 것으로 부작위에 의한 안락사이며, 마지막으로 간접적 안락사는 말기 환자의 진통을 완화하기 위해 모르핀을 주사하는 것인데, 이에 의해 환자의 생명을 간접적으로 영향을 받아 단축되게 된다는 것이다.

이에 직접적, 간접적 안락사들을 제거하고 조합된 표를 만들어 보면, 아래의 〈표5〉와 같이 된다. 아래 표에서 언급된 안락사들에 추가하여, '의사조력자살'을 별도로 검토할 수 있을 것이다. 아래 표는 위의 표에서 무의미한 것으로 생각된 안락사를 제거하고, 남은 안락사들을 유형별로 분류한 것이다. 필자는 앞에서 능동적 안락사들이 논리적으로 합당치 않음을 설명한 바 있다.

자의/타의	적극/소극	안락사 구분	설 명
자의적	적극적	① 자의적 적극적 안락사	환자의 뜻에 의거하여 의사가 적극적인 안락사를 시행하는 경우이다. '의사조력자살'은 이 경우에 포함되지 않는다. 의사조력자살의 주체는 환자이기 때문이다.
	소극적	② 자의적 소극적 안락사	환자의 뜻에 의거, 치료를 중단하거나 연명장치를 제거하는 경우이다. 미국에선 이 개념을 자연사(natural death) 또는 진정 안락사13)라 부른다. 미국의 많은 주들에서는 자연사법(natural death act)을 만들어 이 같은 소극적 안락사를 인정하고 있다. 1976년 뉴저지주의 퀸란(Karen Quinlan)의14) 경우가 대표적 사례이다.
비자의적	적극적	③ 비자의적 적극적 안락사	자비로운 살인(mercy killing) 또는 자비적 안락사(beneficent euthanasia)라고도 불려짐. 환자의 고통 경감과 심각한 장애 회피를 위해 죽임. 반고통사(antidysthanasia)라고도 한다.
	소극적	④ 비자의적 소극적 안락사	죽게 내버려 둠(letting die), 죽음을 느리게 함(slowing death). 연명 치료를 철회함.

〈표5〉 안락사에 대한 최근의 분류

분류상의 혼란이 또 다른 원인은 '비자의적'(nonvoluntary)이란 단어와 '반자의적'(involuntary)이란 단어의 혼선에서 비롯된다. '죽게 내버려둠'(letting die)을 많은 책에서 반자의적 소극적 안락사로 분류한다. 반자의적이라 함은 환자의 의견과 반대되는 결정을 하는 것을 의미한다. 그러나 '죽게 내버려 둠'의 케이스는 보통 자신의 의사를 표명할 수 없는 사람에 대한 안락사의 시행을 말한다. 그러므로 이 경우는 반자의적인 분류 속에 넣기 보다는, 비자의적인 분류 속에 넣어야 할 것이다. 이와 같이 많은 책들에서 비자의적이란 단어와 반자의적이란 단어를 서로 다르게 사용하고 있다. '자비로운 살인'(mercy killing)도 '반자의적' 적극적 안락사로 분류하기보다는, '비자의적' 적극적 안락사로 구분되어야 할 것이다. 왜냐하면 자비로운 살인으로서의 자비사 또한 환자의 사실상의 뜻 및 그 환자의 추정적 뜻에 반하지 않는다는 조건이 있기 때문이다. 만약에 의사가 환자와 의논함이 없이, 진통제의 강도를 높여 치사량 정도의 진통제를 주었을 경우, 이것은 반자의적 적극적 안락사에 가깝게 되며, 만약 의사가 혼수상태에 있는 환자에 대해 대리인과 의논한 후 적극적 안락사를 시행하였을 경우엔 비자의적 적극적 안락사가 될 것이다. 반자의적 적극적 안락사는 자비로운 살인으로서의 넓은 의미의 안락사의 개념에 들어가나, 반자의적 적극적 안락사는 오히려 살인에 가까운 행위로 볼 수 있다.

위 표에서 필자는 능동적 안락사들을 안락사의 범주에서 전부 제거하였다. 이에 위 표의 안락사는 모두 의사에 의해서 수행되는 경우라는 것을 염두에 두어야 한다. 위의 구분에 있어 안락사에서 가장 문제가 되는 것은 자비로운 살인으로 불리는 비자의적 적극적 안락사이며, 다음이 자의적 적극적 안락사이고, 가장 문제가 덜 되는 것이 비자의적 소극적 안락사와 자의적 소극적 안락사이다. 비자의적 소극적 안락사는 뇌사 상태에 있는 환자가 자신의 의사를 표명할 수 없을 때, 의사와 환자의 가족이 의논하여 연명장치를 제거하는 경우이고, 자의적 소극적 안락사의 경우는 환자가 스스로의 고통이 못 이겨 연명장치를 제거해달라고 하여 시행되는 안락사이다. 후자의 경우, 환자가 의식이 있음에도 연명장치를 제거하는 것이 합당한 것인가 하는 문제가 생기게 된다.

4) 찬성과 반대의 양 측면에서 선호하는 용어들

소극적 안락사를 지지하는 사람들은 '소극적 안락사' 보다는 '무의미한 치료의 중단' 이란 용어를 선호한다. '무의미한 치료의 중단' 은 환자의 고통을 덜어주고, 수액과 영양을 공급하는 등의 기본적인 치료는 계속하지

	안락사를 찬성하려는 측이 제안하는 용어	안락사를 반대하려는 측이 제안하는 용어
자의적 적극적 안락사	자의적 적극적 안락사	의사조력 '자살'(suicide)
비자의적 적극적 안락사	반고통사	자비로운 '살인'(killing)
자의적 소극적 안락사 (진정 안락사)	자연사	일종의 '자살'에 가깝게 보기도 한다.
비자의적 소극적 안락사	존엄사, 무의미한 치료의 중단	죽게 내버려 둠(letting die), 죽게 방치하는 것

〈표6〉 찬성과 반대의 양 측면에서 선호하는 용어들

만, 환자에게 오히려 고통을 주는 힘들고 의미 없는 치료는 하지 않는 것을 말한다.15) 뒤에 안락사란 말이 붙는 용어들은 안락사를 지지하는 사람들의 표현으로 보아, 사용을 회피하는 극단적인 측도 있다. 오히려 그것을 자살이나 살인으로 강조하여야 한다는 것이다.

2. 안락사와 자살의 개념 구분과 상호연관성: 자살, 조력 자살, 의사조력자살 등

자살은 자기 자신의 생명을 자의적으로 그리고 의도적으로 끊는 행동을 말한다. 자살을 정의함에 있어 중요한 요소는, 자신의 생명을 끊으려는 의도(intention)성이다. 만일 어떤 사람이 다른 사람의 목숨을 구하기 위한 행동을 하다가 죽게 되었을 경우, 우리는 그것을 자살이라고 부르지 않는다. 또한 자신의 종교적인 신념 때문에 순교를 한 경우, 우리는 그것을 자살이라고 말하지는 않는다. 자살과 연관된 또 다른 논점 중 하나는 '죽을 권리'(the right-to-die)에 대한 질문이다. 그러나 우리에게 주어진 권리란 오히려 생명권(the right to life)으로, 자신을 죽이는 것은 결국 이러한

자연적 생명권에 대한 침해로 보아야 한다는 주장이 설득력을 갖는다.16)

다음으로 조력 자살(assisted suicide)이란 개념이 있다. 자신의 아내가 말기 암으로 고통당하면서 자신의 고통으로부터 구출되기 위해 자살을 도와줄 것을 요청하였을 때, 그의 남편이 그녀의 자살을 도와주었을 경우 우리는 그것을 조력자살이라 부른다. 조력 자살의 경우, 남편은 치사량의 약물을 아내에게 제공하는 데에만 그치고, 그것을 자신에 주사하는 일은 그 스스로가 하여야 한다. 다음으로 의사조력자살(physician-assisted suicide, PAS)은 그러한 자살의 도움을 의사가 주는 경우를 의미한다. 이 때 의사는 치사량의 약물을 환자에 제공하는 등의 수단을 통해 환자의 자살에 대한 요청을 도울 수 있는 것이다. 물론 의사조력자살의 경우도, 그 약물의 투여는 환자 자신이 하게 되는 것이다.17) 의사조력자살은 의사가 환자가 자살하려는 의도가 있음을 알고, 그것을 수행하기 위해 필요한 수단, 곧 자살을 위한 정보, 처방, 그리고 자살기계(suicide machine) 같은 수단을 제공할 때 일어난다.

안락사는 위의 자살, 조력 자살, 의사조력자살의 개념과 차이를 가진다. 안락사는 그 안락사를 정하는 주체가 고통을 당하는 환자가 아니라, 그 고통을 옆에서 보는 사람에 의해서 수행되는 경우이다. 이에 있어 안락사의 개념은 다음과 같은 다섯 가지의 요건을 갖고 있음이 분석된다. ① 행위자와 주체(agent and subject): 안락사는 한 사람이 다른 사람에게 행하는 것이다. 자기 스스로 행하는 것은 안락사라기보다는 자살로 보아야 한다는 것이다. ② 행위자의 의도(intention of agent): 행위자는 환자의 죽음을 야기하려는 의도를 갖는다. ③ 행위자의 동기(motive of agent): 행위사는 환자에게 최선의 이익을 베풀려는 동기에서 행동한다. 그 행위의 동기가 환자를 괴롭히고 환자에게 악행을 가하려는 데에 있어서는 안 된다는 것이다. ④ 인과적 접근성(causal proximity): 행위자가 행하거나 혹은 행하지 않음으로의 선택이 그 환자의 죽음의 원인이 된다. ⑤ 결과 (outcome): 그 행위의 결과로 환자는 죽는다.18)

여기에서 주요한 점은 안락사의 주체가 환자가 아닌 다른 사람이라는 것이다. 옥스퍼드 영어사전은 안락사를 "조용하고 안락한 죽음을 야기하는 행위"로 웹스터 1976년 새 국제사전은 "치료할 수 없는 상황이나 질병으로 인하여 고통 받는 사람을 아무런 고통도 주지 않고 죽여주는 행위나 관행"으로 정의하고 있다. 이러한 정의들도 안락사의 주체가 환자 자신이 아니며, 그것을 수행하는 의사임을 언급한다. 이런 정의에서 순수한 안락사의 범주에 들어갈 수 있는 것은 자의적 적극적 안락사와 비자의적 적극적 안락사뿐이다. 여기서 자의적 적극적 안락사는 보통 의사조력자살로 분류되기도 하는 바, 그것도 안락사의 범주에서 제거하면 비자의적 적극적 안락사만 남게 된다. 비자의적 적극적 안락사는 인정되어서는 안 될 행위일 것이다. 하지만 오늘에 있어 안락사를 이와 같은 적극적인 것으로만 한정하는 입장은 그리 많지 않다. 대부분에 있어서는 비자의적 적극적 안락사와 비자의적 소극적 안락사를 안락사의 범주에 포함시키는 것이 보통이다. 자의적 적극적 안락사는 의사조력자살로서의 자살의 범주에 넣는 것이 통상적이다. 또한 자의적 소극적 안락사는 일종의 자살의 범주에 넣기도 하며, 진정안락사라고 하여 안락사의 범위 내에서 고찰되기도 한다.

안락사의 영어 단어 'euthanasia'는 헬라어 'eu'(well, good)와 'thanatos'(death)의 합성어이다. '좋은 죽음,' '행복한 죽음'이란 의미를 갖는다. 이는 본래 불치의 질병으로 죽음 앞에서 고통당하는 환자가 편안하게 임종을 맞도록 돕는 것을 의미하였다. 그러나 최근 의학에서의 진통 의술과 연명 치료술의 발달로 인하여, 전통적인 안락사의 개념에 변화가 야기되었다. 이전의 심각한 질병으로 인한 고통은 진통의술을 통해 많이 극복될 수 있었다. 오늘에 있어 더 문제되는 것은 뇌사 상태에 있는 인간의 생명을 연명장치를 과격히 이용하여 생명을 유지할 필요가 있는가 하는 것에 대한 것이다. 전통적 안락사의 개념은 무의미한 연명 치료를 중단하여 인간답고 존엄스러운 죽음 곧 품위 있는 죽음을 맞이하고자 하는 목적에서 행해지는 의료적 조치였다. 그러나 최근에는 생명의 단축을 야기하는 것으로서의 안락사 문제로 변화되게 되었다는 것이다. 고통을 줄이기 위한 안락사라는 개념보다는, 인공호흡기 등의 연명장치를 제거할 것인가 아닌가의 판단이 더욱 중요하게 된 것이다. 특히 이러한 인간의 생명의 질적인 존엄성의 고려에 따른 생명단축이 존엄사라는 개념으로 표현되고 있는바, 전통적 안락사의 문제가 오늘에서는 '존엄사'의 문제로 대치되고 있다는 것이다. 전통적인 안락사는 고통의 완화에 초점을 두고 있지만, 존엄사는 무의미한 연명 치료를 중지하여 인간답고 품위 있는 죽음을 맞이할 환자의 '죽을 권리'(right to die)에 초점이 맞추어져 있다. '존엄사'는 의식이 있든 없든 간에 회복이 불가능한 말기상태의 고통당하는 환자와 고통은 없지만 뇌사 상태에서 무의미하게 생명을 연장하는 환자의 연명장치를 제거하여, 인간다운 존엄을 지키며 품위 있게 죽는 죽음이라 정의 내려진다. 이에 의거 안락사란 용어는 전통적인 정의로 표현되기 어렵게 되었는바, 오늘의 시점에서 안락사의 개념을 다시 정의하여 보면 다음과 같이 된다. "불가역적인 결정적 죽음의 과정에 들어선 타인의 생명의 종기를 인위적으로 앞당기거나, 아니면 그 연장의 가능한 조치를 중단해버리는 행위이다."[19] 이에 안락사와 유사한 개념들을 비교하여 차이를 분석함으로 우리는 다음과 같은 표를 만들 수 있게 된다.

용어	개념 파악	안락사와의 관계
자살	자기 생명을 자의적으로 의도적으로 끊는 행위	안락사로 볼 수 없다.
의사 조력자살	자살의도를 가진 환자에게 자살의 수단(mean)을 제공하는 것	안락사보다는 '자살'에 해당되는 개념이다.
존엄사	의식불명의 고통당하는 환자의 고통을 경감해주기 위해, 의사가 연명장치를 제거하여 죽게 내버려 두는(letting die) 행위이다.	**비자의적 소극적** 안락사로서 이전에는 안락사의 범주에 넣었지만, 최근에는 이 같은 '존엄사'를 안락사의 범주에서 제거하는 경향이 있다.
자비로운 살인	환자의 요청 없이 적극적인 수단으로 환자를 편안하게 죽게 하는 행위이다. 예) 심한 결함이 있는 태아나 심한 고통을 당하는 죽어가는 사람을 직접적 방법으로 죽게 하는 것	**비자의적 적극적** 안락사로서, **자의적 적극적** 안락사와 함께 오늘날 좁은 의미의 안락사를 표명할 때 쓰이는 개념이다.
자의적 소극적 안락사(자연사)	환자의 뜻에 의거 치료를 중단하거나 연명장치를 제거하는 경우	이전 안락사로 구분되었던 자의적 소극적 안락사는 오늘에서 일종의 '자연사'로 분류되고 있다.

〈표7〉 안락사와 연관된 용어들의 비교

3. 안락사와 연관된 형법상 용어들

 안락사의 문제는 형법상의 살인죄에 해당하는 용어들과 관련되어 있다. 그 환자의 자의적인 요구가 있을 때에는 형법상으로 촉탁살인죄 또는 승낙살인죄가 적용되고(형법 제252조 제1항), 환자의 자살을 교사하거나 방조했을 경우에는 자살교사죄 혹은 자살방조죄20)가 성립한다(형법 제252조 제2항).21) 위에서 촉탁살인죄란 죽음을 결심한 피해자의 부탁(혹은 요구)을 받고 살인을 시행한 경우이다. 따라서 환자 자신의 부탁을 받고 살인을 시행한 의사의 경우에도 촉탁살인죄가 적용될 수 있다. 승낙살인죄는 피해자를 살해하기로 결의한 자가 피해자로부터 이에 대한 동의받고 살인하는 행위를 지칭한다. 또한 의사가 환자를 부추기어 안락사적 자살을 시행하였을 경우, 자살교사죄가 부과될 수 있다. 방조란 남의 범죄

수행을 돕는 유형무형의 모든 행위를 말하는 데, 자살을 결의하고 실행하고 있는 자에게 도움을 주어 자살을 용이하게 하는 경우 자살방조죄가 성립한다. 앞에서 언급한 대로 자살관여죄란 타인의 자살 행위를 교사하거나 또는 방조하여 그의 자살에 관여한 것을 의미한다.

1) 소극적 안락사와 형법

소극적 안락사는 연명장치의 제거를 통해 죽음의 과정에 들어선 것이 확실한 환자의 생명을 지연하지 아니하고 방관하여 죽음에 이르게 하는 안락사이다. 이 경우 의사나 보호자가 그 의무를 이행하지 않고 방치하여 환자를 죽게 하였다면 부작위에 의한 살인죄에 해당하지만, 환자 자신이 자기결정권에 의해 그러한 조처를 거부하였을 경우엔, 의사나 보호자의 인위적 연명의무가 소멸하여 부작위에 의한 살인죄가 성립하지 않다고 보는 견해가 지배적이다. 우리나라의 경우, 소극적 안락사를 임상적으로 허용한다고 보는 것이 다수설이다. 그러나 환자가 자기결정권을 바로 행사할 능력이 없거나, 혼수상태에 있어 자신의 의사를 표명할 수 없을 시에는, 환자의 추정적 승낙을 통해 치료중지의 행위를 할 수 있다고 보아야 할 것이다. 그러나 이러한 환자의 추정적 의사를 가족이 대행하는 문제에 대해 회의적인 의견과 판례가 많다.22) 이러한 대리인의 결정에 회의적인 입장에서, 그에 대한 대안으로 '리빙 윌 법안'(the living will act, 생자의 의사 법안)이 만들어진바 있다.23) '리빙 윌 법안'이란 환자가 혼수상태에 들어가기 전 연명 치료의 거절로서의 존엄사의 문제를 미리 정리해 두는 생존유효유언에 대한 법안이다.24) 이러한 '생자의 의사'에 의거 모든 안락사가 용이되는 것은 아니며, 존엄사 내지 소극적 안락사를 위한 치료중지에 관련해서만 인정되고 있다. 이와 같이 소극적 안락사를 시행하는 경우, 그것을 위해 먼저 의사결정확인의 객관화 절차를 거치는 것이 필요할 것이라 생각한다.25) 그러나 '리빙 윌' 및 환자의 자기결정권에 너무 의존하는 것이 환자의 자율성을 지나치게 옹호하는 결과를 나을 수도 있다. 이에 대한 제한장치로 환자의 요청을 검토하는 안락사 시행의 제한적 규정을 만드는 것이 중요하다.26) 곧 환자가 안락사를 원한다고 하여 안락사를 다 시행할 수 있는 것이 아니며, 일정한 조건이 갖추어졌을 때에만이 안락사 시행을 가능하게 하여야 한다는 것이다. 이를 위해 소극적 안락사나 간접적 안락사를 시행하기 위한 실천적 지침이 필요할 것이라 생각한다.27)

소극적 안락사 지침에서의 중요한 요소 중 하나는, 그 환자의 상태에 대한 판단이다. 전뇌사(whole brain death) 상태에 있지 않은 무의식 상태의 환자에 대해서는 안락사를 시행하지 않는 것이 상례로 되어 있다.28) 그러므로 전뇌사의 상태가 아닌 대뇌의 활동만 중단되어 있는 식물인간 상태(persistent vegetative state, PVS)의 환자에 대한 인공영양공급의 중단과 같은 행위는 살인죄로 취급될 공산이 큰 것이다.29) 우리나라에선 가망 없는 환자의 경우, 본인이나 가족의 퇴원요청이 있을 시, 병원이 이에 응하는 방식으로 무의미한 치료행위의 중지가 관행적으로 이루어져 왔다.30) 소극적 안락사는 〈표8〉과 같이 세분될 수 있다. 특별히 자의적 소극적 안락사는 진정안락사31) 또는 자연사라고도 불려지는바, 이 경우는 생명단축이나 침해를 하지 않은 것이므로, 살인죄나 상해죄에 해당되지 않는 것은 물론이다. 그러나 소극적 안락사라 하더라도 환자의 뜻에 의한 것이 아닐 때에는 일종의 강요죄가 성립될 수 있겠다(형법 324조). 소극적 안락사의 경우에는 의사의 연명의무가 소멸하거나 적어도 현저하게 축소되고 있다. 의료처치의 중단이나 연명장치의 제거가 뇌사자나 식물인간의 완전한 죽음에 이른다는 점이 인식되면서도, 환자의 자기결정권이나 가족의 '처분권'32)을 의사의 생명유지의무보다 우선시하기 때문이다.

환자의 상태	환자나 대리인의 의사	의사의 결정	법적인 문제
자기결정능력이 있는 환자	환자가 계속적 치료 원할 경우	연명 치료의 중단	법적인 문제 소지 있음
		의사가 치료계속	아무 문제 안 됨
	환자가 치료 원치 않을 경우 (이 경우도 안락사로서 시행되기 위해서는, 여러 조건에 합치하여야 가능하다고 판결 내린 판례가 많다.)	연명장치의 제거	소극적 안락사(자연사)의 경우임. 환자의 자기결정권과 의사의 생명유지의무 양면을 비교 검토하여 결정함
		인공적 영양과 수분의 공급 중단	
		의사가 치료계속	의사의 법적인 책임 묻기 어려움. 그러나 과중한 치료비의 문제가 대두됨
자기결정능력이 없는 환자(혼수상태)	혼수상태에 들어가기 전 환자가 표명한 의사 및 추정의사에 의거, 대리인이 치료 계속 요구	의사가 치료중단	법적인 문제 소지 있음
		의사가 치료계속	문제없음, 의료비 부담의 문제
	혼수상태에 들어가기 전, '생자의 의사'(리빙 윌)을 표명하였을 경우	'리빙 윌'에 의거하여 시행.	
	위와 같은 근거로 하여, 대리인이 치료중단 요구	이 경우는 병원(또는 안락사)윤리위원회의 심의와 가족의 동의를 거치는 것이 통례이다.	

〈표8〉 소극적 안락사의 구분

2) 간접적 안락사와 형법

간접적 안락사는 모르핀 등의 진통제를 계속적으로 증량 주사하여 말기환자의 고통을 덜어주는 의료조치인 바, 환자의 생명을 직접적으로 단축하는 것을 목적으로 삼지는 않는다. 그러나 이에 의해 불가피하게 환자의 생명단축을 부수적으로 야기하게 되는 일종의 결과적 안락사이다.33) 소극적 안락사는 연명장치를 제거하는 것이라면 간접적 안락사는 환자의 통증을 완화하기 위해 모르핀을 주사하는 것이며, 적극적 안락사는 치사량의 약물을 투여함으로 안락사를 시행하는 경우이다. 이에 있어 간접적 안락사로서의 의사의 조처를 적법한 것으로 보는 경향이 있는데, 이를 지지하는 이론으로 긴급피난설, 치유행위설, 그리고 허용된 위기의 이론 및 사회상규합치설 등이 있다.34) 이러한 간접적 안락사는 환자가 불치의 질병으로 죽음에 임박하였고, 환자의 고통이 극심하며, 환자가 의식이 명료한 상태 아래 진지하게 요구한 경우에, 오로지 환자의 고통을 제거 또는 완화하기 위하여, 의사에 의해 윤리적으로 타당성이 인정되는 방법으로 시술된 경우에는 정당행위(형법 제20조)로서 위법성이 인정되지 않는 것이 보통이다. 환자의 자기결정권과 의사의 생명유지의무가 대등하게 취급되는 셈이다. 이러한 간접적 안락사의 범위 규정을 위해서는, 사용된 약의 타입과 양 및 의사와 환자의 의도에 대한 면밀한 검토가 요청된다 하겠다.35)

3) 적극적 안락사와 형법

적극적 안락사의 경우엔, 벌을 가하여야 한다는 가벌설과, 가할 수 없다는 불가벌설로 나누인다. 가벌설을 주장하는 입장에선 적극적 안락사를 살인으로 본다. 피해자의 촉탁이나 승낙이 있을 경우엔 촉탁살인죄가 성립되며(형법 제252조 제1항), 그렇지 않은 경우 곧 의사가 임의로 직접적 안락사를 시행한 경우엔 살인죄기 성립된다는 것이나. 불가벌설의 입장은 간접적 안락사의 적법성 인정 논리와 비슷하며, 특히 환자의 승낙이 있었던 경우엔, 살인죄로 적용될 수 없음이 주장되고 있다.36) 환자의 자기결정권보다는 의사의 생명유지의무가 더 중요한 것으로 생각되는 것이다.

적극적 안락사의 경우는 보통 촉탁살인죄 및 승낙살인죄에 연관되어, 규제하는 것이 일반적이다. 적극적 안락사를 적법하다고 인정하게 되면, 촉탁살인죄가 성립할 수 있는 행위도 같이 자칫 위법성이 조각된 것으로 평가되기 용이해지므로, 적극적 안락사를 법적으로 용인하는 문제는 신중하여야 한다는 것이다.

2

'존엄적' 안락사의 '존엄성' 문제

문시영 | 남서울대 교수 (윤리학)

1. 들어가는 말

말기환자에게 죽을 권리를 허용하는 것이 인간존엄을 위한 길인가? 안락사를 둘러싼 논쟁에서 기독교는 과연 어떤 의미의 인간존엄을 말해야 하는가? 특히 안락사의 종류를 세분화하고 소극적 안락사를 존엄적 안락사라고 이름붙이는 움직임은 안락사에 '존엄'이라는 수식어를 붙임으로써 안락사가 인간존엄을 위한 통로가 되는 것처럼 말하고 있다. 기독교는 과연 어떤 결정과 의견을 제시해야 하는가?

안락사 문제를 사회이슈화 하려는 시도가 그동안 전혀 없었던 것은 아니다. 최근 '보라매 병원' 사건이 기폭제가 되어 의사협회를 중심으로 소극적 안락사를 허용하자는 제안이 있었다. 그리고 미국의 '시아보 사건'이 보도되었을 때에도 관심이 확산되고 안락사 문제를 공론화하려는 시도가 있었다. 최근에는 정치권 일각에서 안락사 법제화를 위한 움직임이 언론의 관심을 받고 있다.

필자가 보기에, 안락사 문제에 관한 새로운 논의에 대한 적절한 대응이 필요하지만, 동시에 그동안 우리사회에서 붐을 형성하지 못한 이유는 무엇인지 함께 물어야 한다. 혹자의 의견처럼, 우리사회의 성숙도를 비추어 볼 때, 오남용의 가능성이 있다는 점에서 시기상조라는 생각이 다수의 마음에 무언중에 작용하는 것은 아닐지, 또는 우리사회가 과연 안락사 문제를 공론화할 때 공정하고 객관적인 자세로 기독교적 성찰의 목소리를 귀담아 들을 수 있는 단계에 이르고 있는지 생각해 보아야 할 것이다.

2. 존엄적 안락사, 과연 존엄한가?

1) 과대 포장된 개념, 존엄적 안락사

삶과 죽음은 멀리 있는 것이 아니다. 특히 죽음에 관한 다층적 의미를 놓고 볼 때, 지금 이 순간 중환자실에서 발생하는 안타까운 상황들은 죽음에 대한 가장 원초적 차원에 해당할 것이다. 과연 죽음이란 무엇이며, 어떻게 죽어야 하는가? 특히 법제화를 위한 여론조사라는 이름으로 당신에게 존엄적 안락사의 찬반을 묻는다면, 기독교 신앙인은 어떤 답을 주어야 하는가? 아마도 안락사를 수식하는 '존엄적' 또는 '소극적'이라는 표현이 신앙인들에게 혼란을 가중시킬지 모른다.

'형식이 내용을 결정한다.'는 말은 옳지 않다. 내면의 진실이 무시되거나 빈약한 내용들이 의도적으로 은닉되는 현상을 낳기 때문이다. 상품과 디자인의 관계에서도 기왕이면 다홍치마, 같은 상품을 보기 좋게 포장하는 것이 구매자들에게 선택될 기회를 증가시키는 요인일 수 있다. 정작 판매할 상품의 품질은 형편없거나 문제투성이로 놓아둔 채 포장만 요란하게 했다면, 속임수라 하는 것이 맞다. 과대포장의 경우도 마찬가지이다. 꼭 작은 물건을 크게 보이도록 하는 것만 아니라, 형편없는 문제투성이를 그럴싸하게 포장하는 것도 과대포장이라 할 수 있겠다. '존엄적'이라고 이름 붙여진 '안락사'는 그것이 존엄성을 위한 수단이라는 착각과 이미지를 심어 주는 것은 아닌지 생각해 보아야 한다.

존엄적이라는 수식어를 가진 소극적 안락사란 무엇인가? 안락사(euthanasia)라는 말은 본래부터 현대적 구분처럼 여럿이 아니었다. 인터넷을 비롯한 정보미디어를 통해 상식적으로 알고 있는 안락사 개념은 '편안한 죽음'이라는 그리스 어원과 사뭇 다르다. 어떻게 보면, 현대사회에서 안락사 개념은 단순히 개념을 어떻게 규정할 것인가의 문제라기보다 죽음에 이르는 방식(how the death is brought about)에 관한 논쟁거리가 되고 있다.[1] 현대의료기술의 발전 및 생명문화의 변화를 배경으로, 안락사 개념은 죽음의 방식과 권리, 그리고 인간존엄의 의미와 관련된 다양한 논의를 양산하고 있다. 특히 사회적 비용에 대한 고려와 환자가족에 대한 배려를 포함한 법제화라고 하는 현실적인 화두로 떠오르고 있다. 이러한 의미에서, 안락사란 현대인의 생명문화 및 가치관을 반영하는 복합개념이라 하겠다.

특히 현대적 의료기술의 발전은 안락사 개념의 세분화를 요구하거나 그 외연을 확장해야 한다는 주장으로 나타나고 있다. 안락사 개념의 한쪽 끝에는 그것이 '안락살해'로 이해되고 있다는 반론이 있고, 그 반대편 극단에는 의사조력자살(Physician Assisted Suicide)의 권리도 인정해야 한다는 주장에 이르기까지 광범위한 스펙트럼을 형성하고 있다. 예를 들어, 안락사를 반대하는 입장에서는 안락사 개념이 질병의 고통을 없애려는 의료적 개입에 편승하여 환자의 고통을 종식시킨다는 명분으로 자행하는 '안락살해'로 변질되었다고 지적한다.[2] 다른 한 편에서는 '자비로운 행위' 내지 '인간존엄성을 지키기 위한 조치'라는 단서를 붙여 안락사를 합법화하려는 시도가 두드러지고 있다. 실제로 몇몇 국가에서는 안락사를 합법화하는 현상도 나타난다.

양 극단의 주장들 모두 동일하게 안락사라는 말을 사용하고 있지만, 지칭하는 내용에는 큰 차이가 있다. 이 점에서 안락사 개념은 세분화 또는 추가적 규정을 요구받고 있다. 말하자면, 안락사 개념을 다루는 것은 '개념의 규정' 보다 '방식의 구분' 내지는 '세분화된 설명' 이라 하는 것이 옳을 듯싶다. 이러한 배경에서 볼 때, 안락사는 환자 의지에 따라, 시술방식에 따라 각각 다른 의미를 지닌다. 우선, 환자 또는 그 가족의 의지를 따라 구분한다면, 자의적 안락사(voluntary euthanasia), 비자의적 안락사(nonvoluntary euthanasia), 반자의적인 안락사(involuntary euthanasia)로 구분할 수 있다. 그 중에서 자의적 안락사는 사전승락(informed consent) 또는 사망선택유언(living will)이 전제된다.

또한 안락사의 시술에 따른 의료적 방법에 따라, 적극적 안락사(active euthanasia)와 소극적 안락사(passive euthanasia)로 구분된다. 이것을 의료적 일반수단과 특수수단의 사용 및 미사용의 차이라고 할 수 있겠다.3) 지나치게 단순화한 요약일 수 있으나, 적극적 안락사는 약물의 투여 등 적극적인 시술을 통한 안락사를 말한다. 그리고 소극적 안락사는 치료행위의 중단에 가깝다고 할 수 있겠다. 그밖에 최근 미국에서 새롭게 제기된 죽음의 의사(Dr. Death) 케보키언(Jack Kevorkian) 사건은 의사조력자살이라는 또 다른 개념을 안락사의 종류에 추가한다. 혹은 적극적 안락사의 범주에 드는 것으로서, 환자와 의사가 함께 환자를 죽인다는 점에서 차이가 있을 뿐이다.4)

안락사 개념의 이러한 세분화과정에 그럴싸한 수식어도 등장한다. 적극적 안락사를 자비적 안락사(Beneficient Euthanasia)라고 하며, 존엄적 안락사(Euthanasia with Dignity)란 소극적 안락사를 지칭한다. 필자가 보기에, '자비적·존엄적' 이라는 수식어에 그리 큰 언어상의 뉘앙스 차이가 없어 보인다. 굳이 따진다면 시술방법의 차이를 말하는 것 이상의 다른 점은 없어 보인다. 어쩌면 소극적 안락사는 환자의 고통과 가족의 부담 등을 명분으로 자행되는 치료중단에 해당하는 행위가 될 수 있다는 점에서 신중한 성찰이 요청된다고 하겠다.

경우에 따라서는 안락사라는 말 자체를 적극적 안락사에 국한하여 사용하고 이와는 구분하여 소극적 안락사라고 할 수 있는 것을 존엄사(尊嚴死)로 말하기도 한다. 그 의도는 존엄사를 정당화하고 합법화하려는 데 있을 것이다. 이와는 정반대로, 안락사를 좁은 의미로 규정하는 것이 안락사 반대로 나타나기도 한다. 가톨릭은 매우 제한적 의미에서 협의의 안락사 개념을 사용한다. 적극적인 의미에서이든 소극적인 의미에서이든 안락사를 결코 용인할 수 없다는 주장을 담고 있기 때문이다. 5)

2) 존엄적 안락사의 논변의 본질

우리의 주제인 존엄적 안락사란 주로 소극적 안락사에 해당한다. 존엄적 안락사 또는 소극적 안락사 논쟁의 핵심은 불합리한 연명 치료 중단을 법률적으로 허용하자는 것이다. 환자 및 그 가족의 치료중단 요구가 있는 경우, 그리고 의학적 기준에 따른 치료 중단이 필요하다고 판단되는 경우에는 심의기구의 결정에 따라 연명 치료를 중단할 수 있도록 허용하자는 것이다. 의학적으로 회생불가의 환자를 생명연장장치로 연명시키는 것은 환자 자신이나 가족에게 고통이며 사회적 부담도 크다는 것이 주된 이유이다. 한마디로, 회복가능성이 없는 환자에 대한 연명조치를 중지하여 인간으로서의 존엄을 유지하면서 죽음을 맞이하게 해야 한다는 것이다.

앞서 살펴본 것처럼, 안락사 개념은 간단하지도 않고 쉽지도 않다. 그 주된 원인은 세분화에 있는 것 같다. 여기에서 우리는 왜 안락사 개념이 세분화되어야 하는지 묻지 않을 수 없다. 적극적, 소극적, 자의적, 비자의적 등의 구분이 세분화될수록 안락사 개념의 이해에 혼란이 가중된다. 물론, 세분화의 원인으로 의료기술의 발전이 한 몫을 하는 것은 분명하다. 어쩌면 앞으로 의료기술의 발전과 맞물려 더 세분화된 의견이 등장할지 모른다. 안락사의 단계 또는 과정을 세분화하거나 안락사의 시술방식을 세분화하는 등 또 다른 시도가 나타날 수 있다. 세분화 이외에 새로운 의료적 시도에 따른 새로운 개념이 추가될 가능성도 없지 않다. 안락사 유사 개념이 추가된 의사조력자살의 경우처럼 새로운 시도는 지속될 것이기 때문이다.

그러나 의료기술의 발전만으로 설명하는 것은 안락사 개념을 이해하기에 부족하다. 안락사 개념의 외적 여건도 중요하지만, 개념의 세분화 또는 종류를 추가하는 배경과 의도에 관한 성찰이 필요하다. 단적으로 말해서, 개념구분이라기 보다는 변화와 수용의 요구라고 해야 하지 않을까? 특히 현실적 상황에 대한 고려가 지나치게 작용하는 것은 아닐지 신중한 성찰이 필요하다. 개념의 세분화를 통해 현실문제에 관한 실용적이고 계산적인 자기합리화를 시도하려는 것일 수도 있고, 어쩌면 실용적 관점을 앞세워 존엄적 안락사의 법제화를 전제해 놓고 그야말로 정해진 수순을 밟고 있는 것은 아닌지 물어야 한다.

여기에 생명경시 풍조의 우려 및 남용의 가능성을 비롯한 여러 이유들을 고려한 찬반논쟁이 자리하고 있다. 그러나 우리가 간과하지 말아야 할 것은 찬성론이나 반대론 모두에게 부담이 있다는 점이다. 이러한 부담감을 털어 내기 위한 목적에서 소극적 안락사를 사회적 담론 또는 공론화하려는 것이라면, 좀 더 신중해야 한다. 필자가 보기에, 소극적 안락사 또는 존엄적 안락사 찬성론에는 윤리적 부담, 반대론에는 현실적 부담이 남는다. 필자가 부담을 말하는 것은 그 어느 쪽도 안락사 문제에 관한 논변에서 손쉬운 결론을 지향해서는 안 된다는 뜻이다.

존엄적 안락사를 찬성하는 쪽에서는 윤리적 부담감을 털어 버려서는 안 된다. 혹자는 지금이라도 여론조사를 하면 찬성하는 쪽이 우세할 것이라고 장담하면서 반대론자들을 구시대적인 사람들로 몰아가려는 이야기를 하는 경우가 있다. 필자가 보기에 이것 자체가 문제이다. 여론조사가 진실을 말하는 것인가에 대한 논의는 따로 미루어 둔다고 하더라도, 신중한 찬반논변을 이끌어도 부족할 판에 너무 쉬운 길을 택하려 하는 것은 아닐지 안타깝다.

이러한 윤리적 부담감을 전제하고 볼 때, 찬성론자들은 인간존엄의 문제를 앞세워 삶의 질(quality of life)과 죽을 권리(rights to die)를 주장할 수 있다. 현대의료기술의 혜택으로 생명연장기구들에 의해 의식이 없는 상태에서 상당기간 생명을 유지할 수 있다는 것은 참으로 아이러니하다. 찬성론자들은 이러한 생물학적 생명연장이 과연 인격체로서의 존엄성을 부여할 수 있는 것인지 질문한다. 인간으로서 무의미한 생명연장은 의미가 없다는 생각은 환자의 자율권과 존엄하게 죽을 권리의 존중을 요구한다. 말기환자의 생명을 연장시키는 것은 그의 삶을 생물학적 삶으로 격하시키고 인간으로서의 존엄성을 훼손하는 것이라 생각하기 때문이다.

앞서 필자가 말했던 윤리적 부담감이라는 것은 신중한 판단의 주문이다. 동시에 존엄적 안락사 찬성론자들은 현실적 이유에 대한 윤리적 정당화 과정에 대해 매우 신중하고도 무거운 부담감을 가져야 한다는 뜻이다. 아마도 법과 현실 사이의 부조화가 환자 가족과 의료인을 범법자로 만들 수 있다는 점이 가장 현실적인 문제일 것이다. 이를 허용하자는 취지로 법제화를 추진하는 과정에서 존엄적 안락사의 공론화가 생략되어서는 안 된다. 더구나 끼워 맞추기를 위한 절차로 윤리적 정당화를 이야기해서는 안 된다. 더구나 시민사회를 말하는 사람들일수록 민주적 절차에 의한 신중한 접근이 요구된다는 점을 간과하지 말아야 한다.

반대론자들에게는 현실적 부담이 있다. 반대론자들은 인간의 생명은 어떤 경우에도 해칠 수 없다는 원칙론, 남용의 우려가 있다는 생각에서 나온 미끄러운 경사길 논증, 그리고 종교적 신념과 신학적 교리에 따른 반대론 등을 제시할 것이다. 필자가 알기로, 반대론자들이 현실을 몰라서 반대하는 것은 아니다. 그들을 시대에 뒤쳐지는 사람들이라고 몰아세우는 것은 옳지 않다. 찬성하는 사람이 있다면 반대하는 사람도 있게 마련이고, 전통적으로 안락사에 대한 반대론이 유지되어 온 타당한 이유가 있다는 점을 인정해야 할 것이다.

이러한 의미에서 존엄적 안락사를 반대하는 사람에게도 윤리적 책임의식을 심각하게 물어야 한다. 무엇보다도 생명연장에 필요한 치료비용의 부담을 포함하여 사회적 제반비용의 보장이라는 과제가 남기 때문이다. 이는 윤리적 의협심만으로 설명할 수 없는 또 다른 차원, 즉 사회적 비용의 제도화라는 또 다른 사회적 합의를 요구하는 문제이다. 이러한 의미에서, 필자는 우리사회에서 존엄적 안락사 문제를 다룰 때, 어느 한 쪽의 의견을 결론으로 전제하지 않은 공론화 작업이 반드시 필요하다는 점을 지적하고 싶다.

3) 인간존엄의 생명문화를 향하여

인간존엄은 종교와 문화, 그리고 역사를 넘어 모두에게 보편적인 가치이다. 문제는 인간의 존엄을 생각하는 기준과 실천의 차이에 있다. 더구나 포스트모던적 경향이 두드러진 우리시대에 인간존엄을 말하는 다원적 관점은 과연 무엇이 인간존엄인지를 되물어야 하는 상황으로 치닫게 한다.

칸트를 내세우는 합리주의적 전통에서는 인간이 이성적 존재라는 점에서 존엄하다고 주장할 것이다. 자율적 인격체로서의 인간을 수단으로 대우하지 말고 목적으로 대우하라는 정언명법은 이러한 윤리적 전통의 대표적인 상징이다. 실존주의자들은 인간실존의 유일회성을 이야기할 것이다. 인간이 존엄한 이유는 실존의 의미를 인식하고 의미를 추구하는 존재이기 때문이라고 말할 수 있다. 인간존엄을 말하는 이론들은 이러한 생각들 이외에도 철학적 인간학의 논의들에서 다양하게 찾아 볼 수 있다.

무엇보다도, 기독교적 성찰에서 인간존엄의 근거는 하나님의 형상(Imago Dei)을 지닌 존재라는 점에 있다. 신학적 인간학은 인간은 하나님과 관계적 존재라는 점에서 존엄성의 참된 의미를 부여받는다고 말한다. 피조물이지만, 하나님의 걸작이라는 점에서 인간은 하나님의 문화명령을 수행하는 존재요, 책임적 존재이다. 또는 아가페적 사랑의 대상, 구원의 대상이라는 점에서 인간은 하나님 안에서 그 존엄의 참 뜻을 확인할 수 있다. 문제는 인간의 존엄을 구현하는 방법에 대한 생각의 차이에 있다.

이러한 맥락에서 볼 때, 안락사에 대한 반대는 기독교적 전통의 하나로 자리 잡아 왔다. 안락사 개념을 세분화하고 존엄적 안락사라는 명분을 내세워 새로운 성찰을 요구하는 것은 결국 안락사에 대한 기존의 반대 입장을 변경하자는 제안일 수 있다. 생명문화의 변화에 발맞추어 변경할 수 있는 여지는 없는지, 그리고 그 해석의 가능성을 열어주는 근거를 개발해야 하는 것이 아닌지 묻는 작업이 될 가능성이 높다. 그러나 존엄적 안락사에 대한 찬반의 목소리를 찾아내기 시작하는 바로 그 순간, 개혁적 전통에 따

른 신앙양심의 자유를 확고히 믿는 신학자들 사이에 분분한 의견들이 말 그대로 자유롭게 오갈 것이다.6)

전통적으로, 기독교는 제5계명을 중심으로 자살을 포함하는 살인행위에 대한 금지가 성서적 근거를 가진다는 입장을 취하여 왔다. 문제는 포스트모던과 테크놀로지로 대변되는 현대사회에 있어서 그 해석의 변경가능성이다. 그 한쪽에는 기술의 진보와 사회의 변화에도 불구하고 하나님의 생명주권에 대한 고백은 불변한다는 주장이 있다. 특히 인간이 생명에 대한 조작을 감행하는 것 자체가 허용될 수 없다는 주장은 존엄적 안락사 논쟁에 대한 반대론의 중요한 근거일 것이다.

이를테면, 램지(P. Ramsey)는 과학기술시대에 인간이 생명에 대한 조작을 감행하는 것 자체를 극단적으로 부정한다. 그에 따르면, 인간은 하나님 노릇(playing God)을 하려고 들기 전에 먼저 인간이 되기를 배워야 한다. 인간이 되기를 배운 다음에는 하나님 노릇을 하려고 들지 않을 것이다.7) 이러한 배경에서 보면, 존엄적 안락사는 실용적 관심과 의료기술을 통해 알게 된 생명의 상태에 관한 정보를 명분삼아 인간생명을 조작하는 하나님 노릇하기에 속하는 것일지 모른다.

그러나 다른 한편에서는 기독교의 생명윤리에 관한 전통적 관념에 근본적인 질문을 제기할 수 있을 것이다. 아예 근본적으로 안락사를 반대하는 전통적인 신학적 견해가 논리적 오류라고 말하는 경우까지 있다. 의료윤리학자로 알려진 칠드리스(J. Childless)는 의사조력자살과 적극적 안락사에 대한 기독교의 전통적인 관점에 의문을 제기한다. 자살을 잘못이라고 믿는 견해에서 안락사 문제에 대한 답을 연역하는 것 자체가 문제라는 것이다.8) 그리고 이러한 문제제기가 자신만의 것이 아니라 현대의 신학자들 사이에서도 상당부분 찾아 볼 수 있다고 말한다. 그 예로 거스탑슨(J.

Gustafson)이 생명이란 하나님의 선물이지만 때로 견디기 어려운 부담이 되는 경우라면 하나님을 원망하게 될지 모른다고 말했던 부분을 들어 안락사를 이웃사랑의 통로라고 해석할 여지를 주었다고 주장하기도 한다.9) 그러나 필자가 보기에, 굳이 해석의 적절성을 따지지 않더라도, 이러한 시도는 이미 상황윤리를 말했던 시절에 수없이 나타났다. 거의 모든 부분에서 전통적 생명윤리의 장벽을 무너뜨리는 주장들이 발견된다.

또한 기독교 신앙인들 역시 현실적 부담감에서 예외일 수 없다는 주장도 있다. 예를 들어 기독교윤리학자 길(R. Gill)에 따르면, 안락사에 관한 기독교적 논변은 전통적인 교회의 지침이나 신학자들의 관점에만 의존하는 것은 매우 제한적이며 평신도들의 관점을 소홀히 여기는 결과를 초래할 수 있다. 전통적인 신학이 대다수 평신도들이 의사조력자살과 안락사가 합법화되어야 한다는 주장을 지지하는 현실을 반영하지 못한다는 이야기이다.10) 시대의 변화 내지는 생명문화의 변화에 대응하여 기독교 역시 변화해야 한다는 것이다. 안락사를 반대하는 전통적 담론을 내세워 현실을 무시하는 것은 옳지 않다는 주장으로 들릴 수 있는 대목이다. 이처럼, 존엄적 안락사에 대한 기독교적 성찰은 극과 극을 달릴 수 있다. 다양할 정도가 아니라 대립적일 수 있다.

필자가 보기에 우리가 진정으로 질문해야 할 것은 기독교가 어떤 근거에서 반대하고 어떤 이유에서 찬성하는가를 탐색하는 것이 아니다. 더 중요한 질문을 제기해야 한다. 안락사를 위시한 생명문화가 변화되면, 신학적 성찰도 변화되는 것이 마땅한가 하는 점이다. 우리가 살펴본 것처럼, 이미 전통적으로 성서의 관점이 자살을 포함하는 살인을 금지하고 있다는 사실을 알고 있으며, 존엄적 안락사를 새삼 신학적으로 성찰하자는 것은 결국 변화를 수용하자는 제안과 다를 바 없다. 게다가 존엄적 안락사를 성서적 이유에 의해 반대한다고 할 경우에, 시민사회가 요구하는 변화를 수용하지 못한다는 이유로 반대에 대한 반대의견이 빗발칠 것이 분명하다. 마치 배아복제 문제를 둘러싸고 진보와 보수라는 해묵은 편 가르기가 재현되었던 것처럼 또 한번 기독교 자체가 여론의 도마에 올라가지 않을까 염려된다.

변화하는 여건에 능동적으로 대처할 필요는 분명히 있지만, 그렇다고 시대의 변화를 그대로 수용하는 것이 옳다고 단언할 수 없다. 무엇이 진정한 변화이며 바람직한 변화의 방향인가를 먼저 고민해야 할 것이다. 이러한 의미에서 필자는 이 문제를 둘러싼 신학적 입장들의 차이를 부각시키는 것보다 신앙인과 신학자들이 일반적으로 동의할 수 있는 부분들부터 확인해 나아가는 것이 옳다고 본다. 생명의 전 과정이 하나님의 섭리와 주권에 있다는 고백이 그것이다. 물론 이 신앙고백을 어떻게 해석하고 실천방안을 제시할 것인가 하는 점은 다른 해석을 가질 수 있다. 그러나 진보와 보수를 가르는 것보다 동일한 신앙고백을 실천에 옮기기 위한 대안의 모색에 상호협력하게 하는 것이 바람직하다.

존엄적 안락사가 운위되고 있는 시대에 기독교는 생명에 대한 가치관 및 문화에 주목해야 한다. 그리고 문화의 변혁이라는 소중한 주제를 생명윤리 분야에서도 공유하는 노력이 필요하다. 문화변혁은 개신교 신학에서 중요한 관심사로 자리 잡아 왔으며, 최근에는 대중문화의 변혁을 위한 다각적인 노력이 경주되고 있다. 생명문화라는 말을 사용하는 것이 타당하다면, 현대사회에서 생명에 관한 가치관 및 의식변화에 발 빠르게 대응하는 것에 하나님의 생명주권에 기초한 생명문화를 지향하는 문화의 변혁을 말하는 것도 매우 중요한 의미가 있을 것이다. 이러한 의미에서 문화의 변혁을 위한 노력은 대중문화 분야에 국한되는 것이 아니라 생명문화

의 변혁을 위한 기독교적 노력에도 적용되어야 할 것이다.11)

이 점에서, 우리가 성찰해야 할 것은 존엄적 안락사를 위시한 생명문화 또는 가치관의 변화이다. 배틴(M. Battin)은 *Ending Life: Ethics and the Way We Die*라는 책에서 안락사와 의사조력자살에 관한 이해에 문화적 변화(cultural change)라는 요소를 반영할 것을 제안한다. 여기에는 의료기술의 발전 및 질병문제 등 다양한 요소들이 작용한다. 그리고 생명문화가 변화하는 방향은 질병과 의료기술의 상관관계 및 전쟁을 포함한 인류의 공동체험 등에 따라 진전될 수도 있고 복고적일 수도 있을 것이다.

배틴이 제안하는 현대사회에서의 생명문화적 변화는 세 가지로 요약된다. 첫째, 역학적(疫學的) 전환(epidemiological transition)이다. 죽음에 대한 병리적 설명이 기생충에 의한 질병이나 감염에 의한 것으로 설명하던 방식에서 암이나 심장질환 등 퇴행성 질환에 의한 설명으로 전환되고 있는 것이 그 예다. 생명현상에 대한 의료적 설명방식에 변화가 감지되고 안락사 문제에 있어서 새로운 논의가 본격화되고 있다는 점을 고려할 필요가 있다는 것이다. 둘째, 죽음에 관한 종교적 태도의 변화이다. 죽음을 죄에 대한 처벌이라고 생각하는 사람이 적어지고, 자살을 심각한 죄라고 하기보다 우울증 같은 정신병리적 요인으로 설명하는 경향을 예로 들 수 있겠다. 셋째, 가장 중요한 것은 문화적 태도의 변화이다. 특히 시민사회의 발전과정에 따라 나타난 개인의 권리에 대한 강조가 죽음에도 적용될 수 있다는 생각이 두드러지고 있다.12)

이러한 생명문화의 변화에서 눈여겨 볼 것은 죽음에 대한 관점의 변화이다. 죽음이란 더 이상 우리에게 발생하는 그 무엇이 아니라 우리가 시행하는 그 무엇(dying is no longer something that happens to you but something you do)이라는 생각이 나타나고 있다는 것이다.13) 안락사 개념이 세분화되는 것 역시 일종의 문화의 변화 또는 의식변화를 반영한다. 그것은 삶과 죽음이라는 근본적인 개념의 변화, 또는 생명문화 일반의 변화를 반영하는 것이기 때문이다. 필자가 보기에, 의료기술의 발전은 중요한 요인의 하나이다. 그러나 생명에 대한 가치관의 문제가 더 중요하다. 이러한 변화의 기저에 '포스트모던'과 '테크놀러지'라는 우리시대의 핵심적인 흐름들이 자리하고 있는 것은 두말할 필요가 없다. 어느 것이 어떤 정도로 영향을 주고 어느 방향으로 변화를 이끌고 갈 것인가를 따지기에는 지면과 능력이 제한되어 있지만, 안락사를 둘러싼 생명문화가 변화하고 있다는 것만큼은 분명하다. 우리가 관심을 가져야 할 대목은 바로 이 부분이다.

　이러한 의미에서, 필자는 기독교가 관심을 가져야 할 몇 가지 대안적 실천사항을 제안하고자 한다. 첫째, 삶과 죽음에 통전적 이해를 추구해야 한다. 존엄적 안락사를 찬성할 것인가 혹은 반대할 것인가에 대한 치열한 논쟁이나 기독교의 이름으로 상반되는 성명서를 발표하는 일은 막아서 막아지는 것이 아니다. 어느 쪽 입장이 옳은 것이며 하나님의 뜻에 부합하는 것인가 하는 질문 역시 쉬운 문제가 아니다. 이 문제를 해소하는 데에는 상당한 노력과 토론과 시간이 필요할 것이다. 그러나 현실적으로 상호 협력할 수 있는 부분이 분명히 있을 것이다. 이 부분부터 실천에 옮겨야 한다는 것이 필자의 생각이다. 하나님의 생명주권에 대한 인식을 확산시키고 생명존엄의 참 뜻을 구현하려는 실천적 노력이 필요하다는 것이다. 예를 들어, 생명과 죽음에 대한 잘못된 문화가 올바른 가치관에 입각한 생명문화를 향하여 변혁될 수 있도록 다양한 계몽과 실천이 요구된다. 특히, 고령화시대를 맞이하여 웰빙(well-being)뿐 아니라 웰 엔딩(well-ending) 또는 웰 다잉(well-dying)이 주목받는 것과 관련하여 삶과 죽음에 대한 기독교적 시각의 제공에 협력할 수 있을 것이다.

둘째, 안락사 문제의 생명존엄적 대안을 제시해야 한다. 안락사를 찬성 또는 반대하는 것 못지않게 생명존엄의 가치를 위한 실천적 방안을 모색해야 한다. 예를 들어, 자본주의 기반의 의료적 치료(curing) 이외에 공동체적 돌봄(caring)의 필요성을 주장한 하우어와스(S. Hauerwas)의 주장이 매우 중요한 의미를 지닌다.14) 그 가능성 중의 하나는 아마도 호스피스 대안에서 찾아 볼 수 있을 것이다. 이는 말기환자(terminal patient)를 위한 대안의 하나일 수 있다. 라틴어 'hospes'에서 유래한 이 단어는 접대하는 사람(host)이라는 말과 손님(guest)이라는 말이 합성된 것으로서, 의사와 함께 삶의 총결산이라 할 수 있는 죽음의 시점에 와있는 말기환자를 돌보고 죽음을 준비하게 하며 인간존엄이 존중되는 삶의 마감을 거드는 일을 뜻한다.15) 문제는 이 소중한 사역이 사회적 비용부담을 위한 제도적 배려의 단계로 발전해야 한다는 점이다. 기독교가 생명의 파수꾼을 자처하고 생명존엄을 위해 일하려 한다면 이러한 부분에 대한 적극적인 기여가 요청된다고 하겠다.

3. 나오는 말

'밀리언 달러 베이비'라는 영화는 안락사에 대한 고뇌와 갈등을 다루고 있지만 결과적으로 안락사를 미화하는 효과를 지닌다. 안락사 문제는 과연 어떻게 결론지어야 하는가? 지금 이 순간에도 사랑하는 가족을 중환자실에 두고 회생의 기적을 기다리는 사람들이 있다는 것을 생각하면 만감이 교차할 것이다. 삶과 죽음에 관한 결정은 과연 누가 어떤 기준에 의해 내려야 하는가? 과연 무엇이 인간의 존엄을 위한 조건이며 결정인가? 이 문제가 사회적으로 공론화되기 원하는 사람이 많다는 것은 법과 현실의 괴리를 말하는 사람이 많다는 뜻으로 옮길 수 있을 것이다. 우리가 이 글에서 주목하고 했던 것은 생명문화의 변화와 신학적 대응의 문제이다. 분명하게 말할 수 있는 것은 과연 무엇이 생명존엄이며 인간존엄인지 함께 머리를 맞대고 고민해야 할 때가 되었다는 것이다.

존엄적 안락사에 대한 찬반논변을 바라보면서, 우리의 생명문화에 대한 생각이 한층 깊어질 수 있으면 하는 바람이 있다. 예를 들어, 일상어법에 '죽인다.' 또는 '죽겠다'는 표현을 생각해 보자. '분위기 죽인다.', '각선미 죽여준다.' 부터 '배고파 죽겠네.', '힘들어 죽겠네.', '아파 죽겠네.' 하는 말들이 너무도 자연스럽게 나온다. 심지어 '좋아 죽겠네'까지 있다. 죽겠다는 표현은 '죽고 싶다'는 뜻이라기보다는 생명과 삶에 대한 강한 욕구의 반어적 표현인 것 같다. '좋다'는 말이나 '살리자'는 말도 있는데, 왜 하필 '죽겠다', '죽인다'는 말을 쓰는 것일까? 더구나 '죽겠다'는 부정적인(negative) 표현이 '살겠다,' '살린다' 또는 '살려 준다'고 하는 긍정적인(positive) 표현 보다 자연스럽다는 것도 생각해 볼 문제이다.

소극적 안락사를 '존엄적 안락사'라고 포장하면서 그 허용을 공론화하고 제도적으로 합법화하기 위한 시도가 득세하는 사회적 분위기에 편승하기보다는 기독교적 생명존엄을 더욱 심층적으로 논의해야 할 때라고 생각된다. 바라기는 이러한 논의가 신학적 노선에 따른 갈등으로 파열음을 내는 모양새가 되지 않고 생명존엄을 위한 구체적 실천의 협력으로 나타날 수 있기를 기대한다. 존엄적 안락사를 말하는 우리시대에 참된 존엄의 뜻을 성찰하고, 하나님의 생명주권에 입각한 생명존엄의 구현을 위한 기독교적 대안을 제시하는 것이야말로 진정으로 의미 있는 일이 될 것이다.

3

죽음의 정의와 안락사 문제

이인경 | 계명대학교 초빙교수 (교양과정부)

1. 자연스러운 죽음?

우리는 어떤 죽음을 원하는가? 부음을 듣고 문상을 할 때, 우리는 소위 '호상(好喪)'이다 아니다 라는 말을 하곤 한다. 그때, '호상'의 기준은 무엇인가? 통념적으로, '큰 병고 없이 수(壽)를 다했을 때'를 가리켜 호상이라고 한다. 좀 더 구체적으로 말하자면, 평균 수명 또는 그것을 약간 웃도는 나이에 가족들이 지켜보는 가운데 죽은 경우이다. 반면에 돌연사나 사고사, 객사 그리고 불치병으로 인해 수를 다하지 못하고 죽었을 때, 우리는 호상이라는 말을 쓰지 않는다. 두 경우 모두 유족들의 슬픔이 크겠지만, 호상의 경우는 죽은 이와 더 이상 함께 하지 못함에서 오는 아쉬움이 큰 비중을 차지하는 슬픔이라면, 호상이 아닌 경우는 죽은 자에 대한 동정과 애석함이 큰 슬픔일 것이다.

호상 개념의 이러한 통념적인 이해는 생물학적인 생명의 자연적 소진과 그에 따른 인격적 관계의 자연적 중지를 함축하기에, 우리로 하여금 호상의 경우를 '자연스러운 죽음'의 전형으로 생각하게 한다. 그러나 오늘날 의료기술의 발전은 우리가 통념적으로 생각하고 있는 호상 개념과 자연스러운 죽음에 대한 이해를 수정하도록 요구한다. 이러한 현대의 상황을 가리켜 칼라한(Daniel Callahan)은 현대의 죽음이 '난폭한 죽음'(wild death)의 특징을 나타낸다고 말한다. 난폭한 죽음이란, 죽음의 수단이 기술과 제도에 둘러싸여 있어서 우리가 죽음을 통제할 수 없는 것을 의미한다.1) 필자는, 의료기술의 발전이, 우리로 하여금 소위 자연스러운 죽음이라는 것이 무엇이며 과연 가능한가라는 의문을 새롭게 제기하도록 하였으며, 안락사 문제에 대해서는 우리 모두를 '덫'에 빠뜨렸다고 본다.

이 글에서 필자는 의료기술의 발전에 따라 논란이 되고 있는 죽음의 다양한 정의와 기준이 안락사 문제와 어떻게 관련되는지를 분석함으로써 '죽음의 인간화'를 모색하고자 한다. 이를 위해 먼저 죽음을 바라보는 다양한 시각을 고찰하고, 안락사 문제를 죽음의 정의와 연관시켜 논의한 후, 안락사 문제가 결국은 '죽게 만드는 것'의 맥락이 아니라 '잘 죽게 도와주는 것'의 맥락에 있어야 함을 강조할 것이다.

2. 죽음을 바라보는 다양한 시각

1) 죽음, 과정인가 사건인가?

생물학적으로 죽음이란 한 순간에 갑자기 일어난 사건이 아니라 하나의 과정이라고 할 수 있다. 죽음은 뇌 일부 혹은 전부의 활동 정지에서부터 시작되어 심장 박동이나 호흡의 정지를 거쳐 세포의 활동 정지에 이르는 일련의 과정을 일컫기 때문이다. 그러나 현실적으로 우리 사회에서 죽음은 하나의 사건이고 사건이어야 함을 요구받고 있다. 그 사건을 기점으로 의학적, 법적, 사회적, 종교적으로 여러 가지 절차와 의식을 행하고 있기 때문이다. 그러므로 죽음은 죽어가는 과정 중의 어느 한 시점을 포착하여 '죽었다'라고 선언한 그 순간을 의미한다. 그렇다면 죽었다고 말하는 기준, 즉 죽음의 기준은 무엇인가? 죽음의 기준은 죽음이 의미하는 바를 무엇으로 보느냐에 따라 달라진다.

2) 죽음의 정의와 기준

컬버와 거트(C. M. Culver & B. Gert)는 죽음의 개념을 죽음의 정의, 죽음의 기준, 죽음의 테스트라는 세 가지 요소로 나누어 설명한다. 죽음의 정의는 죽음이란 무엇인가에 대한 답이고, 죽음의 기준이란 죽은 자와 산 자를 구분해 주는 표준이 무엇인가에 대한 답이며, 죽음의 테스트는 죽음의 기준이 충족되었다는 것을 입증해 주는 시험 조건들은 무엇인가에 대한 답이다. 컬버와 거트에 의하면, 죽음을 정의하는 일은 주로 철학적 과제이며, 죽음의 기준을 제시하는 일은 주로 의학적인 과제이고, 그 기준의 충족 여부를 입증하는 시험 조건들을 선택하는 일은 전적으로 의학적인 일이라고 한다.2)

죽음이란 무엇인가? 죽음에 대해서는 관점에 따라 여러 가지 정의가 가능하다. 물리학적으로 말하면 심장 고동이 멈출 때 죽었다고 하며, 영적인 관점에서 보면 죽음이란 영혼과 육체의 분리를 의미한다. 심리학적인 용어로는 인간이 완전히 자기 자신 속에 몰입되어 어떠한 인간적인 접촉도 원하지 않을 때 죽었다고 한다. 두뇌 활동이라는 관점에서 보면 전기 뇌파계에 두뇌의 활동이 전혀 기록되지 않을 때 죽었다고 하며, 세포학적인 정의에 따르면 신체가 지닌 물질의 기본적인 신진대사작용이 해체되거나 파괴될 때 죽었다고 한다.3) 이러한 다양한 관점에서의 죽음의 정의를 아우르는 형식적인 정의를 하자면, 죽음이란 "생명체에 있어서 완전한 변화를 의미하는데, 이 변화의 특징은 그 생명에 본질적으로 중요한 특성들이 회복될 수 없을 정도로 상실된 것"4)이다. 이 정의에서 '완전한 변화'는 '근본적인 변화'로 보아도 무방할 것이다. 왜냐하면 그 변화는 생명에 본질적으로 중요한 특성들이 회복될 수 없을 정도로 상실된 것을 특징으로 하기 때문이다.

산 자와 죽은 자를 구분하게 해 주는 가장 근본적인 변화는 무엇인가? 첫째, 인격적인 측면에 초점을 맞추어 인격체로서의 기능을 불가역적으로 상실하는 것을 죽음으로 보는 입장이 있다. 둘째, 생물학적인 측면에 초점을 맞추어 한 개체로서의 생물학적 통합 기능을 불가역적으로 상실하는 것을 죽음이라고 보는 입장이 있다. 셋째, 두 번째 입장과 마찬가지로 생물학적인 측면에 초점을 맞추되 생물체로서의 모든 기능을 불가역적으로 상실하는 것을 죽음으로 보는 입장이 있다.5) 세 번째 입장의 죽음의 의미를 충족시키는 죽음의 기준은 세포사이다. 세포사는 이론적으로는 논의되고 있지만 현실적으로는 받아들여지지 않고 있다. 그러므로 이 글에서는 다루지 않기로 한다.

(1) 인격체로서의 기능을 불가역적으로 상실하는 것을 죽음으로 보는 입장

인격체로서의 기능이 불가역적으로 상실하는 것을 죽음으로 보는 입장은 죽음을 생물학적 사건으로 보기 보다는 인격적인 사건으로 보는 것이다. 인격체로서의 기능, 즉 인격성의 영원한 상실을 죽음이라고 볼 때, 인격성은 무엇을 가리키는가? 이 물음은 결국 인간다움의 조건이 무엇인가를 의미한다. 인격성에 대한 논의는 신학적으로, 철학적으로 오랜 전통적 배경을 가지고 있다. 우리의 관심사는 의료기술의 발전에 따른 죽음의 정

의와 관련하여 인격성에 대해 논의하려는 것이다.

필자는, 인격성에 대한 새로운 논의들이 생물학적 생명(biological life) 과 인격체의 생명(personal life) 또는 인간 유기체(human organism)와 인간적 인격체(human person) 간의 구분을 전제로 하고 있다고 보는 문시영의 주장6) 에 동의한다.7) 상황윤리학자 조셉 플레쳐(Joseph Fletcher)는 생물학적 생명과 인격체로서의 생명을 본격적으로 구분한 학자로 간주된다. 그는 최소한의 대뇌신피질의 기능조차도 없는 개체를 '주체로 인정받을 수 없는 객체'라고 부를 것을 제안한다. 그는 또한 인간됨의 지표로 15개의 긍정적 기준과 5개의 부정적 기준을 제시하는데, 그 중 15개의 긍정적 기준을 살펴보면 다음과 같다. ① 최소한의 지능 ② 자기인식 ③ 자아통제 ④ 시간감각 ⑤ 미래감각 ⑥ 과거감각 ⑦ 타자와의 관계형성의 능력 ⑧ 타자에 대한 관심 ⑨ 의사소통능력 ⑩ 유기체적 통제능력 ⑪ 호기심 ⑫ 변화와 가변성 ⑬ 이성과 감정의 균형감각 ⑭ 개체로서의 특이성 ⑮ 신피질 작용.8)

동물해방론자 피터 싱어(Peter Singer)는 사물을 세 가지로 구분한다. 그것은 첫째, 무감각한 것, 둘째, 감각은 있으나 자의식이 없는 것, 셋째, 감각과 자의식을 둘 다 가진 것이다. 싱어는 세 번째에 해당되는 것을 모두 인격체라고 정의한다. 그는 이러한 기준에 따라 어류는 두 번째 부류에 속하고, 다른 많은 동물들은 세 번째 부류에 해당한다고 주장함으로써 동물해방을 말한다. 그러나 뱃속의 태아를 두 번째 부류로 보며 무뇌아도 정당한 의미의 인격체가 아니라고 주장하는 점은 많은 논란을 불러일으킨다.9)

파인버그(J. Feinberg)는 의식적 존재일 것, 자아에 대한 개념을 지니고 있을 것, 자아인식이 있을 것, 정서적 체험의 능력이 있을 것, 추론의 능력과 이해력이 있을 것, 미래를 향한 계획능력이 있을 것, 계획에 따라 행위할 수 있는 능력이 있을 것, 기쁨과 고통을 느낄 수 있을 것 등을 인격성의 기준으로 제시한다. 그는 이러한 특성들을 가리켜 '상식적 인격개념'이라고 한다. 그는 이 여덟 가지 특성들이 그 어떤 것도 개별적으로는 충분하지 못하며 여덟 가지 모두 각각 필수적으로 요청된다고 한다.10)

푸세티(R. Puccetti)는, 파인버그의 상식적 인격개념보다 더 나아가서, 인격이란 도덕적 대상을 향해 도덕적인 태도를 취할 수 있는 의식적 존재들에게만 해당되는 것이라고 주장한다. 즉, 인격의 개념을 도덕 행위자에게만 적용하자는 것이다.11) 푸세티의 이러한 주장에 대해 엥겔하르트는, 인격체를 도덕 행위자와 동일시한다면 자의식이 없는 존재들을 배제하게 될 것이라는 우려를 표명하면서, 사회적 역할에 따른 인격개념을 주장한다. 엥겔하르트에 의하면 인간의 삶이 인격체로서의 삶과 생물학적 삶으로 구분되어야 하지만, 모든 생명은 가치를 지니고 있으며 더구나 인간의 생물학적 생명은 무의미한 것이 아니라 적어도 인간으로 하여금 사회적 역할을 수행할 수 있게 한다는 의미에서 가치를 지닌다고 한다.12) 그러나 사회적 역할을 중심으로 인격의 문제를 실명하려는 엥겔하르트의 주장은, 소위 정상적인 인간과 가정을 기준으로 하는 경우에만 설득력을 지닌다는 비판을 면하기 어렵다.13)

이상과 같은 논의를 통해 우리는, 인격성에는 최소한 '의식'이 필요하다고 추론할 수 있다. 인간의 신체 중에서 의식 기능을 담당하고 있는 것은 대뇌이다. 뇌는 크게 대뇌, 소뇌, 뇌간으로 구성되어 있다. 대뇌에는 운동과 감각을 지배하는 중추신경이 있으며, 기억, 사고, 의지, 정서, 언어 등의 정신활동이 이루어지는 기관이다. 소뇌는 운동조절중추가 있어서 몸의 평형을 유지하고 운동을 원활하게 하는 기능을 한다. 뇌간에는 온몸의 모든 장기기능을 통합 조절하는 신경중추와 반사의 중추가 있다.14) 그러므로 인격성의 영원한 상실을 죽음의 의미로 보는 입장에서는 대뇌의 불가역적 정지를 의미하는 대뇌사가 죽음의 기준이 될 것이다. 그러나 대뇌사를 판정하는 것은 전뇌사 판정이나 심폐사 판정보다 훨씬 더 어렵다는 문제점을 가지며, 지속적인 식물인간 상태(Persistent Vegetative State, PVS)와 무뇌아를 죽은 자로 취급할 우려가 있다.

(2) 한 개체로서의 생물학적 통합 기능을 불가역적으로 상실하는 것을 죽음으로 보는 입장[15]

생물학적 통합 기능의 영원한 상실을 죽음으로 보는 이 입장에서는, 인간이 인격체라는 사실보다도 생명체라는 사실이 가장 중요하다고 주장한다. 그 논거로 다음과 같은 것들을 내세운다. 그것은 인간도 다른 생물체로부터 진화해왔다는 것, 인간의 인격적 기능은 생물학적 기능이 없어지면 더 이상 유지되지 않는다는 것, 인격적 기능이라는 것도 실은 개체의 생물학적 유지에 이바지하기 위한 것으로 볼 수 있다는 것 등이다.

이 입장은, 죽음을 인격적 사건이 아닌 생물학적 사건이라고 동의하면서도 한 유기체의 모든 부분의 기능이 불가역적으로 정지하는 것이 죽음이라고 주장하는 입장에 대해, 한 생물체에서 중요한 것은 그것을 이루는 신체의 각 부분이 아니라 전체라고 반박한다. 죽음의 의미를 한 개체로서의 생물학적 통합 기능을 상실하는 것으로 볼 때, 그것을 충족시키는 죽음의 기준은 심폐사와 뇌사(엄밀하게 말하면 전뇌사)이다.

심폐사를 죽음의 기준으로 삼는 입장은, 심장 박동과 호흡에 의한 순환을 인간 유기체의 가장 중요한 통합 기능으로 간주한다. 이 입장에서는 그 순환이 무엇에 의해 이루어지는가라는 것은 근본적인 문제로 보지 않는다. 뇌사 상태처럼 그 사람 자신의 두뇌가 아닌 기계에 의한 것이라 할지라도 순환 자체는 이루어지고 있기에, 생물학적 통합 기능이 정지되었다고 할 수 없으며 따라서 그 사람을 죽었다고 볼 수 없다는 것이다.

한편, 뇌사를 죽음의 기준으로 받아들이는 입장에서도 심장 박동과 호흡에 의한 순환을 인간 유기체의 매우 중요한 통합적 기능으로 본다. 이 입장이 심폐사론자들과 견해를 달리 하는 것은, 심장 박동과 호흡에 의한 순환이 자발적으로 이루어져야 생물학적 통합 기능을 유지하는 것으로 본다는 점이다. 자신을 체계화하고 조절하는 신체의 능력을 살아 있음의 기본 특징으로 간주한다는 것이다. 이러한 능력을 유지하는 신체 내 기관은 뇌간이다. 뇌간의 활동이 정지되면 심장 박동과 호흡은 오직 기계에 의해서만 이루어진다. 그러므로 뇌간을 포함한 뇌 전체의 활동이 불가역적으로 정지한 뇌사가 바로 죽음의 시점이라는 것이 뇌사론자들의 주장이다.

죽음의 정의와 기준에 대한 이상의 논의를 통해, 우리는 인간성의 영원한 상실을 죽음으로 보든 생물학적 통합 기능의 영원한 상실을 죽음으로 보든 죽음의 정의는 다르다 할지라도 죽음의 각기 다른 정의를 충족시키는 최소한의 기준은 생물학적 측면에 기초하고 있음을 확인할 수 있다. 물론 인간의 죽음은 생물학적 차원에서만 판정될 수 없다. 그럼에도 불구하고 죽음 판정의 가장 기본적인 잣대는 생물학적 차원이다. 왜냐하면 "우리는 인간이 생물학적으로 완전히 질서를 잃어 인간적 통합성을 상실했다고 확신하기 전까지는 생명의 권리뿐 아니라 그 외의 모든 인간적 권리를 지닌 한 인격으로 대해야 하기"[16] 때문이다. 그러므로 필자는, 특히 안락사 문제와 관련하여 죽음을 정의할 때 인격성의 개념을 그 중심에 두려는 것에 동의할 수 없다. 자본주의적 효용성의 논리에 따라 거의 모든 것이 결정되는 오늘날의 현실에서, "인격성의 개념에 집착하는 것은 치료와 돌봄이라는 의료의 본래적 기능보다는 생명통제와 조작의 위험성에 생명의 가치를 노출시키는 것이며, 나아가 이것은 환자와 그 가족에 의한 또 다른 계산과 결탁될 우려가 크기"17) 때문이다.

3. 안락사 문제를 왜 죽음의 정의와 연관시키는가?

의료기술이 발전함에 따라 생명은 더 이상 신비의 영역이 아니다. 인간의 생명을 인위적으로 연장할 수 있게 되면서 생명의 끝, 즉 죽음에 인간이 관여하게 되었다. 인간은 선택 앞에 놓여졌다. 이때 말하는 선택이란 가치기준이 요청되는 이성적 판단에 의한 선택을 의미한다. 바로 여기서 윤리적인 문제가 발생한다. 왜냐하면 인간의 모든 의도적인 행위는 윤리적 평가의 대상이기 때문이다.

안락사 문제를 왜 죽음의 정의와 연관시켜 논의하는가? 안락사 논쟁의 주요 쟁점인 '생명을 유지할 권리', '죽음을 선택할 권리', 그리고 '삶의 질' 때문이 아닐까? 필자는 소극적 안락사의 범주 내에서 자의적인 소극적 안락사와 비자의적인 소극적 안락사에 대해 언급하고자 한다. 왜냐하면 대한의사협회의 소극적 안락사 허용 입장18) 표명에 의해 우리나라의 안락사 논쟁이 본격적으로 시작되었다고 평가되기 때문이며, 그러므로 우리나라에서 현실가능하게 논의될 수 있는 것은 소극적 안락사이기 때문이다. 대한의사협회의 소극적 안락사 허용 입장의 논리는, 환자에게 죽음을 선택할 권리가 있다(자의적인 소극적 안락사 허용)는 것이며 환자 가족에게도 환자의 죽음을 선택할 권리가 있다(비자의적인 소극적 안락사 허용)는 것이다. 환자와 환자 가족의 이러한 권리는 생명을 유지할 의사의 의무보다 우선적으로 고려되어야 한다는 추론이 가능하다. 이러한 논리는 소극적 안락사를 반대하는 입장의 논리인 '생명을 유지할 권리'와 대립되는 것이다. 그런데 아이러니컬한 것은 대한의사협회가 소극적 안락사를 허용한다는 입장을 공식적으로 표명하기 전까지는 오히려 의사들이 '생명을 유지할 권리'를 주장했다는 것이다. 혹시 대한의사협회의 소극적 안락사 허용은 책임을 질 수 없게 된 의료계의 현실을 반영한 것은 아닐까? 인공호흡장치와 같은 생명연명 치료를 환자나 환자 가족의 '충분한 설명에 근거한 동의' 없이 시행했다가 그 비용 부담을 감당할 수 없다는 가족들의 불평과 비난을 감당할 수 없어서, 환자와 그 가족의 의사를 존중한다는 미명하에 책임을 미루는 것은 아닐까? 여기서 필자는 의료인 개개인을 비난할 마음은 추호도 없다. 다만 의료계의 현실이 자본주의 시장논리에 따라 움직이는 경향이 농후해지고 있기 때문에 그러한 분석이 가능하다는 것이다.

인간의 생명은 동등한 가치를 지니며 어떠한 상황에서도, 어떠한 대가를 치르더라도 보호되어야 한다는 전통적인 입장-생명을 유지할 권리-은, 삶의 질이 생과 사의 결정 근거가 될 수 없음을 시사한다. 그러나 생명연장 기술이 발전함에 따라, 삶의 질을 고려해야 한다는 입장이 생명존중에 절대적인 의미를 부여하는 전통적인 입장과 대립하게 되었다.[19] 삶의 질이 적절한 판단 기준이 되려면, 생을 지속시키는 것이 무의미한 최저치 이하의 삶의 질을 무엇으로 보아야 하는가에 대한 구체적인 기준이 요구된다. 그러나 삶의 질에 대한 평가는 주관적이며 그에 대한 생각이 바뀔 수 있을 뿐만 아니라, 특정한 정도의 삶의 질을 의미 부여의 기준으로 보는 것은 '미끄러운 경사길'의 오류[20]를 범하게 된다고 한다.[21]

생명을 유지할 권리든 죽음을 선택할 권리든 결국은 환자 자신의 자의적 의사표명이 중요하다.[22] 그런데 환자 자신의 자의적 의사를 확인하기 어려울 때가 있다. 바로 생명연장에 대한 생전유언 없이 돌연사로 뇌사상태에 빠진 경우이다. 이 경우는 환자 본인의 자의적인 의사를 확인할 수 없으므로 가족들에게 괴로운 선택을 하게 하지 말고, 가족들이 경제적인 부담을 느끼지 않으면서 죽음을 준비할 수 있는 정신적·시간적 여유를 가질 수 있도록 비용을 국가가 책임지는 건 어떨까? 가족들에게 생명을 유지할 의무를 부과하거나 죽음을 선택할 권리를 부여하기보다는 죽음을 준비할 수 있는 권리를 주자는 것이다. 한편, 생명 연장 장치를 거부한다는 생전유언을 한 사람이 돌연사로 뇌사상태에 빠진 경우는 환자 자신이 의사표명을 했으므로 법적으로 문제 삼지만 않는다면 논란의 여지가 없을 것이다. 그러므로 필자는 자의적인 소극적 안락사 허용은 찬성하지만, 비자의적인 소극적 안락사 허용에 대해서는 회의적이다. 그래서 필자는 그 대안으로 가족들에게 죽음을 준비하고 맞이할 수 있는 권리를 주자고 제안한 것이다.

안락사를 죽음의 정의와 관련하여 논의하려면, 죽음의 정의를 충족시키는 죽음의 기준의 하나인 뇌사와의 관계를 언급하지 않을 수 없다. 뇌사를 죽음으로 본다면 환자 본인의 동의 없이 인공호흡기를 탈·부착하는 것이 문제되지 않을 것이다. 그러나 현재 뇌사를 죽음으로 보는 경우는 매우 제한적이다. 현행법 상 뇌사는 장기 이식과 관련하여 규정하고 있기에 뇌사 자체만으로는 죽음으로 인정되지 않는다.[23] 그러나 뇌사 논쟁이 시작된 맥락이 어찌되었든 간에, 심폐사만을 인정하던 기존의 죽음 기준에 새로운 논의가 시작되면서 뇌사를 죽음으로 인정하는 쪽으로 사회적 여론이 형성되고 있다. 법적으로 문제를 삼지 않는다면,[24] 장기 이식과 상관없이 뇌사를 죽음으로 인정하는 추세가 확산될 전망이다.

뇌사를 죽음의 기준으로 삼을 것인가 아니면 심폐사를 죽음의 기준으로 삼을 것인가 하는 것은 양자택일의 문제가 아니다. 양자택일의 문제처럼 되어버린 근본적인 원인은 의료기술의 발전 때문이다. 물론 양자택일의 문제가 아니라고 해서 논란의 여지가 없는 것은 아니다. 뇌사를 죽음의 기준으로 받아들일 경우 장기이식을 염두에 두었을 때와 식물인간에 대한 태도와 관련한 문제가 발생할 수 있다. 전자의 경우 '장기 등 이식에 관한 법률'로 뇌사에 대한 판정을 객관적이고 엄격하게 하도록 하고 있기에 문제의 소지가 전혀 없는 것은 아니지만 논외로 하고자 한다. 문제는 식물인간을 뇌사와 같은 것으로 간주할 때 생기게 되는 위험성이다. 뇌사와 식물인간은 엄연히 다르다. 뇌사는 뇌의 모든 기능이 불가역적으로 정지된 상태인 반면, 식물인간-정확히 말하면 '지속적인 식물인간 상태' (persistent vegetative state, PVS)-은 뇌의 일부 기능만 정지된 상태이다. 그러므로 뇌사상태에서는 '자가 호흡'이 불가능하기에 인공호흡기에 의존해서만 숨을 쉴 수 있지만, 식물인간 상태에서는 자가 호흡이 가능하다. 앞에서도 말했듯이 뇌사는 엄밀히 말해서 전뇌사를 의미한다. 식물인간을 뇌사자로 보려는 입장은 대뇌사를 뇌사로 주장하는 사람들의 생각이다. 아직까지는 이러한 주장이 설득력을 얻지 못하고 있지만, 자본주의적 시장논리가 사회의 제반 영역과 가치관을 급속도로 잠식해 가는 현실을 고려할 때, 우려할 만한 사태가 예상된다.

  심폐사를 죽음의 기준으로 간주할 때 논란이 되는 것은, '자가 호흡'이 아니어도 즉 인공호흡기에 의존하여 숨을 쉬더라도 살아있는 것으로 본다는 것이다. 필자는 이 논란을 해결하기 위해 다음과 같은 제안을 하고자 한다. 뇌사를 죽음의 기준으로 인정하든 심폐사를 죽음의 기준으로 인정하든, 현실적으로 장례를 치를 수 있는 기준은 심폐사이다. 뇌사를 죽음의 기준으로 인정하자는 주장의 맥락은 한편으로는 장기이식 문제와 관련된 것이고, 다른 한편으로는 장례를 치를 수 있는 심폐사로의 자연적인 과정을 인위적으로 지연시킬 때 드는 비용과 책임부담 문제와 관련된 것이다. 장기이식과 관련해서는 해당 법률이 있으므로 논외로 하고, 후자의 경우를 생각해 보자. 뇌사상태에서 인공호흡기를 하지 않으면 곧바로 심폐사하고, 인공호흡기를 부착하더라도 최소 2시간에서 최대 14일이 지나면 뇌사자의 90% 이상이 심폐사에 이른다고 한다.[25] 문제는 최대 14일 동안 혹은 그 이상 길어질 때 드는 비용과 책임을 누가 어떻게 감당하느냐 하는 것이다. 앞에서도 말했지만, 환자 본인의 자의적인 의사를 확인할 수 없으므로 가족들에게 괴로운 선택을 하게 하지 말고, 가족들이 경제적인 부담을 느끼지 않으면서 죽음을 준비할 수 있는 정신적·시간적 여유를 가질 수 있도록 비용을 국가가 부담할 것을 제안한다. 가족들에게 생명을 유지할 의무를 부과하거나 죽음을 선택할 권리를 부여하기 보다는 죽음을 준비할 수 있는 권리를 주자는 것이다.

4. '죽게 만드는 것'에서 '잘 죽게 도와주는 것'으로

인간은 누구나 죽는다. 개인마다 그 죽음의 때가 다를 뿐이다. 죽음을 절대악 혹은 극복해야 할 대상으로 보지 않고 삶의 한 과정이라고 생각한다면, 우리는 죽음을 어떻게 맞이해야 할 것인가? 안락사 문제는 우리로 하여금 죽음을 어떻게 바라보며 어떻게 죽을 것인가에 대해 생각하도록 한다.

오늘날 통용되는 안락사 개념들 중 비교적 정확하게 정의한 것을 소개하면 다음과 같다. 비교적 정확한 정의의 기준은 안락사가 성립되기 위해 갖추어야 할 다섯 가지 요소[26]를 포함하고 있느냐이다. "회복될 수 없거나 불치병으로 고통을 받고 있는 환자를 고통에서 벗어나게 하기 위하여 환자의 죽음을 유발시키거나 허용하는 관행이나 행위"27), "한 사람의 최선의 이익을 위한 행위 또는 무위에 의해 사람의 죽음을 의도적으로 야기하는 것"28), "어떤 사람이 가능한 한 편안한 수단을 이용하여 다른 사람을 죽이려는 의도에서 파생된 죽음"29). 안락사의 이러한 개념의 핵심은 '죽게 만드는것' 이다. 본래 안락사를 뜻하는 euthanasia는 그리스어 eu(well, good)와 thanatos(death)의 합성어로서 '수월한 죽음' (easy death)을 의미한다.30) 오늘날 의료현실과 관련된 안락사 논쟁의 맥락을 무시할 수 없겠지만, 안락사라는 단어의 본뜻에 따라 안락사 논의의 방향이 '잘 죽게 도와주는 것' 쪽으로 나가야 하지 않을까? 삶의 질 향상을 목표로 발전해 온 의료기술이 한동안 생물학적인 생명연장에만 급급해 하다가 다시 삶의 질을 거론함으로써, 우리를 그 덫에 걸려들게 하고 있는 현실에서 우리는 인간다운 죽음을 고민해야 할 것이다.

　죽음에 임박한 불치병 환자가 연명 치료의 유보 또는 중단을 자의적으로 요구하고 의사가 이를 받아들여서 환자를 죽음에 이르도록 하는 행위를 뜻하는 '존엄사' 는 바로 인간다운 죽음을 맞이할 수 있는 하나의 대안으로 제시될 수 있다. 존엄사는 자의적인 소극적 안락사의 한 형태라고 볼 수 있지만, 자의적인 소극적 안락사처럼 단순한 연명 치료 중단이 아니라, 완화치료는 계속한다는 것이 차이점이다. 즉 존엄사는 치료를 포기하는 것이라기보다는 환자로 하여금 고통을 덜 느끼게 함으로써 인간으로서의 존엄을 유지하고 죽게 도와주는 행위라는 것이다.31) 이때 '호스피스' 32) 활동이 병행되어야 한다. 호스피스 제도는 존엄사나 연명 치료중단과 같은 자의적인 소극적 안락사 허용을 보완하는 것이기 때문이다.

　생명연장에 대한 생전유언 없이 돌연사로 뇌사 판정을 받은 환자나, 존엄사를 선택한 죽음에 임박한 불치병 환자의 경우, 그들이 혹은 그들의 가족이 경제적인 이유 때문에 죽음을 맞이할 수 있는 여유를 제한해서는 안 될 것이다. 죽음이 삶의 한 과정이라면 좋은 죽음, 편안한 죽음은 환자 자신에게나 그 가족에게 보장되어야 하기 때문이다. 이러한 필자의 제안은, 토마스 쉐넌(Thomas A. Shannon)을 통해 힘을 얻는다. 그러므로 쉐넌의 글을 인용함으로써 다시 한 번 강조하며 이 글을 끝맺고자 한다.

> 만일 환자와 가족들이 질병의 마지막 몇 달 혹은 몇 일 동안 도움과 원조를 충분히 받고 있다고 생각한다면, 안락사의 분위기도 그 기세가 한풀 꺾일 것이라고 나는 생각한다. 우리는 기술의 포로가 되는 것을 정말로 두려워하기 때문에 죽음을 연장시키는 기술적 개입이 당연히 두렵고, 버려지는 것도 당연히 두려우며, 인생의 마지막 기간을 지탱해 줄 돈이 떨어지는 것도 당연히 두렵다. 그러한 두려움을 진정시킬 수 있는 조처는 우리가 마지막 여생을 살아갈 때 보살핌과 지원을 아끼지 않을 보건의료체계의 확립일 것이다.33)

4
한국에서의 안락사 논쟁 고찰: 보라매 사건을 중심으로

원경림 | 경민대학 교수

1. 들어가는 말

안락사의 문제와 관련하여 논의하는 것은 쉬운 일은 아니다. 안락사는 생명 및 죽음의 현상과 관련이 있기 때문에 의학적 논쟁을 간과할 수 없으며, 의료기술의 발달과 함께 죽음의 현상에 인간이 간섭하게 되었다는 의미에서 기술윤리의 문제를 간과할 수 없으며, 생명을 단축시키는 의료 행위에 대한 법적 책임을 묻지 않을 수 없기 때문에 법률적 관점을 말하지 않을 수 없으며, 인간의 생명과 관련되어 있기 때문에 생명윤리적 관점을 간과할 수 없기 때문이다. 그런 의미에서 기독교윤리연구소에서 안락사와 관련된 논의를 분야별로 나누어 고찰하는 작업은 의미가 있고 기여하는 바가 크다고 생각한다.

고대로부터 오늘에 이르기까지 안락사의 행위는 계속 있어왔다. 그러나 역사 발전과 함께 안락사의 개념이 어느 정도 변하였다. 고대에는 신체 건강 제1주의에 따라 장애자를 버리고 불치의 병에 걸린 환자의 생명을 인위적으로 마감하는 것을 정당화한 적이 있었다. 중세에는 그리스도교의 영향으로 인간의 생명관에 전환이 일어나, 모든 인간의 생명은 신의 피조물이며 따라서 불가침이며 거룩하다고 인식됨으로써 극심한 고통이라 하여도 이겨내는 것이 신에 대한 도리로 간주되어 안락사는 용인되지 않았다. 그러나 근세에 과학 사상이 발전하면서 인간 생명을 신앙적으로 다루는 생각을 퇴조시켜, 환자를 보다 효과적으로 죽음으로부터 구원하고자 헛되이 치료하거나 또는 인위적으로 생명을 끝마치게 하기보다는 오히려 고통 완화에 주안점을 두어 자연사시키는 데 노력하게 된다. 18세기 말에는 의사가 난치병의 여부를 판단하는 것이 가능해지면서 고통을 완화시킬 뿐 아니라 생명을 단축하여도 좋지 않은가라는 인식이 생기기 시작하였다.[1] 그 후 20세기 중반에는 나치 정권이 이 사회에 불필요한 사람을 도태시켜야 한다는 목적으로 안락사 개념을 도입함으로써 안락사의 개념에 선과 악의 개념이 들어갔고,[2] 마침내 기계 기술 및 과학 기술의 발전과 함께 자연적인 죽음을 넘어 생명을 유지시킬 수 있는 생의학 장비들이 발전하면서 그 의미가 변했다.

　안락사는 생명을 연장하기 위한 장치의 보류 또는 제거를 의미할 뿐만 아니라, 치료 불가능한 환자의 죽음을 의도적으로 유도하는 행위까지 포함하게 되면서, 심각하게 고통을 받고 있는 환자의 죽음을 의도적으로 유발하는 행위로서도 이해되었다. 그리하여 안락사는 자신의 죽음이든, 타인의 죽음이든, 그리고 죽음이 자발적인 것이든 주체의 소망에 반하는 것이든, 어떤 평화롭고 자연스런 죽음을 나타내기 위해, 그리고 지난 세기에는 점차 죽음을 허용하거나 적극적으로 죽음을 유발하는 모든 형태를 가리키기 위해 다양하게 사용되었다.

　그 결과 안락사에 대한 논의에는 죽음이 자발적인지 비자발적인지, 소극적으로 유도된 것인지 적극적으로 유도된 것인지, 환자가 자연사하도록 허락되었는지 의도적으로 죽임을 당한 것인지, 환자의 죽음을 유도하는데 직접적으로 행위를 했는지 아니면 다른 방법을 사용했는지, 만일 환자가 죽도록 허락되었다면 비통상적 치료 장치를 제거했기 때문인지 통상적 치료 장치를 제거했기 때문인지, 의미 있는 치료중단인지 무의미한 치료중단으로 인한 것인지와 같은 다양한 물음이 포함되었다.3)

안락사의 주제에는 이와 같이 다양한 물음과 해석이 함축되어 있지만, 본고에서는 한국에서 일어났던 안락사 논쟁들을 사례 중심으로 살펴봄으로써 그 사례들이 우리 사회에 시사하는 것이 무엇인지 검토해 보고자 한다. 우리나라에서는 이미 1990년대에 들어서면서 안락사에 대한 다양한 논의가 진행된 바 있으며 1997년에 있었던 보라매 병원 사건을 계기로 지속적인 논의가 진행되고 있다.4) 그러나 사회 전체의 의견이 수렴된 어떤 정책이나 제도를 구축하지는 못하고 있는 상황이다. 이에 본 논문은 1997년의 보라매 병원 사건과 몇몇 사례들을 중심으로 그 사례들이 함축하는 논의가 무엇인지 밝혀보고자 한다.

본문에서는 먼저 보라매 사건의 개요 및 재판 결과를 검토하였다. 그 후 일반적인 의미에서 안락사의 개념과 정의가 무엇인지 검토하였다. 특히 보라매 사건은 적극적 안락사보다는 소극적 안락사에, 소극적 안락사라기보다는 연명 치료 중단으로 인한 사망이요, 의사의 충고에 반한 퇴원(DAMA)으로 말미암은 사망 사건이었기 때문에 소극적 안락사, DAMA, 연명 치료중단의 주제를 검토하였다. 그 후 이에 대한 각 공동체의 입장이 무엇인지 간략하게 검토하였다. 나아가서 기독교윤리적 관점에서 죽을 권리 혹은 자신의 죽음을 선택할 수 있는 자기 결정권에 대하여 검토하였으며, 죽음을 앞둔 환자의 고통과 두려움을 극복하기 위한 대안으로 호스피스 운동을 제안하였다. 마지막으로 우리 사회에서 일어나는 안락사의 문제는 경제적 문제와 밀접한 관계가 있음을 사례 중심으로 논증하였으며, 정치, 경제적 지원이 시급하다는 것을 지적함으로써 논의를 마쳤다.

우리 사회가 아직은 안락사의 문제에 관하여 만족할만한 사회적 합의를 이끌어내지 못하고 있지만 가까운 시일 안에 적절하고도 합리적인 의견 수렴 과정을 거쳐 정치적으로나 경제적으로 도움이 될 수 있는 정책을 입안하고 실행하여, 안락사로 야기되는 여러 가지 사회문제에 적절하게 대처하게 되기를 기대한다.

2. '보라매 사건'의 개요 및 재판 결과

1) 개요

1997년 12월 4일, 보라매 병원 응급실로 58세의 남자가 119 구급차에 실려 내원하였다. 신경외과 전공의는 뇌 CT를 촬영하고, 우측 측두부 및 두정부의 경막외 혈종이란 진단을 내렸다. 수술 동의서를 받기 위해 환자 가족을 찾았으나 찾지 못했고, 환자를 데리고 온 집주인에게 설명하고 동의서 서명을 요청하였으나 거부당하였다. 상황이 위급하여 동의서 없이 응급 수술을 시행하였다. 수술 중 환자 부인이 도착하자 담당 전공의는 응급 수술을 하게 된 경위, 수술 진행 상태, 수술 후 상태 등을 설명했고 부인은 대체로 이를 수긍하였다. 수술 후 저혈압과 대량 수혈로 인한 파행성 혈관 내 응고증, 간부전증, 급성신부전증 등 여러 가지 합병증이 발생하고 환자의 의식도 회복되지 않아 회복의 가능성이 매우 낮은 것으로 판단되었다.5)

다음 날 오후 환자 부인이 경제적 이유로 더 이상 치료를 할 수 없다며 퇴원을 요구하였다. 담당 전공의는 환자의 상황을 들어 퇴원을 만류하였다. 담당 전문의 역시 퇴원을 만류하였으나, 부인은 동의도 없이 수술해 놓고 퇴원도 마음대로 못하게 한다면서 막무가내로 퇴원을 요구하였다.

더 이상 상호 합의 하에 치료가 가능하지 않다고 판단한 담당 전문의는 담당 전공의에게 현재의 환자의 상황(퇴원 시 사망 가능성 있음)을 환자 보호자에게 다시 한 번 주지시킨 다음 귀가서약서(환자 또는 환자 가족이 의료진의 의사에 반하여 퇴원할 경우 이후의 사태에 대해서는 환자 또는 가족이 책임지겠다는 내용의 각서)에 서명을 받도록 지시하였다. 이 지시에 따라 전공의는 12월 6일 환자 보호자로부터 서명을 받은 후, 당일 오후 2시 병원 구급차로 환자를 퇴원시켰다. 당시 환자는 간이형 인공호흡기의 도움으로 자가 호흡을 하고 있었으나 환자 가족의 요청에 의하여 이를 제거한 후 얼마 되지 않아 사망하였다.

환자 사망 후 환자의 부인은 장례비 보조를 받기 위해 관할 파출소에 사망 신고를 하였다. 그러나 사망 진단서가 없는 상태에서의 경찰 신고는 병사가 아닌 변사 사건으로 처리되어 경찰의 조사를 받게 되었다. 조사를 마친 경찰은 환자의 부인을 살인 혐의로 구속하고 담당의사 3명을 살인죄의 공범으로 기소했다. 이 사건은 올케의 신고로 수사가 이루어졌다고도 한다.

이것이 보라매병원 사건과 관련된 전체 상황이다. 이 사건을 두고 법정이 내린 판결은 다음과 같다.

2) 재판결과

피해자의 처 A는 담당의사의 의학적 충고에 반하는 회생가능성이 있는 피해자의 퇴원을 강청하였으며, 병원 신경외과 전담의사 X는 이를 승낙하여 3년차 수련의 Y에게 피해자의 퇴원을 지시하였고, Y는 이에 따라 퇴원수속을 마치고 1년차 수련의 Z에게 피해자를 집까지 호송하도록 지시하였으며, Z는 피해자를 집까지 동행한 후 피해자 처의 동의를 받아 피해자에게 부착하여 수동 작동 중이던 인공호흡 보조 장치와 기관에 삽입된 관을 제거하여 가져감으로써 피해자를 호흡정지로 사망케 하였다.

검사는 A와 X 및 Y를 부작위에 의한 살인죄의 공동정범으로, Z를 작위에 의한 살인죄의 공동정범으로 공소를 제기하였고, 제1심 법원인 서울지방법원 남부지원 합의부는 A와 X 및 Y에 대하여 부작위에 의한 살인죄의 공동정범을 인정하였으며, Z의 행위에 대해서는 이를 작위가 아닌 부작위로 보고 Z에게 의료행위의 중지(퇴원결정)를 방지할 지위나 의무가 없다는 것을 이유로 무죄를 선고하였다.

A와 X 및 Y는 항소하였고, Z에 대해서는 검사가 항소하였으나, 항소법원에서는 A에 대하여 부작위에 의한 살인죄의 정범을 인정하였고, X와 Y에 대해서는 작위에 의한 살인죄의 방조범을 인정하였으며, Z에 대해서는 검사의 항소를 기각하였다. A는 상고를 포기하였고, X와 Y는 상고하였으며, Z에 대해서는 검사가 항고하였으나, 대법원은 이들 상고를 모두 기각하였다.[6]

이상에서 보듯이 이 사건은 2004년 6월 24일 대법원에서 환자의 퇴원을 허락한 의사들에게 살인방조죄를 인정하고 징역 1년 6월에 집행유예 2년을 선고하여 원심을 확정하는 것으로 판결되었다.

3. 안락사

보라매 사건에 대한 우리의 이해를 돕기 위하여서 먼저 안락사의 개념을 정리할 필요가 있다. 우리 사회에서는 사실 안락사의 논의를 함에 있어 자살, 의사조력자살, 의학적 충고에 반하는 퇴원, 자비로운 살인, 간접적 안락사, 직접적 안락사, 적극적 안락사, 소극적 안락사 등의 용어들을 개념 구분 없이 사용하기 때문에 오히려 혼란이 가중되고 있는 상황이기 때문이다. 이에 보다 명확한 개념 정의가 필요하다.

1) 개념 및 정의

안락사의 유개념은 '생명 종료'이다. 생명 종료로써의 죽음은 크게 생물학적 기능이 자연적으로 중단되어 죽음에 이르는 자연사와 그 생물학적 기능의 정지에 인간의 간섭이 들어간 비자연사로 나누어진다. 비자연사는 다시 인간의 의도가 들어간 의도적 죽음과 인간의 의도와 상관없이 우연적인 죽음인 사고사로 나누어진다. 안락사는 비자연사에, 그것도 인간의 의도가 들어간 죽음이다. 따라서 안락사는 자연사와 구분되어야 하며, 또 사고사와도 구분되어야 하며, 자살이나 타살과도 엄격히 구분되어야 한다.7)

하지만 우리가 일상적으로 사용하는 안락사 개념은 이런 구분을 충분히 반영하고 있지는 않다. 헬라어 'euthanasia(안락사)'는 'eu(좋은)'과 'thanatos(죽음)'의 합성어 euthanatos로서, 어원적으로는 '좋은 죽음(a good death)' 또는 '행복한 죽음(a happy death)'을 의미하며, 때로는 '점잖고 수월한 죽음(gentle and easy death)'을 의미한다. 웹스터 『새국제사전』(New International Dictionary, 1976)에 따르면, 안락사는 '치유될 수 없는 상황이나 질병으로 커다란 고통이나 어려움을 안고 있는 사람을 아무런 고통을 주지 않고 죽여주는 행위나 관행으로 정의되고 있다. 그러나 이 정의는 안락사 본래의 의미는 잘 설명하고 있지만, 안락사가 어디까지나 환자 자신을 위해, 즉 환자에게 최선의 이익을 베풀겠다는 선의에서 이루어진 것을 설명하는데 있어서는 다소 부족함이 있다. 따라서 안락사는 죽은 당사자의 최선 이익에 의해 동기 부여된 제 3자에 의해 이루어진 의도적인 죽음이라고 정의하는 것이 옳다.8)

 이 정의에 따르면 한 행위가 안락사가 되기 위해서는 그 행위가 반드시 죽음을 당하는 사람의 최선의 이익을 위하는 것이어야만 한다는 것을 알 수 있다.9) 죽임을 당하는 사람의 이익을 위해 행위, 또는 부작위에 의해 죽음을 야기시키는 것이 안락사이다. 즉 안락사를 시행하는 사람이나, 다른 어떤 주변인이 아니라 당하는 사람, 즉 환자의 최선의 이익을 위한 행위 또는 무위로, 의도적으로 야기되는 죽음을 뜻하는 말이라 하겠다. 설령 한 사람을 아무런 고통 없이 죽음에 이르게 한다고 하더라도, 그 죽임이 그 사람의 최선의 이익에 부합하는 것이 아니라면, 예를 들어 그 죽음이 그 사람의 가족의 이익이나 그 사람이 속한 사회의 이익을 위해 수행되었다면 그것은 정의에 의해 안락사라고 말해질 수 없다.10) 그러므로 죽임을 당하는 사람에게 어떠한 이익이 없다면 안락사는 개념상 정의가 성립되지 않는다.11) 결국 안락사는 어디까지나 어원적으로 편안한 죽음을 뜻하며, 환자 본인의 이익이란 선의에서 이루어지는 것으로 정의내릴 수 있다.

 이러한 개념 정의에 근거하여 안락사는 크게 안락사를 시행하는 자의 입장에서 볼 때, 적극적 안락사와 소극적 안락사로 구분할 수 있다.12) 적극적 안락사는 의사나 다른 사람이 환자의 생명을 의도적으로 종결하는 것으로써, 행위자의 적극적 작위가 죽음의 직접 원인이 되는 경우를 말한다. 소극적 안락사는 특별한 조건에서 생명-유지 장치를 보류하거나 제거하는 것을 의미하는데, 때로는 연명 치료 행위의 중단으로 표현된다. 전자는 행위자가 무엇을 적극적으로 행하는 경우를 의미하고, 후자는 어떤 행위를 더 이상하지 않는 것을 의미한다. 한 마디로 말하면 죽이느냐(killing), 죽도록 방치하느냐(letting die)의 개념이라 할 수 있다. 이러한 구별은 주로 영미지역의 법 전통에서 인정하는 매우 보편적인 분류이며, 대부분의 국가에서 특수한 상황을 제외하고는 능동적 안락사는 불법으로, 수동적 안락사는 합법으로 인정하고 있다.13)

안락사를 당하는 당사자의 입장에서 볼 때는 환자의 동의 유무에 따라 '자의적 안락사', '반자의적 안락사' 그리고 '자의와 무관한 안락사'로 구분된다.14) 자의적 안락사는 환자 본인의 자발적 동의가 있는 경우를 말하고, 반자의적 안락사는 반대의사를 표명한 환자에 대한 안락사를 의미하며, 자의와 무관한 안락사는 자신의 의사를 표명할 수 없는 환자를 대상으로 이루어지는 안락사를 말한다.

따라서 안락사란 결국 환자 자신의 '죽음에의 의지'와 시행자인 의사의 '죽임에의 의지'가 결합된 것이라 할 수 있다. 이 두 의지는 다만 자의적/비자의적 또는 반자의적, 적극적/소극적이란 정도상의 구별이 있는 정도이다.15)

2) 소극적 안락사 및 연명유지 치료 중단

환자로 하여금 직접적으로 죽음에 이르게 하는 적극적 안락사와 달리, 소극적 안락사는 말기환자에게 죽음이 명백하게 예상될 때 적극적인 치료행위를 중지함으로써 환자를 죽음에 이르게 하는 방법을 말한다. 소극적 안락사를 행하는 행위자와 당하는 당사자의 관계에서 중요한 것은 '당사자의 의지'이다. 당사자의 '자율성'이 중요하다. 그래서 소극적 안락사의 허용 여부에서 가장 중요한 것이 '인간의 자율성' 개념이다. 인간의 자율성은 언제나 자발적인 '동의'와 관련되기 때문에 자율성은 '동의'를 수

반한다. 질병으로 신체적 고통을 당하고 있는 환자가 안락사 시켜달라고 의사표시를 하였는지, 동의하였는지가 안락사의 도덕성을 고찰하거나 의학적 판단을 내릴 때 가장 중요한 고려 사항이 된다는 말이다. 따라서 안락사의 허용에는 반드시 본인이 안락사를 요구한다는 혹은 안락사를 받아들이겠다는 명시적 동의서가 필요하다. 그러나 이때도 이것만으로는 그 동의가 진정한 동의라는 보증이 되는 것은 아니고, 진정한 동의의 조건은 '충분한 정보'에 의거한 동의여야 한다. 즉 동의자가 동의 능력이 있어야 하고, 동의에 필요한 실질적인 정보의 공개가 있어야 하며, 동의자 본인이 실제로 결정을 내려야 한다.16) 이와 같이 안락사에서 동의 여부를 강조하는 것은 사회가 점차적으로 인간의 자율성을 존중하는 것을 가치 있게 여기기 때문이다.

물론 안락사의 경우 자발성 조건의 충족이 어렵다는 반론이 만만치 않다. 자발성을 단순히 외적인 강요가 없음을 의미하는 것으로 한정할 경우 별 문제가 생기지 않지만, 내적 강요 내지 무형의 강요까지 포함하게 되면 문제가 복잡해질 수 있다. 안락사의 상황에 처한 환자는 이미 육체적, 정신적 고통을 참기 어려운 처지에 놓여 있고 이미 담당 의사로부터 사망 선고를 받은 상태이다. 이 경우 환자 본인이 냉정하게 이성적 판단을 내리기는 쉽지 않다. 또한 자신의 죽음을 지켜보는 가족들의 상황도 환자에게 무언의 강요가 될 수 있다. 자신의 고통을 지켜보면서 아파하는 가족들의 비애, 자신의 입원으로 인해 가중되는 가족들의 경제적 부담 등이 하나의 강요로 작용할 수 있다. 따라서 비록 그 환자가 동의 능력을 지닌다 해도 이런 내적 강요는 그로 하여금 합리적인 판단을 불가능하게 만들 수도 있다. 따라서 환자의 안락사 동의가 단순한 감정적 선택인지 아니면 심사숙고한 후 내린 합리적인 판단인지를 판가름할 수 있는 안전장치가 필요하다.

충분한 정보에 의거한 동의요소에 준해서 일반적으로 제안되고 있는 그 안전장치는 일반적으로 다음과 같이 논의된다. 17)

첫째, 의사는 환자에게 환자의 질병과 관련된 모든 의학적 사실을 고지해야 한다.

둘째, 환자의 동의는 일정한 기간-예를 들어, 약 10일-을 두고 몇 차례-적어도 3회 정도- 거듭 확인하여야 한다.

셋째, 환자의 동의표현은 안락사 윤리위원회 위원 전부가 입회한 가운데 이루어져야 한다.

넷째, 환자의 동의표현에는 환자와 이해관계를 갖는 당사자가 참석하여서는 안 된다.

다섯째, 환자의 질병에 대해서도 가능한 한 3명 이상의 의사로부터 치료가 불가능하다는 진단이 있어야 한다.

한편 소극적 안락사와 관련하여 심각한 논쟁을 일으키는 것이 동의 능력이 결여된 환자의 경우이다. 과거에는 의사결정능력을 가지고 있었지만 지금은 사고나 실병, 노령으로 인해 의사결정능력을 상실해 버린 경우가 그러하다. 이 경우 환자의 대리인이 누구이어야 하는가의 문제가 발생하게 된다. 대부분 부모나 자녀 혹은 의사나 담당 변호사가 환자의 대리인이 될 수 있지만, 특수한 경우에는 이들이 환자의 생사와 상당한 이해관계를 가질 수 있기 때문이다. 극단적인 경우, 자발적 동의는 말뿐이고, 사실상 반자의적인 타살의 경우도 생길 수 있다. 또 어떤 경우는 환자가 혼수상태에 빠져 자발적으로 동의할 수 없는 상황도 있다. 이 때는 전적으로 가족의 의사표시에 따라 연명 치료의 지속 또는 중단 여부가 결정된다.

우리가 다루고 있는 보라매병원 사건도 이와 관계가 있는데, 보라매병원 사건은 환자의 자발적 동의가 없는 상태에서 이루어진 치료중단이었고, 그에 대해 법적 책임을 물음으로써 파장을 일으켰던 사건이다. 우리는 이 사건으로부터 두 가지 사항을 고려할 필요가 있다. 첫째는 환자 동의와 무관하게, 특히 의사의 충고에 반한 퇴원으로 인해 환자가 사망한 경우 그 상황에서 과연 사망의 책임을 누구에게 물어야 하는지이다. 둘째는 연명치료 중단을 어떻게 보아야 하는가의 문제이다. 이 두 물음을 물음으로써 우리 사회에서 일어나는 안락사 사건의 의미를 제대로 파악할 수 있을 것으로 기대된다.

첫번째의 물음을 염두에 두고, 이 사건은 환자의 동의 여부와는 전혀 무관한 사건으로써, 환자의 자발적 의지가 아니라 주변 가족들의 의지에 의해 환자를 담당하고 있는 의사의 치료 철회가 발생하였다. 따라서 보라매병원 사건은 환자 자신의 자의와는 무관한 '비자의적 소극적 안락사'로 유형 분류할 수 있다. '비자의적 소극적 안락사'란 환자의 의사를 확인할 수 없는 경우에 소극적 수단을 통해 환자의 죽음을 야기하는 것을 말한다. 그러나 이 사건은 의사가 작위나 부작위의 행위를 한 것이 아니라 퇴원을 만류했음에도 불구하고 환자의 가족의 요청에 의해 이루어졌다는 점에서, 환자의 고통을 덜어주거나 환자의 이익을 위한 결정이 아니었다는 점에서 환자의 죽음이 환자의 최선의 이익에 부합되어야 한다는 안락사의 정의를 만족시켰다고 보기 어렵다. 또한 의사측이 환자를 안락사 시켰다고 말하기도 매우 어렵다. 결국 이 사건은 일차적으로 담당의들이 퇴원을 반대했음에도 불구하고 가족의 요구에 의해 퇴원을 결행하였다는 점에서 소극적 안락사로 정의하기 보다는 '의학적 충고에 반한 퇴원(DAMA)'으로 보는 것이 더 적절하다.

의사의 충고에 반한 퇴원으로 환자가 사망하였을 경우 우리 법에서는 이 책임을 의사와 가족 모두에게 묻는다. 대개 의사가 환자와 자율적인 계약관계를 맺었을 경우, 환자의 자율성에 입각하여 퇴원하였을 경우, 그리고 그 환자가 사망에 이르렀을 경우 의사에게 도덕적 책임을 물을 수 없는 것으로 판단되지만,18) 보라매병원 사건에서는 환자의 자율성에 입각한 퇴원이 아니었으며, 의학적 충고에 반한 퇴원이었고, 이로 인하여 환자가 사망하였기 때문에 사법부가 살인죄를 적용, 유죄판결을 내림으로써 그 책임을 의사에게 물었다. 물론 가족도 그 책임을 지는 것으로 판결되었다. 이러한 판결은 그간 이러한 관행을 오랜 동안 유지해왔던 국내 의료계 전반에 커다란 파장을 불러일으켰다. 의사가 환자의 죽음에 적극적으로 개입한 행위가 법적 제재를 받음으로써 전문가의 자의적 판단을 위축시켰고, 그러한 법적 판단이 내려지자, 의료진들이 더 이상 회생 불가능한 환자를 치료하려하지 않는 치료 중단 행위를 선호하게 된 것이다.

이 사건에서 법원은 DAMA로 인한 사망 사례를 생명과 관련한 법으로 판결하였다. 이 때 법원에서 가장 중요하게 생각한 것은 환자의 '회복가능성'이었다. 환자가 회복될 가능성이 있었느냐 없었느냐 하는 것을 핵심 물음으로 두었고, 법원 쪽에서는 환자의 회복 가능성을 전제하여 의사나 부인의 위법성을 물었다. 법원에서는 초기 수술 담당자가 초기에 수술이 잘 되었다고 말했으며, 이후 재판과정에 나와서는 소생불가능하다고 말을 바꾸었다는 사실로 미루어, 그리고 수술 후 35시간 후에 호흡기를 뗀다는 것은 살인과 무관하다고 말할 수 없기 때문에 이 사건을 살인에 관한 판결인 '살인방조죄'로 판결 내렸다. 이 같은 판결은 일정한 행위(작위/부작위)가 있고 그 행위가 생명 단축을 가져오는 경우라면(즉 인과 관계 혹은 결과 귀속이 인정된다면) 그 행위는 허용하지 않는 법원의 기본적인 논리를 따른 것으로 볼 수 있다.

물론 이와 같은 법원의 판결에 대하여 의료계는 반발하였다. 당시 환자는 의식불명이었으며 보호자를 찾을 수 없어, 응급치료의 필요성에 따라 환자 혹은 보호자 동의 없이 담당의사는 수술을 시행하였다는 사실, 의사가 의학적 이유를 들어 퇴원을 만류하였음에도 불구하고 환자 부인이 강력하게 요청하여 환자를 퇴원시켰다는 사실을 강조하면서 의사가 결코 환자의 죽음을 의도적으로 야기하지 않았음에도 불구하고, 담당 의사를 살인 방조죄로 판결한 것에 이의를 신청하고 "환자 치료에 최선의 노력을 다한 의사가 살인방조죄라는 판결을 받았다"라면서 강하게 반발하였다.19)

DAMA를 살인방조죄로 판결한 것과 관련하여 우리는 환자의 가족들이 의사의 충고에도 반하고 퇴원을 서두를 수밖에 없는 현실 상황에 관심을 둘 필요가 있다. 왜냐하면 대부분 이런 경우는 환자의 가족들이 겪어야 하는 경제적 부담과 관련이 있기 때문이다. 따라서 말기 환자의 치료와 관련하여 국가에서 말기 환자를 둔 가구의 부양부담을 원조하는 정책을 마련할 필요가 있다고 생각한다.

다시 사건과 관련하여 우리는 '무의미한 연명 치료의 문제'를 검토하고자 한다. 사실 우리 사회에서는 소극적 안락사는 물론이고 '무의미한 연명 치료 중단'의 문제에 있어서 어떤 일관된 합의나 정책을 가지고 있지 못한 상황이다. 물론 이미 우리나라에서도 연명 치료 중단에 대한 공감대가 확장되고 있으며, 이에 대한 사회적 합의가 전제될 경우에 이를 적극 검토할 필요가 있다는 주장도 제기되고 있는 상황이긴 하지만 말이다.

무의미한 치료란 환자의 예후나 삶의 질에 거의 도움이 되지 않는 치료들을 의미한다. 그러나 실제로 무엇이 무의미한 치료인가에 대해서는 의견이 갈라질 수 있으며 특히 진료비와 관련되어 있을 때는 더욱 그러하다. 무의미한 치료와 비슷한 개념이 비통상적/통상적 치료인데, 말기 암환자에게 수액 공급 등을 하여 탈수를 방지하고 고통을 완화시키는 것은 통상적 치료라 할 수 있으나 큰 효과를 기대하지 못하면서도 새로 개발된 항암제를 투여해보는 것은 비통상적 치료라 할 수 있다. 따라서 소극적 안락사와 무의미한 치료 중단을 구별하자면 다음과 같이 차이가 있음을 알 수 있다. 소극적 안락사는 죽음의 원인이 의사가 어떤 행위를 하거나 하지 않는 것, 혹은 유익한 치료를 중단하는 것과 관련이 있는 반면, 무의미한 치료 중단은 질병 자체 때문에 죽는 것을 의미하며, 나아가서 환자에게 고통을 주는 행위를 중단하는 것을 의미한다. 소극적 안락사는 정상적인 죽음의 과정을 앞당기려는 의도를 가지고 있는 것인 반면, 무의미한 치료 중단은 자연스런 죽음의 과정을 거치도록 도와주는 것이다.20)

　이와 같은 연명 치료 중단 논의는 무엇보다 치료과정이 죽음의 연장이 아니냐는 물음과 관련이 있다. 즉 회복 가능성이 전혀 없는 환자에게 단순한 생명연명 조치에 불과한 의료행위를 그만둠으로써 최소한 인간의 품위를 유지하면서 자연적인 죽음을 맞게 하는 것이 옳지 않느냐는 물음과 관련이 있다. 최근 연명 술이 발달로 과기 같으면 의레히 사상하였을 환자가 생명이 유지되는 예가 증가하는 것을 보면서 무의미한 생명의 연장보다 인간의 '존엄성'이 더 중요한 것이 아니냐를 묻는 것이다. 이 입장을 주장하는 자들은 인간의 품위를 지키기 위해 무익한 생명연명장치를 제거하는 것을 일종의 '존엄사'로 이해한다. 이들은 사람의 생명은 단지 생명이기 때문에 가치 있는 것이 아니며, 생물학적 견지에서의 생명연장은 의미가 없고, 인간에게 있는 정신적, 인격적 삶을 실현하는 능력이 있기 때문에 의미가 있고 존중되는 것이라고 생각한다. 이들의 주장은 곧 환자의 죽을 권리를 주장하는 것으로 볼 수 있다.

　보라매 사건이 여러 가지 파장을 일으켰던 것은 우리 사회가 아직 연명 치료 중단에 대한 어떤 합의점을 갖고 있지 못하기 때문이다. 따라서 우리 사회는 이후 보다 진지하게 연명 치료 중단의 문제를 논의하고, 이에 대한 사회 각계의 의견 수렴 과정을 거쳐 이로 인해 발생할 수 있는 사회문제에 적절히 대처할 수 있는 방안을 마련하는 것이 절실하게 필요하다. 그다지 만족할만하지는 않지만 우리 사회의 각 공동체들의 입장은 다음과 같이 표명되고 있기에 참고하고자 한다.

4. 각 공동체의 입장[21]

우리 사회에서 일반인들은 대개 적극적 안락사의 시행은 반대하지만, 정상적인 죽음의 과정을 앞당기는 것 같은 소극적 안락사는 현재 병원에서 진행되고 있는 상황이니까 법적으로 허용하는 것도 괜찮다고 생각한다. 그러나 우리 사회에서 필요한 것은 단순하게 안락사를 허용할 것이냐 말 것이냐 하는 원칙론적 논쟁이라기보다는, 소극적 안락사와 무의미한 치료 중단에 관한 논의가 일어나는 의료현장에서 발생하는 현실 인식과 그에 기반한 사회 전체의 합의를 마련하는 일이다.[22] 궁극적으로는 말기 환자를 부양부담해야 할 가족 구성원들을 사회가 제도적으로, 정책적으로 보조할 수 있도록 도울 수 있는 논의를 해야 할 것이다. 가족의 부양부담을 고려하지 않은 채 진행되는 논의는 철학적이고 원칙론적인 것에 머무를 가능성이 많기 때문이다.

각 공동체의 입장이 이러한 논의들을 충분히 반영하고 있는지 분명하지는 않지만 그럼에도 불구하고 대략 공동체가 취하고 있는 입장들을 살펴보면 다음과 같다.

첫째, 대한의사협회의 입장이다. 대한의사협회는 소극적 안락사를 허용하는 입장에 가깝다고 볼 수 있는데, 2001년 4월 12일 의사의 역할과 의무 등을 규정한 60여개 항의 "의사윤리 지침안"을 마련하였다.23) 이 윤리지침 26조항은 "회복이 불가능한 환자에 대해 환자 또는 가족들의 자율적 결정에 따라 문서로 치료중지를 요청할 경우 의사는 이를 받아들일 수 있다"고 규정하고 있다. 또 환자측 가족 등이 소생 불가능한 것으로 판단해 심폐소생술 등의 중단을 요청할 경우에도 응할 수 있도록 하고 있다. 이는 약물주입 등으로 생명을 단축하는 '적극적 안락사'는 금지조항을 명시하여 반대하지만, 치료를 중단하는 '소극적 안락사'는 어느 정도 허용하고 있음을 의미한다.

결국 협회는 그동안 의학적으로 회복이 불가능하다고 판단된 경우, 환자나 가족의 자의(自意)퇴원이나 치료중단 요구 때문에 숱한 갈등이 빚어졌음을 인식하고 있으며, 윤리지침을 통해 의료계 내부 합의를 이뤄내고, 법적으로 보완하는 방법을 고려하고 있는 것으로 보인다. 이는 의료계가 무의미한 연명 치료를 중단해야 한다는 입장을 지지하는 것으로 해석하는 것으로 볼 수 있다. 의료계는 20세기 후반 의료기술이 발달하면서 많은 생명을 살릴 수 있었지만, 치료가 진행되면서 환자가 소생하기보다는 단지 사망을 늦추는 역할만 하고 있다는 것을 분명히 알고 있고, 의사들은 그것이 무의미한 치료임에도 불구하고 그것을 중단할 수 없는 상황에 놓여 있다는 것을 알고 있는 것이다. 그러므로 가족들이 이런 치료가 필요 없다고 판단할 경우에는 결국 무의미한 연명 치료는 중지할 수 있어야 한다는 것이 의료계의 입장이라 할 수 있겠다. 의료계의 이런 입장을 놓고 사회의 각 공동체는 충분히 숙고하고 토론함으로써 사회 전체의 성숙한 논의를 마련해야 할 필요가 있다.

둘째, 한국기독교총연합회와 한국기독교생명윤리위원회는 안락사는 적극적이든 소극적이든 명백한 살인행위라고 보면서 반대하는 입장을 취하고 있다.

셋째, 한국 천주교의 입장은 무엇보다 교황청 신앙교리성이 1980년 5월에 발표한 "안락사에 관한 선언"에 잘 집약되어 있다. 이 선언에서는 안락사를 "모든 고통을 제거하려는 목적으로, 그 자체로 그리고 의도적으로 죽음을 야기시키는 작위 또는 부작위"로 정의하면서, "자기 자신을 위한 것이든 아니면 자기가 돌보는 다른 사람을 위한 것이든 어느 누구도 이러한 살인행위를 요청할 수 없고 명시적으로나 함축적으로 동참할 수 없다. 어떤 권위라도 그러한 행위를 합법적으로 권고하거나 용인할 수 없다. 그것은 하느님의 법을 침해하는 문제이고 인간 존엄성에 대한 모욕이며 생명을 거스르는 범죄요 인간성에 대한 공격"이라고 정의함으로써 반대하는 입장을 분명히 나타내고 있다.24)

한국 천주교회가 소극적 안락사의 합법화까지 반대하는 이유는 소극적 안락사를 허용할 경우 적극적 안락사의 허용 논란으로 이어지지 않을까 하는 우려와 함께, 소극적 안락사가 합법화될 경우 그것이 환자의 생명권보다는 살아있는 이들의 편의 위주로 남용 내지 악용될 가능성이 있다고 생각하기 때문이다.25)

넷째, 법조계의 입장을 들 수 있다. 법조계에서는 1996년 당시 서울지검 서부지청 김영철의 박사학위 논문 "프라이버시권의 형사법적 보호에 관한 연구"(건국대학교 대학원)에서 "인간은 누구나 자신의 결정으로 존엄하게 죽을 권리를 갖고 있다"고 주장함으로써 안락사 논쟁을 유발시켰다. 동일한 시기에 고려대학교 법학과 이상돈은 『안락사와 의사의 생명유지의무:안락사의 절차적 정당화』에서 현행법체계가 안락사를 법적으로 정당화하기 위해서는 첫째, 환자의 자기결정권이나 가족의 처분권을 다른 것보다 '더 우월한 권리'로 인정해야 한다는 것, 둘째, 구체적인 사안에서 그러한 우월한 권리가 존재하는지는 법원이 판단해야 한다고 주장함으로써 안락사의 문제를 절차주의 방법론에 의해 접근할 것을 주장하였다.26)

법조계에서 가장 최근에 입장 발표한 안락사 관련 논의는 대구지법 박영호 판사의 주장이다. 그도 소극적 안락사의 허용을 주장하였다. 2006년 6월 2일 대구시 기독의사회가 주최한 "연명 치료, 어떻게 생각하십니까?"라는 주제로 열린 심포지엄에서 '테리 시아보 사건과 보라매병원 사건을 통해서 본 소극적 안락사' 라는 논문을 발표했다. 여기에서 그는 "의사결정 능력이 정상인 환자의 간곡한 부탁으로 일정 요건 아래 이뤄지는 소극적 안락사는 개인의 기본권에 의하더라도 당연히 허용돼야 한다."며 소극적 안락사를 지지하였다. "개인적으로는 회복 불가능한 환자의 경우, 건전한 의식이 있을 때 정한 본인의 의사에 따라 불필요한 생명연장 조치를 회피하는 진정한 의미의 소극적 안락사는 아무런 종교적 논쟁거리가 될 수 없다고 본다." "소극적 안락사야말로 인간의 생명에 대한 인위적 조작 자체를 거부하고 자연적인 수명만 그대로 누리겠다는 환자의 의사 표시"이며, "이러한 소극적 안락사가 비종교적이고, 비윤리적이기에 시행되어서는 안 된다는 주장은 세계 각국에서 소극적 안락사를 합법화하고 있는 추세에 비추어 보더라도 문제가 있다."고 주장하였다. 아울러 "특히 미국에서는 생전에 작성한 유언장(Living Will)이 있거나 의사능력이 있는 상태에서 결정한 소극적 안락사를 종교의 자유와 동등한 가치를 가지는 개인의 프라이버시권에서 유래하는 것으로 인정한다."며 "인공적인 생명장치를 떼어 내는 것이 아니라 영양공급조치를 중단하여 사실상 굶어 죽은

'테리 시아보 사건'에 있어서도 연방 법원 판사에 의해 다시 한 번 신중하게 소극적 안락사의 요건이 갖춰졌는지 검토해 달라고 청원하였을 뿐 소극적 안락사를 허용해선 안 된다는 주장이 종교인 사이에 거의 제기되지 않았다."고 설명했다.

이러한 논의는 사실 소극적 안락사가 광범위하게 묵인되고 있는 우리나라 현실과 세계적인 추세에 비추어 볼 때, 아직도 소극적 안락사 인정 여부를 놓고 논란을 벌이는 것은 현실을 외면한 소모적 시비 가림에 불과하다는 것을 지적하는 것이라 하겠다. 물론 우리나라는 아직 생명의 인위적 단축과는 무관하고 오히려 자연적인 사망을 맞는 개념에 가까운 소극적 안락사조차 구체적 논의가 거의 이뤄지지 않고 있는 상태이며, 이러한 상태에서 소극적, 적극적 안락사가 인정될 경우 식물인간 환자의 의사와 무관하게 생명을 안락사라는 미명하에 살인하는 수단이 제공될 가능성이 있지만, 그러나 "인간의 행복하게 살 권리에는 행복하게 자신에게 주어진 수명만을 다할 권리도 포함되어야 한다."면서 "의사결정 능력이 정상적인 상태의 환자의 간곡한 부탁으로 일정한 요건 하에 이루어지는 소극적 안락사는 개인의 기본권에 의하더라도 당연히 허용되어야 한다고 본다."고 주장하였다.27)

이상의 논의들로 미루어 법조계는 소극적 안락사의 절차나 요건에 대해서는 인간의 생명과 관련한 뇌사의 판정이나 뇌사자로부터의 장기적출 등에 관한 절차나 요건 등에 관하여 규정하고 있는 '장기 등 이식에 관한 법률'의 여러 규정을 참고해 환자의 회복 불가능성의 판단에 대한 객관성을 확보하고, 가장 신중하고 확실하게 환자 본인의 안락사 의사를 확인할 수 있는 방법을 마련하며, 그러한 절차나 방법을 위반한 경우에 대한 처벌 규정까지도 마련하여 그 실시요건을 엄격히 할 필요성이 있다고 논의하고 있는 것으로 이해된다. 또한 우리나라에서의 소극적 안락사도 그 허용 요건 및 허용요건 심사를 철저히 해 현재 아무런 기준 없이 암묵적으로 행해지고 있는 소극적 안락사를 모두 공개적으로 통제할 수 있도록 하는 것으로 그 논의의 중심이 옮겨가야 한다는 것과, 소극적 안락사의 논의를 활발하게 진행하여 입법적인 해결책이 제시되어야 한다고 주장하고 있는 것으로 보인다.

다섯째, 소극적 안락사와 관련한 일반인의 입장은 다음 통계에 의하여 유추 가능하다. 연대의대 가정의학교실 유종호 임상 강사가 최근 전공의 176명과 사법연수원생 460명을 대상으로 설문조사를 실시한 조사 통계에 따르면 우리나라 전공의 84%가 "소극적 안락사를 정당"하다고 생각하는 한편, 사법연수원생 81%가 "정당하다"고 응답하였다. 또한 전공의 중 85%는 논란이 일고 있는 안락사와 관련하여, "소극적 안락사는 윤리적으로 정당하다"고 생각하는 것으로 나타났다. 이 같은 견해는 사시에 합격하여 사법연수원에서 교육을 받고 있는 연수원생들도 비슷하여 81%가 "그렇다"고 응답했다. 또한 응답자들은 "안락사를 법제화해야 하는가?"라는 질문에 대해 전공의 160명(91.4%), 사법연수원생 397명(86.3%)이 필요하다고 말함으로써 상당히 긍정적인 입장을 보였다. 적극적 안락사와 관련해서는 사법연수원생 112명(24.4%), 전공의 59명(33.5%)만이 정당하고 응답해 낮은 비율을 보였다.28)

또 다른 갤럽 조사에 의하면 국민 70%가 "소극적 안락사·존엄사에 동의" 하는 것으로 나타났다. 이는 국민들의 과반수 이상이 소극적 안락사뿐 아니라 적극적인 안락사까지 동의하고 있는 것으로 볼 수 있다. 한림대 이인영은 전국 16개 시·도 1,020명을 대상으로 안락사에 대한 국민들의 인식을 조사한 바 있는데, 조사 결과 '고통이 극심한 불치병 환자가 죽을 권리를 요구할 때 의료진은 치료를 중단해야 하는가?' 라는 질문에 과반수가 넘는 69.3%가 동의한다는 응답을 한 반면 동의하지 않는다는 응답은 27.5%였다고 밝힌 바 있다. 또한 국민들은 적극적인 안락사에도 찬성하는 입장이 많았다. '죽음을 요구하는 불치병 환자에게 의사가 약물이나 의료 기구를 사용하여 시술해야 하는가?' 라는 질문에서 50.2%가 찬성한다고 응답하였고, 동의하지 않는다는 입장은 39.1%였다. 아울러 '환자가 의식불명이 될 경우를 대비해 미리 사전의 치료거부 또는 치료중단의 의사표시를 한 경우 이를 존중해 줄 것인가' 라는 존엄사에 대한 질문에는 70.8%가 찬성 입장을, 25.3%가 반대 입장을 표명했다.29)

이러한 논의를 종합하여 볼 때 연명 치료 중단을 실정법으로 허용할 경우 오남용으로 인한 억울한 죽음이 많이 발생할 것이라는 우려가 있음에도 불구하고 우리 사회의 여론은 회복가능성이 없는 환자가 자기 의사결정에 따라 인간다운 죽음을 맞이할 수 있도록 무의미한 연명 치료 즉 존엄사는 허용해야 한다는 쪽으로 기울고 있다고 볼 수 있다.

여섯째, 이와 같은 의견은 정치권에서도 반영되고 있다. 우리나라 보건복지부는 어떠한 경우에도 환자의 건강과 생명은 인위적으로 훼손되어서는 안 되며, 현행법에 위배된다는 입장을 취하고 있지만, 국회 보건복지위원회 소속 한나라당 안명옥 의원은 2006년 3월 '불합리한 연명 치료 중단을 허용하는 내용의 의료법 개정안'을 의원 9명의 서명을 받아 발의하였다. 개정안은 환자 등의 치료 중단 요구가 있거나 의학적 기준에 따른 치료 중단이 필요하다고 판단되는 경우, 중앙(지방) 의료심사조정위원회 심의, 결정에 따라 환자의 연명 치료를 중단할 수 있도록 하고 있다. 다만 의료심사조정위원회가 환자의 계속 치료를 결정하고 또 연명 치료를 위해 경제적 지원이 필요한 경우에는 응급의료기금의 재원을 통해 지원할 수

있다고 하였다.30)

이러한 논의를 볼 때 우리는 정치권에서도 소극적 안락사와 관련한 문제에 관한한 법 개정의 필요성을 충분히 인식하고 있음을 알 수 있게 되었다.

이제까지 살펴본 바 각기 다른 공동체의 입장들은 전체적으로는 소극적 안락사를 허용하는 쪽으로 기울어지고 있음을 알 수 있다. 그러나 이 문제는 생명경시 풍조와 존엄사라는 양날의 칼을 지닌 사안으로 아직까지 관련 의료계, 종교계, 생명윤리학계 등의 논란이 접합점을 찾지 못한 채 난항을 거듭하고 있는 실정이다. 이런 상황에서 우리는 사회적 합의를 일구어 내기 위하여 몇 가지 주제들을 기독교윤리적 관점에서 고찰하고자 한다.

5. 사회적 합의의 형성을 위한 기독교윤리적 고찰

1) '죽을 권리'

보라매 사건에서 보듯이 우리 사회는 생명과 죽음의 문제에 관련하여 각기 서로 다른 입장에서 의무와 권리를 해석한다. 사실 안락사는 각기 다른 의무와 권리가 충돌함으로써 야기되는 문제라 할 수 있다. 좋게 죽어야 하는 우리의 의무와 우리를 살아남도록 도와야 하는 다른 사람들의 의무, 환자의 고통을 덜어주어야 할 의사의 의무와 환자가 원하지 않는 치료를 하지 말아야 할 의무 사이에서 사회적, 문화적, 종교적 가치들이 갈등하기 때문에 논쟁이 생긴다. 또한 회생이 불가능한 환자일지라도 1%의 생존 가능성이 있다면 끝까지 최선을 다해야 하는 의사들의 기본의무31)와 죽음의 과정을 연장시키는 치료에 대해 모든 경제적 부담을 져야하는 남은 가족의 의무가 서로 갈등을 일으켜 논쟁이 생기게 된다.

이들 다양한 의무들이 때로는 상충하기도 하고, 때로는 일치하기도 하는데, 보라매병원 사건은 환자를 무조건 끝까지 살려야 한다는 주장을 함으로써 병원측과 환자측 사이에 분쟁이 발생하였다. 회생이 불가능한 것으로 보이는 환자의 경우 병원에서 지속적인 치료를 하려 할 때, 가족 입장에서는 병원이 환자를 볼모로 잡고 치료비를 벌어들이려는 것으로 오해하였고, 의사의 입장에서는 생명의 유지라는 자신의 기본적 의무를 저버릴 수 없기에 환자나 그의 가족이 요구하더라도 그 생명을 끝낼 수 없다는 보수적인 입장을 띠면서 치료중단을 거절하였다. 그러나 결국에는 가족의 요청을 수용함으로써 DAMA를 결정하였고, 그로써 살인방조죄를 짊어지게 된 것이다.

이와 같이 다양한 의무가 충돌할 때 가장 중요한 것은 생명유지의 의무이다. 좋게 죽어야 하는 의무를 말하는 것은 죽어가는 순간에도 인간으로서의 존엄성을 지켜야한다는 논리인데, 그가 설사 고통으로 인하여 바깥에서 보기에 비인간적인 상태에 떨어져 있다 할지라도 그의 존엄성이 상실된 것으로 볼 수는 없기 때문이다. 극심한 치매를 겪고 있다 할지라도, 혹은 자신의 몸을 혼자 가눌 수 없어 외부의 도움에 의지하지 않을 수 없는 상황이라 할지라도 그의 인간으로서의 존엄성은 박탈되지 아니하기 때문이다. 또한 환자의 고통을 덜어주어야 하는 의사의 의무도 생명 유지의 의무보다 우선할 수는 없다. 현대는 의학이 발달하여 고통의 98%까지 완화시킬 수 있다고 한다. 따라서 고통을 덜어주기 위한 의무를 수행하기 위해서는 생명을 단축시키는 것이 아니라, 다른 방법을 찾는 것이 옳다고 생각한다. 여기서 본인이 생각하는 다른 방법은 호스피스 운동이다. 이에 대해서는 뒷부분에서 논의될 것이다.

한편 이 문제는 권리문제의 연장으로 생각되어야 한다. 안락사에는 의무의 충돌 외에 권리문제도 함축되어 있다. 일반적으로 안락사의 정당성은 죽어가는 환자가 그 과정에서 가지는 죽을 권리를 주장하는 것과 관련이 있는데 환자가 가능한 한 고통 없이 존엄하게 죽고 싶다는 권리, 죽을 시기와 방법을 결정할 수 있는 권리, 그리고 원한다면 의사의 도움으로 편안하게 죽을 수 있는 권리가 그것이다.32) 이 권리를 주장하는 사람들은 소위 이러한 죽음을 '위엄 있는 죽음'이라고 생각한다.33) 인간은 단지 살아 있다는 것만으로는 의미가 없으며, 오히려 자유 의지와 이성을 지닌 인격체로서 자기의 생존 또는 행위의 의미를 이해하고 자유롭게 자기 나름대로의 삶의 방법을 선택할 수 있다는데 의미가 있다는 것이다. 인간은 살 권리가 있듯이 죽을 권리를 가지며, 이러한 이유로 무의미한 생물학적 생명만을 연장시키는 의료 행위의 실시에 대해 거부할 자유도 있다는 것이다. 이들은 선택의 권리 혹은 자유의 권리를 인간 본연의 권리로 생각하기 때문에 사람은 누구나 육신을 버리고 죽음을 택할 수 있으며, 만약 어떤 환자가 그 권리(여기서의 권리란 치료서부권을 의미함)를 행사하려 한다면, 의사들은 그에 대한 모든 치료를 중단해야 한다고 주장한다. 즉 치료를 거부할 수 있는 환자의 권리가 의사의 행위를 결정한다고 본다.34)

이러한 입장에서 우리 사회에서도 실제로 죽음을 선택할 수 있는 권리를 주장한 사례들이 많이 있다. 그 가운데 하나는 국내 유명대학교 철학교수인 A환자(43세/남)의 경우이다. 그는 2001년 경 우측 수부의 위약, 양특상지위약 증상을 시작으로 2003년 2월 경부터 양하지의 근력약화가 진행되었으며, 2004년 5월 경에는 H병원 신경과에서 근위축성측색경화증 진단을 받았다. 이후 환자는 호흡곤란이 더욱 악화되어 2004년 8월 경 기관 절개술을 한 후 인공호흡기를 달고 생활하였다. H병원에서는 환자의 처에게 'A가 더 이상의 치료법이 없고, 길어야 2~3달 남은 여명까지 단순히 인공호흡기 치료만 필요하다' 는 사실을 알렸고, 이를 전해들은 A는 치료중단을 적극적으로 요구하기 시작하였다. 그는 인공호흡기를 제거하고, 편히 죽을 수 있도록 진통제를 투여하여 달라고 요구하였다.

결국 H병원 의사들은 인공호흡기를 제거하고 진통제를 투여하여 달라는 환자의 자기결정권을 존중해 주어야 하는가하는 문제에 직면하게 되었다.35)

위의 사례는 죽음을 택할 수 있는 권리를 주장하는 입장과 법의 보호를 받지 못하는 상태에서 환자의 죽음을 도울 권리가 없음을 주장하는 의료인의 입장이 극명하게 충돌하는 상황인데, '죽을 권리' 혹은 '선택할 권리' 와 '죽음을 도와줄 의무' 가 갈등을 빚는 상황이다. 그러나 이 사건은 죽을 권리36)이냐 아니면 살 권리37)이냐를 선택해야 하는 것으로 이해하기 보다는, 의사들의 환자에 대한 치료 의무와 관련된 법리적 해석이 포함된 논쟁이라고 보는 것이 더 적절하다. 왜냐하면 의사들은 살아있는 사람을 죽이는 경우에는 작위에 의한 살인으로, 치료를 거부하거나 치료를 중단하여 사망에 이르게 하는 경우는 부작위에 의한 살인으로 책임을 져야 하는 상황이기 때문이다.

그런데 사람에게 정말 죽을 권리가 있는가? 사람이 진정으로 자신의 생명에 대하여 결정할 수 있는 권리가 있는가? 환자의 치료거부권이 절대적 권리인가? 이에 대한 대답은 사회의 집단성이나 종교적 신념에 따라 다를 것이다. 사람의 자기결정권을 논할 때 주로 인간이 본래 자유로운 존재이고, 자유란 근본적으로 의사결정에서 외적인 억압이나 구속이 없는 상태를 의미하며, 자유인으로서 인간은 기본적 권리를 가지고 있으며, 이런 기본권을 우리 헌법이 명시적으로 규정하고 있다는 논지를 편다. 그러나 우리 헌법은 인간의 존엄성과 행복추구에 관해 명시적으로 규정하고 있지만 생명권에 관한 명시적 규정은 없다.38)

환자의 자기결정권이 환자 자신의 고유한 권리이며, 의사는 환자의 자기결정권을 존중해주어야 한다고 볼 수 있지만 이를 기독교윤리적 관점에서 본다면, 치료를 거부할 수 있는 법적 권리는 결과적으로 사람들에게 자살할 수 있는 길을 제공하기 때문에 우리는 이것을 인간에게 주어진 절대적 권리로 해석할 수 없다. 왜냐하면 인간의 생명은 하나님으로부터 창조되었기에 하나님의 영역에 속할 뿐이다. 또한 생명과 관련된 문제를 개인의 가치관이나 경험에 맡길 수는 없다. 인간 생명의 주인은 인간이 아니라 하나님이며, 인간은 하나님의 생명을 충성스럽게 가꾸고 관리하는 생명의 관리자일 뿐이다. 따라서 인간에게는 자신의 생명을 임의로 처리할 수 있는 권한이 없다. 인간 생명과 관련하여서 논의할 수 있는 원칙은 '인간 생명의 존엄성 존중의 원칙'과 '인간 생명에 대하여 악을 행해서는 안된다는 원칙' 뿐이다.

이러한 원칙을 전제로 할 때 우리는 또한 억지로 연장된 삶 속에서 결국 고통스럽게 죽음을 맞이할 운명만큼은 피할 수 있는 권리가 개인에게 있어야 한다는 입장, 즉 자율성을 행사하려는 요구를 수용할 수 없다. 뿐 아니라 이 요구는 무고한 사람을 죽이지 말라는 전통적인 금지 명령과 갈등을 빚기 때문에 더욱 그러하다. 결국 기독교적 관점에서 볼 때 인간에게는 죽을 권리를 가지고 있지 않다고 보는 것이 적절하다. 그러나 죽을 권리를 반대한다는 것이 곧 사회에서 일어나는 모든 안락사를 무조건적으로 반대해야 한다고 말하는 것은 아니다. 기독교적 관점에서 수용하기 어렵다는 이유만으로 무조건적으로 반대하는 것은 규칙 중심의 윤리라는 비난을 받을 수 있다. 무조건적인 반대보다는 죽을 권리를 요구하는 바로 그 상황에 어떤 도움이 필요한지 생각해 볼 수 있다. 즉 죽을 권리를 주장하는 환자의 고통과 가족들의 부양부담을 덜어줄 수 있는 다른 어떤 길을 강구해야 한다. 이 문제에 대한 사회적 합의와 공감대를 형성하고 정치적, 경제적인 제도를 입안하고 시행하는 것이 필요하다는 말이다. 죽을 권리의 주장 속에는 환자가 당하는 엄청난 고통이 있는 것이며, 가족들의 부양부담에 대한 문제가 있는 것이다. 그러므로 이 문제에 대한 가장 적절한 방법은 이 두 가지 문제에 대한 일련의 해결책을 제시하는 것이라고 생각한다.

2) 죽음의 고통과 두려움을 넘어서 - 호스피스 운동

일반적으로 존엄한 죽음을 주장하는 사람들의 내면에는 고통에 대한 불안과 기타 여러 가지 두려움이 혼재해 있다. 죽음을 앞둔 사람들이 느끼는 두려움은 대개 다음과 같다. 첫째, 그들은 자기라는 존재가 말살된다는 것이 도대체 무엇인지 모른다는데 대한 공포가 있다. 죽음이 미지수라는 것에서 오는 두려움이다. 둘째, 사람은 병만 들어도 외롭고 고립되었다는 느낌이 들게 마련인데 하물며 죽어가는 마당인지라 더욱 고독하고 고립감을 느끼기 쉽다. 셋째, 가족과 친지를 잃는다는 두려움이 있다. 넷째, 신체를 잃는다는 두려움이 있다. 신체는 우리 자기상(self-image)의 한 부분이므로 병으로 인해 신체 일부가 변형될 때에는 그 변형에서 오는 기능 상실뿐만이 아니라 자기애적 상실도 함께 오게 된다. 인간은 자기 몸의 변형을 추하게 보기 때문에 그로 인해 냉대 받을까봐 남들에게 보이기를 꺼리게 되며 두려워하게 된다. 다섯째, 신체지배능력을 상실하지 않을까 하는 두려움이 있다. 장기간의 투병과정은 신체지배능력을 감소시키게 마련이며, 특히 정신기능이 침체되었을 때에는 더욱 그러하다. 몸이 말을 안 듣게 되고 의식이 흐려지면 환자는 자신감을 잃고 두려움에 휩싸인다. 여섯째, 동통에 대한 두려움이 있다.39) 이것은 단순히 몸이 아프다는 것 외에 정신적 고통, 불쾌감, 자신이 감당할 수 없는 것 등에 대한 두려움이기도 하다. 마지막으로 주체성 상실에 대한 두려움이 있다. 남들과의 접촉이 두절되면서 환자는 심리적으로 '내가 누구인지 모르는 상태'가 되며, 가족과도 접촉이 뜸해지기 때문에 '내가 누구로 행세해 왔던가를 모르는 상태'가 된다. 또 신체 지배 능력의 상실에다가 의식마저 깨끗하게 유지되지 못하다 보면 이제는 '내가 무슨 존재인지도 모르는' 상태에 이르게 된다. 요컨대 그는 자기주체성을 말살시키려는 위협을 도처에서 받는다.40)

이것이 환자 자신이 가지는 두려움이라면, 환자를 제외한 환자의 보호자인 가족과 그 환자에 대하여 의술을 베풀어야 하는 의사들이 가지는 두려움도 있다. 전자는 부양부담으로 인해 생기는 가족의 두려움이다. 가족들은 환자의 고통에 동참하는 동시에, 치료의 과정이 길어질 경우 발생하는 경제적인 문제를 두려워한다. 경제적인 문제로 환자에게 할 수 있는 치료의 과정을 중단하였을 때 생기는 죄책감을 지울 수 없고, 동시에 언제 끝날지 모르는 치료비를 감당할 수 없는 상황을 두려워할 수밖에 없다. 의사들도 이 두려움에서 결코 자유롭지 않은데, 때로 의사들은 암이 폐와 뼈로 퍼져서 극심한 고통을 겪고 있는 환자들의 통증을 치료하려고 모르핀을 선택할 수 있지만, 의도와 관계없이 그 방법이 환자의 죽음을 유도하게 되는 결과를 야기할 수 있다. 이 경우 그들은 조력자살로 인한 법적 결과를 두려워하기 때문에 적극적인 고통 완화 치료를 기피하게 된다.

결국 안락사의 문제는 죽음을 앞에 둔 이 모든 종류의 두려움과 관련이 있다고 하겠다. 이 두려움을 해결하기 위해 사회는 무엇을 할 수 있는가? 필자는 안락사 문제로 인해 발생할 수 있는 문제를 최소화하는 동시에 인간의 존엄성을 극대화할 수 있는 방안으로 시작된 호스피스 운동이 대안이 될 수 있다고 생각한다. 호스피스 운동은 이 모든 두려움을 간과하지 않는다. 임종에 임박하여 집중적으로 환자를 돌보는 것을 '호스피스(hospice)'라고 부른다. 호스피스란 말기 환자의 육체적, 정신적 고통을 완화시켜 주고 편안한 죽음을 맞이하도록 환자를 돌봄으로써 임종을 앞둔 환자에게 남아 있는 인생을 인간으로서의 존엄성을 잃지 않도록 하고 평온한 죽음을 맞이할 수 있도록 도와주는 프로그램이며 철학이다.[41] 환자의 심적, 정신적 슬픔과 고통을 덜어주려고 애쓰면서 환자가 긍지를 가지고 죽음을 맞이하도록 도와주려는 취지에서 죽음이 임박했을 때, 가족들에게 둘러싸여 인간의 존엄성을 간직한 채 삶의 마지막을 마칠 수 있도록 한다는 점에서 호스피스는 '인간성 회복 운동'이라고도 할 수 있다. 개인적인 관심, 도움 그리고 충분한 고통 경감과 통증을 완화시키는 보살핌의 제공을 강조하면서 시작된 운동이기 때문이다.[42]

호스피스는 신체, 정신, 가족과 사회, 그리고 환자의 영적 측면에 모두 관심이 있으며 의사와 간호사뿐 아니라 사회사업가, 전문 봉사자, 그리고 성직자 등이 한 팀으로 참여하여 환자의 죽음을 돌본다. 즉 호스피스는 의료 본연의 목적에 충실하면서 임종 환자들을 자연스럽고 인간적으로 돌볼 수 있다는 장점이 있다.[43] 그리하여 육체적, 정신적 고통을 극소화시키며 영적 소망을 갖도록 하는 것까지 목표를 두고 있다.

교회가 하나님께서 허락하신 생명을 마지막까지 돌보고 생명의 존엄성을 끝까지 지켜 내야 하는 것을 사명으로 삼는다면, 그리고 임종을 앞둔 고통스러운 환자들에게 영원한 안식을 잘 준비하도록 돕고 힘든 임종의 순간까지 그리스도 안에서 참 안식을 누릴 수 있도록 최대한 배려하는 것을 사명으로 삼는다면 호스피스 운동에 적극적으로 참여할 필요가 있다.

호스피스는 죽어가는 사람들이 마땅히 받아야 함에도 불구하고 흔히 받지 못하고 있는 친절하고 따뜻한 보살핌을 강조한다는 점에서 그러하다. 결국 호스피스 운동은 임종 앞에 서 있는 환자의 자리를 경외의 자리로 바꿀 수 있는 또 하나의 대안이 될 수 있다.

그러나 호스피스는 어느 정도 경제적 여건이 갖추어진 경우에 가능하다. 일반적으로 호스피스가 확대되지 않는 이유는 호스피스에서는 치료를 별로 할 것이 없기 때문에 돈을 많이 벌 수 없다는 데서 있다. 이익을 볼 수 없기 때문에 병원이 그것을 확대하지 않으려 하는 것이다. 그러므로 호스피스 운동은 국가가 지원해야 한다. 정책적으로, 경제적으로 지원함으로써 사회 문제에 적극적으로 대처해야 할 필요가 있다.

6. 경제적 지원과 제도화를 촉구하며

일반적으로 안락사를 허용하고 있는 네덜란드의 경우는 복지가 잘 되어 있어서 의료비로 인해 고민하는 경우는 없다고 한다.44) 네덜란드는 미국을 제외한 다른 모든 산업화된 민주국가와 마찬가지로 전 국민에게 의료보험을 제공하기 때문에, 의료비가 분명히 친척들에게 엄청난 재정적 부담이 될 것이라고 두려워하는 많은 미국인들과 달리, 경제적인 문제 때문에 친척들의 죽음을 앞당기려는 경우는 없다. 그러나 우리나라는 돈이 없어 가족을 위해 죽음을 선택하는 경우가 많기 때문에 현실적으로 안락사를 허용하지 않는 입장을 고수하는 것이 그다지 쉬운 일은 아니다. 이러한 현실은 우리 사회에서 사람들의 관심을 끌었던 다음 몇 가지 사례들에서도 분명하게 나타난다.

사례 1.

2003년 일어난 전아무개의 사례이다. 2003년 10월 27일자 한겨레 기사에 의하면, 2003년 10월 19일에 생활고에 시달리다 전신마비로 누워 있는 딸의 산소 호흡기를 떼어 내 숨지게 한 전아무개가 구속되었다. 이유인즉 희귀병에 걸린 딸의 치료비 때문에 집까지 팔았으나 빚이 5천만원대에 이르러 병원비를 감당하기 어려워 마침내 그 아버지가 산소 호흡기를 떼어 내었기 때문이다.45)

이 사건과 관련하여 서울지법 서부지원 형사1부(부장판사 김남태)는 15일 경추탈골증후군이라는 희귀병을 앓으며 6년간 식물인간으로 지내온 딸의 치료비를 마련하기 어려워 호흡기 전원을 뽑아 숨지게 한 혐의로 구속 기소된 아버지 전모(50)씨에 대해 징역 2년 6월에 집행유예 3년을 선고했다. 재판부는 판결문에서 "치료비 마련을 위해 집을 처분하고 가족 수입으로 더 이상 거액의 치료비를 감당하지 못할 상황일 뿐 아니라 피해자 간병을 위해 다른 식구들의 정상적인 가정생활도 어려운 상황이어서 가정불화가 잦아지자 범행한 것으로 보인다"고 이유를 밝혔다. 이어 재판부는 "아버지 전씨 역시 딸의 죽음을 가슴에 안고 살아가야 할 형편이고 범행 후 정황, 가족관계 등을 참작해 이같이 판결한다"고 말했다.
이 같은 법원의 판결은 지난 2001년 소생할 가망이 없어 환자를 퇴원시킨 보라매병원 의사에게 살인방조죄라는 판결이 내려졌음에도 의사면허를 유지시킨 복지부의 판단과 맥을 같이 하는 것으로 볼 수 있다. 이 판결은 지난 2001년 판결과 상이하게 다른 것으로 사회 전반에 존엄사에 대한 인식이 많이 변화했음을 보여주는 결과라고 볼 수 있다.

사례 2.46)

A환자(82세/여)는 2000년 10월 1일경 유방암 2기 진단 하에 Y병원 일반 외과에서 우측유방절제술 및 피부이식술을 시행 받았다. 수술 후 외래에서 경과 관찰을 하던 중인 2004년 5월경 우측견과절과 폐에 유방암 전이가 발생되어 항암치료 및 방사선 치료를 시행하여 일시적인 증상의 호전을 보였지만 경제적 사정으로 치료를 제대로 받지 못한 결과, 2005년 2월경 결국 호흡부전에까지 이르렀다. 의사들은 향후 A의 여명을 길어야 3~6개월가량으로 진단하였다. A는 2005년 4월 1일경 내과계 중환자실로 이송되어 인공호흡기를 적용받고 의존도가 80%에 이르러 인공호흡기를 떼면 자발호흡이 되지 않아 곧바로 사망에 이르게 될 위험성이 매우 높았다. 그럼에도 불구하고 A는 '살만큼 살았다. 집으로 가겠다.' 면서 퇴원을 강하게 요구하였다. 당시 A의 생활환경을 살피니 남편은 빚에 쏘들려 20여 년 전에 자살하였고, 외동딸도 장애인이어서 생활보조금으로 살아가면서 겨우 간병하고 있었다. 추정컨대 병원비와 장애인 딸의 간병이 부담스럽기 때문에 치료를 포기하려 했던 것으로 추정된다.

이 경우 의사들이 연명이 얼마 남지 않은 A의 자기결정권을 존중하여 치료를 중단, 퇴원시켜 사망에 이르게 할 수 있는가하는 문제가 제기되었다.

사례 1과 2에서 보듯이 연명 치료 중단의 문제는 한 가정의 경제력과 밀접한 관계가 있다. '긴 병에 효자 없다' 는 말처럼 말기 환자를 돌보는 가족이 져야하는 부양부담은 엄청난 고통과 희생을 요구하기 때문이다. 많은 경우 가족이 정상적인 생업에 종사할 수 없게 되어 가정 파탄에 이른다.

안락사를 논의함에 있어 경제적 문제가 생명을 결정지을 수 있는 요인이 되어서는 안 된다는 것이 분명하지만, 회복의 가능성이 없고, 다만 죽음의 과정이 연장되고 있는 경우 가족 구성원의 경제 문제를 완전히 배제한 채 안락사 논의를 진행할 수는 없다. 그러므로 우리는 안락사를 허용할 것이냐, 아니냐 하는 것보다는 환자의 가족들이 겪어야 하는 가족 전체의 고통에 사회가 어떻게 개입할 수 있는가를 고민해야 한다. 즉 우리사회는 의료비의 사회적 책임에 대하여 진지하게 논의하여야 하며, 환자가 짐 되는 일이 없게 의료의 공공성을 개선하는 일을 논의해야 한다. 나아가서 건강보험제도를 개선하는 일과 법적으로 소극적 안락사와 연명 치료 중단에 대한 보다 명확한 관점을 해석해내는 일도 보다 진지하게 논의해야 한다. 특히 말기 환자들을 위한 국가적 지원과 정책적 지원의 필요성은 급박하게 논의되어야 할 문제이다. 돈이 없어 치료를 중단하는 환자의 진료비를 의사나 병원더러 책임지라고 하는 것은 사리에 맞지 않다. 보라매 병원 사건에서 만약 병원이나 환자의 보호자가 의료보호기금이나 응급진료기금 따위를 이용했더라면 그런 불행은 피할 수 있었을지도 모를 일이다. 그러므로 어쩔 수 없이 DAMA를 원하는 환자나 가족들을 위하여 의료보험이나 공적 부조 등의 제도가 정비될 필요가 있다. 제도가 정비되어져야 할 뿐만 아니라 원활하게 운영되어야 한다.

보라매병원 사건은 소극적 안락사의 허용여부, 의사의 행위가 정당한 것이었는지 혹은 법률적 판단이 정당한 것인지에 대한 논의를 일으켰지만 그보다 말기 환자의 병원비에 대한 공적 부담 문제에 대한 공론화 작업을 촉발시키는 것으로 이해하는 것이 바람직하다.

7. 나가는 말

'삶의 질'이 중요한 화두가 되어 있는 오늘날 안락사에 대한 논의들은 다학제적으로 신중하게 검토될 필요가 있다. 이것은 사람의 생명과 관련되어 있는 문제이기 때문이다. 대개 '삶의 질'을 말하는 경우, 인간으로서의 존엄성을 상실한 채 목숨을 그저 연명하는 것보다는 존엄한 죽음을 죽을 권리가 있다고 생각한다. 그러나 삶의 질이 생명을 결정할 수도 없으며, 해서도 안 된다. 물론 '살아있다는 것'과 '생활한다는 것'이 구별될 필요가 있고, 눈으로 보기에도 비참한 상황에서 생명을 인위적으로 연장하는 것이 생명존중보다는 인격모독에 가깝다고 볼 수 있기는 하다. 그러나 그럼에도 불구하고 이 모든 관점은 생명을 기능주의적 관점에서 판단하게 할 가능성이 있다. 기능주의적 관점에서 보면 인간이 어떤 기능을 상실하였을 경우 인간다움을 잃어버린 것으로 판단할 수 있기 때문이다.[47] 이 경우에 식물인간이라든가 심각한 치매에 걸린 노인들, 의식은 있지만 거의 온몸이 마비되어 남의 도움 없이 살 수 없는 중증 장애자 혹은 태어나지 않은 태아들을 인간다운 삶을 살 수 없는 자로 보게 될 위험이 있다.

따라서 안락사의 문제에 대해서는 그것이 적극적 안락사이든 소극적 안락사이든 원칙적으로는 허용할 수 없다고 본다.

그러나 안락사를 반대한다고 해서 모든 논의가 다 끝난 것은 아니다. 우리 사회에서는 여전히 이 문제가 하나의 사회문제로 자리 잡고 있기 때문에 우리는 우리 시대에 논란이 되는 현실 상황을 보다 분명히 인식해야 한다. 우리 사회에서 일어났던 여러 사건들 가운데서도 세인의 관심을 집중시켰던 보라매병원 사건은 의사의 충고에 반한 퇴원으로 인해 환자가 사망하였고, 그에 대하여 의사와 환자가 '살인방조죄'의 판결을 받음으로써 사망의 책임을 진 사례이다. 대개의 사람들은 이 사건을 소극적 안락사의 범주에 두어 소극적 안락사를 허용하느냐 마느냐의 논의를 하는 경향이 있지만, 이 사건은 사실 소극적 안락사의 범주에 속하는 것은 아니다. 환자에게 최선의 이익이 돌아가게 하기 위하여 죽임을 허용한다는 안락사의 정의에 맞지 않기 때문이다. 이 사건으로 말미암아 우리는 우리 사회가 이제 '소극적 안락사'와 '생명 연장 치료 중단'의 문제를 구분할 필요가 있다는 것을 알게 되었다. 이에 대한 명확한 구분과 개념 정의를 함으로써 우리는 한층 더 성숙한 논의를 할 수 있게 될 것이다.

필자는 원칙적으로는 안락사의 시행을 반대하지만, 소극적 안락사나 연장치료중단을 주장하는 입장이 주장하는 바가 무엇인지 충분히 검토해야 한다고 생각한다. 일반적으로 안락사의 허용을 주장하는 사람들은 환자가 당하는 고통의 문제에서부터 논의를 시작하기 때문에 우리는 고통의 문제에 귀 기울일 필요가 있다. 즉 말기 환자가 당하는 여러 가지 고통에 대하여 사회가 제도적으로, 정책적으로 관심을 가지고 도와야 한다고 생각한다. 육체적이고 신체적고통뿐 아니라, 정신적, 심리적 고통과 경제적 고통까지도 고려해야 하기 때문이다. 필자는 고통에 대응할 수 있는 보다 좋은 대응책을 안락사가 아니라 호스피스 운동에서 찾고자 한다. 호스피스 운동은 이 모든 사회 현황을 해결할 수 있는 가장 바람직한 이념들로 구성되어 있기 때문이다.

우리나라의 경우 안락사에 대해 법률적으로 금하고 있지만 증가하는 노인 인구, 만성질환 환자의 증가, 말기환자에서 삶의 질이 강조되고, 인권신장에 따른 의료의 결정에 환자의 참여가 늘고, 제한된 의료설비와 의료 인력의 경제적인 활용 등을 고려해 볼 때 호스피스 운동을 보다 발전시킴으로써 이 문제에 적절하게 대처할 필요가 있다.48)

이를 위해 복잡한 의료현장의 문제를 해결할 수 있는 의료복지 시스템의 구축은 물론이거니와, 임종문제와 관련된 법제도와 의료제도 그리고 저소득층을 위한 의료복지 시스템을 구축해 나가는 것이 절실하다고 할 수 있다.

5 안락사의 주요 사례 분석: 퀸란, 케보키언, 시아보

이경직 ı 백석대학교 교수 (기독교철학과)

1. 들어가는 말

이 글에서 필자는 안락사를 원리적으로 다루기보다, 안락사의 주요 사례인 퀸란과 케보키언, 시아보를 중점적으로 분석하면서, 그 사안에 나타난 윤리적 쟁점들을 검토해 보고자 한다. 안락사의 주요 사례를 분석하는 작업이 중요한 이유 가운데는 최근 생명윤리학의 연구방법론의 변화도 들어간다. 1960년대 기독교윤리학은 원리 중심의 연역적 방법을 주로 사용했다. 예를 들어, 이 방법은 '살인하지 말라'는 원리를 성경에서 찾아낸 후 그 원리를 구체적인 사례에 적용한다. 이 경우 각 사례가 어떤 원리에 비추어 점검되어야 하는가가 중요한 쟁점이 된다. 하지만 의료기술이 비약적으로 발달하고 의료 현장의 상황이 매우 복잡해져감에 따라 생명윤리학자들은 의료 상황이 하나의 윤리적 원리를 단순하게 적용하기에는 매우 어렵다는 사실을 발견했다. 그들은 우선 의료 기술의 발전에 대해 알아야 했으며, 의료 현장의 복잡한 현실에 대해 배워야 했다. 그 결과 의료 현장에서 일하는 전문가들의 목소리가 커지기 시작했으며, 의료현장의 구체적 사례로부터 원칙을 끌어내는 귀납적 방법이 호소력을 갖기 시작했다. 이 방법은 의료 현장에서 시급히 해결해야 하는 문제를 해결하는데 연역적 방법보다 유리했다.

이러한 방법의 차이를 법률에 비유한다면, 연역적 방법은 성문화된 법규를 구체적 사례에 적용하는 것에 해당하며, 귀납적 방법은 기존의 판례를 참조하여 구체적 사례에 대해 판단하는 것에 해당한다. 그러하기에 귀납적 방법은 어떤 사례를 패러다임이 되는 사례로 정할 것인가라는 문제를 해결해야 한다. 특정 사례를 패러다임 사례로 잡을 때 이미 우리는 암묵적으로 어떤 원칙이나 원리를 전제하고 그 사례가 그 원칙이나 원리를 가장 잘 반영하고 있다고 여기기 때문이다.

위와 같이 원리 중심적 방법과 사례 중심적 방법에 각기 장단점이 있기에 두 방법 모두 균형 있게 사용할 필요가 있다. 이 책에서 원리 중심적 방법을 사용한 논문이 있기에 이 글은 사례 중심적 접근을 취함으로써 균형을 유지하고자 한다.

안락사의 주요 사례를 살펴보고 분석하기 전에 우선 안락사 개념을 간략히 살피고자 한다. 퀸란과 케보키언, 시아보의 사례가 모두 안락사에 해당되는지, 또한 어떤 종류의 안락사에 해당되는지 확인하기 위해서이다.

안락사(euthanasia)의 문자적 의미는 '즐겁게, 즉 고통 없이 죽는 일'이다. 그러나 보통 안락사는 '자비로운 살해'(mercy-killing)로 표현되며, 불치병 말기에 고통만 받고 있는 환자의 고통을 줄여주는 약을 사용함으로써 죽음을 앞당기는 일을 가리킨다.1) 환자의 이익을 위한다는 점에서 안락사는 말기환자에게 진통제를 투여하는 일과 같지만, 환자의 죽음을 의도한다는 점에서 그와 다르다. 진통제 투여는 이중결과의 원리(the principle of double effect) 때문에 안락사에 해당하지 않는다. 이중결과의 원리에 따르면, 한 행위는 의도한 결과뿐 아니라 의도하지 않은 결과도 낳을 수 있다. 의사는 환자의 고통을 줄이기 위해 진통제를 투여하지만 환자

의 죽음을 의도하지는 않는다. 하지만 다량의 진통제 투여는 결과적으로 환자의 죽음을 앞당길 수 있다.2)

그런데 안락사는 당사자의 의사에 따라 자발적 안락사, 반자발적 안락사, 비자발적 안락사로 나누어진다. 하지만 안락사를 수행하는 사람의 행위에 따라 적극적 안락사와 소극적 안락사로 나누는 구분이 더 일반적이다. 적극적 안락사는 안락사를 수행하는 사람이 약물 주입 등을 통해 환자의 생명을 단축시키는 행위이며, 소극적 안락사는 죽음의 진행을 막거나 늦출 수 있는데도 방치하는 행위이다. 오늘날 일반적으로 적극적 안락사는 거부되지만 소극적 안락사는 법적으로나 윤리적으로 허용된다. 가망 없는 환자의 퇴원을 병원이 허용하는 경우도 넓은 의미에서 소극적 안락사에 해당하기 때문이다.3)

한국의 경우 소극적 안락사를 둘러싸고 논란이 있다. 의사협회는 가족이 동의하는 경우 가망 없는 환자에 대한 치료를 중단할 수 있도록 해달라는 법을 추진한다. 종교계는 원칙적으로는 소극적 안락사에 반대하지만, 찬성 의견도 들린다. 예를 들어, 한기총이나 한국기독교생명윤리위원회 등은 소극적 안락사에 반대하지만, 이동익(가톨릭대)처럼 의사협회에 동조하는 목소리도 있기 때문이다.4) 또한 뇌사의 경우 산소 호흡기를 제거하는 방식으로 소극적 안락사를 시행할 때 장기이식을 통해 다른 생명을 살릴 수 있는 여지도 있다.5) 물리적 생명의 연장만 절대시하는 것은 인간의 생명을 신과 같이 절대시하는 잘못을 저지를 수도 있다는 지적도 있다.6) 또한 노영상(장신대)처럼 "식물인간에게서 인공호흡기를 제거하거나 말기 암 환자를 강제로 퇴원시키는 것은 안락사가 아니다"7) 라고 주장함으로써, 적극적 안락사만 인정하고 소극적 안락사는 인정하지 않는 학자도 있다.

이러한 상황을 고려할 때 기독교가 안락사를 어떻게 평가해야 하는가 라는 물음은 여전히 다루어져야 할 문제이다. 이 글에서는 안락사의 대표적 사례로 알려진 퀸란, 케보키언, 시아보의 사례를 차례로 다루고자 한다.

2. 퀸란의 사례

1) 사건의 전말

퀸란 사례가 안락사와 관련하여 어떤 의미를 지니는지 파악하기 위해 우선 퀸란 사건의 전말부터 살펴볼 필요가 있다. 카렌 앤 퀸란(Karen Ann Quinlan)의 사례는 안락사 논쟁을 환자의 죽을 권리(right to die)를 둘러싼 논쟁으로 옮겨놓았다는 점에서 중요하다. 퀸란의 부모들은 인간에게는 존엄하게 죽을 권리가 있다는 주장을 통해 소극적 안락사를 정당화하고자 했기 때문이다.

1975년 4월 14일 뉴지지 주에서 낭시 21세로 급격한 다이어트를 위해 48시간 동안 빵 몇 조각만 먹은 후 퀸란은 신경안정제 몇 알을 먹은 후 친구의 생일 파티에 참여하여 알코올을 마시다가 호흡이 정지되어 뇌손상을 입었으며, 지속적 식물상태(PVS, persistent vegetative state)에 빠졌다. 그녀는 뉴턴 메모리얼 병원(Newton Memorial Hospital)의 응급실로 실려 갔다가, 뉴저지 성 클레르 병원(St. Claire's Hospital)으로 후송되어 6개월간 정맥주사와 인공호흡기로 연명하고 있었다. 그녀는 뇌의 모든 인지기능을 잃었으며, 자신과 주변 환경을 완전히 인식하지 못하고 있었다.

담당의사는 인공호흡기가 없이는 그녀가 소생할 수 없다고 판단했으며, 본당 신부는 가망 없는 환자를 비일상적 방법까지 사용하면서 연명시켜야 할 의무를 가톨릭 교회법이 지시하지 않는다고 말했다. 이에 따라 퀸란의 부모 조셉과 줄리아 퀸란(Joseph and Julia Quinlan)은 퀸란이 품위 있게 죽을 수 있도록 인공호흡기를 제거해달라고 요청했으나, 처음에 그들의 의견을 존중했던 담당의사와 병원은 이를 거부했다. 1975년 9월 10일 퀸란의 아버지는 딸의 법적 보호자로 임명함으로써 인공호흡기 제거 권한을 자신에게 달라는 소송을 뉴저지 법정에 냈다.

1975년 11월 10일 뉴저지 고등법원에서 로버트 머이(Robert Muir) 판사는 인공호흡기 제거가 의료적 문제이기에 주치의의 결정에 맡겨야 한다고 판결함으로써 퀸란 아버지의 요청을 거부했다. 국가는 인간 생명을 보존해야 하는 절박한 이해를 지니며, 호흡기를 제거하는 것은 살인이자 안락사 행위라는 이유에서였다. 또한 호흡기 제거 여부를 둘러싼 결정은 의료 전문가의 영역에 속한다는 이유에서였다. 머이 판사는 조셉 퀸란을 카렌의 보호자로 지명하지 않았으며, 법정이 임명한 변호사가 그 보호자 역할을 계속하도록 했다.[8]

하지만 1976년 3월 31일 뉴저지 주 대법원은 입원 병원의 윤리위원회가 승인하는 경우 가족들의 뜻에 따라 산소 호흡기를 제거해도 된다고 판결함으로써 고등법원의 판결을 뒤집었다. 뉴저지 주 대법원은 가망 없는 카렌 퀸란에게 인공호흡기를 거부할 권리가 있다고 보았으며, 그녀의 아버지를 그녀의 권리를 대행할 법적 보호자로 임명했다. 이 판결은 환자에게 생명유지 치료를 거부할 권리가 없다고 여긴 고등법원의 판결을 부정함으로써 안락사 논의에서 사적 자유(private liberty)의 권리를 처음으로 인정하게 되었다. 그 판결에 따르면, 생명유지 치료를 거부할 권리도 사적 자유의 권리에 들어간다.[9] 이 판결에 따라 1976년 5월 23일에 퀸란에게서 인공호흡기를 제거했지만, 퀸란은 식물상태에서 9년 정도 생존하다가

1985년 6월 13일 폐렴으로 죽었다.10)

2) 사건에 대한 평가

퀸란의 사례는 죽을 권리를 환자의 자유권에 포함시켰다는 점에서 논의의 새로운 장을 열었다. 그 전까지 안락사 논쟁은 의사의 행동에 초점이 맞추어져 있었으나, 퀸란 사례를 통해 환자의 의도도 고려사항에 들어가게 되었다. 퀸란 사례는 안락사 논쟁에서 치료 제공자뿐 아니라 치료 수혜자도 고려대상이 되도록 함으로써 안락사 논의 자체를 더욱 복잡하게 만든 면도 있다. 치료를 거부할 헌법상의 권리가 절대적이기 때문이다.

퀸란 사례의 경우 생명을 보존하고 자살을 방지하고 의료직의 성실성을 지킴으로써 국가가 얻는 이익과, 카렌의 삶의 질에 대한 평가(가망 없는 삶을 무의미하게 연장하고 싶지 않다는 소망)가 서로 부딪쳤다. 이는 생명옹호론과 자율적 선택권 옹호론의 갈등이기도 했다. 이와 관련하여 뉴저지 주 대법원은 신체의 손상이 점점 증가하고 회복 가망성이 더 줄어들수록 전자보다는 후자가 더 중요하다고 판결했다. 생명의 끝을 결정할 때 의사의 의료적 판단보다 환자의 개인적 판단을 우선시해야 한다는 판결이라는 점에서 카렌의 사례는 큰 의미를 지닌다. 이 판결을 통해 생명의 끝을 결정하는 권한이 의사들의 고유 영역에서 벗어났기 때문이다. 그렇다고 환자의 의사만 절대적 역할을 한 것은 아니었다. 생명의 끝을 결정하는 일이 윤리위원회라는 제도적 장치를 통해 이루어지도록 했다.11) 달리 말하자면, 카렌 사례는 생명의 끝을 결정하는 일에 있어서 일종의 민주화를 이룬 셈이다. 이는 생명의 끝을 결정하는 데 있어서 이해당사자들이 모두 발언할 수 있는 장을 열어준 셈이다. 카렌의 경우 의료 윤리 문제에 관한 대통령 자문위원회가 구성되어 죽음을 정의하는 일과 생명연장수단을 계속 사용해야 하는지 여부를 결정하는 일을 맡았다. 그 결과 병원에 입원할 때 자신이 예상하지 못한 상황에서 어떤 선택을 할지를 정하는 사전지시(advance directive)를 하도록 하는 법안이 만들어졌다.12)

또한 퀸란 사례는 사전지시(advance directive)를 하지 못한 상태에서, 즉 식물상태에 들어갈 경우 자신의 생명을 끝낼지 여부를 미리 밝히지 않은 상태에서 식물상태에 들어간 환자의 경우 그 환자의 이익과 소망을 대변할 수 있는 법적 대리인이 중요하다는 점을 부각시켰다. 뉴저지 주 대법원은 퀸란을 위해 생명의 끝을 대신 결정할 수 있는 권리를 의료전문가에게 주기보다 퀸란의 아버지 조셉 퀸란에게 주었다. 이는 법적 대리인의 자격과 관련해서 새로운 기준을 제시한 셈이다. 결국 퀸란 사례는 환자의 자율적 선택권을 중요하게 여김으로써 사전지시 제도를 도입하는 계기를 만들었다.

그리스도인은 이 사례를 어떻게 평가해야 할까? 퀸란의 사례에서 뉴저지 주 대법원은 자기운명을 결정할 권리가 인간 자신에게 있다는 전제를 받아들였다. 하지만 그리스도인은 하나님을 생명의 주인으로 여기며 생명의 시작과 끝을 결정하는 권한이 하나님께 있다고 여긴다.13) 기독교의 관점에서 평가해본다면, 퀸란의 사례는 환자의 자율권을 존중해야 한다는 점을 부각시킨 동시에 환자의 자율권을 절대시해서는 안 된다는 교훈도 아울러 주었다. 환자의 자율권과 생명보존의 의무 사이에서 균형을 잡는 일은 구체적 사례들 속에서 계속 고민해야 할 일일 것이다.14)

3. 케보키언의 사례

이제 케보키언의 사례를 살펴볼 차례이다. 앞서 퀸란의 사례는 식물상태의 사람의 생명을 인위적으로 연장시키지 않는 소극적 안락사의 사례였다. 하지만 케보키언의 사례는 치료 불가능한 말기 환자가 스스로 생명을 끊을 수 있도록' 의사가 도와주는 의사조력자살(physician-assisted suicide)과 적극적 안락사가 모두 포함된 사례이다.15) 우선 케보키언의 사례를 제대로 평가하기 위해 그 사건을 구체적으로 살펴볼 필요가 있다. 의사조력자살, 즉 의사가 도와주는 자살은 면허가 있는 의사가 다른 사람이 스스로 목숨을 끊도록 정보나 처방, 또는 장치를 제공하는 것을 뜻한다. 이는 환자를 직접 죽음으로 모는 행위를 의사가 직접 하는 적극적 안락사와는 다르다.16)

1) 사건의 전말

1990년 미국 미시건 주 출신의 병리학자 잭 케보키언(Jack Kevorkian, 1928년생) 박사가 자살기계를 고안했다. 1952년 미시건 주립대학교 의과대학에서 병리학을 전공한 그는 죽어가는 환자에게서 혈액이나 장기를 적출해내는 시점을 알기 위한 실험을 했었다. 그는 사형 집행 직전의 사형수에게 마취약을 넣어 장기를 적출하거나 생체 실험 대상으로 사용할 수 있도록 해야 한다고 주장했다.

이미 1987년 그는 자신을 죽음을 조언하는 의사로 디트로이트 신문에 광고하기 시작했다. 1988년 그는 독일 저널 《의료와 법》(*Medicine and Law*)에 "마지막 두려운 터부: 계획된 죽음의 의료적 측면들"(The Last Fearsome Taboo: Medical Aspects of Planned Death)을 발표했다. 그는 계획된 죽음을 체계화한 자살 클리닉을 제안했다. 1993년 그는 『의료살해 처방: 계획된 죽음의 선』(*Prescription Medicine: The Goodness of Planned Death*)이라는 저서를 출판했다.

그가 고안한 조력자살 방식은 두 가지이다. 첫번째 방식에 따르면, 그는 염화칼륨과 근육이완제를 혼합한 액과 식염수, 진정제가 각기 담긴 세 개의 병을 하나의 쇠막대에 연결한 후 링거 바늘을 통해 생리 식염수를 환자의 정맥에 넣는다. 그 다음 환자는 스위치를 돌려 마취제 시오펜탈(thiopental)을 주사 받은 후 의식을 잃는다. 1분 후에 염화칼륨 용액이 주사되고 환자의 심장이 보통 2분 안에 멎는다. 그는 이 기계를 '멀시트론'(mercitron, 자비 기계)이라고 불렀다. 케보키언의 첫번째 환자인 자넷 애드킨스(Janet Adkins)가 이런 방식으로 죽었다.17)

두 번째 방식은 일산화탄소를 사용한다. 이 방식에 따르면, 계폐식 클립이 달린 일산화탄소 마스크를 쓴 환자는 직접 클립을 조작해서 일산화탄소를 마시고 의식을 잃은 후 몇 분 안에 죽는다. 몇 번의 자살을 도운 후 그는 1991년 4월 27일과 같은 해 11월 20일에 캘리포니아 주의 의사면허와 미시건 주의 의사면허를 빼앗겼기에 그가 고안해낸 방식이다. 그는 이 기구를 '타나트론'(thanatron, 죽음기계)이라고 불렀다.18) 1991년 10월 23일 그의 도움을 받아 죽은 세리 밀러(Sherry Miller)가 이 방식으로 죽었다. 절명하기까지 10분 이상이 걸릴 수도 있기에 보통 진정제 주사나 근육이완제 주사를 먼저 맞는다.

케보키언은 1990년 6월 자넷 에드킨스, 1991년 10월 23일 세리 밀러, 매조리 원쯔(Marjorie Wantz), 1993년 8월 4일 타머스 하이드(Thomas Hyde), 1993년 9월 9일 도널드 오키프(Donald O'Keefe), 1993년 10월 22일 메리언 프레드릭(Merian Frederick), 1993년 11월 22일 알리 칼릴리

(Ali Khalili)를 살해한 혐의로 6차례 기소되었고 4차례 법정에 섰지만 무죄로 풀려났다. 의사조력자살을 금지할 법안이 없었으며, 배심원들은 고통 받는 환자가 인간답게 죽도록 도와주었다는 점에 큰 점수를 주었기 때문이다.19)

1993년 미시건 주 의회가 의사조력자살을 금지하는 법률을 통과시켰지만, 그는 말기환자의 고통을 덜어준다는 사명감을 갖고 이 일을 계속 했다. 그는 인간에게 '품위 있게 죽을 권리'가 있다고 주장했다. 1994년 오리건 주에서 의사조력자살을 허용하는 법안이 통과되었고, 1997년 10월 14일 미국 연방대법원은 이 법안이 부분적으로 합헌이라고 판정했다.20) 1996년 3월 6일 샌프란시스코 연방고등법원이 자살 교사나 자살 방조의 금지가 헌법상의 죽을 권리를 침해한 것이라고 판결한 점도 이에 일조했다. 이 판결은 존엄하게 죽을 권리를 인정했으며, 소극적 안락사와 적극적 안락사 사이에 본질적 차이가 없다고 여겼다.21)

1990년에서 1998년 사이에 미시건 주에서 암이나 알츠하이머 병, 다발성 경화증, 심장병 등 불치병으로 고동 받는 환자 가운데 죽기를 원하는 환자를 매년 10여 명씩 거의 100명을 자살하도록 도와주었던 일명 '죽음의 의사'(Dr. Death) 케보키언은 1998년 9월 17일 미시건 주에서 루게릭병 말기 환자 타머스 유크(Thomas Youk)를 안락사 시킨 과정을 같은 해 11월 22일에 CBS 방송의 '60분'(60 Minutes) 프로그램을 통해 방영함으로써 사법기관에 도전했다. 그는 유크에게 수면제를 먹였으며, 근육완화제를 넣어 유크의 폐기능을 정지시켰으며, 염화칼륨을 주사하여 유크의 심장을 멎게 했다. 이 사건은 미국 내에서 안락사를 둘러싼 찬반 논쟁을 불러일으켰다. 2천 4백만 명이 시청한 이 사건 때문에 같은 해 11월 25일 미시건 주 검찰이 그를 1급 살인, 자살 방조, 통제 약물 소지 혐의로 기소했다. 1999년 3월 26일 그는 미시건 주 법원에서 2급 살인죄로 최소 10년 최대 25년의 징역형을 선고받고 지금 복역 중이다.22) 환자 스스로 마지막 스위치를 눌렀던 이전 사례와는 달리 그가 직접 독극물을 주사해서 환자를 사망시켰기 때문이다.23)

그의 재판은 미시건 주 오클랜드(Oakland) 카운티에서 이루어졌다. 의사조력자살의 경우 법 적용에 융통성이 있었지만 살인의 경우 법 적용은 엄격할 수밖에 없었다. 그럼에도 불구하고 케보키언은 자신의 변호사들을 해임시키고 스스로를 변론하는 방식을 택함으로써 법적 증거와 논증을 제대로 내놓지 못했다. 그는 사람들의 죽음을 돕는 것이 그의 의무라고 밝혔으며, 일종의 시민불복종 운동을 하겠다고 선언했다. 그가 일종의 확신범이었기에 법원은 그에게 가석방을 허락할 수 없었다. 2005년 9월 29일에 방영된 MSNBC와의 인터뷰에서 그는 가석방되는 경우 안락사에 참여하지 않고 안락사 관련법을 개정하는 운동만 하겠다고 밝혔다. 하지만 그의 가석방은 다시 거부되었으며, 2007년에 가서야 가석방 신청을 할 수 있는 상태이다. 케보키언의 변호사는 케보키언이 수혈을 연구하다가 감염되어 C형 간염 말기에 있으며 1년 안에 사망할 것이라고 주장하면서 제니퍼 그랜홀름(Jennifer Granholm) 지사의 가석방위원회에 사면이나 가석방, 감형을 요청했다.24)

2) 사건에 대한 평가

케보키언의 사례는 환자의 자발적 의사에 따라 의사가 자살을 도왔기에 자의적 안락사의 사례이며, 타머스 유크의 죽음의 경우 의사가 환자의 죽음을 직접 이끄는 행위를 했다는 점에서 적극적 안락사에 해당하기도 한다. 그 외의 경우는 적극적 안락사라기보다 의사조력자살에 해당한

다.25)

하지만 케보키언의 경우 적극적 안락사와 의사조력자살이라는 구분이 언제나 분명한 것은 아니다. 예를 들어, 우리는 자연사 시점을 넘긴 상태에서 자살기계의 레버를 당긴 환자가 자살했다고 볼 수 없다. 그 레버를 당기지 않아도 이미 그는 의사의 이전 조치 때문에 자연사할 수밖에 없기 때문이다. 또한 자의적 안락사의 경우도 자연사 시점을 넘기지 않은 환자는 자살했다고 여겨진다. 그는 자신의 죽음을 막을 수 있는 상황에서도 그 상황을 스스로 방치했기 때문이다. 이는 논의의 초점을 의사의 행위에 두는 경우 적극적 안락사와 의사조력자살이 구분되지만, 그 초점을 환자의 상태에 두는 경우 양자의 도덕적 차이를 찾기 어렵다는 뜻이다.26)

케보키언을 옹호하는 사람들은 케보키언의 도움을 받지 않았으면 더 비참한 죽음을 맞이했을 사람들이 그의 도움으로 품위 있고 편안한 죽음을 맞이했다고 주장한다. 예를 들어, 1993년 케보키언의 도움을 받아 죽은 타머스 하이드의 주치의는 케보키언의 도움이 없었다면 하이드가 목을 매이 죽있을 것이라고 증언했다.27) 임송식에 따르면, 조셉 일린(Joseph Ellin)은28) 케보키언을 옹호하기 위해 '원함'(wish)과 '의도'(intention)를 구분하면서, 케보키언이 환자의 죽음을 원하지는 않고 자살기계가 사용되기만 의도했다고 주장한다. 일린에 따르면, 케보키언은 환자의 죽음을 원하지 않았으며, 죽음을 원하는 환자가 자신의 기계를 사용하기를 의도했을 뿐이다.29) 일린에 따르면, 케보키언은 자신의 기계 외에 말기 환자를 고통에서 벗어나게 할 방법이 있다면 그의 방법을 사용하지 않을 것이다. 그는 환자의 죽음을 의도하지 않고, 환자로부터 고통을 제거하는 것을 의도했기 때문이다.30) 일란은 케보키언을 옹호하기 위해 이중효과의 원칙(principle of double effects)을 끌어들이고 있는 것 같다. 일란에 따르면, 환자의 죽음은 환자의 고통을 줄이는 과정에서 불가피하게 나오는, 하지만 의도되지는 않은 결과일 뿐이다.31)

하지만 임종식에 따르면, 원하는 것은 의도하는 것의 필요조건이 아니다. 충분조건이기에 둘 사이에 도덕적 차이가 없다. 의도하지만 원하지 않는 경우가 있기 때문이다. 예를 들어, 남부 레바논의 민간인들을 죽이는 것을 원하지는 않지만 그들이 사는 건물에 있는 헤즈볼라를 공격하기 위해 민간인 아파트를 공격하려고 의도할 수 있다.32) 임종식에 따르면, 원하는 것은 의도하는 것의 충분조건이기에 둘 사이에 도덕적 차이가 없다. 임종식의 예를 들자면, 마약공급책은 마약 중독자가 죽기를 원하지는 않지만 계속 마약을 주는 경우 마약 소비자가 죽는다는 사실을 안다. 이 경우 마약공급책이 마약 중독자의 죽음을 의도하지 않았다고 보기 어렵다.33)

또한 케보키언은 자신이 내세운 기준과 맞지 않는 행동을 보여주었다. 예를 들어, 그는 환자와 충분한 상담을 했다고 주장하지만, 사실 많은 환자가 그와 전화통화만 했거나, 환자 대신 가족이나 친지가 케보키언과 짧은 면담을 한 후에 환자의 자살을 결정했다. 죽을 의도가 없지만 가족의 경제적 부담을 덜기 위해 자살을 택하거나, 환자 가족이 환자의 의도를 왜곡했을 가능성도 있다.34) 케보키언은 통증치료 전문의가 더 이상 통증치료가 불가능하다고 판단한 환자만 도왔다고 밝혔지만, 사실 만성 통증환자 17명 이상이 그런 과정을 거치지 않았다. 또한 그가 자살을 도운 환자 가운데 최소한 3명은 불치병 환자가 아니었다. 알츠하이머 병의 초기 단계에 있었던 사람, 복합 경화증(multiple sclerosis)을 앓던 사람, 골반 이상(pelvic problem)이었던 사람의 자살도 케보키언은 도왔다.35) 따라서 케보키언은 불치병 환자의 고통을 없애주려는 자비로운 의도보다 인체실험이나 장기적출 등 다른 의도를 가지고 있지 않았나 하는 의심을 받을 수 있다.36) 또한 케보키언은 비가역적 말기 환자가 아니면서도 자살을 원하는 사람에게 자살 도우미 역할을 한 셈이다.

또한 케보키언과 같은 사람은 고통 받는 사람의 고통을 덜어주는 경우 안락사를 허용해야 한다고 여긴다. 하지만 그리스도인은 우리가 고통을 무조건 나쁜 것으로만 받아들이려는 태도에 문제가 있다고 여긴다. 인간이 고통을 통해 자신의 한계를 깨닫고 하나님께 더욱 의지할 수도 있기 때문이다. 그렇다고 해서 그리스도인이 모든 고통을 무조건 방관하는 것은 아니다.37) 무조건 고통을 피하려고 하다가 생명의 존엄성을 무시하는 결과에 빠져서는 안 될 것이다.

케보키언에 따르면, 의사는 환자의 고통을 동정해야 하며, 따라서 환자의 자살을 도움으로써 환자의 고통을 덜어주어야 한다. 하지만 죽음만이 고통에서 벗어나는 유일한 출구는 아니다. 호스피스와 같이 전문적인 통증치료 프로그램이 있기 때문이다. 물론 호스피스가 육체적 통증뿐 아니라 정신적 통증까지 모두 다 치료해줄 수 있는 것은 아니다.38) 또한 적극적 안락사의 경우 고통 받는 환자에 대한 동정이 동기로 작용했다 해도, 의사의 행동 자체는 살인행위이다. 이는 특히 생명을 보호해야 하는 직업에 일하는 의사가 해서는 안 되는 행위이다. 의사가 적극적 안락사에 개입한다면, 의사에 대한 환자의 불신이 커지는 부작용이 생길 수 있다.39)

4. 시아보의 사례

최근 플로리다의 세인트 피터버그(St. Petersburg) 출신의 테레사 메리 테리 시아보(Theresa Marie "Terri" Schiavo, 1963~2005)의 사례는 안락사와 관련된 생명의료윤리 논쟁이 미디어와 미국 전역의 관심이 되도록 하는 역할을 했다. 또한 시아보의 사례는 안락사 논쟁과 관련하여 나올 수 있는 논의와 법적 공방, 정치적 갈등을 거의 모두 보여주었다는 점에서 꼭 살펴보아야 할 사례이기도 하다.

1) 사건의 전말

1990년 2월 25일 오전 5시 30분경(미국동부시각)에 당시 26세였던 테리 시아보는 세인트 피터버그 아파트 현관에서 넘어졌다. 남편 마이클의 911신고 전화를 받고 도착한 소방원들과 의료보조원들은 심폐소생술과 체내 세척을 시도했고, 휴마나 노스사이드 병원(Humana Northside Hospital)으로 시아보를 옮겼다. 그녀는 인공호흡기를 단 채 10주 동안 콤마 상태에 있었고, 그 후에는 잤다가 깨어났다가를 반복했다. 하지만 그녀는 자신이 자신과 주변 환경을 지속적이고 확인가능하게 의식하고 있음을 보여주지 못했다. 그녀가 사망한 후 심장 전문의 톡마틴(Jon Thogmartin) 박사에 의해 2005년 6월 15일에 보고된 부검 결과는 그녀가 인지 기능, 지각 기능, 의식 기능과 관련하여 심각한 뇌 손상을 입었음을 보여주었다. 그녀의 뇌의 무게는 같은 체중과 키의 여성의 정상 뇌의 반(615g) 정도밖에 되지 않았다. 처음에 그녀의 심장이 5분간 정지했을 때 뇌 손상이 이루어진 것으로 추정된다. 그녀의 뇌는 거의 모든 곳에서 크게 손상되었다. 그녀는 심장마비 후에 식물상태로 들어가는 환자의 유형에 속했다.

그녀가 처음 병원에 도착했을 때 신경전문의 드수사(Garcia J. DeSousa) 박사가 그녀를 담당했다. 시아보의 주치의였던 갬본(Victor

Gambone) 박사는 시아보가 심장마비를 겪은 후 1년 지났을 때 시아보가 식물상태(PVS)에 있다고 판정했다. 카프(Jeffrey M. Karp), 반힐(James H. Barnhill), 타머스 해리슨(Thomas H. Harrison)도 그 후에 똑같은 진단을 내렸으며, 그녀가 회복될 가능성이 거의 없다고 생각했다. 의료전문가들의 판정이 중요시되었으며, 시아보의 부모는 의료 정보와 판정에 개입할 수 없었다.

테리 시아보가 심장마비를 일으킨 원인은 그녀의 혈청의 칼륨치(3.5-5.0mEq/L)가 낮은 데 있는 것 같지만 확정적이지 않다. 낮은 칼륨치는 그녀의 급격한 다이어트 때문일 수도 있지만 그녀를 인공호흡시키는 과정에서 혈액을 조정한 결과일 수도 있기 때문이다. 그녀의 사망 후 실시된 부검은 심장마비의 정확한 원인을 찾아내지 못했다.40)

1990년 9월 테리 시아보의 가족은 그녀를 칼리지 파크 시설(the College Park facility)로 보냈으며, 그 해 11월에 남편 마이클 시아보는 그녀의 뇌에 시상자극 장치를 이식하기 위해 샌프란시스코 캘리포니아 대학교(University of California)로 보냈지만 성공하지 못했다. 1991년 1월 그는 뇌 손상을 치료하는 플로리다 주 브래덴턴(Bradenton)의 메디플렉스 재활센터(Mediplex Rehabilitation Center)에 그녀를 입원시켜 24시간 간호를 받게 했다. 1991년 7월 19일 테리 시아보는 세이블 팜스 전문케어 시설(Sable Palms Skilled Care Facility)로 보내져서 1994년까지 신경 테스트, 언어 테라피 등을 받았다. 남편 마이클은 전문훈련과정을 거쳐 호흡 테라피 전문가와 응급 간호사 자격을 취득했으며, 테리를 계속 돌보았다.

그녀는 재활센터와 요양소 등에서 3년 이상을 치료 받았지만, 그녀의 뇌 기능은 회복되지 않았다. 1994년 3월 마이클은 테리 시아보가 불가역적이고 지속적으로 식물상태라는 의사들의 진단에 동의하였으며, 그녀를 플로리다 주 라르고(Largo)에 있는 간호소로 보냈다. 1994년 초에 테리가 비뇨기관 감염을 겪었을 때 마이클은 그녀를 위한 테라피를 대부분 중단했으며, 인공호흡을 중단(DNR)해달라는 요청을 법원에 냈다가 테리 부모의 항의를 받고 이를 취소했다.

1998년 5월 테리의 남편 마이클 시아보(Michael Schiavo)는 그녀에게 영양을 공급하는 관을 제거해달라고 법원에 다시 요청했다. 그는 1984년 11월 10일에 그녀와 결혼했었다. 그는 그의 아내가 사고를 당하기 전에 그러한 식물상태에서는 인위적으로 계속 살기를 원하지 않을 것이라고 말했다고 주장했다. 테리의 부모 로버트와 메어리 쉰들러(Robert and Mary Schindler)는 이에 반대했다. 법원은 리처드 피어스(Richard Pearse)를 재판 중에 테리를 대리하는 사람으로 지명했다. 피어스는 카프(Jeffrey Karp) 박사와 빈센트 겜본(Vicent Gambone) 박사의 진단을 좇아 테리 시아보가 식물상태에 있다는 결론을 내렸다. 하지만 그는 마이클이 테리 시아보의 유산을 상속받을 수 있으며 이미 다른 여인과 성 관계를 갖고 두 명의 아이를 낳은 상태에서 테리의 급식튜브를 제거해달라는 마이클의 요청이 순수하지 않을 수 있다고 여겼다. 그래서 그는 법원에게 마이클의 요청을 거부하라고 권고했다.

테리의 부모 로버트와 메어리 쉰들러(Robert and Mary Schindler)도 마이클의 요청에 반대했다. 독실한 가톨릭 신자인 그녀의 딸이 로마 가톨릭 교회의 가르침과 반대되는 것을 원하지 않을 것이라는 것이 그 이유였다. 2000년 1월 24일 법원은 시아보가 식물상태에서 삶을 연장하지 않기를 바랬는지와 관련하여 19명의 증인들로부터 증언을 들었다. 2000년 2월 플로리다 법원 조지 그리어(George W. Greer) 판사는 테리 시아보가 분명히 지속적인 식물상태에 있으며 그녀가 급식 튜브를 제거하기를 원했을 것이라고 말했다고 여겨 마이클이 생명보조장치를 제거할 수 있다고 판결했다. 테리의 부모가 이에 항소했지만 플로리다 고등법원은 지방법원의 판결을 그대로 인정했다. 이때부터 마이클 시아보와 테리 부모 사이에 긴 법적 공방이 이어지게 되었다.

2000년 3월 테리의 부모 쉰들러 부부는 입을 통해 테리에게 영양공급을 할 수 있도록 해달라는 청원을 법원에 제출했다. 플로리다 법에 따르면, 입을 통한 급식은 인위적 생명 연장 방법으로 여겨지지 않기 때문이다. 그리어 판사는 테리 시아보가 입을 통해 영양분과 수분을 삼킬 수 없다는 병원 기록에 근거해서 이 청원을 거부했다.

2000년에 쉰들러 부부는 마이클의 대리인 자격을 다시 문제 삼았다. 그들은 두 가지를 문제 삼았다. 그들에 따르면, 첫째, 마이클은 테리 시아보와 법적 결혼상태에 있으면서도 여러 여인들과 부적절한 관계를 맺었으며, 특히 조디 센톤체(Jodi Centonze)라는 여성과 관계해서 아이를 하나 낳았다. 둘째, 마이클은 테리 시아보를 제대로 돌보지 못했다. 그들에 따르면, 마이클은 테리를 호스피스 치료를 받을 단계가 아닌 상태에서 플로리다 주의 호스피스 시설인 피넬라스 파크(Pinellas Park)로 보냈다. 테리의 남편 마이클은 자신이 테리 시아보를 제대로 돌보지 않았다는 혐의를 부정했으며, 테리의 부모가 도리어 그에게 그의 삶을 살면서 데이트하라고 격려했다고 주장했다. 그에 따르면, 아내와 이혼함으로써 대리인 자격을 버리는 것은 식물상태에서 살고 싶어하지 않는 아내의 소원을 저버리는 일이다. 법원은 마이클에게서 대리인 자격을 박탈해달라는 청원을 거부했으며, 마이클의 혐의에 대한 증거가 불충분하며 일부 무관하다고 판결했다. 법원은 2001년 4월 24일을 급식 튜브를 제거하는 날로 정했다.

법원이 지정한 날 테리의 급식 튜브가 처음으로 제거되었다. 이를 막기 위해 테리의 부모는 마이클을 테리의 소원과 관련하여 위증한 죄로 고소했으며, 이 사건은 다른 재판부에 할당되었다. 프랭크 퀴사다(Frank Quesada) 판사는 이 사건이 해결될 때까지 급식 튜브 제거를 보류하라고 명령했다. 이에 따라 2001년 4월 26일 다시 테리는 급식 튜브를 통해 영양분과 수분을 공급받게 되었다. 마이클은 퀴사다 판사의 명령을 취소해달라고 헌법부(Department for Constitutional Affairs, DCA) 2심에 요구했으며, 이 요구는 받아들여졌다. 하지만 헌법부는 다시 급식 튜브를 제거하라는 주 법원의 명령을 실시해달라는 요구는 받아들이지 않고, 이 사안을 다시 하급심으로 반송했다.

2001년 8월 10일 이 사안을 되돌려받은 그리어 판사는 새로운 치료법이 시아보의 인지능력을 회복시킬 수 있을 것이라는 쉰들러 부부의 요구를 청취했다. 또한 쉰들러 부부는 시아보가 최소한의 의식 상태를 보여주기 때문에 식물상태에 있지 않다고 주장했다. 그들에 따르면, 테리 시아보는 외부 자극에 대해 미소 짓고 웃고 외치고 움직이는 반응을 보였다. 하지만 그리어 판사는 쉰들러 부부의 요구를 모두 거부했다. 그러자 테리의 부모는 다시 헌법부에 항소했다. 2001년 10월 17일 항소심은 시아보의 소원과 관련하여 위원회가 인정하는 5명의 신경학자가 테리 시아보의 식물 상태 여부를 새롭게 시험해서 판정하도록 하라는 명령과 함께 이 사안을 하급심으로 돌려보냈다. 법원은 테리의 부부가 2명의 전문가를, 마이클 시아보가 2명의 전문가를, 법원이 양편의 상호합의 아래 1명의 전문가를 지명하여 테리 시아보의 상태를 검사하도록 했다.

2002년 10월 테리의 부모는 윌리엄 맥스필드(William Maxfield) 박사와 윌리엄 햄스페어(William Hammesfahr) 박사를, 마이클 시아보는 로널드 크랜퍼드(Ronald Cranford) 박사와 벨번 그리어(Melvin Greer) 박사를 선택했으며, 법원은 피터 뱀바키디스(Bambakidis) 박사를 선택했다. 이 다섯 명의 전문가는 테리 시아보의 의료기록과 뇌 촬영사진, 비디오를 검토했고 테리 자신을 검사했다. 테리의 부모가 선택한 두 전문가는 테리에게 최소한의 의식이 있다고 증언한 반면, 마이클과 법원이 선택한 세 전문가는 테리가 지속적 식물상태에 있다고 증언했다. 또한 테리 시아보를 6시간 동안 촬영해서 파인라스 카운티(Pinellas County) 법정에 제시된 비디오를 그리어 판사가 모두 보았다. 테리의 부모는 6시간 분량의 비디오 가운데 거의 6분에 해당하는 부분 6개를 편집해서 일반인들이 볼 수 있도록 웹 사이트에 공개했지만, 그리어 판사는 테리가 회복 불가능한 식물상태에 있다고 판단했다. 이 판결을 위해 컴퓨터로 새롭게 촬영된 테리의 뇌는 매우 축소되어 있었다. 햄스페어 박사는 혈관확장 테라피라는 새로운 치료방법을 통해 식물상태의 환자를 회복시킬 수 있다고 증언했지만, 그리어 판사는 이 증언에 대해 회의적이었다. 플로리다 주 항소심은 그리어 판사의 판결을 그대로 인정했다.

테리의 부모는 2003년부터 테리를 살리기 위해 법적 투쟁 외에도 보다 공개석인 방법을 선택하기 시작했다. 그들은 할 수 있는 법적 조치들을 취하면서, 다른 한편 생명옹호 활동가 랜덜 테리(Randall Terry)를 그들의 대변인으로 내세웠다. 생명옹호(pro-life) 단체들과 일부 기독교 단체들이 시아보를 계속 살려야 한다는 운동을 통해 테리 부모를 후원하였다. 이 사안은 2003년에 미국 전역의 관심을 받기에 이르렀다.

2003년 9월 11일 테리의 부모는 테리가 8주간의 테라피를 받을 수 있도록 하기 위해 급식 튜브 제거를 중단해 달라고 법원에 호소했다. 여기에 첨부된 진술서 가운데 간호사 아이어(Carla Sauer Iyer)는 1996년 이후 마이클이 테리 시아보를 방문한 이후 테리의 혈당치가 너무 낮았다고 증언했다. 이 증언은 마이클이 테리를 죽이기 위해 인슐린을 주사했을 가능성을 열어두었다.

하지만 같은 해 9월 17일 그리어 판사는 간호사 아이어의 증언에 신뢰성을 두지 않고 테리의 부모의 호소를 거절했다. 그 결과 2003년 10월 15일에 테리의 급식 튜브가 제거되었다. 급식 튜브가 제거된 지 1주일 안에 플로리다 주 의회는 주 지사가 이 사안에 개입할 수 있도록 하는 소위 '테리의 법'을 통과시켰으며, 젭 부시(Jeb Bush) 지사가 이에 서명했다. 부시 주지사는 테리를 호스피스에서 병원으로 후송시켜 급식 튜브를 다시 연결시킨 후에 호스피스로 돌아가게 했다. 이 법은 재판 기간 동안 제이 울프슨(Jay Wolfson) 박사를 테리의 대리인으로 지정하도록 요구했다.

하지만 울프슨 박사가 테리의 법적 대리인이라는 마이클의 자격을 빼앗지는 않았다. 울프슨은 한 달 동안 거의 매일 테리 시아보를 방문한 후에 그녀가 회복불가능한 지속적 식물상태에 있다고 판정했다. 마이클 시아보도 부시 지사의 개입에 반대했다. 2004년 5월 5일 플로리다 6구 순회판사 베어드(W. Douglas Baird)는 테리의 법을 위헌이라고 판결했다. 젭 부시 지사가 항소했지만 5월 12일 항소심은 이 사안을 플로리다 대법원으로 올렸으며, 대법원은 테리의 법을 위헌이라고 판정했다. 법원은 2005년 3월 18일(금) 오후 1시에 테리의 급식 튜브가 세 번째이자 마지막으로 제거되도록 했다.

이를 막기 위해 2005년 2월 23일 테리의 부모는 테리가 fMRI 검사와 VitalStim이라는 식도 테라피를 받을 수 있도록 해달라는 요구를 법원에 제출했다. 그들의 변호사 앤더슨(Patircia Fields Anderson)은 테리가 입으로 영양분을 섭취할 수 있을지 모른다는 희망을 피력했다. 그리어 판사는 이 요구를 거부하고 테리에게 영양공급과 수분공급을 더 이상 하지 말라고 명령했다. 변호사 앤더슨은 이 명령이 자연적 수단을 통해(즉 입을 통해) 수분과 영양분을 주는 것을 금지한 것은 아니라고 여겨, 자연적 수단을 통해 영양분과 수분을 공급하도록 해달라는 요구를 법원에 제출했다. 3월 8일 그리어 판사는 fMRI 검사가 아직 검증되지 않은 검사이며 VitalStim이라는 식도 검사는 식물상태에 있지 않은 환자에게만 적용되는 것이라는 이유를 들어 이 요구도 거부했다.

테리의 부모는 그리어 판사가 정한 2005년 3월 18일에 급식 튜브가 제거되지 않도록 하기 위해서 딸의 남편 마이클 시아보에게 딸의 법적 대리인 자격이 없기에 자신들이 그 자격을 물려받아야 한다는 청원을 법원에 제출했다. 테리의 부모에 따르면, 마이클 시아보는 지난 25년 간 다른 여인들과 성관계를 맺고 있었다. 게다가 1992년 5월 마이클 시아보는 테리의 담당의사가 테리의 다식증을 제대로 진단하지 못했다고 여겨 소송을 통해 100만달러 합의금을 받았다. 그는 테리의 유산이 줄어드는 것을 염려해서 테리의 급식튜브를 제거하려 한다는 의심도 받았다.[41] 테리의 부모에 따르면, 법원은 남편으로서 결격사유를 지닌 마이글 시아보를 테리 시아보와 이혼시킴으로써 그녀의 대리인 자격을 박탈해야 한다. 그들은 마이클 시아보보다 자신들이 테리의 이익을 더 잘 대변한다고 주장했다. 하지만 그리어 판사는 테리 시아보의 생명연장 문제와 마이클 시아보의 법적 대리인 문제를 별개의 것으로 여겼으며, 생명연장장치 제거를 더 이상 보류하지 않겠다고 판결했다.

테리의 부모는 테리 시아보가 식물상태에 있는 것을 인정하면서도 식물상태로 진단받았던 환자 가운데 1/3이 회복 가능성을 지니고 있다는 사실을 강조했다. 예를 들어, 테리의 어머니 메어리 쉰들러는 캔사스(Kansas) 주 허친슨(Hutchinson) 출신의 사라 스캐틀린(Sarah Leanne

Scantlin)에게서 그 가능성을 발견했다.42) 당시 18세 스캐틀린은 만취한 운전자에 의해 교통사고를 당한 후 20년 간 콤마 상태에서 있었다가 2005년 2월 4일에 갑자기 깨어나서 말을 하기 시작했다. 의사들은 이 현상을 제대로 설명하지 못했다. 그녀의 아버지 짐 스캐틀린(Jim Scantlin)에 따르면, 그 이전에 그녀는 기본적으로 아무런 반응도 보이지 않았다. 그녀는 눈을 맞추고 주변을 의식할 수는 있었지만 물리적으로 아무것도 할 수 없었다.43) 테리의 어머니는 테리가 사라 스캐틀린처럼 회복의 기회를 계속 얻을 수 있기를 원했다.

테리 부모의 주장은 미국 내 많은 지지 세력을 얻었으며, 그 결과 2005년 3월 미국 의회는 마이클과 테리 시아보 모두 의회 청문회에서 증언하라는 소환을 내렸다. 의회 증인의 증언을 막는 일은 의회 모독이기에 의회 증언 이전에 테리의 급식튜브를 제거할 수 없을 것이라는 취지에서였다. 그리어 판사는 의회 모독 혐의로 처벌받을 가능성이 있음에도 불구하고 의회의 결정에 따르지 않았다.

2005년 3월 8일 미국 공화당 의원 데이브 웰던(Dave Weldon)의 발의로 미국 의회는 이 사안을 연방법원이 재심하도록 하는 법안, 즉 무력한 사람의 법적 보호 헌장(Incapacitated Person's Legal Protection Act)을 통과시키기 위해 특별 긴급회의를 소집했다. 2005년 3월 20일 상원은 이러한 내용을 담은 종려주일 협약(Palm Sunday Compromise, S-686)을 통과시켰으며, 이 법은 3월 21일 12시 41분(미국동부시각)에 하원을 통과했다. 조지 부시(George W. Bush) 대통령은 텍사스 휴가지에서 워싱턴으로 긴급하게 이동해서 1시 11분에 그 법안에 서명했다. 하지만 미국 연방 대법원과 연방판사들은 이 사안에 개입하지 않으려 했다.

2005년 3월 24일 그리어 판사는 어린이·가족부(Department of

Children & Families, DCF)가 개입하도록 해달라는 요구를 거부했으며, 테리에게 다시 급식 튜브를 넣으려는 플로리다 주 행정부의 시도를 중단하라고 명령했다. 젭 부시 지사는 더 이상 이 명령을 거부하지 않았다. 2005년 3월 26일 테리의 부모는 더 이상 법적 투쟁이 불가능하다고 여겨 그 다음날 테리가 병자성사(Anointing of the Sick)를 받도록 했다.

2005년 3월 31일(목) 9시 5분에 파인라스 파크(Pinellas Park) 호스피스에서 당시 41세였던 테리 시아보는 수분 부족으로 사망했다. 그녀의 남편 마이클이 그 곁을 지켰으며, 테리의 부모는 임종실에 들어가도록 허용되지 않았다.[44] 테리 시아보는 거의 15년 동안 식물상태에 있었던 셈이다. 2006년 1월 23일 마이클 시아보는 1995년 한 치과병원에서 만나 사귀었던 센톤체(Jodi Centonze)와 결혼했다. 그는 테리의 사안처럼 개인적 사안에 개입하고자 하는 후보자들을 낙선시키기 위해 TerriPac.org를 설립했다.[45]

2) 사건에 대한 평가

테리 시아보가 죽은 후 안락사 논쟁이 다시 불붙기 시작했다. 생명의 존엄성이 그 논쟁의 핵심이다. 로마 가톨릭 교황청은 영양튜브를 제거한 일이 생명의 존엄성을 해치고 생명의 창조자 하나님을 공격한 일이라고 평가했다. 생명옹호(pro-life)론자들은 테리 시아보가 불가역적 뇌 손상을 입었다는 사실이 인간으로서의 그녀의 지위를 무너뜨리지 않는다고 주장했다. 미국 여성보호단체(Concerned Women for America)의 웬디 라이트(Wendy Wright)는 테리 시아보가 인간의 가장 기본적인 필수품인 물을 얻지 못해 사망했다고 주장했다.

시아보의 안락사를 옹호하는 편에서는 의식 없는 사람의 목숨을 무의미하게 연장하는 것이 과연 인간의 존엄성을 지키는 일이냐고 반문했다. 예를 들어, 종교적 자유 감시 그룹(religious liberty watchdog group)은 기독교 보수주의자들이 테리 시아보 사건과 관련하여 전 미국인에게 사과해야 한다고 주장했다. 미국 정교분리 연합(American United for Separation of Church and State)의 사무총장 베리 린(Barry W. Lynn)에 따르면, 그들은 개인의 일에 개입했으며, 테리의 부모에게 거짓 희망을 주었으며, 테리 남편을 근거 없이 비난했으며, 비극적 상황을 정치적 게임판으로 만들었다.46) 플로리다의 젭 부시 지사와 미국 대통령 조지 부시가 생명옹호론자인 보수주의자들의 열렬한 지지를 받아 선출되었을 때 시아보의 사례는 정치적 의미도 지니게 되었다. 하지만 테리 시아보의 사례는 생명의 소중함을 일깨움으로써 미국인들에게 살고자 하는 의지를 일깨워 주었다.

　테리 시아보와 관련해서 대립한 두 진영은 모두 자신이 테리의 이익을 대변한다고 주장했다. 기독교 보수 진영은 테리에게 수분과 영양분을 공급해야 하는 근거를 배고픈 사람에게 먹을 것을, 목마른 사람에 물을 주라(마25:35)는 성경 말씀에서 찾는다. 그들에 따르면, 음식과 수분을 주는 일은 특별한 치료가 아니라 일상적 치료이다. 또한 이 경우 환자가 얻는 유익, 즉 생명은 치료부담보다 훨씬 더 크다.

　이에 반대해서 급식 튜브를 제거해야 한다고 주장하는 사람들은 테리의 치료 거부권을 존중해야 한다는 데서 자신들의 주장의 근거를 찾는다. 그들에 따르면, 그리스도인은 생명을 선(good)으로 여겨야 하지만 신(god)으로 여겨서는 안된다. 그리스도인은 때로 다른 사람을 살리기 위해 치료를 거부할 수도 있다. 그들에 따르면, 테리가 지속적 식물상태에 빠질 경우 인위적인 영양공급을 원하지 않을 것이라고 말했다면, 그 결정의 신

실성(integrity)은 존중되어야 한다.47)

테리 시아보의 사례는 개인의 자율성을 중요시하는 문화와 공동체 중심의 사고방식 사이에 일어나는 갈등을 잘 보여준다. 개인의 자율성을 중요시하는 현대 자유주의자들은 인간의 존엄성을 자율적 행위를 할 수 있는 능력에서 찾는다. 그들에 따르면, 자신의 의지를 표현할 수 없는 사람, 예를 들어 식물상태에 있는 사람은 인간의 존엄성을 잃어버린 사람이다. 그러한 사람은 더 이상 살 가치가 없는 사람이다.48) 이 경우 테리의 사례에서 논쟁의 초점은 양도할 수 없는 생명권을 중요시할 것이냐 아니면 죽을 권리를 중요시할 것이냐에 놓이게 된다. 이 경우 가족이나 종교공동체 안에서 무력한 사람을 돌보아야 하는 공동체의 의무는 논의 밖으로 밀려나게 된다. 하지만 죽고자 하는 개인의 의지보다 그를 살리고자 하는 공동체의 의무가 더 중요한 경우가 있다. 사회가 사회 구성원의 자살을 금지하는 까닭도 바로 여기에 있다. 개인의 자율성만 강조하는 문화는 공동체 안에서 이루어지는 온정주의적 간섭(paternalism)의 중요성을 놓치기 쉽다.49)

테리 시아보의 사례는 가능한 법적 공방과 정치적 시도를 모두 다 보여준다는 점에서 의미 있는 사례이다. 결국 식물상태에 놓이는 경우 더 이상 인위적으로 생명을 연장하지 않겠다는 테리의 소원을 여러 증인이 증언함으로써 사전지시(advance directive)의 조건을 충족시켰기에 법원은 테리의 급식 튜브를 제거하도록 했다. 이 결정 배후에는 개인의 자율성을 존중하는 태도가 놓여 있다.50)

또한 테리가 입을 통해 정상적 방식으로 영양분을 섭취할 수 없었기에 테리에게 수분과 영양분을 공급하지 않는 것은 살인에 해당하지 않는다는 평가를 받게 되었다. 여기에는 죽이는 것과 죽게 두는 것을 도덕적으로서로 다르게 평가하는 시각이 담겨 있다. 테리 시아보는 뇌 기능을 회복할 수 없는 식물상태에 있었다. 하지만 그녀는 말기 암환자와는 달리 급식 튜브를 제거하기 전까지는 죽어가고 있지 않았다. 급식튜브의 도움을 받았다면 그녀는 훨씬 더 오래 살고 있을지도 모른다. 또한 입을 통한 급식만 정상적 급식 방식으로 볼 수는 없다. 우리도 일시적 장애가 왔을 때 입을 통해서가 아니라 튜브를 통해 영양분을 받아들이기도 하기 때문이다. 특별한 치료란 환자의 생명을 회복시키지 못하면서 의미 없이 고통이나 부담을 주는 치료를 뜻할 것이다.51)

테리의 죽음을 옹호하는 사람들은 인간의 생명이 신성하다 해도 인간 생명의 질도 중요하다고 여긴다. 그들은 인지능력 등 의식이 없는 상태에서 육체의 생명만 유지되는 것은 아무 의미가 없다고 여김으로써 육체와 영혼을 구분하는 일종의 이원론에 빠진다. 이는 영혼과 육체의 통전성(integrity)을 주장하는 기독교의 교리에 맞지 않는다. 인간 생명의 질은 그저 인간의 정신적 기능에만 기대는 것은 아니다. 그렇지 않다면, 정신지체 장애인 등 정신 기능에 장애를 갖고 있는 사람의 삶의 질은 그렇지 않은 사람의 삶의 질보다 낮다고 여겨져야 하며, 그 결과 전자의 생명이 후자의 생명보다 무가치하다고 여겨져야 할 것이다. 인간의 (때로 의미 있는) 고통이 인간의 존엄한 생명보다 앞설 수는 없다. 또한 생명을 인위적으로 연장하는 것이 가족과 의료진, 병원, 사회에 부담을 주기에 인위적 생명 연장을 막아야 한다는 주장은 매우 실용주의적이며, 인간의 존엄한 생명보다 경제적 이익을 우선시하는 태도이다. 또한 테리의 죽음을 옹호하는 사람들은 모든 사람에게는 자신의 운명을 스스로 결정할 수 있는 권리가 있다고 주장한다. 하지만 생명의 주인이 하나님임을 고백하는 그리스도인은 그렇게 단순하게 주장할 수는 없다. 의사는 자율성 존중의 원리를 따라야 하는 동시에 환자의 이익을 고려해야 하는 선행의 원리도 따라야 한다.52) 이는 환자가 자살하고 싶어해도 때로 의사가 그 요구를 따르지 않아야 한다는 뜻이다. 설령 우리 스스로 결정할 수 있는 권리가 있다 해도 우리가 잘못 알고서 결정할 때 이를 막아주는 사람이 있다면, 우리는 올바로 안 후에 그 사람에게 감사할 것이다. 때로 우리에게는 온정주의적 간섭이 필요하다.53)

4. 나가는 말

위에서 퀸란, 케보키언, 시아보의 사례를 통해 소극적 안락사와 의사조력자살에 대해 살펴보았다. 우리는 개인의 자율적 선택권을 중요시하는 문화에서 사전지시가 있는 경우 미국의 현행 법이 소극적 안락사과 의사조력자살을 허용한다는 사실을 확인했다. 우리는 위의 사례에서 소극적 안락사와 의사조력자살을 반대하려면 우선 개인의 자율적 선택권을 일부 문제 삼아야 한다는 사실을 발견했다. 생명의 주인이 인간 개인이 아니라 창조주 하나님이라고 고백하는 그리스도인은 개인의 자율성 선택권을 절대시함으로써 정당화되는 소극적 안락사와 의사조력자살을 그대로 받아들일 수는 없다. 또한 환자의 요청에 따르는 적극적 안락사는 타인의 도움을 받아 행하는 자살이다. 그런데 기독교는 자살을 죄로 여기기에 적극적 안락사도 허용될 수 없다. 또한 기독교는 목적이 수단을 정당화시키는 결과주의를 무조건 받아들이지 않기에 환자의 고통을 덜어준다는 명분에서 이루어지는 적극적 안락사나 의사조력자살은 허용될 수 없다. 환자의 고통을 덜어준다는 동기가 선하다 해도 그 과정도 선해야 한다.

또한 기독교는 고통을 무조건 피해야 할 대상이나 무의미한 대상으로만 여기지는 않는다. 기독교인은 때로 고통 가운데 보다 더 큰 의미를 발견해야 할 필요도 있다. 바람직하지 않은 수단을 사용해서 신체의 고통에서 벗어나는 것만이 언제나 옳은 것은 아니다. 때로 소중한 생명을 지키는 과정에서 예수 그리스도의 십자가를 체험하는 자세가 필요할 수도 있다. 위의 사례들에서 살펴본 것처럼 소극적 안락사도 무조건 허용될 수 있는 것은 아니다. 테리 시아보의 사례에서 보듯이, 급식 튜브 제거 결정을 둘러싸고 찬반양론을 벌이는 사람들이 모두 순수하게 테리만을 위하는 목적을 지닌 것은 아니기 때문이다. 예를 들어, 테리의 남편 마이클은 테리의 의료사고로 인한 보상금을 유산으로 받을 수 있는 상황이었고 이미 다른 여인과 깊은 관계를 맺어 자녀까지 출산한 상태에서 테리의 대리인 역할을 계속 하고 있었다. 그의 결정이 오직 테리만을 위한 결정이었다고 보기에는 완전하지 않은 구석이 있다. 반대로, 테리의 부모를 옹호하는 정치적 그룹 가운데는 테리보다 그들의 정치적 이익을 추구하는 면도 있었다.

그렇다고 해서 소극적 안락사를 모두 부정할 수도 없는 일이다. 가이슬러가 잘 지적하듯이,54) 장기이식을 통해 한 생명을 살릴 수 있는 길과 소생가능성이 없는 식물상태의 환자에게 막대한 의료비용을 들이면서 생명을 연장하는 길 사이에서 선택해야 하는 상황에서 전자를 택하는 것은 작은 악(evil)을 택하는 것이지만 잘못하는 것은 아니기 때문이다. 예를 들어, 한 학생이 1등을 해서 성적장학금을 받는 일은 잘못된 일이 아니지만 2등을 해서 성적장학금을 받지 못하는 학생에게는 나쁜 일이다. 이 경우는, 예를 들어 낙태와 관련하여 산모의 생명과 태아의 생명 가운데 한 생명만 살릴 수 있는 경우 산모의 생명을 선택하는 것이 잘못된 일이 아닌 것과 같다.

하지만 미국인에게 생명의 소중함을 다시 일깨웠던 테리 시아보의 사례에서 보듯이, 우리는 생명의 소중함을 다시 한 번 인식할 필요가 있다. 필자는 테리 시아보의 사례가 천하를 주어도 바꿀 수 없는 인간 생명의 존귀함에 대해 다시 한 번 진지하게 생각해볼 계기를 주었다고 생각한다. 의사의 진단이 100퍼센트 정확하다는 확신이 없는 상태에서 안락사를 시행하는 경우 1984년 식물상태에 빠졌다가 2003년 의식을 회복한 테리 월리스(Terry Wallis, 42)와 같은 환자는 다시 살 수 있는 기회를 얻지 못할 수도 있었기 때문이다.

고통받는 환자나 그 환자를 돌보는 주변 사람들은 안락사라는 손쉬운 방법을 선택하려는 유혹에서 벗어나서, 고통을 통해서 생명의 주권자이신 예수 그리스도를 더 체험하고 그분께 의지하는 유익을 얻을 용기를 가질 필요가 있다. 또한 호스피스 치료를 통해 신체의 고통을 완화시키면서 새로운 세상으로 떠날 준비를 더 잘 할 필요가 있다.[55] 호스피스는 불필요한 의료행위를 더 이상 하지 않고, 마약 주사 등을 통해 신체의 고통을 줄여주는 행위이다. 인위적인 생명 제거라는 안락사와 환자에게 쓸데없는 고통을 주는 무의미한 치료 강행 사이에서 우리가 선택할 수 있는 대안이 호스피스이다.[56] 물론 통증 완화를 위한 진통제를 투여하는 호스피스 치료를 통해 생명이 단축될 가능성은 있지만, 이는 호스피스 치료가 의도한 것이 아니라 불가피한 결과이기에 수용될 수 있다.[57]

6 안락사: 어떻게 죽을 것인가?

김소윤 | 보건복지부 보건의료서비스혁신팀
보건의료정보 PL (Part Leader)

공자의 제자가 물었다. "스승님, 죽음이란 무엇입니까?" 공자가 대답했다. "삶도 모르는데, 죽음을 어떻게 알겠느냐?"

죽음을 고민하는 것은 종교적인 사색이거나 삶에 대한 염증에 의한 경우가 많다. 죽음이라는 것에 대한 결론이 안 난 상태에서 어떻게 죽을 것인가를 고민하는 것은 쉬운 일은 아니다. 어떻게 살 것인지에 대한 주관도 없이 그냥 닥치는 대로 살아가는 사람들 속에서 어떻게 죽을 것인지를 고민하여 결정하도록 하는 것은 매우 어려운 일일 것이다.

주변의 가까운 사람 중에 매우 중한 병에 걸려서 죽음을 맞이해야 하는 경우 또는 갑작스러운 사고나 자살 등으로 가까운 사람의 죽음을 맞이하는 경우 그 사람의 죽음으로 인하여 남은 사람의 슬픔과 아쉬움, 그리움은 그 사람의 죽음을 매우 큰 사건으로 만든다. 그리고, 그 사람이 어떻게 죽었는지는 주위의 살아남은 사람들이 그 사람의 삶을 추억하는 것에 매우 많은 영향을 줄 것이다.

1. 어떻게 죽을 것인가? 이것은 누가 결정하여야 하는가?

태어난 것이 나의 의지로 되지 않았듯이, 죽는 것도 나의 의지로 되는 것이 아닐 수 있다. 흔히들 안락사의 얘기를 하자면, 안락사의 유형을 나누고, 각 유형별 특징과 그 사례들을 나열한다. 또한 안락사 허용이 국가적으로 얼마나 많은 재원을 아낄 수 있을지 등의 경제성에 대한 논의를 하게 되며, 이러한 안락사와 관련된 제도를 국가적으로 도입하고 있는 나라를 소개하고, 우리나라는 어떻게 해야 하는가를 묻는다. 이러한 논의는 매우 오랫동안 철학자, 법학자, 보건학자 등에 의하여 연구되어 왔고, 제기되어 왔다. 나는 또다시 그러한 논문이나 글들 중의 하나를 보태고 싶지는 않다.

2. 어떻게 죽고 싶은가를 정리하는 것이 어떻게 살고 싶은가를 정리하는 것만큼 의미가 있는 일일까?

1) 자살
본인이 스스로 선택한 죽음으로 볼 수 있으므로, 자신의 죽음에 대해서 그리 한스럽게 여기지는 않을 수 있다. 그러나, 자살을 택한 원인에 따라서는 삶 자체가 어려워서 택한 죽음이므로, 죽음까지 그러한 한스러움이 따라갈 수는 있겠지..

2) 자연사
흔히들 연세가 많으신 할머니, 할아버지들은 미리 사진을 찍어놓고, 수의를 준비해 놓으신다. 그리고는, 잠을 자다가 아무도 모르게 편안하게 죽고 싶다고 하신다. 유언도 미리 해 놓으시는 경우가 많다. 수명을 다하셔서 특별한 질병의 고통이 없이 돌아가시는 죽음은 본인과 그 가족들에게는 매우 다행스러운 일이고, 이러한 경우 '호상'이라고 하여 장례식장에서도 자손들이 손님들과 함께 웃고 즐기는 경우가 많다. 이것은 별도의 제도도 필요없고 특별한 준비도 필요 없다. 각 나라와 민족마다 장례문화가 다르지만 대체로 어느 나라의 누구든지 이러한 죽음을 원할 것이다.

3) 병사, 사고사

질병의 고통 속에서, 또는 갑작스러운 사고로 인하여 죽게 되는 경우는 누구나 두려워하는 경우이다. 하지만 대부분의 사람들은 이러한 죽음을 맞이하게 된다. 자신의 육신의 고통과, 가족들의 경제적인 어려움을 겪으면서, 정신적인 어려움까지 함께 겪게 되는 경우가 많다. 이러한 어려움을 조금이라도 덜어주기 위해서 질병에 의한 고통을 덜어주는 치료법과 진통제의 투여 등의 의료가 발달하였고, 각 나라들은 질병으로 인한 경제적 어려움을 덜어주기 위한 건강보험 등의 제도를 운영하기도 한다. 그렇지만 환자와 그 가족들의 고통을 완전하게 제거한 제도를 운영하고 있는 나라는 아직까지 이 지구상에는 없는 것 같다.

4) 타살

타인에 의하여 죽임을 당하는 것이다. 누가 왜 죽였는지는 매우 다양하겠지만, 어느 누구도 자기의 의사에 반하여 타살을 당하는 것은 원하지 않을 것이다. 자기가 원하여 타인이 죽이는 경우도 있을 수는 있으나, 그것은 엄밀하게 말하면 타인의 보조에 의한 자살로 볼 수도 있을 것이다. 그러한 경우를 제외하고 본인의 의도와 상관없이 남에게 죽은 경우 이것은 누구나 가장 바라지 않는 상황일 것이다.

사람들은 대부분 자신의 삶을 자신의 의지에 따라서 살고 싶어 한다. 그렇듯이, 자신의 죽음도 어느 정도 자기의 통제 속에 있기를 원한다. 그리고, 고통 없이 편안한 삶을 원하듯이 고통 없이 편안한 죽음을 원할 것이다.

3. 우리나라의 많은 사람들은 어떻게 죽어가고 있을까?

우리나라 사람들의 죽음의 원인은 통계청의 사망통계를 보면 알 수 있다. 2004년 한 해동안 전체 사망자(24만 6천명)의 26.3%인 6만 5천명이 암(악성신생물)으로 사망하여 사망원인 순위 1위, 그 뒤를 뇌혈관질환(2위), 심장질환(3위), 고의적자해(자살)(4위), 당뇨병(5위) 순서이다. 5위까지가 전체 사망자의 57%를 차지한다고 한다. 그러나 죽음의 원인이 아니라, 죽음의 과정에 대해서는 알기가 매우 어려운 것이 사실이다. 암으로 죽은 사람이 진단을 제대로 받고 치료를 받다가 죽었는지, 모르고 있다가 자연사처럼 죽었는지를 알아내기란 쉽지 않다.

자살과 타살, 사고사 등에 의하여 갑자기 죽는 경우는 개인마다 그 경우가 매우 다양할 것이고, 사회적으로 각각에 따른 안전대책을 마련하는 것이 매우 어려울 수 있다. 그러나, 병사의 경우 비슷한 질병을 가진 사람들을 검사하여 찾아내고, 치료하는 의료제도는 그 사람의 경제적 상태나 여건에 따라서 크게 다르지 않은 것이 안정적인 사회일 것이다.

우리나라는 건강보험제도가 운영되고 있기는 하지만, 아직까지도 어떠한 질병에 걸린 사람을 발견하고 치료하고 죽음에까지 이르는 과정은 그 사람의 경제적 상태와 사회적 상황에 따라서 매우 다양하다. 그리고, 이러한 실태를 제대로 조사하고 연구하지도 못하고 있는 실정이다.
- 자신의 질병을 제대로 검사도 하지 않고 방치한 사람들,
- 병에 대한 검사는 하였지만, 제대로 치료 받지 못한 사람들,
- 병을 치료 받다가 중도에 포기하는 사람들,
- 치료를 받다가 죽음의 순간 직전에 포기하는 사람들,
- 마지막 죽음의 순간까지 모든 치료를 받는 사람들……

이러한 사람들이 각 질병마다 얼마나 되고, 그러한 사람들을 제대로 비슷한 치료를 받도록 하기 위해서는 사회적으로 얼마의 비용이 더 드는지..

4. 과연 어떤 사람들이 죽음을 가장 잘 맞이하는 것일까?

이에 대한 판단은 누가 하여야 하는가?
- 사회경제적 영향력을 고려하여야 하는가?
- 개인의 만족도로 평가하여야 하는가?

죽음을 둘러싸고, 더 이상 철학적인 사색이나, 외국의 안락사 제도를 운운하는 것이 아니라, 우리나라의 현실을 직시해야 할 것 같다. 사람들은 어떻게 죽고 싶어하고, 현실은 어떠한지. 죽음의 원인에 대한 통계가 아니라 죽음의 과정과 선택에 대한 통계와 연구가 제대로 시작되어야, 안락사에 대한 논의를 제도로서 정착시킬 수 있을 것이라고 생각된다.

5. 가망 없는 퇴원 : 소극적 안락사 반대?

어떤 사람에게 어떻게 죽을 것인지를 결정할 권한이 있을 경우 그 사람은 가급적 신체적 고통 없이, 주변 사람들에 대한 경제적 부담 없이 죽고 싶어 할 것이다. 우리나라에서는 말기 환자에 대한 죽음의 방법 중 하나로 "가망 없는 퇴원"이 많이 이용되고 있었다.

퇴원하는 것이 바로 죽음과 연결되는 경우의 퇴원결정은 곧 소극적 안락사의 하나로 인식될 수 있다. 우리나라에서 입원한 환자를 퇴원시키는 것은 "보라매병원 사건" 이전까지는 의사의 판단과 그 환자나 보호자의 경제적 부담능력에 의하여 결정되어 왔다. "보라매병원 사건" 이후 환자의 경제적 부담능력은 그 환자를 퇴원시키는 결정적인 이유에서는 배제될 수 있게 되었다. 그러나, 그 경제적 부담은 여전히 환자와 보호자들의 몫이다.

"가망 없는 퇴원", "소극적 안락사"를 논의하는 것보다 먼저 논의해야 하는 것은 병원에 가보지도 못하고 방치되어 있는 사람들에 대한 발견과 치료이다. 사회적으로 모든 병든 사람들을 수용하고 치료할 수 있다면, 그 사람들의 치료를 끝까지 환자들이 원하는 때까지 할 수 있는 사회가 되었다면, 그 다음에 안락사를 논의해도 늦지 않을 것이다. 그때는, 과연 안락사를 도입하는 것이 좋을지 또는 호스피스 제도를 더욱 발전시키는 것이 좋을지를 적극적으로 검토해 볼 수 있을 것이다.

그러나, 치료받지 못하고 방치되어 있는 환자들이 그대로 있는 한, 그러한 환자들을 발견하여 사회에서 치료해 주는 제도를 적극적으로 운영하고 있지 않는 한, 가망없는 퇴원을 하고자 하는 환자를 퇴원하지 못하도록 병원에 잡아두고 계속 치료하도록 하는 것은 손바닥으로 하늘을 가리려는 것이나 마찬가지가 될 것이다.

6. 안락사 vs 호스피스

말기 환자에 대한 죽음의 방법을 한 나라에서 제도화하고자 할 때, 안락사와 호스피스 중에 어떠한 제도를 도입하는 것이 좋을까? 또 다른 방법이 있지는 않은가? 이것은 그 나라 국민들의 죽음에 대한 정서와 그 나라의 사회적 상황에 따라서 다를 수 있을 것이다.

네덜란드에서 의사에 의해 적극적 안락사가 허용되고 난 후, 네덜란드 환자들은 의사에 대하여 언제 자기를 죽일지 모른다는 두려움을 느끼게 되었다는 보고를 한 잡지에서 읽은 적이 있다. 이에 반하여 영국에서는 호스피스 제도를 적극적으로 도입하여 말기환자들이 편안한 임종을 맞이하고 있다는 이야기가 같은 잡지에 비교하여 실렸다.

우리 국민의 정서에는 안락사가 맞을까? 호스피스가 맞을까? 국민과 환자들이 맞이하기를 원하는 죽음의 방법은 무엇일까? 나는 과연 어떻게 죽고 싶은가? 제도를 도입한 후 환자들은 그 제도에 대하여 어떠한 인상을 받을까? 이러한 것들은 개념적이고 관념적인 논란보다는 실제적인 시범사업, 조사와 관찰 등을 통해서 얻을 수 있을 것이다.

이제 말기 환자가 어떻게 죽는 것이 환자에게 가장 좋을 것인지에 대해서 사회적으로 고민하고 조사하고 연구해서 적극적으로 제도화 시켜 나가야 할 시기인 것 같다.

〈참고문헌〉

1. 밝은 죽음을 준비하는 포럼. "소극적 안락사 논란, 어떻게 해야 하는가?" (2005. 4. 2.).
2. 신현호. 『삶과 죽음. 권리인가 의무인가? 호스피스·완화의료에 관한 연구』. 서울: 육법사, 2006.
3. 이상욱 외. 『호스피스 수가개발: 호스피스 이용 현황과 비용을 중심으로』. 강릉: 관동대학교의과대학 보건복지부, 2004.

7. 의미 없는 치료의 중단과 대안

문도호 | 샘안양병원 의사 (내과)

　암 환자는 아니었지만 2005년 초 미국의 시아보라는 41세 여자 환자의 식이 섭취 불가로 취해진 급식 튜브(feeding tube) 제거를 결정한 법원에 대하여 찬반 논쟁이 일어나면서 '연명 치료 중단'에 대하여 전 세계적으로 사회적 관심이 고조되었던 적이 있었다. 우리나라에서도 의료현장에서 유사한 사건이 있어 왔는데, 대표적인 사건이 1997년 보라매 병원 사건과 2003년 딸의 인공호흡기의 전원을 제거한 아버지 사건이 있었으나 사회적 논쟁만 있었을 뿐 구체적인 사회적인 논의는 없었다.

　의사들이 말기암 환자에 대하여 심폐소생술이나 인공호흡기 사용과 같은 의미 없는 치료의 중단을 소극적 안락사를 시도하는 것으로 잘못 인식하고 있는 사회인식과 의료법 체계가 존재하고 있는 반면, 말기암 환자의 경우 치료에 소요되는 비용은 사망 4개월 전부터 상승하여 사망 2개월부터 급격히 증가하여 사망 1개월 전에 가장 많은 진료비를 사용하므로 이것을 억제하기 위해서 건강보험공단은 과잉진료로 간주하여 삭감하는 것이 현재의 우리나라 현실이다.[1] 아직 사회적 합의가 없어서 의사, 환자, 가족, 보호자 모두가 치료 중단의 결정에 대한 윤리적 판단에 어려움을 겪고 있다. 한편 2003년부터는 말기암 환자에 대한 체계적인 관리를 위하여 '말기암 환자 호스피스 시범사업'을 추진했으며 향후 제도화, 입법화가 이루어질 것으로 생각되나 환자에게 불필요한 고통을 가중시킬 수 있는 의미 없는 치료를 중단할 수 있어야 하며 이에 대한 사회적 합의나 법적체계의 문제로 우리나라는 혼동된 상태에 있다.

본문에서는 말기 환자(말기암 환자를 중심으로)의 의미 없는 치료중단에 대한 서양과 우리나라의 논쟁의 차이를 살펴보고 구체적인 대안을 살펴보기로 하겠다.

1. 의미 없는 치료(medical futility)의 정의

치료중단은 '의미 없는 치료의 중단'을 의미한다. 그러나 '의미 없다'는 말의 정의에 대하여 쉽게 결정할 수 없다. 의사, 환자, 가족들의 가치관에 따라서 다를 수 있기 때문에 모든 사람들이 동의하는 객관적인 기준을 설정할 수가 없다. 많은 의학자들이 객관적인 기준설정을 위하여 노력하였으나 어느 방안도 완벽하지 못하나. 보편적으로 의료현장에서 받아들여지고 있는 정의는 '환자가 치료를 통하여 더 이상 이익을 얻을 가능성이 없는 치료'라고 할 수 있다. 의사가 의미 없는 치료라고 판단했을 때는 반드시 객관적인 근거를 제시할 수 있어야 한다. 〈그림1〉에서와 같이 전이성 암 환자에서 항암치료의 목표는 생명연장이다.2) 그러나 항암효과로 생명이 연장의 이득이 있을 수 있지만 항암제의 부작용으로 손해를 볼 수도 있다. 항암치료 횟수가 늘어날수록 효과보다는 부작용의 누적과 항암제의 내성을 보여 손해를 볼 가능성이 더 높은 시점이 적극적인 항암치료가 더 이상 의미 없는 치료의 시점이 된다. 이러한 경우에 적극적인 항암치료를 하는 것은 윤리적으로 적절하지 않다. 치료를 하였을 때의 이익보다 부작용으로 인한 손해가 더 크다면 치료중단을 결정하여야 한다.

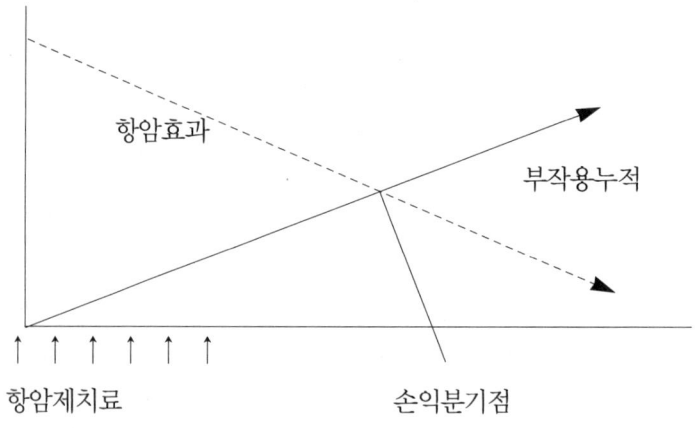

〈그림1〉 전이성 암환자에서 항암화학요법의 중단시점

치료의 목표설정이 적절한가 여부도 중요한 판단 기준이다. 〈표2〉는 의료의 적절성을 나타낸 것으로 초기 환자에게 완치를 위한 치료는 적절하나 생명연장이나 증상조절만 한다면 비윤리적으로 판단된다.3) 말기 환자에게 완치를 목표로 하는 치료는 무의미한 치료로 의료집착적 행위로 판단되며 삶의 질을 위해서 통증 등의 증상조절이 적절한 치료로 판단된다. 병의 상태에 적합하지 않은 치료목표 설정은 환자에게 해를 끼칠 수 있기 때문에 신중한 결정이 요구되며 부적절한 의료 집착적 행위의 중단은 윤리적으로 옳다.

	초기	진행기	말기
완치	적절	의료집착적	의료집착적
생명연장	비윤리적	적절	의료집착적
편안	비윤리적	비윤리적	적절

〈표1〉 의료의 적절성

2. 의미 없는 치료의 중단과 안락사의 차이

2001년 4월 대한의사협회가 '회복 불능 환자의 진료 중단'에 대한 윤리적 지침을 제시하였으나 사회적 동의는 얻지 못하고 '안락사 논쟁'을 불러일으킴으로서 마치 의사들이 안락사를 시도하려는 것처럼 받아들여 의료계와 사회의 커다란 인식의 차이를 보여 주었다. 의사협회가 발표한 윤리 지침 안에는 '의미 없는 치료의 중단'과 '소극적 안락사'의 개념이 혼돈되어 있어서 사회는 '회복 불능 환자의 진료 중단'을 의사협회의 '소극적 안락사' 강행이라는 비난을 받았던 것이다.4)

안락사에는 방법에 따라 '소극적 안락사'와 '적극적 안락사'로 구분한다. 환자에게 필요한 어떤 조치를 취하지 않거나, 인위적인 생명유지장치를 제거함으로 죽도록 하는 것을 소극적 안락사라고 하며 환자에게 독극물을 주사하는 것과 같이 직접적인 행위를 하여 죽도록 하는 것이 적극적 안락사이다. 더 이상 치료 방법이 없고 치료행위가 환자에게 더 고통을 주어 말기 환자를 적극적으로 치료하는 것보다는 자연스럽게 죽도록 하는 것이 환자에게 더 편안하고 유익하여 자비를 베푸는 것이라고 할 수도 있는데 이러한 경우를 대개 소극적 안락사로 분류한다. 그러나 이러한 행위를 '소극적 안락사'라는 용어로 표현하는 것은 잘못되었다.5) 이러한 용어가 안락사에 대한 인식을 크게 왜곡시키기 때문이다. 잘못된 용어로 인해 마치 지금도 병원에서 사실상의 안락사가 광범위하게 이루어지고 있으며 그렇기 때문에 안락사가 허용되어도 좋다는 잘못된 결론에 다다르게 된다. 말기 질환으로 인하여 사망할 것이 분명한 환자에게 더 이상의 무의미한 치료를 중단하는 행위를 안락사에 포함시키지 말아야 한다. 말기 환자에게 의미 없는 치료를 중단하는 것은 '소극적 안락사'라고 하지 말고 '치료중단'이라고 하는 것이 올바른 표현일 것이다.

　의미 없는 치료의 중단과 안락사의 차이는 첫째, 의도 면에서 치료를 받았을 때, 환자 측면에서 이득과 손해를 고려해서 불필요한 고통을 줄이기 위한 노력이나 안락사는 치료를 계속할 경우, 환자가 도움을 받을 수 있으나 죽음을 목적으로 치료행위를 중단하고자 결정하는 것이다. 둘째, 권리 측면에서 보면, 의미 없는 치료의 중단은 타인에 의해 자기 자신의 신체가 결정되는 것에 대한 소극적인 거부이나 안락사는 임종 상황에 대한 적극적인 개입을 요청하는 것이다. 셋째, 되돌릴 수 있는 가능성에서 보면, 의미 없는 치료의 중단은 언제든지 치료중단 결정을 철회하고 치료를 계속할 수 있다. 그러나 안락사는 즉각적이고 비가역적으로서 시행과 동시에 죽음에 이른다. 넷째, 의미 없는 치료의 중단은 의사의 역할이 의미 있는 생존을 연장시키는 것이나 안락사에서는 의사는 환자의 죽음에 직접적으로 관여한다.6)

3. '연명 치료의 중단 사건'에서 서양과 한국의 차이

　2005년 초, 미국의 시아보는 26세(1990년) 때 '화학적 불균형'으로 심장박동이 정지되어 저산소증에 의한 뇌손상으로 호흡은 가능하였으나 음식 섭취가 불가능하여 급식 튜브로 연명 치료를 받고 있었다. 식물인간이 된 후부터는 연명 치료를 원하지 않았던 남편과 딸이 회생가능성이 있는데도 재산을 노려 딸을 죽이려 한다는 시아보의 부모와 법정 싸움이 계속되었다. 1998년 남편은 급식 튜브 제거 청구 소송을 법원에 청원하여 청구 소송 6년 만에 '시아보가 의식불명상태이며 회복이 불가능하다'고 판정한 법원으로부터 급식 튜브 제거 허가를 받았다. 이후 음식물과 물의 공급이 차단되어 13일 만에 사망하여 전 세계적으로 큰 반향을 불러 일으켰으며 '연명 치료 중단'에 대한 사회적 관심이 고조되었다.7)

우리나라에서는 1997년 12월 보라매 병원 사건이 있었다.8) 58세 남자가 사고로 뇌출혈이 발생하여 응급수술을 시행 받았으나 수술 후 환자는 계속 의식불명의 상태였고 인공호흡기의 도움을 받아서 호흡이 가능하였다. 뒤늦게 수술사실을 알게 된 부인이 경제적 이유로 더 이상 치료를 할 수 없다고 퇴원을 요구하였고 담당 전공의와 전문의는 '인공호흡기를 떼면 숨진다'라고 거듭 만류를 하였으나 막무가내로 퇴원을 요구하였고 이에 자의퇴원각서를 받고 '의학적 충고에 반한 퇴원'으로 퇴원을 시켰다. 집에 도착한 후에 기도삽입관을 제거한 후 얼마 되지 않아서 환자는 사망하였다. 1998년 1월 검찰은 '환자는 수술이 성공적으로 끝나 2-3일 지나면 회복할 가능성이 높은 데도 환자의 부인이 퇴원을 강력히 요구한다는 이유만으로 내보냈다'며 '전적으로 의사들이 의학적 판단에 근거하여 관리되어야 하는 중환자를 어떤 강력도 아닌 아내의 퇴원요구만을 이유로 내보내 죽게 한 사실은 살인행위'라며 의사 3명과 환자 부인을 살인 혐의로 기소하였다. 알려진 바로는 부인은 단칸방 전세방에서 전처소생의 두 자녀와 어렵게 살아가고 있었다. 1998년 5월 선고공판에서 담당전문의와 전공의에게 살인죄를 적용해 각각 징역 2년 6월에 집행유예 3년을 부인에게는 징역 3년에 집행유예 4년을 선고하여 기도삽입관을 제거한 인턴에게는 무죄를 선고하였다.

2003년에는 인공호흡기의 전원을 차단하여 딸을 숨지게 한 아버지의 사건이 있었는데 딸이 13세 때 경추 탈골 증후군으로 7년 동안 인공호흡기에 의존하여 지내다가 경제적인 어려움으로 딸을 숨지게 한 안타까운 사건이었다. 환자는 의사소통이 가능하였으나 아버지가 일방적으로 연명 치료를 중단하여 죽음에 이르게 하여 사회적으로 큰 충격을 안겨준 사건이었다.

우리나라에서 논란이 되었던 사건들의 특성을 살펴보면 다음과 같은 특성들이 있다. 가족들의 의사 결정에 '경제적 이유'가 중요한 역할을 하고 있다는 점과 환자 본인이 연명 치료 중단에 대한 자의적인 의사표현이 없었다는 점이다. 보라매 병원의 사건과 인공호흡기 전원을 차단하여 딸을 숨지게 한 아버지의 사건에서 연명 치료의 중단의 결정이 '경제적 이유'였다는 점이다. 환자, 가족, 보호자가 치료비를 걱정해서 결정을 강요당하는 상황이거나, 장기적인 생계비 조달문제가 의사결정에 영향을 미쳐서는 안 된다는 것이다. 순수하게 환자의 인권적인 문제나 윤리적 시각에서 접근을 하여야 하기 때문에 연명 치료의 중단이유가 경제적인 이유가 되어서는 안 된다. 자기 자신의 가치관에 따라서 생명에 대한 가치관이 모두 다르기 때문에 의사결정은 환자 본인의 가치관에 근거하여 판단해야 하며 가족이나 보호자, 의사만이 상의하여 의사결정을 한다면 많은 문제점을 야기할 수 있다는 점을 상기의 사건에서 볼 수 있다.

4. 회복가능성이 '의미 있는 치료'의 적절한 판단 기준이 될 수 있는가?

그렇다면 의미 있는 치료의 기준은 무엇인가? 의학적 결정에서 의미 있는 치료와 의미 없는 치료를 우리가 무 자르듯이 자를 수 있는가? 의식이 없이 호흡만 살아있는 식물인간이 되어버린 뇌졸중 환자에게 회복가능성은 낮지만 연명가능성이 높을 때, 치료를 어디까지 해야 되는가?

의료의 패러다임이 의료현장에서 바뀌고 있는 것을 피부로 절실히 느끼는 사람들은 주로 의료인들이며 일반사람들은 잘 느끼지 못하고 있다. 폐렴 환자에서 항생제는 필수적이다. 항생제를 사용하지 않을 경우 치명적(회복 불가능)이지만, 항생제를 적절히 사용할 경우 환자를 회생시킬 수 있다. 물론, 항생제의 부작용으로 손해를 보는 경우도 있지만, 이는 지극히 드문 현상이다. 다르게 표현하면, 항생제의 사용으로 환자에게 끼치는 영향은 99.9%이상의 이득과 0.1%에도 못 미치는 손해 볼 가능성을 비교하여 결정하게 되는 절대적인 의료행위이다. 이러할 때 우리는 항생제를 사용해야 한다는 것에 고민할 필요도 없다. 써야할지 말아야 할지를 확률로 따져도 99.9%대 0.1% 일 것이다. 비슷한 예가 급성 충수 돌기염 환자일 것이다. 수술을 해야 할 것인가? 말아야 할 것인가? 수술의 치사율이 1%라고 하여 수술을 하지 않는다면 99% 환자를 잃을 것이다. 따라서 이같은 상황에서 의사의 결정과 행동은 절대적이며 무한 책임을 지닌다. 이와 같은 의학적 결정은 흑백 논리로 판단이 가능하며, '회생가능', '회생불가능'으로 이원화가 가능하다. 의사들이 알아서 치료여부를 결정하고 정해도 큰 문제가 없었으며 의학적 시술이나 수술의 시행여부를 흑백논리로 접근을 해도 큰 문제가 없었다.

그러나 현재의 의료현장에 있어서 의학적 결정은 이분법적으로 접근 가능하지 않다. 의학의 발달로 연명도구가 급속히 발달하면서 회생가능성을 예측하기가 더욱 어려워지고 있다. 의료현장에서 회생가능성 100%와 0%로 구분되는 경우는 거의 없으며 대부분 어느 정도의 확률로 예측해 볼 수 있을 뿐이다. 회생가능성의 판단은 대단히 어려우며 의학적으로 1%의 가능성이 있을 때와 30%의 가능성이 있을 때와 똑같이 볼 것인지,

회생 불가능한 것으로 볼 것인지도 문제이다. 왜냐하면 중환자 관리의 전문가조차도 환자의 회생가능성 예측의 정확도가 80%를 넘지 못하기 때문이다. 물에 빠져 의식을 잃은 환자는 응급 심폐소생술로 완전히 의식을 회복하고 정상적인 활동을 할 가능성이 높다. 이때의 심폐소생술은 회생가능성이 높아서 완치를 목적으로 이루어지는 것이다. 그러나 실제 의료현장에서는 진행성 4기 폐암 환자가 항암치료 중에 급성 폐렴이 발생하여 생명을 위협할 호흡곤란이 발생하였을 때 인공호흡기를 달아야 하는 경우가 있다. 이 경우에 폐암은 치료되지 않지만 항생제 등으로 폐렴은 일시적으로 호전되어 회생가능성이 있다. 이와 같이 암은 치료하지 못하나, 일시적으로 환자의 상태를 회생시키는 치료가 의미 있는 일인지에 대해서는 논란이 있다.

〈표2〉의 서울대학교 병원에서 15%의 확률로 일시적으로 호전시킬 치료법의 적용에 대한 찬반 조사에 의하면 치료법의 적용에 대해서 의료진과 가족 모두 치료법에 찬성한 경우가 20명, 의료진과 가족 모두가 치료에 반대한 경우가 20명으로 의료진과 가족의 의견일치를 보인경우가 총 42%였다.9) 그런데 의견의 불일치를 보이는 경우에, 95명 중에 18명은 가족은 반대하나 의료진은 찬성하는 경우로, 가족들에게는 불필요하다고 판단되는 치료를 의사들이 추천하는 것으로 받아들일 수 있다. 반대로 95명 중에 37명은 가족은 치료법에 찬성하나 의료진은 치료법에 반대하는 경우로, 의료진은 무의미한 치료를 더 이상 할 필요가 없다고 생각하나 가족은 의사들이 더 치료할 수 있는데도 포기한다고 여기는 것으로 받아들일 수 있다. 이와 같은 가치관의 충돌은 인공호흡기 적용이나, 심폐소생술 적용과 같은 생명유지도구의 적용에 있어서도 비슷하게 나타나고 있다. 치료 후에 효과가 있는 15%에 속하면 다행한 일이나, 효과가 없는 85%에

속하는 경우에는 도움은 받지 못하고 불필요한 고통을 받는 결과를 초래함으로써 불필요한 치료를 받는 셈이 된다. 암과 같은 중병에서 10%의 호전 가능성을 보면서 치료를 권유하지만 완치가 보장되는 것이 아니어서 환자와 가족은 환자에게 고통만 더 가중시킬 것을 우려하여 치료를 거부한다. 반대로 1%의 호전 가능성이 있다고 하여도 어떤 희생을 감수하고서라도 끝까지 치료를 요구하는 경우도 있다. 이와 같은 경우는 의료진이 치료를 일방적으로 결정할 수 없으며 환자와 가족의 생명에 대한 가치관이 고려된 의사결정이 필수적이다.

구 분		가 족		총 계
		찬성	반대	
담당의사	찬성	20	18	38
	반대	37	20	57
총 계		57	38	95

〈표2〉 2.15%의 확률로 일시적 호전시킬 치료법 적용에 대한 찬반

연명가능성 여부와 회생가능성은 정확하게 일치하지 않을 수 있다. 2003년도에 아버지가 딸의 인공호흡기 전원을 차단한 사건의 경우에 인공호흡기만 계속해서 단다면 회생가능성은 낮지만 연명가능성은 충분히 높을 수 있는 경우일 것이다. 시아보 사건의 경우도 회생가능성은 없지만 영양관리만 잘하면 연명가능성이 높은 경우에 해당된다. 말기 식도암이나 폐암의 경우에는 회생가능성도 없고 또한 연명가능성도 낮다. 보라매병원 사건의 경우는 급성 뇌출혈 병변만 본다면 회생가능성은 있으나 연명가능성은 높을 수 있다.

시아보 사건과 보라매 사건, 그리고 2003년 아버지가 딸의 인공호흡기 전원을 차단한 경우 등은 연명가능성과 회생가능성이 일치하지 않았다.

그래서 이러한 사건은 환자와 가족의 생명에 대한 가치관에 따라서 의사결정이 이루어져야 하나 그렇지 않았고, 경제적 이유와 같은 다른 요인이 개입되어서는 안 되는데 개입이 되었으며, 사회나 국가가 이를 보장 혹은 보호하는 제도적 뒷받침이 있어야 하나 없어서 결국은 사회 문제가 되었다고 볼 수 있다.

따라서 치명적 질병에 있어서 '의미 없는 치료의 중단'에 대한 누구나 받아들일 수 있는, 사회적 공감대를 형성할 수 있는 우선순위를 논의하는 것이 바람직할 것으로 생각된다. 우선순위 1위는 자기 의사 결정 능력이 있고 회생가능성과 연명가능성이 낮은 환자가 대상이 될 수 있다. 즉 말기 암 환자나 에이즈 환자가 될 수 있을 것이다. 이러한 환자들에게 적극적인 치료는 오히려 환자에게 고통만 가중하는 무의한 치료가 되므로 '무의미한 치료'는 중단해야 할 것이다. 앞에서의 사건에서 보았듯이 회생가능성이 없고 연명가능성이 높은 환자들은 사회적 합의와 제도적인 뒷받침이 있어야 한다. 사회보장제도나 사회복지제도의 차원에서 제도적인 접근이 필요하다. 아직 우리나라는 호스피스 완화의료제도, 사회복지제도, 임종과 관련된 법제도가 없는 실정이다. 2002년 9월 발표한 임종환자의 연명치료 중단10)에 대한 대한의사협회의 의사윤리지침안은 2001년 안보다 진일보하였으나 아직 사회전체가 받아들이지 않아 진료현장에 혼선을 주고 있는 실정이어서, 사회적 합의나 공감대를 형성할 수 있는 의료조직 내에서 자율적으로 의사결정이 가능하도록 하는 조직과 지침이 반드시 필요하다. 이러한 제도에 대한 사회적 합의나 공감대가 형성되고 임종과 관련된 의료문제의 해결을 위해서는 상기의 제도를 확립해야 한다.

5. 병명통고

의료기술이 점점 발달함에 따라서 의학적 결정은 기술중심적 결정보다는 가치중심적 결정을 요구한다. 환자 자신의 생명과 직결되는 문제이기 때문에 자신의 가치관이 반영되어야 한다. 자신의 가치관이 반영되기 위해서는 자기 자신이 병명을 알아야 하고 병의 진행상황을 알아야 한다. 즉 정확한 병기를 알아야 한다는 것이다.

1950년대, 1960년대에는 의사들이 환자에게 일어나는 심리적 부작용과 불안, 우울, 자살 위험, 치료 희망 좌절 등으로 의사들이 환자에게 암의 진단을 알리지 않았다. 그러나 1970년대 이후 진단을 통보하는 방향이 바뀌어 현재에는 병명을 통고하고 있다.[11][12] 그렇지만 아직까지 환자가 겪을 심리적 부담과 치료의 희망 상실에 따른 치료의 포기 등의 이유로 가족들이 환자에게 '말기'라는 사실을 알리기를 꺼리는 실정이다.[13] 서울대병원조사에 의하면 대부분의 암환자들이 암 질환을 가지고 있다고 인식은 하지만 병이 어느 정도 진행되었는지는 잘 모르고 있다. 즉 말기라는 병기를 알고 있는 환자는 26%에 불과하였다. 병명과 병기를 통고하고 환자와 예후를 이야기하는 것이 쉽지는 않다. 많은 대화와 경험이 필요하다. 특히 보호자가 알리지 않기를 원할 때 환자와의 관계형성이 더욱 어렵다. 이럴 때는 가족이나 보호자를 설득하는 것이 필요한데 왜 숨기고 싶은지를 알아봐야 한다.

6. 연명 치료 중단의 전제조건

연명 치료는 환자의 주된 병적 상태를 바꿀 수 없으면서도 생명의 소중함을 강조하며 생명을 연장하는 치료이다. 임종 환자에게 수행되는 인공호흡기, 신장투석, 항암화학요법, 인공영양제, 수액제재 등이 이러한 조치들에 포함될 수 있다.14)

연명 치료 중단의 전제조건에 경제적인 문제가 이유가 되어서는 안 된다는 것이다. 즉, 환자나 가족이 의료비의 부담이나 장기적인 생계비 문제로 연명 치료 중단의 의사결정에 영향을 미쳐서는 안 된다는 점이다. 이것은 순수하게 환자의 인권적인 측면과 윤리적인 측면으로만 접근해야 된다는 것이다. 의료비 부담이나 생계비의 문제는 국가나 사회의 사회복지제도에 대한 투자와 제도 확립이 필수적으로 전제된다. 또한 환자는 자신의 생명에 대해서 자신의 가치관에 따라 의사결정을 할 수 있어야 한다. 그러기 위해서는 병명통고의 문화가 반드시 정착되어야 한다. 이러한 것은 사회적 합의와 공감대를 형성하고 법률적인 제도의 뒷받침이 있어야 한다.

7. 외국에서 '무의미한 치료의 중단'에 대한 제도화 과정

미국은 1976년 이미 자연사법이 제정되었으며 1997년 미국연방대법원은 의사조력자살을 금지 시켰으며 1999년 미국의사협회는 의사조력자살을 반대하였다. 1980년 로마 교황청은 존엄사를 인정하였고 1992년 일본 의사회도 존엄사를 허용하였다. 2000년 대만은 자연사법을 통과시켰고 그 해에 호스피스 완화의료법을 공포하여 실시하고 있다.

　복잡한 의료현장의 문제를 해결하기 위해서 이미 선진국에서는 법적장치를 마련하였고 경제적인 문제로 치료를 포기하는 일이 없도록 의료복지 시스템을 구축하였다. 그러나 우리나라는 보라매 사건 이후 많은 세월이 흘렀지만 임종문제와 관련된 법제도와 저소득층을 위한 의료복지 시스템의 구축 문제에 대하여 논의조차 되지 않고 있다.

　최근에 더욱 의학이 발달하고 연명 치료기술이 발달하므로 여러 선진국에서도 연명 치료중단이 논란을 불러일으켰다. 따라서 이것을 해결해 나가는 과정에 의학적 판단뿐만 아니라, 그 나라의 문화, 도덕, 가치관, 종교관 등 다양한 것을 함께 고려해야 한다. 연명 치료중단과 같은 문제는 고도의 전문성이 필요하지만 또한 환자와 가족의 생명에 대한 가치관을 반영한 가치 중심의 판단이 반드시 필요하다. 의료진이 혼자서 판단하는 것은 위험하기 때문에 필요시 의료윤리위원회를 통한 해결이 권고된다. 미국의사협회(AMA)의 연명 치료중단의 추천권고안은 다음과 같다.[15]

1단계　환자의 의지를 문서화 한다(사전의료시시: advance directives).
2단계–'사전의료지시'를 미리 작성하지 못한 경우, 환자가 입원했을 때 보호자와 의료진이 함께 상의하여 치료의 목표설정에 대해서 환자가 결정하도록 한다.
3단계–환자나 보호자가 결정하기 어려운 경우, 환자의 후견인이나 환자가 자문을 구한 사람 등이 의사결정에 참여하도록 한다.
4단계–같은 의료기관 내의 의료윤리위원회에 의뢰한다.
5단계–같은 의료기관 내의 다른 의사에게 의견을 구할 수 있다. 환자나 보호자가 반대할 경우 다른 의료기관으로 전원할 수 있다.
6단계–합의가 이루어지지 않으면 다른 의료기관으로, 전원도 여의치 않을 경우, 적극적인 개입은 불가능하다.

8. 대안

우리나라의 정서적, 문화적 장벽으로 인하여 아직까지 불치병에 대해 환자 자신에게 병명 통고와 병의 진행 상태(병기)에 대한 통고가 쉽지 않은 상태이다. 보호자에 의하여 차단되지 않도록, 환자의 생명에 대한 가치관(informed shared decision)이 반영되도록 환자 스스로 치료에 대한 선택의 기회를 가지도록 해야 한다. 무조건 법으로서만 모든 문제가 해결될 수 있다는 생각은 잘못된 것이며, 사회적, 문화적으로 성숙되어서 통보문화가 정착되어야 한다. 환자에게 질병에 대한 충분한 정보가 제공되고 자율성에 따라 결정할 수 있도록 도와주어야하며, 의료행위에 대한 판단이 무의미하다고 판단한 경우에 환자 자신이 의사결정을 명시하기 위한 사전의사결정서를 작성하는 사회로 성숙해야 된다.

그리고 생명유지 장치가 의미 없다는 가치관을 가진 말기 환자에게 의료집착적 행위를 중단할지라도 우리사회는 살인방조나 소극적 안락사로 받아들여서는 안 된다는 것이다. 물론 환자 자신의 자발적 의사결정에 의한 것임을 대전제로 한 것이다. 무의미한 치료의 중단은 미국과 일본, 교황청, 그리고 대만과 같은 선진국은 이미 합법화가 되었다. 그러나 우리나라에서는 '무의미한 치료의 중단'을 '소극적 안락사'로 잘못 받아들이고 있어 법적인 제도가 없기 때문에 법적제재를 피하기 위한 의료집착적 행위를 지금도 하고 있다. 따라서 품위 있는 죽음에 대한 사회적 합의가 이루어져서 품위 있는 죽음을 위한 법적, 제도적 뒷받침이 빨리 이루어져야 할 것이다. 임종과 관련한 의료제도의 확립이 반드시 필요하다. 보라매 병원의 경우와 같이 회생가능성이 있는 상황에서는 의료적인 문제라기보다는 사회보장제도와 복지제도의 문제로 접근해야 될 것이다. 회생가능성과 연명가능성 모두 희박한 환자는 호스피스 완화의료의 대상이 되는 환자들이다. 회생가능성과 연명가능성이 중간인 환자들에 대해서는 연명치료에 대한 사회적 공감대와 합의가 필요하다.

2003년부터는 말기암 환자에 대한 체계적인 관리를 위하여 '말기암 환자 호스피스 시범사업'을 2년간 추진했으나 아직 제도화가 이루어지지 않았다. 이미 선진국은 널리 호스피스 완화의료법을 시행하고 있으나 우리나라는 잘 받아들이지 못하고 있다. 하루 빨리 말기암 환자의 윤리적, 인권적 측면에서 품위 있는 죽음에 대한 사회적 공감대와 합의가 필요하며 제도적 지원이 절실히 요망된다.

안락사와 호스피스

최화숙 | 이화여자대학교 교수 (임상보건과학대학원, 가정호스피스센터장)

1. 서론

　호스피스(Hospice Care)는 치유될 수 없는 질환의 말기에 있는 환자들이 죽을 때까지 가능한 한 편안하고 풍성한 삶을 살 수 있도록 지지와 돌봄을 제공하는데 목적을 두고 있다. 이것을 성취할 수 있도록 질환에 수반되는 증상을 조절하고 환자와 그의 가족이 필요로 하는 정서적 지지와 영적 지지를 제공하며 환자의 죽음을 준비할 수 있도록 돕고, 환자가 죽은 후에 가족이 사별에 대응하도록 돕는 전인적 돌봄의 한 형태이다.[1] 호스피스 철학은 말기환자의 생명을 인위적으로 연장하거나 단축하는 것을 반대한다. 말기환자의 생명을 인위적으로 단축시키는 안락사와는 달리 호스피스는 오히려 말기환자의 고통 경감을 위해 적극적인 완화치료와 간호를 제공하는 최상의 아름다운 대안이며 생명사랑 운동이라 할 수 있다.[2] 인간의 생명은 자기 마음대로 할 수 있는 것이 아니기에 안락사에 반대하는 입장을 분명하게 밝히면서 본고에서는 호스피스의 배경과 철학, 목적 및 목표를 살펴보고 말기환자를 대하는 현대의학과 호스피스의 차이점, 안락사와 호스피스의 차이점 및 안락사 대안으로서의 호스피스에 대해 고찰해 보고자 한다.

2. 호스피스의 배경과 철학

1) 호스피스의 배경

호스피스의 어원은 라틴어의 호스피스탈리스(hospitalis)와 호스피티움(hospitium)에서 기원된 것으로 '주인과 손님 사이의 따뜻한 마음'과 '그러한 마음을 표현하는 장소'의 의미에서 유래된 것이다.3) 또한 기독교인들이 병든 이웃을 사랑으로 돌보는 일에서 시작된 것으로 '내 형제 중 지극히 작은 자 하나에게 한 것이 곧 내게 한 것' 4)이라는 말씀에 기초하여 그리스도 사랑의 도구로 자신을 드리는 헌신적인 활동이 배경이 되었다. 하나님이 창조하시고 예수 그리스도께서 값 주고 사신 인간 생명에 대한 존중과 사랑이 바로 호스피스 활동의 근간이 되었다.5)

2) 호스피스 철학

호스피스 활동은 다음과 같은 철학적 바탕위에서 시작되고 발전되었다
① 호스피스에서는 인간을 하나님이 창조하신 피조물로서 신체적, 정신적, 사회적, 영적 측면을 지닌, 각각의 합 이상인 총체적인 존재로 본다. 이들 각각의 측면은 서로 상호 작용을 하며 인간이 자기 자신, 이웃, 하나님과 관계를 맺고 살 수 있도록 기능한다.
② 죽음은 삶의 정상적인 한 과정이며 자연스러운 일이다. 따라서 인간으로서의 존엄성과 위엄을 가지고 평화스럽게 임종을 맞이할 수 있어야 한다.
③ 인간은 생명의 주인이 아니다. 호스피스에서는 인위적인 생명의 연장이나 단축을 반대하며 자연스럽게 수명을 다 할 수 있어야 한다고 본다. 즉 현대의학으로 더 이상의 완치가 어려운 말기상태가

되면 의료집착적인 무의미한 생명연장치료나 안락사 대신 호스피스·완화의료로 전환하여 전인적인 증상의 조절과 돌봄을 통해 남은 시간동안 편안하고 인간답고 질 높은 삶을 유지하다가 자연스럽게 죽을 수 있어야 한다.

④ 인간은 성별, 연령, 종족, 종교, 사회적 지위나 경제 상태와 상관없이 자기 삶의 마지막 순간에 사랑을 바탕으로 하는 따뜻하고 사려 깊은 돌봄을 받고 존중받을 권리가 있다.

3. 호스피스 목적과 목표

1) 호스피스 활동의 목적

호스피스 활동의 목적은 인간성 회복에 있다. 인간에게는 영원을 사모하는 마음이 있고, 절대자이신 하나님과 교류하면서 이 땅에 보내신 목적대로 삶을 영위하여야 마땅하다. 그러나 많은 사람이 이에 미치지 못한 채 자기 마음대로 살다가 시한부 통고를 받게 되면 그제야 영적인 면과 인간의 본질 문제에 대해 보는 눈이 열리게 된다.[6][7]

호스피스는 총체적 고통을 경험하는 말기환자와 가족을 대상으로 전인적인 호스피스 돌봄을 제공하면서 대상자가 인간으로서의 본질에 접근하여 삶을 돌아보고 정리하며, 자기 자신과 이웃과 하나님과 화해하여 인간성을 회복하고 자아통합을 이루면서 인간다운 위엄을 가지고 담담히 자신의 죽음을 맞이할 수 있도록 돕는데 그 목적을 두고 있다.

2) 호스피스 활동의 목표

상기한 목적을 성취하기 위하여 호스피스 활동은 다음과 같은 목표를 가지게 된다.

① 통증 및 신체적 증상의 조절

호스피스 활동의 첫번째 목표는 통증 및 신체적 증상을 조절하여 24시간 내내 아프지 않도록 해주는 것이다. 그 이유는 인간성 회복을 위한 심리-사회-영적 접근을 하기 위해서는 우선 환자가 신체적으로 편안한 상태에 있어야만 가능하기 때문이다.[8] 완치가 어렵다고 하더라도 머리끝부터 발끝까지 그 환자가 가지고 있는 신체적인 불편함과 고통을 해소해 주어 편안한 가운데 본질적인 문제들을 숙고할 수 있도록 해주고자 함이며 이를 위해 호스피스·완화의료 교육을 전문적으로 받은 의사와 간호사의 도움이 필요하다.

② 심리적 고통의 감소

호스피스 활동의 두 번째 목표는 심리적 고통을 감소시켜 내적 평안을 누릴 수 있도록 해주는 데 있다. 말기환자는 부정-분노-협상-우울-수용 또는 포기의 정서적 변화를 겪으면서 마음 깊은 곳에서는 희망을 가지고 살아간다. 또한 건강할 때는 일상의 일과 자신이 중요하게 여기는 일을 성취하기 위하여 정신없이 앞만 보고 달리지만, 말기 상태로 진단 받고 나면 갑자기 모든 일상이 달라지면서 자기 자신의 내면과 마주 보는 시간을 가지게 된다. I와 Me의 화해, 즉 자기 자신과 화해하게 되면 내면이 편안해지고 지나간 삶을 돌아보고 정리할 여유가 생기게 된다. 환자는 불안하고 여러 가지 심리적, 정서적 변화를 경험하게 되지만 호스피스 상담을 통해 자기 자신과 대면하는 것을 배우게 된다.

③ 사회적 대인관계의 회복

　호스피스 활동의 세 번째 목표는 대인관계를 회복시켜 편안한 마음으로 이별을 준비할 수 있도록 지원하는 데 있다. 사회적 존재이며 관계 속에서 살아가는 인간은 말기상태가 되면 지나온 과거를 돌아보며 막혀있는 인간관계를 돌아보게 된다. 남아있는 시간 동안에 용서하고 용서 받으며 화해하고 이웃과의 관계를 회복하여 평화스럽게 떠날 수 있도록 지원한다.

④ 영적 요구의 충족

　호스피스 활동의 네 번째 목표는 죽음에 대한 두려움을 감소시키고 영적 요구가 충족될 수 있도록 지원하는 데 있다. 임종이 가까운 환자일수록 삶의 본질적인 문제에 민감해지며 보이지 않는 세계에 대한 깨달음이 생기게 된다. 영적 교통을 극심하게 경험하기도 하고 사랑, 용서, 삶의 의미와 목적, 희망 등의 영적 요구를 나타내 보이기도 한다. 생전 처음으로 혹은 새롭게 절대자와 마주보고 화해하며 영적 관계를 회복하고 인간다운 위엄을 가지고 자신의 죽음을 맞이할 수 있도록 지원한다.

⑤ 내적치유와 자아통합

　호스피스 활동의 다섯 번째 목표는 내적치유와 자아통합을 이루어 의미있는 삶을 살 수 있도록 지원하는 것이다. 상기한 호스피스 활동의 두 번째부터 네 번째 목표까지, 즉 심리-사회-영적인 부분의 지원은 어떤 면에서 종종 동시에 일어나기도 하며 이들 목표의 달성을 통해 내적치유와 자아통합이 일어나게 된다. 환자는 평화스러운 가운데 자신과 가족을 포함하는 이웃과 절대자와 아름다운 교류를 경험하게 되고 얼마 남지 않은 기간 동안이지만 질적인 삶을 영위할 수 있게 되며 가족에게 있어서도 이 과정은 커다란 배움과 성장의 과정이 되는데 호스피스에서는 이를 위해 모든 팀원이 최선을 다해 협력하며 지원한다.

⑥ 집중적인 임종간호

호스피스 활동의 마지막 목표는 아름다운 이별을 할 수 있도록 지원하는데 있다. 임종과정이 시작되면 그 과정 동안에 일어날 수 있는 일에 대해, 그리고 대응하는 방법에 대해 가족을 교육하고 함께 있어주며, 마지막 인사를 나누고 아름다운 이별을 할 수 있도록 지원한다. 생명이 누구의 것인가? 죽음이 끝인가? 죽음의 순간에도 함께 있어줄 수 있는 이가 있는가? 죽은 후에 내세가 있는가? 등 생(生)의 본질적인 문제에 대한 질문과 탐구가 일어나는 시기이며, 이 세계와 살아있는 이에게는 보이지 않는 저 세계를 동시에 보게 된다. 이 시기에는 호스피스팀이 교대로 환자와 가족의 곁을 지키면서 혼자 외로이 죽어가지 않도록, 혼자 환자의 죽음을 감당하지 않아도 되도록 지원힌다.

⑦ 사별가족 지원

인간성 회복을 위한 호스피스 활동의 또 다른 목표는 사별가족을 지원하는 것이다. 환자의 죽음을 처음 인지할 때에 경험하는 급성 충격과 해로움을 완화할 수 있도록 지원하고, 약 1년간 사별과정을 잘 겪어 나갈 수 있도록 지원한다.

4. 안락사 대안으로서의 호스피스

말기환자에 대한 현대의학의 태도는 '가망없는 퇴원'이다.9) 이들은 대부분 다른 대안을 찾는데 보완대체요법, 의료집착적인 무의미한 생명연장 치료, 가정에서의 방치와 기다림, 자살이나 안락사를 선택하거나 호스피스·완화의료를 선택할 수 있다.

어떤 대응과 선택을 하는가 하는 것은 가치관과 관점에 따라 달라지는데, 먼저 현대의학과 호스피스의 차이점에 대해, 다음으로 안락사와 호스피스의 차이점에 대해 살펴보고 안락사 대안으로서의 호스피스에 대해 논하고자 한다.

1) 말기환자를 대하는 현대의학과 호스피스의 차이점

현대의학과 호스피스·완화의료는 목적과 목표, 대상, 접근방법 등 여러가지 면에서 다음과 같은 차이가 있다.

① 목적과 목표

현대의학의 목적과 목표는 생명의 연장과 질병의 치료에 있다. 따라서 할 수 있는 모든 현대 의학을 동원하여 생명을 살리는 일에 집중하게 된다. 시한부 통고를 받은 말기환자에게는 현대의학이 완치를 위해 해 줄 수 있는 것이 없으므로 '가망없는 퇴원'을 권유하거나 말기환자에게는 부적절한 '의료집착적인 무의미한 생명연장 치료'를 하게 된다.

이에 비해 호스피스는 말기환자가 경험하는 총체적 고통의 완화와 삶의 질 향상에 목적을 두고 통증 및 신체적 증상의 조절과 심리-사회-영적 욕구의 충족을 통한 인간성 회복에 목표를 두고 있다. 따라서 호스피스에서는 말기환자가 남은 시간 동안 최대한 편안하게 지낼 수 있도록 적극적인 완화치료와 간호를 제공한다.

② 대상

현대의학의 대상자는 나을 수 있는 환자와 그의 질병이다.

반면에 호스피스 대상자는 나을 수 없는 말기환자와 그의 가족이다. 말기환자는 신체적, 심리-사회-영적인 측면으로부터 발생되는 총체적 고통을 경험하며 그의 가족 역시 커다란 어려움과 고통을 받게 되므로 호스피스에서는 환자뿐 아니라 가족도 돌봄의 대상으로 본다.

③ 접근방법

현대의학에서는 의사가 중심이 된 의료진이 고도의 검사와 의학적 기술 및 장비를 동원하여 치료(cure)에 전념하며 이의 기초가 되는 체온, 맥박, 호흡, 혈압 등의 활력징후를 중요하게 여긴다.

이에 비해 호스피스에서는 의료진과 비의료진으로 구성된 학제간 호스피스팀이 중심이 되어 증상 소설과 사랑이 바탕이 된 전인적인 돌봄(care)을 제공한다. 최소한의 진단검사와 최대한의 인간적인 배려를 제공하며 통증, 수면, 편안함에 관심을 가지고 세세하게 환자와 가족을 지원한다.

2) 안락사와 호스피스의 차이점

현대의학이 말기환자에게 부적절한 대응이라는 점은 이미 지적하였다. 안락사 역시 부적절한 대응이라고 보는데 이는 말기환자의 고통을 해결해 주고자 하는 방식이 부정적이기 때문이다. 말기환자를 대하는 안락사와 호스피스의 차이점은 생명과 죽음에 대한 태도와 가치관의 차이에서 기인되는 것이며 이로 인해 접근방식에서는 보다 큰 차이가 생기게 된다.
① 가치관의 차이

안락사를 찬성하는 사람들이 주장하는 가장 커다란 논점은 인간의 자율권이다. 이는 '인간이 자기 운명의 주인으로서 자기 생명에 대해 스스로 결정할 권리를 가지고 있다' 는 것이다.10) 이러한 관점은 죽음의 문제에 있어서도 인간이 자기 스스로 죽음을 선택하고 결정할 수 있는 권리가 있다는 의미이기도 하다. 이는 안락사 문제의 쟁점을 고통 받는 말기환자가 고통의 해소를 위해 스스로 요청하는가의 문제로 보이게 한다. 그러나 이는 회복 불가능한 환자는 살 가치가 없다는 생명 경시사상과 인간이 자기 생명의 주인이며 생(生)과 사(死)의 문제를 스스로 선택하고 결정할 수 있다고 보는 오만한 인본주의에 다름 아니다.11)

반면에 호스피스에서는 인간이 생명의 주인이 아님을 분명히 하고 있다. 인간을 하나님이 창조하신 피조물로서 신체적, 정신적, 사회적, 영적 측면을 지닌, 각각의 합 이상인 총체적인 존재로 본다. 따라서 생(生)과 사(死)는 인간에게 주어지는 것으로 보며 인간은 비록 말기상태의 질환을 가지고 있다고 하더라도 자신에게 주어진 삶을 최대한 충실하게 살아야 하며 자연적인 수명을 다 누릴 수 있어야 한다고 본다. 이러한 호스피스의 철학은 인간 생명을 고귀한 것으로 본다. 인간은 창조주의 선한 의지에 부응하여 이 세상에 태어난 삶의 의미와 목적에 맞게 살아야 할 이유를 가지며 자기 마음대로 자신의 생명과 죽음을 선택할 권리를 가지고 있지 않다고 본다.

② 접근방식의 차이

　안락사를 찬성하는 사람들이 주장하는 두 번째 논점은 동정심이다. 소생 가능성이 없는 말기환자의 경우 고통이 너무 심하여 죽기를 원한다면 환자의 자결권과 의사의 긍휼에 의해 요구를 들어주는 것이 정당하다고 주장한다.12) 즉 정말로 고통 받는 사람들을 그들의 고통으로부터 도와주고 싶다면 동정심의 발로에서 안락사와 같은 과감한 행동을 할 수 밖에 없다고 주장하며 이를 정당화 하고자 한다. 이들은 고통의 해결을 죽음으로 하는 것을 의료인의 동정심이라고 주장하나 그 이면에는 앞서 언급한 생명경시의 태도, 나아가서는 인간이 자신의 생명을 마음대로 할 수 있다는 그들의 가치관에서 기인하는 부정적인 접근방식이라 하겠다.

　반면에 호스피스에서는 총체적 고통을 경험하는 말기환자와 가족의 고통을 이해하고 통증과 신체적 증상에 대해 세세하게 알아봐주고 치료하고 간호해 준다. 이들의 고통에 대해 죽음이 아닌 삶으로, 고통의 해소를 위해 의료인과 비의료인이 한 팀이 되어 전인적으로 돌봄(care)을 제공한다. 그들의 문제, 고통과 욕구, 현대의학으로 해결할 수 없는 말기환자 특유의 여러 가지 어려움을 해소하고 남은 생을 잘 살 수 있도록, 자신에게 주어진 자연스러운 수(壽)를 다 누리고 평화스럽게 자신의 죽음을 마지 할 수 있도록 신체적인 부분뿐 아니라 심리-사회-영적인 부분까지 최선을 다해 지원을 아끼지 않는다. 이는 인간의 생명이 위로부터 주어진 고귀한 것으로서 모든 인간은 살아야 할 가치가 있으며 존중받아야 할 가치가 있다고 믿는데서 기인하는 긍정적인 접근방식이다.

3) 안락사 대안으로서의 호스피스

안락사는 결국 말기환자의 고통을 해소해주는 것이 아니라 그것을 빌미로 환자를 의미없는 죽음으로 이끄는 접근방식이 될 뿐이라 하겠다. 이에 비해 호스피스는 말기환자와 가족의 총체적인 고통을 해소할 수 있도록 실질적으로 세세하게 도움을 줄 뿐 아니라 인간성을 회복하고 이 땅에서의 삶을 잘 마무리 할 수 있도록 온갖 지원을 아끼지 않는다.

폐와 뼈, 뇌에까지 전이된 유방암 말기상태로 호스피스에 의뢰된 한 여성 환자의 사례를 들어 보겠다. 호스피스간호사가 처음 환자를 방문했을 때, 고통 중에 있던 그 환자가 한 말은 "딱 한 알만 먹으면 죽는 약 없어요?"였다. 다음에 올 때 좀 가져다 달라고 했다. 그 환자는 가난하고, 신체적 통증이 아주 심한 상태로 하나뿐인 아들에게 너무 폐를 끼친다고 생각하여 먹고 죽을 수 있는 약을 요청하였다.

안락사를 찬성하는 사람의 입장에서는 환자가 자기 스스로 주기를 원한다고, 그런 약을 가져다 달라고 하였으니 그 다음에는 의료진이 동정심을 발휘하여 결단하고 그러한 도움을 주어야 한다고 주장할 수 있겠다. 그러나 호스피스간호사는 이 환자의 말을 '너무 아프니 고통을 좀 해소해 달라' 는 것으로 해석하였다. 인간의 생명을 존중하고 환자의 고통을 진정으로 해소해 주고자 다음 방문 때는 호스피스 의사와 의논하여 그 환자의 상태에 맞게 처방된 진통제를 제공하였고 자원봉사자를 적절하게 배치하여 환자의 개인위생과 음식, 환경정리에 도움을 주었으며 성직자가 방문하여 영적상담을 할 수 있도록 지원하였다. 또한 환자가 과거의 삶과 관련하여 용서받고 싶은 내용이 있어 해당되는 친지도 만나고 사회-심리-영적인 부분에서의 고통 해소에도 도움을 주었다. 이 환자는 호스피스팀과 함께 울고, 웃으면서 8개월 동안 살다가 떠났는데 그동안 가족, 친지와 화해하고 자신을 용납하게 되었으며 절대자이신 하나님과도 관계를 회복하고 아들에게 남기는 유서를 침구 밑에 남긴 채 몹시 빛나는 아름다운 모습으로 아들과 이별하였다.13)

위의 사례에서 보듯이 호스피스는 말기환자에 대한 가장 적절한 대안이라 하겠다. 호스피스 활동은 말기환자의 고통을 해소하고 삶의 질을 향상시킬 뿐 아니라 말기환자와 함께 고통하는 가족의 입장도 고려하여 죽음이 가족에게 주는 충격과 독소가 감소되도록 지원하는 생명사랑 운동이다. 즉 말기환자와 가족이 생의 마지막 시간과 죽음을 통해서 '인간'으로서 오히려 성장할 수 있도록 따뜻한 마음으로 최선을 다해 보살피고 용기를 북돋우는 긍정적인 접근이 바로 호스피스라 할 수 있다. 이런 점에서 본다면 '안락사의 대안으로서의 호스피스'라고 하기보다는 '말기환자를 위한 최상의 대안은 호스피스'라고 하는 것이 오히려 더욱 적절하다고 본다.

5. 결론

호스피스는 말기환자와 가족을 지원하는 최상의 아름다운 대안이다.
인간 생명의 주인은 인간 자신인가? 인간은 자신의 생명과 죽음에 대해 스스로 선택하고 결정할 권리가 있는가? 말기환자가 요청한다면 의료진은 동정심을 발휘하여 안락사를 지원할 수 있는 것인가? 말기환자와 가족의 총체적인 고통을 안락사 이외에는 해소해 줄 방법이 없는가? 호스피스에서 이러한 질문에 대한 답은 '아니다' 이다. 생명은 고귀한 것이며 인간은 생명의 주인이 아니다. 완치 불가능한 말기상태의 환자는 적절한 시점에서 '호스피스 · 완화의료'로 전환하여 전인적인 돌봄을 받으면서 남은 시간을 충실하게 살 수 있어야 하고 삶의 질 향상, 인간성 회복, 자연스러운 수(壽)를 누림 등의 혜택 속에서 아름다운 이별을 할 수 있어야 한다.

1) 본 논문은 필자의 책, 『기독교생명윤리개론』(서울: 장로회신학대학교출판부, 2004)의 제7장에서 상당 부분 수정 인용하였다.
2) 안락사의 분류기준들 안락사를 분류함에 있어 기타 다음의 요인들이 있다: 환자의 고통에 대한 배려로서의 환자의 유익성과 의사의 온정주의(paternalism)에 대한 견제, 의사의 연명 및 보호 의무로서의 요인, 의료비의 부담과 의료비 할당에 대한 사회정의적 요인, 의사에 대한 법적인 보호와 환자에 대한 법적인 보호, 개인의 생명권과 사회적 유용성의 문제, 의료환경과 의료체계에 대한 고려 등이다. '온정주의'란 한 사람의 의지에 반하여, 그 사람에게 유리한 일을 위해 그의 일에 간섭하는 것을 말한다(http://plato.stanford.edu/entries/paternalism/).
3) 환자의 자기결정권이라 함은 전문가인 의사로부터 충분한 정보제공과 알기 쉬운 설명을 듣고 자신의 납득과 자유로운 의사에 기초해 자기의 의료행위를 동의하고 선택하며 혹은 거부할 권리를 말한다.
4) 고통(pain)이란 육체적인 것을 말하며, 고난(suffering)이란 심리적인 것을 의미한다. 인간의 고통은 육체적인 것으로만 해석할 수 없으며, 상당 부분 심리적 문제와 연관된다. 이러한 고통과 고난은 일방적 제거의 대상만으로 보아선 안 되며, 인간의 삶의 부분으로 적극적 요소도 있음을 인정해야 한다.
5) 치료(특히 life-sustaining treatment-연명 치료)의 보류(withholding)는 치료를 시작하지 않은 것을 말하며, 철회(withdrawing)는 시작한 치료의 중지를 의미한다. 치료의 중지가 심리적으론 더 어려운 일이지만, 양자 사이의 도덕적 차이는 별로 없다. Mark W. Foreman, *Christianity and Bioethics: Confronting Clinical Issues* (Joplin: College Press Publishing Co,, 1999), 117.

6) 인공적으로 영양과 수분(nutrition and hydration)을 공급하는 것을 중단하는 것도 간접적 안락사의 범주에 넣어야 할 것인가 하는 것에 대한 논란이 있다. 일군의 학자들은 그것들은 치료의 행위가 아니므로, 중단해서는 안 된다고 주장하기도 하며, 어떤 학자들은 그것을 치료행위의 일부로 보아 정당화하기도 한다. Mark W. Foreman, *Christianity and Bioethics: Confronting Clinical Issues,* 135-136.

7) 의사조력자살을 독립적으로 다룬 좋은 책으로 하버드 대학교의 윤리학 교수로 있는 다이크(Arthur J. Dyke)의 *Life's Worth: The Case against Assisted Suicide* (Grand Rapids: Eerdmans, 2002)를 들 수 있다. 다이크는 이 책에서 의사조력자살을 반대하고 있다. 의사조력자살은 안락사라기보다는 자살에 대한 방조로 보아야 한다는 것이다.

8) 맹용길, 『생명의료윤리』(서울: 장로회신학대학출판부, 1987), 93-96을 참조함.

9) 케보키언의 사례에 대한 연구는 Gregory E. Pence, *Classic Cases in Medical Ethics* (New York: McGraw Hill, Inc., 1995), 62ff를 참조할 수 있다.

10) 혼수 이전의 환자의 뜻을 보통 '생자의 의사'(living will)라고 부른다. 이것은 환자가 혼수상태에 들어가기 전 연명 치료의 거절로서의 존엄사의 문제를 미리 정리해두는 생존유효유언을 말한다.

11) http://www.saehanphilosophy.or.kr/15/1503.htm

12) 안락사에 있어 능동적(active), 직접적(direct), 긍정적(positive) 안락사를 같은 의미로, 소극적(passive), 간접적(indirect), 부정적(negative) 안락사를 같은 종류로 분류하는 입장들이 있다 (http://www.all.org/article.php?id=10163).

13) 임종에 직면한 환자에게 고통 없이 자연사하게 죽음을 도와주는 행위로 진정 안락사라고 부른다.

14) 퀸란의 사례는 Gregory E. Pence, *Classic Cases in Medical Ethics,* 3ff를 참조할 수 있다.

15) http://www.cbioethics.org/data/view.asp?idx=72&sour=a 힘들고 어려운 치료를 비상적 치료(extraordinary treatment)라고 하는바, 통상적 치료(ordinary treatment)와 구분된다.

16) Mark W. Foreman, *Christianity and Bioethics: Confronting Clinical Issues,* 124.

17) Committee on Medical Ethics, Episcopal Diocese of Washington, Episcopal Church House, Mount Saint Alban, *Assisted Suicide and Euthanasia: Christian Moral Perspectives, The Washington Report* (Harrisburg: Morehouse Publishing, 1997), 11-12.

18) 한국의료윤리교육학회 편, 『의과대학 학습목표에 기초한 의료윤리학』(서울: 계축문화사, 2001), 292-294.

19) 유선경, "형법상 안락사 존엄사에 관한 연구"(미간행석사학위 논문, 단국대학교대학원, 2001), 13-14.

20) 이 두 가지를 총칭하여 자살관여죄라고도 함.
21) 우리나라의 형법 제24장은 살인죄를 다음과 같이 규정하고 있다.

　제24장 살인의 죄

　제250조 (살인, 존속살해)

　① 사람을 살해한 자는 사형, 무기 또는 5년 이상의 징역에 처한다.

　② 자기 또는 배우자의 직계존속을 살해한 자는 사형, 무기 또는 7년 이상의 징역에 처한다.

　〈개정 95.12.29〉

　제251조 (영아살해)

　직계존속이 치욕을 은폐하기 위하거나 양육할 수 없음을 예상하거나 특히 참작할 만한 동기로 인하여 분만중 또는 분만직후의 영아를 살해한 때에는 10년 이하의 징역에 처한다.

　제252조 (촉탁, 승낙에 의한 살인 등)

　① 사람의 촉탁 또는 승낙을 받아 그를 살해한 자는 1년 이상 10년 이하의 징역에 처한다.

　② 사람을 교사 또는 방조하여 자살하게 한 자도 전항의 형과 같다.

　제253조 (위계 등에 의한 촉탁살인 등)

　전조의 경우에 위계 또는 위력으로써 촉탁 또는 승낙하게 하거나 자살을 결의하게 한 때에는 제250조의 예에 의한다.

22) 유선경, "형법상 안락사 존엄사에 관한 연구", 32-34, 51.
23) 미국에서 1976년부터 제정되기 시작한, '리빙 윌'은 자신의 생명에 대한 유언을 말하는바, 법정자격이 있을 때 유언을 남김으로써 의식이 거의 마비되거나 올바른 선택을 할 수 없는 불치의 병에 걸릴 경우, 자신이 어떻게 취급되어야 하며 떠 어떻게 취급받지 말아야 하는가에 대해 자신의 소망을 표현하는 내용을 포함한다. [T. 샤논, J. 디지아코모, 황경식 김상득 역 『생의 윤리학이란?』, (서울: 서광사, 1988), 89.]
24) Edward J. Larson and Darrel W. Amundsen, *Euthanasia and the Christian Tradition: A Different Death* (Downers Grove: InterVarsity Press, 1998), 177-184. 문국진, 『생명 윤리와 안락사』 (서울: 여문각, 1999), 288-296. '리빙 윌 법안'(Living Will Act)은 '생자의 의사 법안'으로 번역되기도 한다.
25) 유선경, "형법상 안락사 존엄사에 관한 연구," 76-78.
26) 리빙 윌 법안은 환자가 어떤 상태가 되었을 때, 어떤 치료를 하지 말 것을 정의하는데, 이에 대한 문제점들이 그간 지적되어 왔다. 1) 그것은 의학적 치료의 '종료'에만 관계되어 있다. 계속 치료하여야 할 것에 대해서는 애매한 것이다. 2) 그것은 환자의 '상태'에 대한 정의가 모호하다.

3) '대리자'에 의한 결정에 문제가 있다. 4) '구체적인' 어떤 의료적 개입을 멈출 것인가에 대해 분명하지 않다. 이러한 문제점들 때문에, 리빙 윌 법안에 수정이 필요하다는 의견들이 많은 것이다. [Ezkiel J. Emanuel and Linda L. Emanuel, "Living Wills: Past, Present, and Future," Thomas A. Shannon, ed., *Bioethics*, 4th edition, 227-233.]

27) 김상득, 『생명의료윤리학』 (서울: 철학과 현실사, 2000), 326.

28) 물론 우리나라는 장기이식의 경우만을 뇌사를 예외로 하며, 그 외의 경우에는 뇌사를 죽음으로 인정하지 않는다.

29) 전뇌사란 혈액순환과 호흡 및 무의식적 반응을 담당하는 뇌간을 포함한 전체의 뇌가 죽은 상태이며, 식물인간의 상태란 인간의 사고작용을 관장하는 대뇌만 죽고 뇌간의 기능을 살아있는 상태 곧 대뇌사(cerebrum death)의 상태를 말한다. 일반적으로 뇌사라 하면, 전뇌사의 상태를 일컫는다.

30) 허대석, "무의미한 치료의 중단", 「대한의사협회지」 제44권 제9호 (2001.9.), 957.

31) 그 개념 자체에서 진정(眞正)안락사는 고통 없이 자연사를 맞이할 수 있도록 한다는 의미에서, 생명 단축 또는 침해를 전혀 하지 않는 것을 의미하는 것으로, 개념 자체에서 법상 문제없는 것이다. 그러나 소극적 안락사는 엄밀한 의미에서는 자연사에 이르도록 소극적으로 연명(연장)조치(치료 등)를 하지 않는 것으로서, 생명단축을 야기했다고 볼 수 있는 개연성이 남아 있다는 개념으로 인식되기도 한다. 따라서 양자를 완전히 동일시하기는 어려운 점도 있다. 예컨대, 환자의 진료거부의사에 따라 의사에게 언명의무가 존재하는 상황임에도 (설득이나 상황 설명을 하지 아니하고) 그저 자연사에 이르도록 방치하여 생명연장의 가능성을 방기(放棄)해 버렸다면, 분류상 소극적 안락사가 되겠지만, 법적으로 책임 논란이 될 수 있는 것이다.

32) 자신의 삶에 대한 환자의 영향을 선택 결정할 권리

33) 여기서 '간접적'(indirect)이란 용어의 의미가 앞에 〈표1〉에서 사용된 의미와는 차이가 있어 보인다. 이와 같이 사용하는 사람에 따라 그 의미들이 약간씩 차이가 나고 있음을 감안할 필요가 있다.

34) 유경선, "형법상 안락사 존엄사에 관한 연구", 27-32.

35) Committee on Medical Ethics, Episcopal Diocese of Washington, *Assisted Suicide and Euthanasia: Christian Moral Perspectives*, 14-15.

36) 유선경, "형법상 안락사 존엄사에 관한 연구", 34-39.

2

1) J.Childress, "Christian ethics, medicine and genetics" in Gill. R., ed., *The Cambridge Companion to Christian Ethics* (Cambridge University Press, 2005. 5th ed.), 270.
2) 이와 관련하여 가톨릭의 입장을 담은 이동익, "가톨릭 윤리신학의 안락사 이해와 불필요한 치료행위의 중단에 관한 고찰,"「가톨릭신학과 사상」, 제35호 (2001. 3)를 참고하도록 추천한다.
3) R.Chadwick ed., *Encyclopedia of Applied Ethics* (Academic Press, 1998), 175-187, "Euthanasia." 안락사 개념을 도표로 정리하면 다음과 같다. 임종식,「생명의 시작과 끝」(서울: 도서출판 로뎀나무, 1999), p.306

		환자의 의사(意思)		
		자의적 voluntary		
시술방법	소극적 passive	소극적 · 자의적	소극적 · 비자의적	소극적 · 반자의적

4) 미시건주의 케보키언은 자살기계(Mercitron이라 이름 붙여짐)를 고안하고 지역신문을 통해 희망자를 모집하여, 9년간 130여명이 넘는 사람들의 자살을 도왔다고 한다. 1급 살인죄로 기소된 그는 환자에게 죽음이 허용될 수 있다면, 신속하고 고통 없이 죽게 해야 한다고 주장했지만, 그의 행적에는 환자에 대한 충분한 상담도 없었거나 불치병환자가 아님에도 자살을 도와주었던 경우 등이 발견되고 있다.
5) 이동익, "가톨릭 윤리신학의 안락사 이해와 불필요한 치료행위의 중단에 관한 고찰"에서 참조.
6) 필자는 우리사회에서 생명윤리에 관한 기독교의 관점이 양분되어 나타나는 현상에 대해 안타까운 마음을 가지고 있음을 솔직히 말하고 싶다. 우리사회를 떠들썩하게 했던 배아복제 문제에 관해서 기독교 안에서 그동안 어느 정도 해소된 것으로 보였던 신학적 보수와 진보의 견해차이가 재현되었던 현상을 기억해 보자. 배아복제를 반대하는 신학자들을 비지성적이고 비과학적인 부류로 몰아세우고 배아를 인간이라고 하려면 차라리 정자와 난자까지 인간이라고 하라는 비아냥이 기독교 안에서 일어났고 서로 다른 입장의 성명서를 발표했던 일은 윤리문제에 대한 찬반을 넘어서는 안타까움을 자아낸다. '존엄적 안락사'의 문제도 다를 바 없을 것으로 예상된다. 바라기는 진보와 보수를 넘어 실천적 관점에서 생명존엄을 위한 협력이 기독교 안에서 구체화되기를 기대한다.
7) P.Ramsey, *Fabricated Man: The Ethics of Genetic Control* (Yale University Press, 1970), 138.
8) J.Childress, "Christian ethics, medicine and genetics" in R. Gill. ed., *The Cambridge*

Companion to Christian Ethics (Cambridge University Press, 2005. 5th ed.), 270.
9) 위의 책, 재인용. 필자가 보기에, 칠드리스의 거스탑슨 해석에 문제가 있어 보인다. 과연 거스탑슨의 의도가 무엇이었는지 좀 더 세심한 성찰이 필요하다고 하겠다.
10) 위의 책, 272.
11) 예를 들어, 미국사회를 떠들썩하게 했던 시아보(T. Schiavo) 사건을 놓고 여론조사 결과는 생명문화 문제에 관한 이야기꺼리 일 수 있다. 흥미롭게도, 다른 사람에 관한 결정에는 보수적인 태도를 보이던 사람들이 정작 자신의 문제가 된다면 안락사를 택하겠다고 응답했다고 한다. 안락사에 대한 신념과 현실, 또는 개인의 선택 사이에 괴리가 있는 셈이다. 우리나라 기독교 신앙인들에게서도 생명문화와 관련된 흥미로운 현상이 나타난다. 예를 들어 부활절을 기념하여 장기기증운동을 전개한 경우, 실제 참여자의 수가 예상외로 저조하게 나타난 경우가 있다. 그것은 부활신앙의 문제라기보다 생명문화의 문제라고 해야 한다. 장기기증과 시신기증의 숭고한 뜻은 이해하지만, 전통적으로 신체에 대해 가지는 우리민족 고유의 관념에 비추어 볼 때, 쉽게 결정하기 어려웠을 것이다.
12) M.Battin. Ending Life: Ethics and the Way we Die (Oxford Univ. Press, 2005), 325.
13) 위의 책
14) S.Hauerwas, Vision and Virtue: Essays in Christian Ethical Reflection (Univ. of Notre Dame Press, 1974), 166-186.
15) 호스피스 활동에 대한 사원봉사 수기 빛 자료집으로 김미자,『짧은 만남, 긴 이별, 영원한 만남』(서울: 도서출판 새순, 1996)을 소개한다. 호스피스의 개념은 17-70쪽을 참고하였다. 말기환자를 자존심과 위엄을 가지고 마지막 삶을 살도록 도우며 평안한 임종을 맞도록 보살핀다는 의미로 가톨릭 용어로 선종봉사(善終奉仕)라고 번역하기도 한다. 특히 중세교회시절 환자를 돌보는 치료소, 나그네가 쉬어가는 여인숙, 가난한 자를 돌보는 구호처 등 광범위한 자선적인 단체나 장소를 의미했지만, 현대에는 어떤 장소만 지칭하는 것이 아니라 가까운 시일 내에 사별하게 될 말기환자를 보살피는 프로그램, 또는 프로그램을 따라 봉사하는 병원이나 시술팀 및 그 일에 종사하는 개인을 지칭하는 말로 쓰인다고 한다.

3

1) Daniel Callahan, The Troubled Dream of Life: Living with Morality (New York: Simon and Schuster, 1991), Thomas A. Shannon, An Introduction to Bioethics,『기초 생명윤리학』, 구미정, 양재섭 역 (경산: 대구대학교출판부, 2003), 102에서 재인용.

2) C. M. Culver & B. Gert, "The Definition and Criterion of Death", T. A. Mapps & J. S. Zembaty, eds., *Biomedical Ethics* (N. Y.: McGraw-Hill Inc., 1991), 391, 김상득, 『생명의료 윤리학』 (서울: 철학과 현실사, 2000, 2001), 332-333에서 재인용.
3) Thomas A. Shannon, James J. Digiacomo, *An Introduction to Bioethics*, 황경식 · 김상득 역, 『생의 윤리학이란?』 (서울: 서광사, 1988), 64.
4) 김상득, 『생명의료 윤리학』, 332.
5) 이러한 구분은 유호종의 견해를 따랐다. 유호종, 『떠남 혹은 없어짐-죽음의 철학적 의미』 (서울: 책세상, 2001).
6) 문시영, 『생명복제에서 생명윤리로: 테크놀러지 시대의 책임적 생명윤리』 (서울: 대한기독교서회, 2001), 117.
7) 그러므로 필자는 인격성의 새로운 논의에 대한 문시영의 논문을 주로 참고하여 필자의 논지를 전개할 것이다.
8) Joseph Fletcher, *Humanhood: Essays in Biomedical Ethics* (Buffalo: Prometheus, 1979).
9) "지와 예의 프런티어(18): 미 프린스턴대 피터 싱어 교수", 『조선일보』(2001. 5. 9).
10) J. Feinberg, "The Problem of Personhood", T. L. Beauchamp, LeRoy Walters, eds., *Contemporary Issues in Bioethics* (California: Wadsworth Publishing Company, 1978).
11) R. Puccetti, "The life of a person", T. L. Beauchamp, LeRoy Walters, eds., *Contemporary Issues in Bioethics* (California: Wadsworth Publishing Company, 1978).
12) H. T. Engelhardt, "Medison and Concept of Person", T. L. Beauchamp, LeRoy Walters, eds., *Contemporary issues in bioethics* (California: Wadsworth Publishing Company, 1978).
13) 문시영, 『생명복제에서 생명윤리로: 테크놀러지 시대의 책임적 생명윤리』, 123.
14) 김상득, 『생명의료 윤리학』, 335-336.
15) 이 입장에 대한 내용은 유호종의 글을 요약하여 필자의 문체로 정리하였다.
16) 소병욱 지음, 『삶의 윤리』 (서울: 성바오로출판사, 1991, 1993), 151.
17) 위의 책, 125.
18) 그런데 필자는 대한의사협회의 이러한 입장 표명을 소극적 안락사만을 허용한 것이라고 보는 시각에 걸림돌이 있다고 본다. 예를 들어 인공호흡장치를 생명을 유지시키는 일반수단으로 보느냐 아니면 특수수단으로 보느냐에 따라, 대한의사협회의 입장은 적극적 안락사 허용으로도 해석될 수 있기 때문이다. 물론 이러한 기준으로 적극적/소극적 안락사를 구분하려면 특수수단과 일반

수단이라는 기준을 일반화시킬 수 있는 개념적인 설명이 요구된다. 사례에 따라 일반화시키기 어렵기 때문이다. 우리나라의 의료현실을 고려하면, 인공호흡기를 부착하지 말라는 환자의 자의적 의사 표명이 없거나 확인할 수 없는 경우 대체로 자가 호흡이 정지되면 인공호흡기를 부착한다. 그렇다면 인공호흡기는 생명을 연장시키는 일반수단인 셈이다. 그러므로 인공호흡기를 부착하지 않거나 떼어내는 것은 생명을 연장시키는 일반수단을 사용하지 않는 경우이므로 적극적 안락사에 해당되는 것이 아닐까?

19) 임종식 · 구인회, 『삶과 죽음의 철학: 생명윤리의 핵심 쟁점에 대한 철학적 해부』 (서울: 아카넷, 2003), 279.

20) 말 그대로 미끄러운 경사길에서는 일단 첫걸음을 떼고 나면 그 방향을 바꾸거나 멈출 수 없을 만큼 빠르게 미끄러져 내려가기 때문에 첫걸음부터 신중하게 내딛지 않으면 안 된다는 것을 말한다. 구미정, "낙태 문제에 대한 기독교적 응답", 현대사회와 기독교 편찬위원회 편, 『현대사회와 기독교』 (대구: 계명대학교출판부, 2004), 240.

21) 임종식 · 구인회, 『삶과 죽음의 철학: 생명윤리의 핵심 쟁점에 대한 철학적 해부』, 287-288.

22) 안락사 문제에서 관건은 환자 본인의 의사 표명이라고 하겠다. 그러므로 필자는 '자의적/비자의적/반자의적'을 기준으로 안락사를 구분하는 것이 가장 설득력 있다고 생각한다. 이러한 기준으로 안락사를 구분하면 다음과 같다. ① 자의적인 적극적 안락사 ② 비자의적인 적극적 안락사 ③ 반자의적인 적극적 안락사 ④ 자의적인 소극적 안락사 ⑤ 비자의적인 소극적 안락사 ⑥ 반자의적인 소극적 안락사. 임종식, 『생명의 시작과 끝』, (서울: 도서출판 로뎀나무, 1999), 306.

23) 장기 등 이식에 관한 법률에 따르면, 살아 있는 자, 뇌사자, 사망자로 구분하고 있다. 살아 있는 자란 사람 중에서 뇌사자를 제외한 자를 말하고, 뇌사자란 이 법의 의한 뇌사판정 기준 및 뇌사판정 절차에 따라 뇌 전체의 기능이 되살아날 수 없는 상태로 정지되었다고 판정된 자이다. 유호종, 『떠남 혹은 없어짐-죽음의 철학적 의미』, 150.

24) 안락사와 관련된 우리나라의 대표적인 사례인 '보라매 병원 사건'의 경우 뇌사자의 가족 중 한 사람이 의사를 살인 혐의로 고발하지 않았더라면 별 문제없이 넘어갈 수 있는 사건이었다고 평가된다. 최준식 지음, 『죽음, 또 하나의 세계: 근사체험을 통해 다시 생각하는 죽음』 (서울: 동아시아, 2006), 65. 이러한 평가의 기저에는 뇌사를 죽음으로 받아들이고 있는 사회 현실이 반영되어 있다고 하겠다. 이 사건은 1997년에 발생한 사건이었는데, 이 사건이 보도되었을 때, 여론은 뇌사자의 부인과 의사를 비난 일변도로 몰아가지 않았던 것으로 기억된다. 우리나라에서 이미 뇌사에 대한 논의가 시작되어 암암리에 인정되고 있었기 때문이 아닐까? 또 하나의 사례로 최근에 〈챔피언〉이라는 제목으로 영화화되어 상영된 바 있는 '권투선수 김득구 사건'을 들 수

있다. 뇌사에 대한 일반인의 이해가 미미하던 시기였던 1982년에 발생한 이 사건은, 도덕적인 비난을 많이 받았다. 그러나 김득구와 김득구의 어머니가 한국인이었지만 미국에서 일어난 사건이었기에 법적인 문제로까지 비화되지는 않았다. 어떻게 아직 죽지 않은(심폐사하지 않은) 사람을 죽었다고 하고, 그 사람의 장기를 적출할 수 있느냐 하는 것이 그 당시 대다수 일반인들의 생각이었고 그것은 하나의 충격이었다.

25) 김상득, 『생명의료 윤리학』, 331; 문시영, 『생명복제에서 생명윤리로: 테크놀러지 시대의 책임적 생명윤리』, 109.
26) H. Draper, "Euthanasia", *Encyclopedia of Applied Ethics*, Vol. 2 (New York: Academic Press, 1998), 176, 김상득, 『생명의료 윤리학』, 293에서 재인용.
27) 문시영, 『생명복제에서 생명윤리로: 테크놀러지 시대의 책임적 생명윤리』, 94-95.
28) 박재영, "EUTHANASIA, 인간에게 '품위 있게 죽을 권리' 있다, 없다 ", 『연세대학원신문』 (2001. 6), 김균진, 『죽음의 신학』 (서울: 대한기독교서회, 2002), 476에서 재인용.
29) H. Draper, "Euthanasia", *Encyclopedia of Applied Ethics*, Vol. 2 (New York: Academic Press, 1998), 176, 김상득, 『생명의료 윤리학』, 293에서 재인용.
30) eu가 well, good의 뜻을 가지고 있기는 하지만 easy의 뜻이 더 적합하다고 한다.
31) 최준식, 『죽음, 또 하나의 세계: 근사체험을 통해 다시 생각하는 죽음』, 70-71.
32) 이에 대한 자세한 설명은 문시영, 『생명복제에서 생명윤리로: 테크놀러지 시대의 책임적 생명윤리』, 101-102를 참고하라.
33) Thomas A. Shannon, 『기초 생명윤리학』, 148.

4

1) 김재운, 최진태, "안락사의 정당성 논쟁과 인간의 존엄성 제고를 위한 새로운 의료정책 방향에 관한 연구", 『순천청암대학논문집』, 21권, 1호 (1997) 참조.
2) 2차 세계대전 전과 대전 중에 '가치 없는 생명'을 말살한다는 개념 하에서 육체적으로나 정신적으로 장애를 가진 사람들, 노망 든 노인들, 지진아들, 병원에 머문 지 5년이 지났는데도 일을 할 수 없는 정신병 환자들에 대한 안락사가 시도되었다. 나치 의사들이 '사회 위생'을 위한 노력에 앞장섰으나 교회의 항의가 있은 후 1941년에 히틀러에 의해 공식적으로 중지되었다. 그 때 까지 대략 9만 명의 환자들이 단종 되었다. 피터 애드미랄, "안락사와 조력자살", 데이비드 토머스머, 토머신 쿠시너 편, 『탄생에서 죽음까지』, 김완구, 이상헌, 이원봉 역 (서울: 문예출판사, 2000), 357 참조.

3) 안락사를 자발적/비자발적 구분하는 것은 환자가 자신의 죽음을 결과하게 될 행위에 대해 자유롭게 동의를 했느냐 하지 않았느냐에 따른다. 안락사를 적극적/소극적으로 구분하는 것은 죽음이 다른 사람에 의해 직접적으로 그리고 의도적으로 유발될 때 적극적이라 하고, 환자의 죽음이 다른 사람들이 생명을 연장하는 행위(인위적인 생명 보조 장치의 보류 또는 제거 등)을 의도적으로 삼가 함으로써 일어나는 것을 소극적 안락사라고 말한다. 생명연장을 위한 비통상적 치료는 죽어가는 사람의 생명을 연장하기 위하여 사용하는 특수 약물 수술이나 투시, 방사선 치료, 인공호흡기, 심장 보조기, 기관 이식, CPR, 신장 투석 등과 같이 값비싼 최첨단 장치를 활용하는 것을 말한다. 통상적 치료는 환자의 건강 상태와 상관없이 모든 환자에게 필수적인 음식이나 물, 목욕, 마사지, 진정 치료 등을 포함한다. 최문기, "안락사의 도덕성 논증과 수용" (1999) 참조.

4) 1990년대 이후로 한국에서 출간된 안락사 관련 서적은 대략 다음과 같다. 허일태, 『안락사에 관한 연구』 (서울: 한국형사정책연구원, 1994), 문국진, 『생명윤리와 안락사』 (서울: 여문각, 1999), 석기용, 『안락사논쟁』 (서울: 책세상, 1999), 이상돈, 『의료형법』, (서울: 법문사, 1998), 구영모, 『생명의료윤리』 (서울: 동녘, 1999), 『의료행위와 법』 (서울: 문영사, 1998), 이인영, 『생명인권보호를 위한 법정책』 (서울: 삼우사, 2004), 대한의학회, 『임종환자의 연명 치료 중단에 관한 대한의학회 의료윤리지침』(2002), 박재형, 『의료윤리의 새로운 문제들』 (서울: 예영커뮤니케이션, 1997), 임종식, 『생명의 시작과 끝: 생명의료윤리 입문서』 (서울: 로뎀나무, 1999), 구인회, 『생명윤리의 철학: 첨단생명공학의 발달에 수반된 윤리적 문제』 (서울: 철학과 현실사, 2002), 김광식, 『인간과학과 신학 : 생물학, 심리학 및 의학과의 대회를 위하여』 (서울: 연대출판부, 1991) 등이 있다.

5) 이 사건의 1심 판결문을 보면 환자의 회복가능성 확률이 담당 의사에 의해 73%에 이른다는 증언이 있고, 혈종제거수술도 성공적이었고, 환자도 대광반사와 충격에 대한 반응 속도가 빨라지고 있는 등 환자의 상태가 호전되고 있었다고 한다. 황상익, "특집/치료중단과 의료윤리-가망 없는 환자의 치료중단과 의료윤리," 대한의사협회,『대한의사협회지』, vol. 41, no.7 (1998), 697-701참조.

6) 법원은 "퇴원을 요구 받은 의사는 환자의 생명을 보호하기 위한 의료 행위를 계속해야 할 의무와 환자의 요구에 따라 환자를 퇴원시킬 의무 사이에 충돌이 일어나게 되는 경우에는 환자의 생명을 보호할 의무가 우선한다. 따라서 이 사건은 부작위에 의한 살인죄에 해당 한다"라고 하여 담당 전문의에게 유죄를 선고하였고, 환자의 부인에게는 살인죄를 선고하였다. 상고심에서는 환자의 부인에게는 부작위에 의한 살인죄를, 의사들에게는 작위에 의한 방조죄를 각각 선고하였다. 이정원, "판례평석: 의학적 권고에 반한 퇴원으로 사망한 환자에 대한 형사책임," 『대법원판례 2004. 6. 24.: 소위 보라매병원사건』 (한국비교형사법학회 비교형사법연구, 2004) 참조.

7) 김상득, 손명세, "안락사: 정의, 분류 그리고 윤리적 정당화," 한국생명윤리학회 편, 『생명윤리』, 제1

권 제1호 (2000), 59.
8) 이것은 드레이퍼(H. Draper)의 견해에 따른 정의이다. 그는 안락사를 "어떤 사람이 가능한 한 편안한 수단을 이용하여 다른 사람을 죽이려는 의도에서 파생된 죽음"으로 정의한다. H. Draper, "Euthanasia," *Encyclopedia of Applied Ethics*, vol. 2 (New York: Academic Press, 1988), 176. 김상득, 『생명의료윤리학』 (서울, 철학과 현실사, 2001), 292 재인용.
9) 환자의 최선의 이익을 위한다는 것은 의학적 관점과 환자의 관점 둘 다를 포함하는 개념이다. 전자가 질병의 치료, 완화, 예방 등을 다루는 과학과 의술을 구성하는 검증된 지식, 기술, 경험 등을 근거로 하는 관점이라면, 후자는 환자가 가지는 인간으로서의 기본적 권리 즉 자신의 의사를 존중받을 권리, 환자의 자율성에 대한 존중을 근거로 하는 관점을 말한다. 오늘날에는 환자의 자율성이 중요하게 부각되고 있는데, 원칙적으로 모든 의료행위는 환자의 동의를 얻어야만 비로소 그 정당성을 얻게 된다.
10) 구영모, "중환자의 자의퇴원과 의사의 살인죄 ; 보라매 병원 사건에서 무엇을 배울 것인가?", 제11회 한국철학자대회, 한국사회, 윤리학회 분과발표 (1998) 참조.
11) 권복규, 김현철, 『생명 윤리와 법』 (서울: 이화여자대학교 출판부, 2005), 105.
12) 안락사를 소극적 안락사와 적극적 안락사로 구별하는 것은 사실 안락사의 방법에 따른 분류라고 볼 수 있다. 이것은 법적인 관점에서 볼 때는 작위냐 부작위냐와 관련된 문제로 이해할 수 있기 때문에 소극적이냐 적극적이냐 하는 표현이 반드시 적절한 것으로 볼 수는 없다.
13) 정유석, "삶의 질과 안락사, 기독교적 의료윤리의 관점", 「기독교사회윤리」(2000) 참조.
14) P. Singer. *Practical Ethics*, 2nd. (Cambridge: Cambridge University Press, 1993), 176-181, 김상득, 손명세, "안락사: 정의, 분류 그리고 윤리적 정당화,"에서 재인용.
15) 이을상, 『죽음과 윤리』(서울: 백산서당, 2006), 267.
16) 김상득, 『생명의료윤리학』, 301.
17) 김상득, 『생명의료윤리학』, 305-306참조.
18) 김상득, 『생명의료윤리학』, 277.
19) http://www.gmain.or.kr/zboard/zboard.php?id=message&page=1&sn1=&divpage=1&sn=off&ss=on&sc=on&keyword=안락사&select_arrange=vote&desc=asc&no=861 참조.
20) 권복규, 김현철, 『생명 윤리와 법』, 106 참조.
21) http://www.hospitallaw.or.kr/medical%20ethics-our%20comfort.html 참조
22) 물론 안락사의 과정에서 유익하냐 무익하냐를 분명하게 구분하는 것은 그리 쉽지 않다. 그것은

안락사의 목적이 통증 완화와 같은 자비의 목적이거나 존엄성을 유지한 채 자연스러운 죽음을 맞이하게 하는 목적인지를 염두에 두어야 하고, 환자의 자발적 의지가 있느냐를 물어야 하며, 대리권자가 그 사람의 최선의 이익을 위해 판단하는지를 물어야 한다. 결국 안락사와 관련하여서는 행위 목적과 의지, 회복 가능성이 있느냐 없느냐가 가장 중요하다. 나아가서 만약 목적과 의지가 분명한 경우일지라도 안락사를 허용하는 것이 도덕적으로 정당한가 하는가를 물어야 할 일이다.

23) http://www.gmain.or.kr/zboard/zboard.php?id=message&page=1&sn1=&divpage=1&sn =off&ss=on&sc=on&keyword=안락사&select_arrange=vote&desc=asc&no=92 참조. 한편 김세곤(대한의사협회 대변인)에 의해 2001년 보도된 "소극적 안락사"에 대한 내용으로 논란이 되고 있는 대한의사협회 의사윤리지침(안)의 조항은 다음과 같다.

제30조(회복 불능 환자의 진료 중단)

① 의사는 의학적으로 회생의 가능성이 없는 환자의 경우라도 생명유지치료를 비롯한 진료의 중단이나 퇴원을 결정하는 데 신중하여야 한다.

② 의학적으로 회생의 가능성이 없는 환자의 자율적 결정이나 그것에 준하는 가족 등 환자 대리인의 판단에 의하여 환자나 그 대리인이 생명유지치료를 비롯한 진료의 중단이나 퇴원을 문서로 요구하는 경우, 의사가 그러한 요구를 받아들이는 것은 허용된다.

③ 의사의 충분한 설명과 설득 이후에도 환자 또는 가족 등 환자 대리인이 회생의 가능성이 없는 환자에 대하여 의학적으로 무익하거나 무용한 진료를 요구하는 경우, 의사는 그것을 받아들이지 않을 수 있다. 회생 가능성이 없는 환자라도 의학의 발전으로 중환자실 등에서 적극적인 치료를 받으면 며칠 동안 생명을 유지할 수도 있다. 그러나 이런 의료는 환자 자신은 물론 환자의 가족과 사회에 경제적으로나 심리적으로 큰 부담이다.

한편 우리 의료계에서는 「보라매병원 사건」에서 의사가 「살인죄」로 기소된 이후로 회생 가능성이 없는 환자라도 퇴원을 허가하지 않는 관행이 생겼고, 이런 관행 때문에 환자 가족은 물론 사회적으로도 여러 가지 문제가 생기고 있다.

실제로 회생 가능성이 없는 환자에 대하여 생명유지치료 등을 중지하는 것은 「사망의 시기」를 앞당기는 것이 아니라, 「사망의 과정」을 필요 없이 늘이지 않는다는 의미이다.

논란이 있는 부분은 다음과 같다. 관점에 따라서는 회생 가능성이 없는 환자라도 적극적으로 생명유지치료를 계속하면 며칠은 더 생존할 수 있는데도 생명유지치료를 중지함으로써 생명의 시기가 앞당기는 결과가 생기고, 이는 소극적 안락사의 범주에 속한다는 논리이다. 그러나 소극적 안락사에는 「중증장애자에게 음식을 제공하지 않는 등」의 행위도 속할 수 있으므로, 의사들은 이를 허용하지 않는다. 같은 의사윤리지침(안)에는 의사들의 안락사 관여를 금지하고 있다.

제58조(안락사 금지)

① '안락사'라 함은 환자가 감내할 수 없고 치료와 조절이 불가능한 고통을 없애기 위한 목적으로 환자 본인 이외의 사람이 환자에게 죽음을 초래할 물질을 투여하는 등의 인위적·적극적인 방법으로 자연적인 사망 시기보다 앞서 환자를 사망에 이르게 하는 행위를 말한다.

② 의사는 '안락사'에 관여하여서는 아니 된다.

현재 대한의사협회에서는「안락사」에 대한 공식적인 의견을 정한 바 없으며, 앞으로 이와 같은 윤리적인 문제에 대하여 문제 제기와 폭넓은 논의 과정을 거치고자 한다.

한편 대한의사협회가 마련한 의사윤리지침(안)은 앞으로 충분한 의견 수렴을 거쳐 문제점을 보완한 다음 확정할 예정이며, 현재 초안에 대한 회원들의 의견을 취합하고 있는 과정에 있다. (2001. 4. 13.)

24) 교황청 신앙교리성, "안락사에 관한 선언", 1980.5.5. 「사목」, (1980. 9.), 127. 이런 입장은 1995년에 발표된 요한 바오로 2세의 회칙 "생명의 복음" 15항과 64-67항에서 반복되고 재확인되었다.

25) 이것은 사실 윤리학에서 '미끄러운 경사길' 논변으로 제시된 것이다. 이 논변에 따르면, 자발적 안락사는 점점 정신병자와 정신적인 장애자들을 그들의 의지와 상관없이 죽이는 데까지 미끄러져 나갈 것이라고 본다.

26) 그가 제시하고 있는 안락사의 절차적 정당화의 구조는 다음과 같다. 첫째는 절차적 요건과 관련되는데, 법은 안락사 시술의 '실체적인 요건'을 말할 수 없기 때문에 안락사 시술을 위한 일정한 '절차'를 마련하고, 그 절차의 준수를 통하여 관련당사자들이 합리적인 결정을 내릴 수 있도록 유도할 수밖에 없다는 것이다. 둘째는 결정의 주체와 관련되는데, 위의 절차를 지키는 한 의사의 결정이 더 이상 법관에 의한 법적 심사의 대상이 되지 않는다는 것이다. 즉 구체적 사안에서 안락사의 시술 여부에 대한 결정권한은 최종적으로 의사에게 주어진다는 말이다. 법관은 의사에게 단지 결정권한을 부여할 수 있기 때문에 그러하다고 본다. 셋째 형법의 절차엄호와 관련되는데, 안락사 결정의 절차를 준수할 의무를 의사에게 부여하고, 그 위반에 대해서는 형법적 제재를 가한다는 것이다. 즉 형법은 안락사의 영역에서 알 수 없는 실체적 정의의 기준을 제시하는 것이 아니라 행위자에게 상황에 적절한 주의의무나 심사의무 또는 협의(상담)의무를 부과하고 그 이행을 보증한다는 것이다. 나아가 이상돈은 안락사의 정당화 구조가 지니는 한계를 서술하면서 절차주의 방법론적 접근이 타당하다는 것을 주장하고 있다. 그가 말하는 정당화 구조의 한계는 다음과 같다. 첫째 안락사에서 어떤 권리가 더 우월한 권리이고 어떤 권리가 상대적으로 열등한

권리인지 결정할 수 있는 실질적인 정의의 기준이 확정될 수 없다는 것, 둘째 법권이 더 우월한 권리의 존재에 관해 판단을 내리는 것도 안락사의 경우에는 적합하지 않다. 즉 책임 윤리적 관점에서 법권이 안락사여부에 대한 판단을 내릴 수는 없으며, 그 권한은 개인에게 돌려져야 마땅하다는 것이다. 이상돈(1996), 107.

이상돈의 '안락사의 법적 정당화는 더 이상 통상적인 법적 정당화의 구조에 의존할 수 없고 '절차주의'의 방법론이 안락사의 문제를 더 적절하게 해결할 수 있다'는 주장은 법조계에서 보다 진지하게 검토되어야 한다고 본다. 이상돈, "안락사와 의사의 생명유지의무: 안락사의 절차적 정당화",「제24회 법의학 세미나 자료」(1996), 106-107 참조.

27) 국민일보 쿠키뉴스제휴시/메디컬투데이(www.mdtoday.co.kr) 정기수 기자, guyer73@mdtoday.co.kr 참조

28) http://www.gmain.or.kr/zboard/zboard.php?id=message&page=1&sn1=&divpage=1&sn=off&ss=on&sc=on&keyword=안락사&select-arrange=vote&desc=asc&no=2002 참조.

29) 그러나 조사를 수행한 이인영은 "적극적인 안락사도 허용해야 한다는 국민들의 동의에도 불구하고 적극적 안락사는 허용되면 안 된다"는 입장을 분명히 밝힌 바 있다. 그는 "적극적 안락사가 허용되면 의식불명인 신생아의 죽음을 허용하고, 요양원의 말기 알츠하이머 환자의 자살에 대한 조력을 허용하는 등 결국 수많은 공격받기 쉽고, 의사결정능력이 없는 환자들의 죽음까지 허용될 가능성이 있다"고 강조했다. 이인영은 다만 존엄사의 경우 우리 사회기 받아들이고 허용할 수 있는 전제조건들을 합리적으로 제시하는 전제 속에서 허용되어야 한다고 주장한 바 있다.

30) 안명옥은 의학적으로 회생 불가능한 환자를 특수 기계장치를 통해 억지로 연명시키는 것은 환자 본인이나 가족에게 큰 고통이며, 사회적 부담이 큰 현실을 들어 법 제안 이유를 설명했다. 또한 개정안은 환자 가족 뿐 아니라 의학적 기준에 따라 의사도 치료 중단을 요구 할 수 있도록 하였다. 안명옥의 발의 안에 대하여 국회 보건복지위 수석전문 위원실은 검토보고서를 다음과 같이 발표하였다. "의료계에서 이미 회복 불가능 환자에 대한 치료중단이 사실상 관행적으로 허용되고 있으며, 회복 불가능함에도 연명 치료를 지속하는 것이 환자 본인이나 환자 보호자에게 정신적, 육체적, 경제적 고통 부담을 가중시키고, 많은 선진국들이 이를 허용하고 있는 점 등을 감안하여 추후 사회적 합의를 전제로 이를 적극 검토할 필요가 있다. 다만 개정안에서는 치료 중단을 판단하는 사유를, 의학적 기준에 따른 치료중단이 필요하다고 판단되는 경우 외에 '환자 등의 치료중단 요구'를 규정하고 있으며, 이 규정은 '치료중단 요구만으로 연명 치료를 중단할 경우 악용 우려가 있고, 치료 중단을 요구할 수 있는 주체의 범위가 '환자 등'으로 불명확해 이

를 명확히 할 필요가 있다. 또한 연명 치료중단 결정은 그 결정으로 인해 환자를 사망에 이르게 한다는 점에서 뇌사판정보다 더욱 엄격해야 함에도 불구, 연명 치료중단의 결정과정을 '중앙의료심사조정위원회', '지방의료심사조정위원회'에서의 심의, 결정으로 환자의 치료를 중단할 수 있다는 규정만을 두고 있다. 따라서 구체적인 연명 치료중단의 요건에 대해 이를 규정하고 있지 않으므로, 이를 구체적으로 보완할 필요가 있다. 이와 함께 연명 치료 중단 여부의 결정을 현행 '의료법' 상 기능이 사실상 중지돼 있는 '중앙의료심사조정위' 또는 '지방의료심사조정위'에서 담당하기에는 그 기능과 역할에 한계가 있을 수밖에 없을 것으로 보여 지는 문제점이 있다. 아울러 이 개정안은 치료계속 결정을 할 경우 일정한 범위 내에서 환자의 치료계속을 위한 지원을 할 수 있도록 하고 있으며, '치료계속의 결정'은 순수 의학적 판단에 의해 이뤄지는 것이므로 이에 소요되는 의료비는 환자 및 그 보호자의 책임 하에 해결돼야 한다. 특히 소극적 안락사 지원 허용에 소요되는 비용을 응급의료기금에서 충당토록 하고 있으나 이 기금의 폐지를 뼈대로 한 '기금관리기본법 개정안'이 현재 국회에 계류 중인 점을 감안해야 한다. 한편 개정한 부칙에서는 시행일만을 규정하고 있으나, 개정안에 의해 연명 치료 중단을 허용할 경우 법적 안정성을 위해 종전에 사실상 관행적으로 행해지던 연명 치료중단행위의 처벌여부에 관한 경과조치의 필요성이 검토돼야 할 것이다." 이병왕 기자, googood.. com (2006. 4. 17) 기사 참조.

31) 의사는 '선량한 관리자(민법 제681조)'로서 환자를 진료하여야 할 의무가 있다. 비록 생명구제의 가능성이 없는 환자라 할지라도 생명을 연장시키기 위해 최선의 노력을 하여야 할 연명의 의무가 있는데 이것은 의사와 환자 간에 성립되는 계약 가운데 연명의 의무가 포함되는 것으로 보기 때문에 의사는 특별한 사정이 없는 한 연명의 가능성이 있고 또 연명에 필요한 조치를 취하지 않거나 중단하면 계약위반이 되기 때문에 민사상의 책임 즉 손해배상의 책임을 추궁 받게 된다고 한다. 문국진, "연명적 치료중단의 의학적 측면" (전국법의부검실기연수회, 1988), 56참조.

32) 이 경우 환자들은 자신의 삶에 대한 통제권을 계속 행사하고 싶어 하며, 스스로 죽음을 맞이하는 형태로 행사하고 싶어 한다. 그들은 병에 의해 저주받은 자신의 삶을 더 이상 지속하고 싶어 하지 않고, 탈출을 원하며, 그것도 위엄 있는 탈출을 원하기 때문에 자연스럽게 의사에게 도움을 청하는 것이다. R. G. 프레이, "죽음의 구별", 『안락사 논쟁』, (서울, 책세상, 1998), 37.

33) 여기에서 말하는 '위엄 있는 죽음 운동'은 '환자의 자율성 운동', 혹은 '자신의 삶을 스스로 통제하기 운동' 등과 연대해서 벌어지고 있다. 위의 책, 37 참조.

34) 이러한 입장을 주장하였던 사례는 다음과 같다. B환자(90세/여)는 1999년경 심근경색증 진단 하에 관상동맥 우회술을 받은 적이 있는 자이다. 2005년 4월경 급성심근경색증이 발병하여 응급실로 후송되었다. 응급처치를 받았으나 저산소성 뇌손상을 입어 병원응급실 도착 당시 도착

전 사망상태는 아니었으나 회복가능성이 거의 없었다. K병원에서는 기계호흡 하에 강심제, 항혈전제 등의 약물을 투여하면서 활력증후 안정화에 주력하면서도, 장남에게 "B의 뇌는 거의 뇌사에 가까운 상황이다. 인공호흡기를 떼면 바로 사망선언을 할 수 있다. 어떻게 하겠는가?"라고 하며 치료중단을 권유하였다. 이에 장남은 그래도 계속 치료할 것을 요구하였다. B는 몇 시간 길어야 며칠간 생존할 것이라는 예상과는 달리 1주일이 지나도 심장은 미약하지만 뛰고, 혈압도 낮은 상태에서 유지되는 등 활력증후는 최소한의 상태가 유지되고 있고, 뇌파도 아직 완전한 평탄파를 보이지 않아 뇌사를 판정하기도 어려웠다. 그런데 B는 계속된 수액주입에도 불구하고 이뇨작용이 되지 않아 전신부종증상이 심해지다가 차마 눈뜨고 보지 못할 지경에 이르렀다. 치료중단을 반대하던 가족들도 그 모습을 지켜보다가 이제 환자의 고통스러운 모습을 볼 수 없으므로 인공호흡기와 수액을 제거하고 편히 돌아가시게 해달라고 요구하였다. 그러나 K 의사들은 보라매병원 사건을 상기하면서 '심장이 뛰는 환자에 대하여 치료를 중단하면 살인죄로 처벌 된다'고 하며 거절하였다. 이 사건은 의사들이 보라매병원 사건의 영향을 충분히 반영하고 있음을 증명하는 예라 하겠다.

한편 치료 거부권과 관련하여 거부권의 범위는 정확히 어디까지인지, 만일 의사의 간섭이 허용된다면 그 근거는 무엇인지, 그리고 얼마나 강력한 이유가 있어야만 의사가 환자의 권리에 간섭할 수 있는가 등의 문제가 논의되어야 하지만, 여기서는 논하지 않겠다.

35) 안락사와 관련되어 제기되는 윤리적 딜레마는 '자율성', '사전 동의', '프라이버시', '인격존중', '죽음에 대한 정의', '품위 있는 죽음을 죽을 권리', '죽음을 앞둔 환자에게 진실을 알릴 것인가'의 문제', '제한된 의료자원의 배분' 등이다.

36) 여기서 말하는 '죽을 권리 또는 선택할 권리'는 급진적인 자기 결정권적 접근으로 모든 경우의 안락사를 허용하는 입장이며 개인의 자유를 최고의 선으로 본다. 박상은, "소극적 안락사, 어떻게 할 것인가," (2005), 200 참조.

37) 여기서 말하는 '살 권리'란 급진적인 살 권리를 주장하는 입장인데, 어떠한 종류의 안락사도 반대하며, 무의미한 치료라면서 중단하는 것도 안락사이기 때문에 옳지 않다고 강변한다. 이 입장에서는 할 수 있는 모든 치료를 끝없이 계속해야 한다는 것을 주장하며, 생물학적 생명을 최고의 선으로 이해한다. 박상은, "소극적 안락사, 어떻게 할 것인가," 200.

38) 이을상, 『죽음과 윤리』, 297.

39) 일반적으로 통증은 말기환자의 삶의 질을 좌우하는 가장 중요한 신체증상이라고 말해진다. 암 진단 시 25~50%가, 진행암 환자의 75%가 통증으로 고생하며, 이 중 60~70%의 말기 암환자가 적절한 통증치료를 받지 못하고 있다. 그래서 대부분의 사람들이 암으로 죽는 것보다 오히려

통증으로 고통당하는 것을 두려워하고 있다. 이경식, "말기환자의 진료," 『임상윤리학』 (서울대학교출판부, 서울대학교의과대학의학교육연수원, 1999), 257 참조.

40) 조두영, "임종과 환자심리," 『임상윤리학』, 270-271 참조.
41) 김옥라, 『호스피스』, (서울: 수문사, 1990), 30-34 참조.
42) 박상은, "소극적 안락사, 어떻게 할 것인가," 201.
43) 권복규, 김현철, 『생명 윤리와 법』, 110-111 참조.
44) 네델란드에서는 28개의 조항에 의해서 허용하고 있다. 매우 엄격하게 적용하고 있다. 이미 네덜란드에서는 1년에 1000여건 등 많이 통용되고 있었기 때문에 안락사를 시행한 의사에 대해 살인죄로 기소하여 처형 받게 하는 것이 어려웠다. 그리하여 당시에 관행처럼 벌어지던 안락사를 제도화하기 위해 최초로 입법화하였다.
45) www.hani.co.kr 한겨레신문 (2003. 10. 27.) 기사.
46) 이것은 병원 윤리회에서 실제로 다룬 시례이다. 신현호(2004), "소극적 안락사의 법률적 검토", 『생명윤리』, 제5권 제2호 참조.
47) 정유석, "삶의 질과 안락사, 기독교적 의료윤리의 관점."
48) 최윤선 외 5인, "말기환자 관리에 대한 의사들의 태도", 『호스피스 논집』, 제3권 (1998), 30.

5

1) 맹용길, 『현대사회와 생명윤리』 (서울: 쿰란출판사, 1993), 128f.
2) 구영모, "안락사를 어떻게 볼 것인가?", 구영모 엮음, 『생명의료윤리』 (서울: 동녘, 1999), 49.
3) 위의 책., p.55f.
4) 노영상, 『기독교 생명윤리 개론』 (서울: 장로회신학대학교출판부, 2004), 273f.
5) 맹용길, 『현대사회와 생명윤리』, 129f.
6) 로버트 D. 오어, "의사 조력 사망," 제이 홀맨 엮음, 『의료윤리의 새로운 문제들』 (서울: 예영, 1997), 358.
7) 노영상, 『기독교 생명윤리 개론』, 272.
8) Robert S. Olick, *Taking Advance Directives Seriously* (Washington, D. C.: Georgetown University Press, 2001), 2-4.
9) 위의 책, 4.
10) 구영모, "안락사를 어떻게 볼 것인가," 58. "Karen Ann Quinlan", in: Wikipedia, the free encyclopedia. http://en.wikipedia.org/wiki/Karen_Ann_Quinlan.

11) Olick, *Taking Advance Directives Seriously*, 4-6.

12) 오어, "의사 조력 사망," 365.

13) 위의 책, 351-354.

14) 위의 책, 365.

15) 위의 책, 347.

16) 위의 책, 349.

17) 임종식, 『생명의 시작과 끝. 생명의료윤리입문서』 (서울: 로뎀나무, 1999), 350.

18) http://www.freep.com/suicide/index.htm.

19) 임종식, 『생명의 시작과 끝. 생명의료윤리입문서』, 347f.

20) 구영모, "안락사를 어떻게 볼 것인가," 61f.

21) "안락사", 서울대 도덕심리(도덕교육)연구소, http://moral.snu.ac.kr/pds/index.htm.

22) 임종식, 『생명의 시작과 끝. 생명의료윤리입문서』, 354f.

23) "안락사에 관한 논쟁과 각국의 입법실태," http://myhome.naver.com/joori2/2-7.htm.

24) "Jack Kevorkian," in: Wikipedia, the free encyclopedia. http://en.wikipedia.org/wiki/Kevorkian.

25) Ed Garsten, *Kevorkian gets 10 to 25 years in prison* (April 13, 1999). http://edition.cnn.com/US/9904/13/kevorkian.02/.

26) 임종식, 『생명의 시작과 끝. 생명의료윤리입문서』, 369f.

27) 위의 책, 381f.

28) Joseph Ellin, *Morality and the Meaning of Life: An Introduction to Ethical Theory* (Belmont, CA.: Wadsworth Publishing, 1994).

29) 임종식, 『생명의 시작과 끝. 생명의료윤리입문서』, 389f.

30) 위의 책, 394f.

31) 위의 책, 396f.

32) 위의 책, 395.

33) 임종식, 『생명의 시작과 끝. 생명의료윤리입문서』, 390-393.

34) 위의 책, 382f.

35) 구영모, "안락사를 어떻게 볼 것인가," 61f.

36) 임종식, 『생명의 시작과 끝. 생명의료윤리입문서』, 353.

37) 오어, "의사 조력 사망," 351-354.

38) 임종식, 『생명의 시작과 끝. 생명의료윤리입문서』, 374-376.

39) "안락사에 관한 논쟁과 각국의 입법실태."

40) http://en.wikipedia.org/wiki/Terri_Schiavo.

41) 위의 책

42) John W. Kenndy, "Near the End. Terri Schiavo's Life hangs in the balance again", *Christianity Today* (May 2005),

43) CBS 뉴스와의 인터뷰. HUTCHINSON, Kansas, Feb. 11, 2005.
   http://www.cbsnews.com/stories/2005/02/12/earlyshow/main673662.shtml?CMP=ILC-SearchStories

44) http://en.wikipedia.org/wiki/Terri_Schiavo.

45) Michael Schiavo, Michael Hirsh, *Terri: The Truth* (New York: Dutton Adult, 2006).

46) RNS, "Americans United asks for Schiavo apologies", *Christian Century* (July 12, 2005), 17.

47) Allen Verhey, "Necessary decisions", *Christian Century* (April 19, 2005).

48) David Neff, "The Culture of Me", *Christianity Today* (May 2005), 9.

49) "Right Brained," *Christianity Today* (May 2005), 56.

50) Olick, *Taking Advance Directives Seriously*, 1f.

51) "Endings," *The Christian Century* (April 19, 2005), 5.

52) 임종식, 『생명의 시작과 끝. 생명의료윤리입문서』, 373f.

53) "안락사에 관한 논쟁과 각국의 입법실태."

54) 노르만 가이슬러, 『기독교윤리학개론』 (서울: 기독교문서선교회, 2003).

55) 오어, "의사 조력 사망," 358f.

56) 노영상, 『기독교 생명윤리 개론』, 273.

57) 구영모, "안락사를 어떻게 볼 것인가," 63f.

7

1) 윤영호, 『말기암환자 의료비 지출실태 분석. 암정복추진개발사업 최종보고서』 (서울: 국립암센터, 2005. 8.)

2) 허대석, "무의미한 치료의 중단의 절차," 「한국호스피스완화의료학회지」 (2004. 7.), 이경식, 『완화의학』 (서울: 군자출판사, 2005), 15-23.

3) 허대석, "무의미한 치료의 중단의 절차," 「한국호스피스완화의료학회지」 (2004. 7.), 289-294.

4) 홍영선, 이경식. 『의사윤리지침』 중 불필요한 치료중단에 대한 견해, (서울: 한국호스피스완화의료학회지 2001;4), 1-3.
5) 박재현. 『안락사, 성산생명의료윤리 단기연수과정 자료집』 (서울: 성산생명의료윤리연구소), 145-152.
6) 허대석. "의미 없는 치료의 중단, 320-324.
7) 박상은, 박재현. "보라매 병원사건에 대한 의료윤리학적 검토," 박상은, 『생명의료윤리』 (서울: 한국누가회문서출판부, 1999), 407-420.
8) 허대석. "무의미한 치료의 중단," 956-962.
9) 고윤석, "임종환자의 연명 치료 중단에 대한 대한의학회 의료윤리지침," 「대한의사협회 제 30차 종합학술대회 심포지엄」 (2002).
10) 윤영호, "임종환자관리의 윤리적 해결 방안," 「한국호스피스완화의료학회지」 (2004. 7.), 277-288.
11) 윤영호, 『품위 있는 죽음』 (국립암센터 심포지엄 2004. 5.).
12) Yun YH, Lee CG, Kim SY, Lee SW, Heo DS, Kim JS, Hong YS, Lee SK, You CH, *The Attitudes of Cancer Patients and Their Families Toward the Disclosure of Terminal Illness*. (JCO, 2004;22), 307-314.
13) 이경환, "임종환자관리의 법률적 검토," 「한국호스피스완화의료학회지」 (2004. 7.), 295-301.
14) Council on Ethical and Judicial Affairs, *American Medical Association, Medical Futility in End-of-Live Care*, Report of the Council on Ethical and Judicial Affairs (JAMA 1999; 281), 937-941.
15) 임종식, "안락사," 구인회, 임종식, 『삶과 죽음의 철학』 (서울: 대우학술총서, 2004), 211-257.

8

1) 왕매련, "호스피스 개요," 『호스피스와 간호』 (대한간호협회 보수교육 교재, 1989).
2) 최화숙, "안락사 대안으로서의 호스피스," 『안락사 문제와 호스피스』 (한국기독교생명윤리협회 세미나 자료집, 2005).
3) 김수지, 오송자, 최화숙, 『호스피스-사랑의 돌봄』 (서울: 수문사, 1997), 7.
4) 마 25:40
5) 역사적으로 호스피스 활동은 교회가 처음 시작하였다. 병원에서 '가망 없는 퇴원'을 하게 되는 말기환자를 대상으로 인간 생명에 대한 경외와 존중의 차원에서 예수 그리스도의 사랑에 입각하여 최대한의 보살핌을 제공하는 것이 호스피스 활동의 근간이다.
6) 최화숙, 김수지, "호스피스 완자의 임종증상 「호스피스학술지」, 2(1).

7) 최화숙, 『아름다운 죽음을 위한 안내서』(개정판) (서울: 월간조선사, 2004).
8) 최화숙, "말기암환자의 심리사회영적간호," 『호스피스학술지』, 6(1).
9) '가망 없는 퇴원'이란 현대의학으로 더 이상의 완치가 어려운 말기환자를 대책도 없이 퇴원시키게 되는 경우를 의미한다. 이 때 의사는 '이제 집으로 모시고 가셔서 드시고 싶다고 하는 것 드시게 하고, 가시고 싶은 곳 있으면 가시게 하고 편안히 지내시다가 돌아가실 수 있도록 해 주십시오'라고 권면하지만 이 상태의 환자를 아무런 대책 없이 집으로 모시고 가면 절대 편안하게 모실 수가 없다.
10) 이상원, "안락사와 자살," 성산생명의료윤리연구소 『생명윤리상담사과정 자료집』 (2005), 158-160.
11) 로버트 D. 오어, 정숙향 역, "의사조력사망," 제이 홀맨 엮음, 박재형 외 옮김, 『의료윤리의 새로운 문제들』 (서울: 예영커뮤니케이션, 1997), 351.
12) 이상원, "안락사와 자살," 155.
13) 최화숙, 『아름다운 죽음을 위한 안내서』 (서울: 월간조선사, 2004).

2부
안락사에 대한
성경적, 신학적, 철학적
기독교윤리적 반성

1. 안락사, 무엇이 문제인가?

강영안 | 서강대학교 교수 (철학과)

1. 안락사에 관련된 문제

예 1. 대학총장을 지내고 정년퇴직한 후 대학에서 계속 가르치고 있는 어느 교수가 있었다. 그는 이름 모를 병으로 심하게 고통을 겪고 있었다. 의사의 진단 결과 그의 병은 치료불가능한 시한부의 암이었다. 그런데 그의 부인은 의사였다. 남편 곁에서 그녀는 정성껏 치료하고 간호하였다. 그러다가 의사인 부인은 남편의 고통을 보다 못해 남편의 요청에 따라 남편에게 치사량의 약을 주사하여 결국 죽게 하고 그녀도 동반 자살하였다.

예 2. 30년 동안 X레이에 관해서 연구해 온 어떤 물리학자가 피부암으로 심하게 고통을 받고 있었다. 그는 이미 턱의 일부분, 윗입술, 코, 왼손 등을 잃어 버렸다. 또한 그의 오른쪽 팔에 종양이 생겨 수술을 했고, 오른손의 손가락 두 개를 절단했다. 그는 끊임없는 고통으로 괴로워하고 있었다. 담당 의사에 따르면, 10년밖에 살지 못할 환자를 기다리고 있는 것은 단지 수술과 끊임없는 고통과의 싸움이었다. 몇 달 동안 그 환자는 세 남동생들에게 자기의 생명을 끊어 달라고 애원하였다. 결국 36살인 막내 동생이 권총을 가지고 배회하다가 근처의 조그만 술집에서 술을 마신 후, 어둑해 질 무렵 병원으로 들어가서 자기 형을 쏘아 죽였다.

예 3. 68세의 퇴역한 의사가 위암으로 입원했다. 그는 심한 고통을 당하였다. 그리고 죽을 고비를 여러 번 넘겼다. 그때마다 의사들이 그를 살려주었다. 그러나 그 퇴역한 의사는 고통을 견딜 수 없어 다시 한번 더 사경을 헤맬 때에는 치료를 중단하여 죽게 내버려 두라는 유언을 남겼다. 그래서 의사들은 그가 다시 사경을 헤맬 때 치료를 더 이상하지 않고 죽도록 내버려 두었다.

예 4. 1975년 4월 15일 밤 데이트 중이던 카렌 퀸란 양은 진토닉 세 잔과 진정제 발륨 등을 먹은 뒤 의식을 잃고 쓰러져 뉴저지 주 모리스 타운쉽의 한 병원에 옮겨졌다. 의사들은 그녀를 인공호흡기를 사용하여 계속 심장과 맥박이 뛰고 호흡을 계속할 수 있게 하였다. 그러나 뇌전도 검사 등을 한 결과 그녀의 뇌는 완전히 기능을 잃은 것으로 나타났다. 그녀는 뇌사를 한 것이다. 75년 8월에 퀸란 양의 부모가 병원 측을 상대로 품위 있게 죽을 권리를 인정하라는 소송을 뉴저지 법원에 제기했다. 그러나 같은 해 11월에 모리스 타운쉽 법원은 그녀가 합법적으로 죽을 권리가 없다고 판결하였다. 그동안 세월이 지나 76년 5월 14일 병원 측이 그녀의 죽을 권리를 인정하고 인공호흡기를 떼어내 그녀를 죽도록 내버려 두었다. 그러나 그녀는 예상과 달리 인공호흡기의 보조 없이 호흡을 계속하였다. 이런 가운데 1985년 1월 뉴저지 주 대법원에서 영구 식물인간에 대해 인공호흡 장치뿐만 아니라 인공급식도 중단할 수 있다는 결정이 나왔다. 그러나 그녀의 부모는 결코 급식을 중단해서는 안 된다고 주장했기 때문에 매일 그녀의 코를 통해 1250칼로리의 유동식 급식을 했다. 사망 직전 까지 퀸란 양의 상태는 눈동자를 움직이고 숨쉬며 심장이 뛰는 기능만 있을 뿐 감각 기능이 완전히 상실된 채 체중 31Kg으로 사지가 말라붙었다. 그녀는 식물인간으로 근 10년 2개월간 있다가 드디어 1985년 6월에 31세의 나이에 폐렴악화로 숨을 거두었다.

일반적으로 안락사는 조용하고도 안락한 죽음을 야기시키는 행위 또는 치료할 수 없는 상황이나 질병으로 인하여 고통 받고 있는 사람을 아무런 고통도 주지 않고 죽여주는 행위나 관행으로 정의해 왔다. 이러한 일반적인 정의는 그야말로 너무나 일반적이어서 위에 든 네 가지의 예만을 두고 생각하더라도 안락사가 무엇인지 알기에는 사실상 크게 도움이 되지 않는다. 이 정의에는 안락사를 필요로 하는 사람이 치료가 불가능하기 때문에 단지 치료를 조기 단절하기 위한 것인지 아니면 단순히 고통에서 해방시키기 위한 행위인지도 명확하지 않을 뿐만 아니라 안락사를 필요로 하는 사람은 치료할 수 없는 상황이나 질병으로 인하여 고통 받고 있는 사람에만 한정되는 것인지 명확하지 않다. 왜냐하면, 기술의 발달을 의학에 응용할 수 있게 됨으로써 과거에는 이미 죽었을 환자에게 인공적인 수단으로 죽음을 지연시킬 수 있기 때문에, 그러한 환자에게 (가령, 뇌의 활동이 완전히 정지된 환자에게) 안락사를 적극적으로 혹은 소극적으로 시행하는 것이 정당한가 하는 의문이 발생하기 때문이다.

네 가지의 예에서 보여주듯이 안락사란 개념을 어떻게 정의하든 간에, 우리가 일반적으로 안락사라고 부르는 사태에는 적어도 세 가지 정도의 중요한 문제가 개입되어 있다고 볼 수 있겠다.

첫째, 불치병에 걸린 경우 (환자나 그 밖의) 다른 사람이 환자의 생명을 종식시키기 위해 적극적으로 개입할 수 있는가? 그리고 치료거부도 일종의 안락사의 한 형태인가? 이 질문은 이른바 직접적 안락사 혹은 능동적 안락사와 간접적 안락사 혹은 수동적 안락사라고 부르는 사태와 관련 있다. 예 1과 예 2의 경우 환자의 자발적인 요청에 따른 직접적 혹은 능동적 안락사의 경우라면 예 3은 환자의 요청에 의한 간접적 혹은 수동적 안락사의 경우이다.

둘째, 안락사를 시행할 때 – 만일 정당화될 수 있는 안락사의 경우가 있다면 – 누가 그것을 결정하고, 누가, 어떻게 그것을 시행할 것인가 하는 문제이다. 환자 자신의 의견을 어느 정도 받아들여야 하며, 만일 환자 자신이 의식불명의 상태에 있을 때 가족들의 요청과 동의는 어느 정도 고려해야 할 것이며, 의사가 자의적으로 시행할 수 있는 범위는 어느 정도일 수 있는가 하는 등의 문제가 제기될 수 있다. 예 1, 2, 3은 모두 환자의 동의에 의해 안락사를 실행한 경우라면, 예 4는 환자 자신이 스스로 결정할 수 없는 상황에서 처음에는 가족들이 안락사를 요청했지만 나중에는 거부한 경우이다. 나아가서, 안락사를 시행할 경우 시행자는 누구이어야 하는가 하는 문제도 발생한다. 예 1의 경우는 의사이긴 하지만 사실상은 공인으로서가 아니라 가족으로 실행한 경우라면, 예 2는 전혀 의학적 지식과 권한을 갖지 않은 가족 중의 한 사람이다.

셋째, 안락사와 관련된 가장 어려운 문제는 도대체 죽음을 어떻게 이해할 것인가 하는 것이다. 죽음의 정의에 따라 안락사란 개념의 적용범위가 달라질 수밖에 없다. 만일 죽음을 뇌뿐만 아니라 심폐기능의 완전한 중단으로 이해할 경우, 뇌는 죽었지만 심폐기능이 활동하고 있을 때, 혹은 인공적인 수단으로 심폐기능을 유지하고 있을 때 환자에게 적극적으로 개입하여 죽음으로 유도하든지, 혹은 인공적인 수단을 제거함으로써 안락사가 시행될 수 있다. 그러나 죽음을 뇌사라 이해할 경우, 뇌의 활동이 완전히 중지된 것으로, 그리고 도무지 재생 가능성이 없는 것으로 확인되었을 때 인공호흡기의 제거는 안락사와 무관하다. 왜냐하면, 뇌가 죽은 사람은 이미 죽은 사람으로 인정되기 때문에 인공호흡기의 제거는 죽음과 아무런 상관이 없기 때문이다.

결국, 능동적 안락사든 수동적 안락사든 간에 안락사의 문제는 죽음의 이해에 달려있고, 죽음의 기준을 심폐기능의 중지로 보는가 아니면 뇌의 활동중지로 보는가는 인간이 살아있다는 것, 즉 인간의 삶을 도대체 어떻게 이해하는가에 달려 있다. 그리하여, 안락사의 문제는 실제로 현장에서 당면하는 법률적인 문제뿐만 아니라, 의료윤리적인 측면과 삶과 죽음, 인간의 본질에 대한 이해를 요구하는 형이상학적 측면을 안고 있다고 하겠다. 따라서 안락사에 대한 철학적 논의는 안락사 - 그것이 능동적. 자발적이든 혹은 능동적.비자발적이든, 수동적.비자발적이든 간에 - 의 윤리적 정당성의 문제와 삶과 고통, 그리고 죽음의 의미에 대한 형이상학적 문제로 집약될 수 있고 비록 안락사의 윤리적 정당성의 문제와 삶과 죽음의 형이상학적 문제의 관계를 - 혹은 무관성을 - 올바르게 설정하기가 매우 어려울지라도 불가피하게(혹은 암묵적으로) 윤리적 정당성의 문제는 결국 삶과 죽음, 인간 존재의 의미의 문제를 그 바탕에 깔지 않을 수 없고, 한편 실제로 안락사에 직면해야 하는 환자나 환자가족 혹은 의사는 비록 그것이 철학적인 것은 아니라 하더라도 삶에 대한 어떠한 이해를 바탕으로 안락사를 요청, 동의, 실행할 것이다. 따라서 이 두 문제는 실제로 분리되어 있지 않다.

2. 안락사의 윤리적 문제

안락사에 대한 윤리적 판단을 내리고 있는 고전적인 권리는 두말할 것도 없이 〈히포크라테스선서〉 중에 있는 '나는 죽음을 유도하는 독물은 누구에게도 주지 않을 것이며 가령 본인이 희망한다 하더라도. 주지 않을 것'이라는 구절이다. 만일 의사가 이 선서에 충실하다면 그는 어떤 종류의 안락사 행위에 가담할 수 없을 것이다. 그러나 의료기술과 시대적 상황이 바뀐 지금에 와서 히포크라테스선서의 저 구절을 문자 그대로 적용할 수 있을 것인가 하는 의문을 일으켰고, 1973년 12월 4일에는 미국 의사 협회에서 매우 온건한, 그리고 현대의 의료기술의 영향을 반영한, 안락사에 대한 윤리적 입장을 다음과 같이 표명하였다.

한 인간의 생명을 의도적으로 죽이는 것 즉 자비적인 죽임(mercy-killing)은 미국 의사 협회의 입장과 반대되는 것이며 또 그 정책과도 반대된다. 생물학적인 죽음이 임박했다는 반박할 수 없는 증거가 있을 때 한 인간이 가진 육체의 생명을 연장하는 특수한 의료장비의 사용을 중단하는 것은 환자 자신이나 직계 가족이 결정해야 할 문제이다. 환자를 담당하는 의사의 충고와 판단이 환자와 직계 가족에게 자유롭게 전달될 수 있어야 한다.

미국 의사 협회의 입장은 안락사에 관한 하나의 가능한 입장을 취하고 있다. 안락사에 관해 현존하는 윤리적 입장은 크게 세 가지로 나누어 볼 수 있다

1) 어떤 경우의 안락사도 허용될 수 없다.
2) 적절한 조건이 성립되면 모든 종류의 안락사는 허용될 수 있다.
3) 적절한 조건이 성립되면 어떤 경우의 안락사는 허용될 수 있다. (이 입장은 어떤 경우의 안락사는 허용될 수 없다는 것으로 바꾸어 표현

될 수도 있다.)

첫번째 입장은, 능동적 안락사(안락사를 실시할 사람이 안락사를 당할 사람에게 직접 개입하여 안락사를 실시하는 경우)든 수동적 안락사(안락사를 실시하는 사람이 안락사를 당하는 사람에게 직접 개입하지 않고, 즉 무작위적으로 그를 죽게 내버려 두거나 치료를 중단하는 경우)이든, 혹은 자발적 안락사(안락사를 당할 사람의 동의나 요구에 의한 경우)든 비자발적 안락사(안락사를 당할 사람의 요구나 동의가 없는 경우)이든 간에 어떤 안락사라도 허용하지 않는 입장이다. 이 입장이 깔고 있는 논거는 사람의 생명은 신이나 자연에 달려 있기 때문에 어떤 사람도 죽음에 작위적 혹은 무작위적으로 개입해서는 안 된다는 것이다. 예 4의 경우가 보여주듯이 뇌사가 인정되고 인공호흡기를 떼어낸 후라도 환자가 혈액순환, 호흡작용, 소화 및 배설작용을 계속하고 있는 한 그를 계속 간호하고 자연적인 죽음을 기다려야 한다는 입장이다. 이런 입장에는 치료불가능성, 환자의 고통, 생명을 유지하는데 드는 경제적·심리적 부담은 물론 고려되어 있지 않다. 생명은 신이나 자연의 손에 달려있기 때문에 신이나 자연이 생명을 거두어 가기까지 사람이 할 수 있는 모든 의무는 다하고 다만 기다려야 한다.

두 번째 입장은 이른바 수동적 안락사뿐만 아니라 능동적 안락사도 만일 적절한 조건이 갖추어지면 시행해야 한다는 입장이다. 만약에 어떤 환자가 불치의 병으로 고통 받고 있다면, 어차피 죽게 될 몸이 지금 죽는 것보다 나중에 죽는 것이 나은가? 환자가 회복될 수 없는 혼수상태에 빠져 있거나 고통을 진정시키는 약 밖에 다른 치료가 불가능할 경우 무엇 때문에 그러한 고통과 비참한 상황을 견디게 해야 하는가? 이러한 논의에서는 환자 자신뿐만 아니라, 그의 가족들이 겪어야 할 경제적 부담도 고려한다.

그리고 사랑과 우정, 사회적 관계가 완전히 박탈된 상황에서 단순한 신체적 생명의 지속은 인간의 삶으로서 추구할 가치가 없다고 생각되기도 한다. 이러한 입장에는 시한부의 생명만을 지속하고 있는 환자에게 안락사를 실시하지 않는 것은 매우 잔인하고 비인도적이며, 사람에게서 죽을 권리를 박탈하는 비인간적인 행위라고 본다. 물론, 여기에는 인도주의와 개인의 선택과 자유를 중시하는 생각과, 인간의 삶, 즉 살만한 가치가 있는 인간의 삶이란 무의미한 신체적·생물학적 생명의 지속이 아니라, 사랑과 우정과 사회적 관계로 보는 생각이 깔려 있다.

세 번째 입장은 앞에서 인용한 미국 의사 협회가 취한 입장이다. 미국 의사 협회의 입장은 의도적으로 안락사를 시켜서는 안 되지만 그렇다고 해서 모든 경우에 환자의 생명을 유지해야 할 도덕적 의무는 없다는 것을 표명하고 있다. 생물학적 죽음이 임박했다는 반박할 수 없는 증거가 있을 때 생명을 연장하는 특수 의료 장비의 사용 중단은 환자 자신이나 직계 가족이 결정해야 할 문제라는 것이다. 다만 의사는 환자의 상태에 관한 그의 판단과 충고를 환자와 직계가족에게 전달할 수 있는 자유와 의무를 가진다고 볼 수 있다. 이와 같은 입장은 두 번째 입장과 같이 개인의 선택과 판단을 존중하는 생각을 담고 있지만 그와 아울러 의사는 일상 치료 수단을 사용할 의무는 있으나 특수 치료 수단의 사용을 거부할 수 있다는 전통적 원칙에 바탕을 두고 있다. 특수 치료 수단이란 환자나 그 밖의 관련된 다른 사람에게 지나친 비용이나 고통 혹은 다른 불편함을 야기시키지 않고서는 사용될 수 없거나, 사용하더라도 바라는 바의 효과를 기대할 수 없는 약이나 치료, 수술 등을 말한다. 치료거부나 치료중단으로 불려지는 이 세 번째 입장은 결국 인간이 자신과 타인의 건강을 보호하는데 한계가 있다는 것을 인정하고, 생명의 연장보다 곧 죽을 수밖에 없는 사람에게 오히려 죽음을 스스로 맞이하도록 하는 것이 보다 인간적이고 인간의 존엄성에 어울린다는 생각이다.

능동적 안락사를 지지하는 경우, 수동적 안락사와의 차이를 실제로 인정하지 않는다. 왜냐하면 치료의 거부도 인간의 생명을 죽이는데 직접 개입하는 것과 마찬가지로 보기 때문이다. 따라서 만일 수동적 안락사가 도덕적으로 허용되면 직접적인 능동적 안락사도 마찬가지로 허용되어야 한다는 주장이다. 그러나 샤논과 디지아코모가 분명히 지적하듯이 능동적 안락사와 수동적 안락사의 경우는 도덕적 책임의 문제에 있어서 분명한 차이가 있다. 첫째로 죽음의 원인이 다르다. 치료거부의 경우 죽음의 원인은 질병과 그것에 부수된 현상이지만 능동적 안락사의 경우 죽음의 원인은 그 환자의 생명을 끊을 목적으로 취한 행위이다. 둘째로 그 의도가 다르다. 능동적 안락사는 그 의도가 사람의 생명을 죽이는 것이지만 치료 거부의 경우는 그 질병을 방치해서 자연적인 결과에 이르도록 내버려 두는 것이다(물론 이 경우, 단지 경제적인 원인이나 다른 의도에서 치료를 거부하는 행위는 마땅히 비난받을 일이다).

3. 죽어가는 자에 대한 산 자의 의무

안락사의 문제는 결국 죽음을 어떻게 보느냐에 달려있다. 이것은 기술적으로는 죽음을 뇌사로 판정하는가 아니면 뇌사뿐만 아니라 심폐기능의 완전한 중단으로 보는가 하는 것과 직접 관련 있지만, 죽음은 단지 기술적으로 이해될 수 없는 측면을 안고 있다. 누구나 마땅히 죽게 마련이고, 죽는다는 점에서 일찍 죽는가, 조금 늦게 죽는가의 차이만 존재하지만, 우리가 심각하게 고려해야 할 것은 죽어가는 자에 대해 산 자들이 어떠한 태도를 취할 것인가 하는 문제이다. 능동적 안락사를 주장하는 사람들의 살아가는 논거에는 불치의 병에 걸린, 시한부 인생을 살아가는 환자에게 견딜 수 없는 고통을 스스로 겪도록 내버려 두는 것은 매우 잔인하고 비인간적이라는 생각이 깔려 있고, 이것은 우리가 깊이 생각해 보아야 할 문제임이 틀림없다. 수동적 안락사를 주장하는 경우에도 비록 직접적인 개입을 통해 생명을 끊는 일은 아니지만 죽어가는 자를 죽을 수 있도록 고려한다는 점에서 인도적 측면이 존재한다는 것을 부인할 수 없다.

능동적 안락사와 수동적 안락사는 그러나 다같이 윤리적인 문제를 안고 있다. 우선 가장 두드러진 문제는 만일 안락사를 도덕적으로, 법적으로 정당한 것으로 볼 때, 그것이 오용될 수 있는 가능성을 가지고 있다. 치유 불가능한 환자를 직접 죽이는 것이나 치료를 거부하는 것은 환자의 자의적 선택과 환자에 대한 인도적인 고려에 의해 일어날 수도 있지만, 죽어가는 자에 대한 사랑과 존경의 동기 외에 가령 경제적 비용과 가족과 의사가 당하는 심리적 부담을 덜기 위한 공리주의적, 이기주의적 동기가 작용할 수 있는 가능성을 배제할 수 없다. 그래서 의사들 가운데는 의학의 근본적 임무는 생명과 환자의 건강을 보호하는 것이므로, 비록 며칠 내지는 몇 주 밖에는 더 지연시킬 수 없는 방법이라 할지라도 환자의 생명을 구할 수 있는 공인된 방법을 제공하는 일을 거부하여서는 안 된다고 주장하는 사람들도 있다.

그러나 수동적 안락사가 능동적 안락사보다 도덕적으로 우위성을 차지할 수 있는 것은 치료의 한계와 인간이면 누구나 직면해야 하는 죽음이라는 수동성을 인정할 수 있는 점에 있는 것 같다. 생명을 보호하고 건강을 유지케 하는 것이 의사의 의무이지만 의사 자신이 생명을 창조하는 것도,

건강을 회복하는 것도 아니다. 생명은 사람의 손으로 완전히 지배할 수 없는 면을 지니고 있기 때문이다. 마치 인간의 태어남이 태어나는 자의 뜻과 아무 상관 없듯이 인간의 죽어감도 죽어가는 자의 뜻과도 아무 상관없다. 태어남과 죽어감은 인간 존재의 수동성을 여실하게 보여주는 현상이다. 태어남과 죽어감에 직면해서 산 자는 다만 안전하게 태어나고 편안히 죽어가도록 도울 수 있을 뿐이다.

수동적 안락사를 주장하는 데는 무엇보다도 의학의 한계를 인정하고 태어남과 죽음을 생명 자체에 맡기는 윤리적 판단이 자리 잡고 있다. 회복될 수 없는 혼수상태는 환자나 그 가족들에게 아무런 의미도 없고 구원과도 무관한 유예상태이지만 그것은 사람의 지배를 벗어나는 생명 자체의 흐름이다.

산 자가 죽어가는 자에 대해서 해야 될 의무는 **질병을 치료할 수 없다 하더라도 끝까지 간호해야 한다**는 것이다. 이와 같은 윤리적 고려 없는 모든 종류의 안락사는 결국 산 자의 이익을 위한 배려에 지나지 않을 수 있다. 태어남과 죽음을 통해 드러나는 인간 존재의 수동성을 받아들인다고 하더라도 산 자는, 살아 움직이고 활동할 수 있는 한, 죽어가는 자에 대해서 기꺼이 보살피고 간호해야 할 의무를 지닌다. 우리는 살아있는 자를 죽여서도 안 되지만 동시에 죽어가는 자 곁을 떠나서도 안 된다. 죽음은 인간 존재를 종식시키고 낯익은 모든 사람과 떠나게 하는 고통스러운 현상이지만 그것은 생명 자체가 안고 있는 가능성이요, 생명 자체의 존재방식인 한 그것을 불가피하게 받아들이기보다 기꺼이 자유롭게 받아들이되, 산 자는 생명의 다함과 새로운 시작을 도와주어야 한다.1)

2. 안락사 문제에 대한 성경적 반성

김종걸 | 침례신학대학교 교수 (체계신학)

1. 들어가는 글

지난해는 어느 때보다 생명윤리 논쟁이 첨예하게 펼쳐졌던 해였다. 특히 황우석 교수의 사이언스 논문 조작 사건과 관련해 우리나라 생명윤리의 현주소가 여실히 드러나 많은 사람을 혼란스럽게 했고, 안타깝게 했다. 현대의학 기술의 발달은 인간의 질병을 치료하고 생명을 살리는데 많은 기여를 해왔지만 이로 인해 고통스런 죽음이 무의미하게 연장되는 경우도 종종 생기게 되었다. '고통 없이 죽을 권리'에 대한 환자 자신의 요구, 회복 불가능한 환자의 가족이 겪게 되는 막대한 경제적 부담과 정신적 고통, 그리고 노령화와 더불어 병원에서 임종을 맞는 환자들의 증가 등은 죽음의 방법과 시기를 둘러싼 사회적 문제를 야기하게 되었다.

명백한 진실 가운데 하나는 '사람은 예외 없이 모두 죽는다'는 사실이다. 인간은 그 누구도 죽음이라는 자연적 현상을 결코 피해갈 수 없는 존재다. 왜냐하면 인간은 본래 죽게 된 존재이기 때문이다. 누구도 피해갈 수 없는 죽음이라면 어떻게 죽느냐는 매우 중요한 문제이다. 많은 사람들이 잠을 자듯이 편안히 그리고 조용히 죽기를 바라지만, 한 통계에 따르면 편안한 죽음을 맞이하는 경우는 전체의 5분의 1밖에 되지 않는다. 그렇다면 피할 수 없는 죽음 앞에서 인간은 어떻게 죽어야 하며 품위를 갖춘 죽음이란 어떤 것일까? 하는 질문 앞에 서게 된다. 더욱이 극심한 고통으로 최소한의 인간적 품위마저 유지할 수 없는 상황에서는 죽음을 어떻게 맞아야 할까?[1)]

생명윤리 문제를 다루는 성직자와 학자들은 '비록 극심한 고통이 있더라도 환자는 자신에게 다가오는 죽음을 자신의 실존적 삶의 한 부분으로 받아들이면서 온전한 자유와 책임감을 함께 갖춘 온전한 의식으로 죽음을 준비하도록 해야 한다' 고 말한다. 더불어 현대의학의 완화의료기술은 극심한 통증을 조절, 인간적 품위를 지킬 수 있도록 도와주고 있다. 현대의학이 발달하면서 과거에는 생각할 필요도, 생각할 수도 없었던 일이 현실화되고 있는 현상을 볼 수 있다. 본 논문의 주제인 안락사와 관계해서도 인간의 힘으로 자연스러운 죽음을 막는 일이 발생하고, 이미 사회문제화되어 각 나라마다 법제화 되어 가고 있는 이 시점에 안락사에 대한 그리스도인의 바람직한 시각이 어느 때 보다도 필요한 시기이다.[2)]

이번 발간되는 책은 안락사에 대한 각 분야의 관점을 다루고 있으므로, 본 논문에서는 필자가 맡은 성경적 반성에 국한하여 다루고자 한다.

2. 성경적 토론

1) 자의적 안락사에 대한 오해

성경에는 명시적으로 '안락사' 라는 표현이 등장하지 않는다. 그러나 자의적 안락사(voluntary euthanasia)로 오해될 수 있는 경우가 성경에 두 번 나타난다. 첫번째는 아비멜렉의 경우이다.

"아비멜렉이 데베스에 가서 데베스를 대하여 진치고 그 것을 취하였더니 성 중에 견고한 망대가 있으므로 그 성 백성들의 남녀가 모두 그리로 도망하여 들어가서 문을 잠그고 망대 꼭대기로 올라간지라 아비멜렉이 망대 앞에 이르러서 치며 망대의 문에 가까이 나아가서 그것을 불사르려 하더니 한 여인이 맷돌 윗짝을 아비멜렉의 머리 위에 내려던져 그 두골을 깨뜨리니 아비멜렉이 자기의 병기 잡은 소년을 급히 불러 그에게 이르되 너는 칼을 빼어 나를 죽이라 사람들이 나를 가리켜 이르기를 그가 여인에게 죽었다할까 하노라 소년이 찌르매 그가 곧 죽은지라 이스라엘 사람들이 아비멜렉의 죽은 것을 보고 각각 자기 처소로 떠나갔더라 아비멜렉이 그 형제 칠십인을 죽여 자기 아비에게 행한 악을 하나님이 이같이 갚으셨고 또 세겜 사람들의 모든 악을 하나님이 그들의 머리에 갚으셨으니 여룹바알의 아들 요담의 저주가 그들에게 응하니라" (삿 9:50-57)

그가 데베스에 이르러서 진 치고 그것을 취하고 망대로 올라간 성민을 불사르려할 때에 한 여인이 맷돌 윗 짝을 그의 머리 위에 내려던져 그 두골을 깨뜨려 죽게 된다. 그 때에 아비멜렉이 자기의 병기 잡은 소년을 급히 불러 그에게 칼을 빼어 나를 죽이라 명한다. 소년이 찌르매 그가 곧 죽게 된다. 이 사건에 대해서 성경은 아비멜렉이 그 형제 칠십 인을 죽여 자기 아비에게 행한 악을 하나님이 이같이 갚으셨고 또 세겜 사람들의 모든 악을 하나님이 그들의 머리에 갚으셨으니 여룹바알의 아들 요담의 저주가 그들에게 응한 것이라고 말하고 있다. 이 본문에서 아비멜렉이 맷돌에 맞고, 병기든 소년의 손에 죽게 된 것은, 아비멜렉이 형제를 죽인 악을 하나님이 갚으신 것으로 말하고 있다. 즉 그가 죽은 것은 저주의 상황이지 자의적인 안락사로 볼 수는 없다.

두 번째는 사울의 경우이다(삼상 31:3-6, 삼하 1:7-10). 사울이 패전하여 중상당하고 더 이상 가망 없고 고통스럽자 아말렉 소년에게 자신의 목숨을 죽이라고 요청하여 아말렉 소년이 사울을 죽이고 사울의 머리에 있는 면류관과 팔에 있는 고리를 벗겨서 다윗께 가져오게 된다. 그러나 이 상황에 대한 평가는 다윗의 입을 통해 이루어진다. 다윗은 아말렉 소년에게 다음과 같이 말한다.

> "다윗이 저에게 이르되 네가 어찌하여 손을 들어 여호와의 기름부음 받은 자 죽이기를 두려워하지 아니하였느냐 하고" (삼하 1:14)

다윗은 소년의 행위가 사울에 대한 동정적인 죽임, 사울의 요청에 의한 죽임이었음에도 불구하고 소년의 행동을 악한 것으로 보아 그를 처형한다. 그러므로 사울의 경우도 자의적 안락사와는 무관하다.

이 두 사람, 아비멜렉과 사울이 요청한 죽음은 고통 없는 죽음이 아니었다. 다만 적군에 의해 자신의 신체가 더 크게 훼손되고 농락당하는 것을 막기 위한 조치였으므로 자의적인 안락사로 해석하는 것은 분명한 오인이다.

2) 규범적 명령(살인하지 말라)에 대한 해석

다음의 본문은 살인금지 명령이, 인간이 하나님의 형상으로 창조되었다는 사실과 관련이 있음을 보여준다.

"우리의 형상을 따라 우리의 모양대로 우리가 사람을 만들고"(창 1:26)

"무릇 사람이 피를 흘리면 사람이 그 피를 흘릴 것이니 이는 하나님이 자기 형상대로 사람을 지었음이니라"

(창 9:6)

하나님의 형상은 의와 진리와 거룩함(엡 4:24)이고, 다른 동물들의 특성을 능가하는 모든 특성들을 의미한다. 다시 말하면 영적 형상, 이성적 형상, 도덕적 형상이 모두 하나님의 형상인 것이다.

또한 모세언약의 하나인 제6계명은 하나님이 살인을 금지시키고 있음을 명백히 한다. 살인은 인간 속에 있는 하나님의 형상을 파괴함으로써 하나님과의 관계를 소멸시킨다.

그러나 구약성경에는 어떤 경우에도 '살인하지 말라'는 명령을 절대적 명령으로 제시하지 않는다. 그 예로 민수기 35장 16-21절에는 고의로 살인한 자들을 죽일 것을 명령하고 있다. 출애굽기 21장 12-14절, 레위기 24장 17-21절, 신명기 19장 4-13절은 '살인하지 말라'는 명령이 지니는 의도와 한계를 보여준다. 구약시대의 히브리인들에게 우연한 살인, 정당한 살인, 전쟁에서의 살인, 그리고 사형은 살인으로 간주되지 않았다. 손더즈(Peter Saunders)는 "제6계명은 비합법적인 살인이나, 고의 또는 적의로

행해지는 살인을 금하고 있다"고 주장한다.3)

그렇다면 성경이 비합법적인 살인을 금한다고 할 때 그것은 무엇을 의미하는가? 하나님이 죄 없는 사람을 고의적으로 적의를 가지고 죽이는 것을 중요한 범죄로 보신다.

> "거짓 일을 멀리하여 무죄한 자와 의로운 자를 죽이지
> 말라 나는 악인을 의롭다 하지 아니하겠노라" (출 23:7)

또한 하나님은 고의 또는 적의에 의한 살인을 행한 자를 위하여 도피성 제도를 마련하심으로써 이들을 죽이는 행위를 금지시켰다.

> "이는 살인자가 대제사장의 죽기까지 그 도피성에 유하
> 였을 것임이라 대제사장의 죽은 후에는 그 살인자가 자
> 기의 산업의 땅으로 돌아갈 수 있느니라" (민 35:28)

이러한 구절들은 인간 자신이 죽음을 요구한다 하더라도 죽일 수 있는 어떤 근거도 성경에서 찾을 수 없음을 분명하게 보여주는 것이다.

> "땅과 거기 충만한 것과 세계와 그 중에 거하는 자가 다
> 여호와의 것이로다" (시 24:1)

마찬가지로 인간도 하나님께 속하였기 때문에, 인간 스스로 '죽음의 권리'를 주장하는 것, 역시 무리한 주장이다.

그렇다면 신약에서는 이상에서 말한 합법적인 살인이나 고의적인 살인

에 대한 가르침이 어떻게 적용될 수 있는가? 구약과 달리 신약은 합법적인 살인을 할 수 있는 여지를 제공하지 않는다. 거룩한 전쟁은 "혈과 육에 대한 것이 아니고 정사와 권세와 이 어두움의 세상 주관자들과 하늘에 있는 악의 영들에게 대함"(엡 6:12)이기 때문이다. 고의의 살인과 관련해서도 예수는 그의 가르침을 통해서 살인에 관한 규정을 율법의 정신을 따라 더 엄격하게 적용한다.

> "옛 사람에게 말한바 살인치 말라 누구든지 살인하면 심판을 받게 되리라 하였다는 것을 너희가 들었으나 나는 너희에게 이르노니 형제에게 노하는 자마다 심판을 받게 되고 형제를 대하여 나가라 하는 자는 공회에 잡히게 되고 미련한 놈이라 하는 자는 지옥 불에 들어가게 되리라"(마 5:21-22)

이와 같이 '살인하지 말라'는 명령과 관련된 성경 본문들을 살펴볼 때 안락사 주장은 인정될 수 없다. 그러므로 고통당하는 자를 그의 의도를 존중하여 목숨을 끊게 하거나, 직접적으로 고통당하는 자의 목숨을 끊는 것은 성경적으로 볼 때 불가능한 일이다.

3) 생명에 대한 자기 결정권

인간이 자신의 생명에 대한 자기 결정권을 가지고 있다는 주장은 누구라도 '존엄하게 죽을 권리'를 가지고 있다는 주장이다. 그래서 안락사를 시행하는 자들은 생명의 질을 강조하여, 안락사가 '존엄한 죽음'을 보장하기 위해 반드시 필요한 수단이라고 주장한다. 그러나 죽음은 죄로 인해 인간의 세계에 들어 온 어떤 것으로서, 죄에 대한 적극적인 처벌이라는 점을 성경은 지적한다.4) 성경은 이 죽음을 하나님의 진노의 표현(시 90:7,11)과 심판(롬 1:32)으로, 정죄(롬 5:16)와 저주(갈 3:13), 그리고 사람들의 마음을 두려움과 공포로 채우는 것으로 묘사하고 있다.5) 따라서 기독교적 입장에서 죽음은 전혀 존엄할 수 없다. 왜냐하면 죽음은 죄로부터 연유된 것이며, 인간이 하나님을 대적한 결과로 나타난 것이기 때문이다.6)

그러므로 성경은 자신의 생명에 대한 자기 결정권이 인간 자신에게 있다고 결코 말하지 않는다. 하나님이 인간의 생명을 창조하셨으므로, 그분만이 인간의 생명을 빼앗을 권리를 가지고 있는 것이다.7)

"내가 죽이기도 하고 살리기도 하며 상하게도 하고 낫게도 하나니 내 손에서 능히 건질 자 없도다" (신 32:39)

"주신 자도 여호와시오 취하신 자도 여호와시오니" (욥 1:21)

4) 고통을 피하기 위한 선택

안락사 옹호의 가장 강력한 근거는 무엇보다도 고통을 피하기 위하여 죽음을 선택하는 것이 훨씬 합리적인 것이라는 주장이다. 일생동안 남의 도움이 없이는 거동조차 할 수가 없고, 식사도 제대로 할 수 없을 바에야 차라리 안락하게 죽는 것이 좋다는 생각이다. 이 문제에 대한 성경적 해답을 찾기 위해서는 고통과 죽음의 연관 관계를 이야기하는 욥의 이야기를 살펴볼 필요가 있다. 욥기 2장 9절에 보면 욥의 아내가 욥에게 "하나님을 욕하고 죽으라"고 말한다. 이는 더 이상의 고통과 괴로움을 피하기 위해

자살을 선택하라는 말이다. 그러나 욥은 "그대의 말이 어리석은 여자 중 하나의 말과 같도다"(욥 2:10)라고 일축하며 입술로 범죄하지 않는다. 욥은 지속되는 악과 고통 속에서도 믿음으로 이기고 승리하게 된다. 이러한 그의 태도에 대해 신약은 욥의 인내하였음을 기록하고 있다.

> "보라 우리가 인내하는 자를 복되다 하나니 너희가 욥의 인내를 들었고 주께서 주신 결말을 보았거니와 주는 가장 자비하시고 긍휼히 여기는 자시니라"(약 5:11)

그렇다면 인간이 고통 대신 죽음을 선택하지 않고, 생의 기간 동안 여지없이 다가오는 고통과 함께 살아야 한다면 그 고통의 의미는 무엇인가? 성경은 고통이 인간에게 있어서 본래적인 것이 아니라 죄의 결과라고 주장한다. 인간에게 본래적으로 주어졌던 자유의지가 죄를 선택함으로 고통이 인간의 삶에 침입했다. 성경은 모든 고통이 어디까지나 벌임을 확실히 말해주고 있다(욥 15:20; 민 14:34; 시 22:3, 107:17; 겔 2:49)8)

뿐만 아니라 성경은 죄를 지은 사람이 고통을 당하는 것 말고, 의롭고 경건한 사람들이 고통을 당하는 부당한 문제도 인정한다. 지금도 살아계셔서 역사를 하나님이 친히 주장한다고 믿는 기독교에서 인간이 당하는 고통의 대부분이 다른 사람들의 잘못 때문이라는 부조리를 인정해야 한다는 점에서 기독교 고통관의 특징을 찾아 볼 수 있다. 그리고 이 부조리의 문제는 궁극적으로 하나님의 공정한 최후 심판에 대한 종말론적 교리로 해결한다.9) 고통이 근본적으로 부정적인 것이기는 하나 고통당하는 사람에게 긍정적으로 기능하는 면이 있다. 고통은 고통을 당하는 사람의 신앙을 굳건히 하고 강인한 사람으로 훈련시키는 기능을 한다. 성경은 고통에도 하나님의 뜻이 내포되어 있고, 고통을 통해 배워야 할 것이 있다는 사실을 이야기하고 있다.[10]

"내 형제들아 너희가 만일 여러 가지 시험을 만나거든 온전히 기쁘게 여기라 이는 너희 믿음의 시련이 인내를 만들어 내는 줄 너희가 앎이라 인내를 온전히 이루라 이는 너희로 온전하고 구비하여 조금도 부족함이 없게 하려 함이라" (약 1:2-4)

"찬송하리로다 그는 우리 주 예수 그리스도의 하나님이시오 자비의 아버지시오 모든 위로의 하나님이시며 우리의 모든 환난 중에서 우리를 위로하사 우리로 하여금 하나님께 받는 위로로써 모든 환난 중에 있는 자들을 능히 위로하게 하시는 이시로다 그리스도의 고난이 우리에게 넘친 것 같이 우리의 위로도 그리스도로 말미암아 넘치는도다" (고후 1:3-5)

그러므로 고통을 피하기 위해 죽음을 선택하는 것은 고통의 의미에 대한 바른 성찰이 없이 고통을 피하는 것을 최고의 가치로 생각하는 자신들의 무지한 생각을 드러내는 것일 뿐이다. 안락사는 고통을 감소시킬 다른 가능성이 보이지 않을 때 취하는 극단적 해결 방법이다. 안락사를 선택한다는 것은 고통이 가질 수 있는 어떤 의미도 부정해 버리는 것이며, 고통과 더불어 삶의 가치까지도 포기해 버리는 것이다. 고통과 삶의 포기는 소

중한 인간의 가치를 포기하는 것이다.11)

3. 성경적 입장

1) 죽음에 대한 올바르고 정확한 이해와 인식

목회자에게 있어서 죽음 앞에서 나약할 수밖에 없는 인간의 존재에 대한 바른 이해와 인식은 무엇보다도 중요하다. 이에 대해서 웨이브라이트 (G. L. Waybright)는 3가지 인식을 강조했다. 첫째, 기독교인이나 비기독교인이나 죽음에 직면하면 슬픔과 고통의 경험이 동일하다. 둘째, 기독교인이나 비기독교인이나 죽음에 관한 많은 '왜 그런가의 문제'에 대해서 충분한 대답을 가지고 있지 못하다. 셋째, 기독교인이나 비기독교인이나 죽음에 직면해서 그들의 관심은 '현 세계'에 집중되어 있기 때문에 죽음의 준비를 하지 못한다.12)

죽음은 인간의 적이고 마지막 원수이다(롬 5:12, 고전 15:26). 따라서 우리는 죽음을 극복해야 한다. 기독교인에게 있어서 죽음을 극복한다는 것은 그것을 피하기 위해 애쓰는 것을 의미하기보다, 죽음을 통하여 새로운 삶, 즉 영생을 누리는 것을 뜻한다(마 27:50, 행 21:13, 빌 1:21). 칼빈은 '나는 부활이요 생명이니 나를 믿는 자는 죽어도 살겠고 무릇 살아서 나를 믿는 자는 영원히 죽지 아니하리니 이것을 네가 믿느냐'(요 11:25-26)는 말씀을 '죽음을 이기는 힘의 원'으로 소개한다. 이러한 점을 목회자는 명확히 인식하고, 성도가 죽음 너머에 있는 새 생명과 부활의 소망을 바라볼 수 있도록 해야 한다. 그리스도인들에게 죽음은 끝이 아니라 영원한 삶의 시작이다.

> "... 하나님이 저희와 함께 거하시리니 저희는 하나님의 백성이 되고 하나님은 친히 저희와 함께 계셔서 모든 눈물을 그 눈에서 씻기시매 다시 사망이 없고 애통하는 것이나 곡하는 것이나 아픈 것이 다시 있지 아니하리니 처음 것들이 다 지나갔음이러라" (계 21:3-4)

죽음은 어두움과 끝이 아닌 영원한 안식의 시작이며, 새 생명을 여는 통로이며, 죄와 고통이 없는 세계에서 영광의 주님과 함께 영원한 삶을 누리는 새로운 출발임을 가르치면서, 임종을 기다리는 자로 하여금 부활의 소망을 갖도록 해 주어야 한다. 그럴 때에 죽어가는 사람들은 이 땅의 삶과 생명에 관한 집착에서 자유로울 수 있으며 진정한 의미에서 편안하게 죽음을 맞이할 수 있다.13) 그러므로 신앙인으로서 삶을 정리할 수 있는 기회를 가지면서 임종을 맞이할 수 있도록 선택 기회를 주는 것이 필요하다.

2) 기독교 생명관의 이해

기독교의 생명관은 생명 경외사상이다. 이 사상은 하나님의 창조목적과 창조질서에 대한 절대신앙으로부터 야기되는 기독교의 핵심사상 가운데 하나이며, 인간이 하나님의 창조질서를 보존해야 하는 의무는 인간에게 위임된 하나님의 명령이다. 기독교적 생명관을 인식시키기 위한 가장 우선적인 원리는 '하나님이 생명의 주권자'라는 원리이다. 성서는 하나님을 만물의 창조자이면서 소유자로 묘사한다. 오직 하나님만이 생명을 주실 수도 있고 빼앗으실 수도 있다(창 1:1, 시 24:1). 하나님은 자기 형상과 모양을 따라서(창 1:27) 인간을 창조했으며, 인간의 생명에 책임을 지고 있다. 그러므로 모든 인간은 하나님의 반열에 서 있다.14) 우리의 모든 것은 하나님의 것이므로 우리는 하나님의 소유로서 인간에게는 인간 생명을 지배할 권리는 물론, 인간 생명의 발전을 앞당기거나 유전학적으로 마음대로 할 수 없다.

기독교 생명윤리의 또 다른 핵심 원리는 인간의 존엄성이다. 인간은 하나님의 형상대로 지음 받은 존재이기에 살인은 가증스러운 범죄이다. 이러한 존엄성은 생명의 신성함을 포함하고 있다. 인간의 생명은 신성하다. 세상에서 악이 넘쳐났을 때 하나님은 대홍수를 일으켜 세상을 정화하였으며(창 6:11), 그 이후에 하나님은 인간의 생명의 신성함을 "무릇 사람의 피를 흘리면 사람이 그 피를 흘릴 것이니 이는 하나님이 자기 형상대로 사람을 지었음이니라"(창 9:6)라는 구절 속에서 명확하게 밝히고 있다. 인간 생명의 존엄성은 존경심을 불러일으키며 신성성은 경외심을 일으킨다. 이것은 인간생명이 숭배되어야 한다는 것을 말하기보다는 신성하게 여겨져야 한다는 것이다.

"너희 몸은 너희가 하나님께로부터 받은바 너희 가운데 계신 성령의 전인 줄을 알지 못하느냐 너희는 너희의 것이 아니라 값으로 산 것이 되었으니 그런즉 너희 몸으로 하나님께 영광을 돌리라" (고전 6:19-20)

"우리가 살아도 주를 위하여 살고 죽어도 주를 위하여 죽나니 그러므로 사나 죽으나 우리가 주의 것이로라"

(롬 14:8)

생명은 유한한 존재이므로 죽음을 회피하거나 극복하려고 하는 인간의 노력은 쓸모없는 헛된 노력임을 깨달아야 할 것이다. 그러나 이러한 모든 것은 결국 인간 생명에 대한 사랑에 기초해야 한다. 사랑은 기독교의 본질이다. 생명에 대한 사랑이 소멸되어 가는 이 시대에 무엇보다 필요한 것이 바로 이 사랑에 대한 회복이다. 이 사랑이야말로 안락사가 일으키고 있는 찬반의 문제를 극복할 수 있을 것이다.

4. 결론

필자는 지금까지 안락사 문제에 대해 성경적 입장에서 살펴보았다. 안락사 논쟁에 관한 문제의 핵심은 인간적 죽음의 문제라고 할 수 있다. 성경은 안락사를 어떤 명목이든 이루어져서는 안 되고 그에 따른 고통은 인간이 감당해야 할 부분임을 분명히 제시하고 있다. 즉, 안락사는 적극적이든 소극적이든 절대 있어서는 안 될 살인행위라는 것이 성경이 가르치는 바이다. 성경의 대전제는 하나님의 주권이다. 인간의 생명은 하나님께서 주신 선물이며, 생명의 연장이나 축소는 인간 권한 밖의 일이다.

주변을 둘러보면 그리스도인 중에도 '내가 만약 말기 상태가 되어 비참하게 된다면 안락사를 택하겠다' 는 말을 하는 사람들이 있다. 그러나 죽음에 대한 두려움을 이해할 수는 있지만 생명의 주인 되신 하나님을 무시하고 인간 스스로 죽음의 순간과 방법을 결정할 수는 없다. 사랑하는 가족들에게 지나친 부담을 주고 싶지 않다는 이유도 있지만, 이러한 이유 역시 달리 생각할 필요가 있다. 하나님께서는 지상에서 인간들이 서로 돕고 살도록 하셨다는 사실이다. 내가 다른 사람을 도울 수도 있지만, 다른 이의 도움을 거절하지 않고 기꺼이 받는 것도 함께 살아가는 방법일 것이다. 낙태, 생명복제의 문제와 마찬가지로 안락사에 대해서도 그리스도인으로서 정확히 알고 이 세상을 향해 분명히 '아니다' 라고 말해야 한다.15)

피할 수 없는 죽음 앞에서 어떠한 모습이 참으로 인간적이며, 품위를 갖춘 행위일 수 있을까? 인간적 품위를 갖춘 죽음이 고통 없이 편안하게 외적으로 깨끗한 죽음을 맞이하는 것은 아니다. 오히려 죽음 앞에서 자신의 삶을 되돌아보며 자유와 책임을 가지고 삶을 정리할 수 있는 평화로운 죽음을 맞이하는 것이 인간적이며 품위 있는 죽음이라고 확신한다.

짧은 지면의 관계로 이번 논문에서 적절한 대안을 제시하지 못한 것이 아쉬움으로 남는다. 안락사 문제에 대한 대안은 생명의 질을 강조하여 살 권리가 있다면 죽을 권리도 있다고 주장하는 안락사 옹호론자들의 찬성과 생명의 가치는 존엄한 것이기에 어떠한 안락사도 이루어져서는 안 된다는 안락사 반대론자들 논리를 떠나서, 하나님의 형상대로 인간을 창조한 하나님의 창조의 질서를 따르는 동시에 인간성의 측면을 고려하는 통전적인 차원에서 이루어져야 한다. 안락사의 문제는 신학만으로 해결할 수 있는 문제가 아니라, 신학과 의학, 윤리학, 법학의 제 차원들을 포괄하는 문제이다. 따라서 기독교는 이러한 여러 학문에 대한 학제적 연구를 바탕으로 갈수록 심해지는 안락사에 대한 요구에 대해서 올바른 대안을 제시해 나갈 수 있어야 할 것이다.

"나는 누구에게도 독약을 주지 않을 것이며 – 비록 그렇게 해 달라고 요청 받더라도 – 그런 계획을 제안하지도 않을 것이다"

(460-377 BC) -히포크라테스 선서 중에서-

3 안락사의 신학적 이해

황덕형 ǀ 서울신학대학교 교수 (조직신학)

1. 안락사의 문제와 현대적 상황

　죽음에 대한 인간의 간섭은 지난 시절과는 매우 다른 모습을 갖고 있다. 현대의 발전한 의학은 우리가 만나는 죽음의 현상에 인간의 간섭을 가능하게 하였고 그 죽음의 과정을 어느 정도 늦출 수 있는 능력을 갖게 되었다. 그 결정적인 순간에 인간은 무엇인가를 하거나 반대로 하지 않음으로써 보다 바람직한 상황을 유도할 수 있는 힘을 갖게 된 것이다.[1] 그렇기에 한때 미지의 세계나 개인의 운명으로 남겨졌던 상황에 대한 정확한 이해가 필요하게 되었다. 이제는 그 상황에 대한 정확한 이해를 바탕으로 무엇이 올바르고 선한 행위인가를 판단할 수 있게 된 것이다.
　안락사(euthanasia: eu '좋은', thanatos '죽음'의 합성어)는 그 말의 어원에서 찾는 것처럼 편안한 죽음, 혹은 수월한 죽음을 의미하는 것으로 오늘날에는 '치유할 수 없는 질병으로 인해 어려움을 겪고 있는 사람들의 고통을 덜어주기 위해 그를 죽음에 이르게 하는 행위를 의미하는 말'[2] 이 되었다. 구체적으로는 이미 죽음에 저항할 아무런 힘이 없는 환자의 비참한 상태를 종식시키기 위하여 그 환자의 의도적인 죽음을 야기하는 행위를 말하는 것이다. 안락사 문제가 오늘날 주목을 받는 이유[3]는 앞에서 이미 지적한 바와 같이 기술적 진보가 이러한 상황에 처한 인간과 연관하여 우리가 기대할 수 있는 보편적인 행복의 이념이나 그에 따른 윤리적 판단력과 비교해 볼 때 심각한 불균형을 야기하고 있기 때문이다. 즉, 인간의 생명을 결정할 기술과 힘을 가지고 있는 상황에서 환자가 의사에게 혹은 의사 스스로의 판단에 의하여 안락사를 시행해야 할 경우가 늘어만 가는 대신 정작 개인적이며 독특한 예들이 될 수밖에 없을 안락사가 실행되었을 때 과연 그것이 환자에게 최선의 결과를 가져 올 것인가에 대한 끊임없는 물음과 회의에 직면하게 되고, 더 나아가 그 안락사를 수행해야 할 담당의사의 판단과 양심이 법과 제도, 그리고 그 사회가 수긍하는 여러 윤리적 전승들과 갈등을 야기하는 상황이 많아지기 때문이라고 할 수 있다. 즉 보다 나은 의료서비스가 오히려 인간의 행복권과 인간성에 대한 또 다른 질문을 제기하고 있는 셈이다.[4] 그런가 하면 일부 의사와 환자, 그리고 안락사에 호의적인 생각을 가진 사람들을 중심으로 인간적인 죽음을 맞이할 권리를 요구하는 전대미문의 새로운 투쟁 상황[5]도 안락사에 대한 관심을 고조 시키는 데에 일조하고 있다. 한마디로 안락사 문제는 삶에 대한 이해가 다양해지면서 여러 가지로 다양하게 표출되고 있는 오늘날의 정신적 상황과 유비를 형성하고 있다: 삶의 가치에 대한 다양한 이해와 전승들 그리고 죽음을 이해하기 위한 폭넓은 전제들이 아무런 통일적 지향점을 찾지 못하고 있는 현대의 정신적 상황을 그대로 나타내고 있는 것이다.[6]

이러한 안락사에 대한 이해는 안락사가 시행된 의료 현실을 염두에 둘 때 더 복잡해지기 마련이다. 앞에서 잠시 지적한 것처럼 안락사가 진행되는 상황은 단순하지만은 않다. 그러므로 안락사가 의료행위의 과정에서 시행되는 것인 만큼 어느 정도의 의료지식도 요청 된다: 정작 죽음의 위기를 맞고 있는 환자의 어떤 순간의 정상적인 의료행위는 안락사와 쉽게 구별할 수 없는 결과를 가져오기도 하는 것이다. 그리고 그 때마다 우리는 그 의사의 숙련도는 물론이고 환자에 대한 궁극적인 의도, 의료행위의 결과를 예측하는 가운데 내린 그 처방들을 검토해 보아야 한다. 물론 일차적인 당사자인 의사는 어떤 판단을 강요받는다. 그리고 어쩌면 그가 내린 판단은 일차적인 대상인 환자만이 아니라 가족, 사회의 구성원들, 그리고 같은 병상에 누워있는 중환자들에게 영향을 미치게 된다. 그들은 자신들이 죽음의 위기에 처하게 되었을 때 자신들이 받을 의료행위의 신뢰성에 물음을 갖게 될 것이고 그에 따른 어려운 법적인 문제들도 제기하게 될 것이다. 그럼으로 안락사를 신학적으로 이해하기 위해서 먼저, 안락사의 가장 예민한 문제들이 무엇이며 그것을 어떻게 이해하고 그 배후의 윤리적 판단의 근거가 무엇인지 살펴보아야 하며, 둘째로, 신학적인 의미에서 삶과 죽음이 무엇이고 그 죽음을 세속적인 근거가 아닌 하나님의 부활의 은총 가운데 나타난 생명과의 관계를 고려해야 할 것이다. 그리고 마지막 세 번째로는 이를 바탕으로 축복받은 죽음의 한 수단으로서 안락사를 선택할 수 있는지를 고려해 보아야 힐 것이다.

2. 적극적 안락사의 이해

안락사 문제를 고려하기 전에 우리는 먼저 이 특수한 문제가 어떤 전제에서 일어나고 있는지 사회적인 조건과 그 사회의 일반 여론의 태도를 생각하여 볼 필요가 있다. 그렇게 함으로써 안락사 문제와 연관된 사람들의 윤리적 의식을 검토할 수 있고 또한 그 사건 배후의 도덕 철학적 특성을 생각해 볼 수 있기 때문이다: 안락사 문제를 야기시키는 의료서비스 사업의 발달정도와 죽음의 권리를 주장하는 특수성은 우리로 하여금 죽음을 이해하는 현대 미국인들의 태도를 고려하게 만든다. 맥 가취7)에 따르면 현대 미국인들은 죽음이란 이해할 수 없는 그 무엇으로서 신비스러운 것이며 이를 해명하기 위한 어떤 만족할 만한 조건이나 이성적 근거를 찾을 수 없다고 여긴다. 또한 죽음의 현상에서 삶의 깊이나 신비를 발견하는 실존적 태도 대신 오히려 될 수 있으면 그 죽음으로부터 자신을 절연시키려는 시도8)에 미국인들이 더 익숙하다는 것을 보여준다는 것이다. 그래서 미국인들에게는 본질적으로는 죽음이 우리의 삶의 한 부분으로 명백한 사실임에도 불구하고 마치 그 죽음이 존재하지 않는 것처럼 여기는 태도가 강하다고 주장한다.9) 즉, 죽음을 숨기려는 태도가 미국인들의 일반적인 의식이며 그런 의식을 배경으로 한창 번창하고 있는 미국의 장례 사업은 예상과는 달리 죽음에 대한 교회의 가르침이 현대 미국인들에게 상당히 제한적인 효과만을 가지고 있다는 것을 보여주고 있다.10) 이를테면 개인의 불멸성에 대한 신앙이 존재할지라도 더 이상 개별적인 인격을 갖지 못한 그런 그리스의 폴리스적 영웅의 이념과 유사한 점이 많다는 것이 이 분석의 요점이다. 이렇게 죽음을 수용하는 세속적인 자세는 안락사를 통한 죽음의 문제에서도 다시 반영되고 있으며 거기서 일반인들이 죽음을 다루는 기본 철학으로 이해될 수 있을 것이다.11) 하지만 이러한 전제는 기독교의 부활이해에서 시작한 생명의 본질에 충실한 입장에서는 받아들이기 어려운 것이다.

또 하나 안락사를 보다 정당하게 다루기 위하여 보수적 기독교의 일각에서 갖고 있는 안락사에 대한 무조건적인 거부의 이유를 검토해 볼 필요가 있다: 안락사를 타인을 죽이는 살인 행위라고 생각하는 것이다. 하지만 이것은 매우 추상적인 생각일 수 있다. 실제로 안락사를 어떻게 이해할 것인가의 문제는 인간이 만나는 마지막 삶의 과정인 죽음에 대하여 인간이 얼마나 자유를 가질 수 있는가의 문제로 이해할 것을 제안한다: 즉 우리는 우리가 수수께끼로서 남겨놓고 그 죽음에 대하여 대항하지 못한 좌절로부터 시작하는 것이 아니라 거꾸로 죽음을 사용하여 하나님의 생명을 나타낼 수 있는 자유가 있다는 전제에서 이 논의를 시작해야만 하는 것이다. 그런 자유를 전제로 할 때만이 사실 이 죽음의 방법과 길에 대한 논의는 의미가 있을 수 있다. 다시 말해서 우리는 죽음의 과정을 통해서 만나는 삶의 한 순간으로서 이 죽음의 순간을 신앙적 삶의 모습으로 바꾸어 놓아야 하며 그 삶의 모습이 신앙적 진리와 온전히 상응하도록 만들 책임이 있음을 명심해야 하는 것이다. 성서에 의하면 우리는 신앙 안에서 죽음의 본질을 넘볼 수 있는 자유를 얻었다.12) 그렇다면 이제 정작 그 자유가 우리의 죽음의 순간 어디까지 허용되며 무엇을 어디까지 계획할 수 있게 하는가? 죽음에 대한 무조건적인 반대와 삶에 대한 무조건적인 긍정으로 답변될 수 있는 일이 아니다. 그 죽음의 자리에서 하나님에 대하여 그리고 그 사람들에 대하여 가장 책임적인 결정과 사건이 일어나야 할 것이다. 그리고 그 한 가능성이 혹시 안락사라는 유한성일 수 있는 것이다. 바로 이 안락사의 자리에서 삶과 죽음을 넘어선 새로운 생명의 드러남이 있어야 하며 죽음의 자리는 생명의 자리로 바뀌는 '즐거운 변환' 13) 의 기적이 기대되어야 한다. 죽음의 자리에 대신 드러나게 될 그 하나님의 생명의 평화가 어떻게 어떤 모습으로 가능할 것인가의 문제는 그렇기에 단순한 문제가 아닌 것이다.

이러한 질문과 연관해서 생명현상과 연관해서 보수적인 의견을 제시하는 카톨릭 내에서도 적극적인 안락사에 대하여서는 거부의 의사를 분명하게 밝히고 있는 반면, 소극적 의미의 수동적 안락사에 대하여서는 긍정하고 있다14)는 것도 매우 의미심장한 일이다: 물론 이때에도 소극적이며 수동적 안락사가 적극적인 안락사와 얼마나 도덕적으로 상이한 것인지를 검토하여야 하며 그것은 매우 복잡한 현상들을 다루는 매우 세심한 접근이 필요한 것임을 알아야 할 것이다. 이와 유사하게 의사 조력 자살(physician-assisted Suicide)은 환자의 자율권을 인정하는 것을 기초로 한 다른 사안으로서 안락사와는 다른 것이지만 실제 상황 하에서는 안락사와 의사조력 자살을 구분하기 어렵게 될 때가 있다는 점이다.15) 이는 어느 때에는 경우에 따라 자살도 용인될 수 있다는 것을 말하는 것이며 만일 이것이 사실이라면 심지어 자살조차 생각될 수 있는 때가 있는데 왜 유독 안락사만 철저하게 금지해야 하는지에 대한 윤리적 의견이 불분명해 보일 때가 있다.16) 안락사 문제를 다룸에 있어서 소극적인 안락사에 대한 주장을 별도로 다룬다는 것은 오히려 논제를 어렵게 만들 수 있다.17) 안락사의 문제를 극명하게 나타내기 위해서는 적극적 안락사를 정당화시키는 사람들의 견해를 검토하는 것이 올바른 방법이며 그들과 대화를 나누는 것이 신학적인 문제를 해명하는 길이 될 것이다.

적극적인 안락사를 윤리적이며 법적으로 옹호하는 사람들의 주장은 다음의 조건을 기초로 해서 이루어지고 있다는 것을 아는 것이 중요하다:

1) 의사만이 안락사의 요청을 수행한다. 2) 정신적으로 온전한 사람만이 안락사에 대한 요청을 할 수 있다. 3) 환자의 결정은 의심할 여지가 없어야 하며 반복적으로 명시적이어야 한다. 4) 담당의사는 다른 독립적인 의사에게 자문을 구해야 한다. 5) 안락사에 대한 결정을 내리는 환자는 아무에게도 이에 대한 압력을 받지 않은 상태에서 이루어져야 한다. 6) 환자는 변화의 전망이 없고 회복될 수 없는 고통과 질병의 상태에서 있어야만 한다. 7) 환자의 상태를 호전시키거나 고통을 견디게 해 줄 방법이 전혀

없어야 한다.18)

이 조건은 물론 세계에서 유일하게 적극적인 안락사를 허용하고 있는 네덜란드의 규정들이다. 그리고 이 기준하에서 안락사를 시행할 경우 의사들은 면책을 받게 되고 모든 법적 소송으로부터 자유롭게 된다. 하지만 이 법적인 과정을 해명하고 그것에서 불법이 아닌 것으로 판명 났다고 해서 아직 모든 것이 만족스럽게 해결된 것은 아니다. 안락사를 주장하는 그룹은 반드시 다음의 세 가지 요건들을 함께 고려하면서 윤리적인 의미에서도 적극적인 답변을 할 수 있어야 하는 것이다: ① 생명권에 대한 침해여부19), ② 환자의 자율권의 보장여부20), 마지막으로 ③ 고상한 삶에 대한 실현여부에 대한 질문 등이다.21)

실제로 적극적 안락사를 주장하는 자들은 안락사가 위에서 제시한 특수한 조건하에서 일어나는 것이면서 동시에 위의 세 가지 윤리적 기준점들을 충족시키고 있기 때문에 윤리적으로 문제가 없다고 주장한다. 그런 관점에서 적극적 안락사는 여타 소극적 안락사라든지 의사조력자살과의 차이가 도덕적 차이로 나타나지 않을 뿐 아니라, 더 나아가 정상적인 의료행위, 이를테면 진통을 위한 모르핀의 사용22)등과 같은 것에서 일어날 수 있는 의료행위의 예측의 이중적 효과와도 별 차이가 없이 유사한 결과를 가져오기 때문에 윤리적으로 안전하다고 믿고 있다. 적극적 안락사와 여타 다른 죽음의 종류 사이에는 그 어떤 '규범적 비대칭'(normative asymmetry)이 존재하지 않는다는 것이다.

이러한 논증을 펼침에 있어서 먼저 제럴트 드워킨은 의료행위의 본성의 차원에서도 적극적 안락사를 옹호할 수 있다고 주장한다.23) 그는 의료행위의 본성상 안락사를 허용할 수 없다고 주장한 카쓰(E. Kass)의 논증24)을 차례차례 비판적으로 고찰한다. 카쓰의 중요 논점들은 환자의 객관적 상태에 대한 관심에서부터 의사의 자비심이라는 비본질적 요소로 논의의 초점을 슬며시 옮겨간 잘못된 논증이라고 주장한다.25) 즉 의료행위의 본성상 객관적인 요소를 담당하고 있는 것이 안락사라고 주장하는 것이다. 그런가 하면 의사라는 직업의 본성에 의한 관점에서도 그는 오히려 안락사를 생각할 수 있는 것이라고 주장한다. 즉 카쓰(L. Kass)가 주장하듯이, 의료 전문직이란 "그 행위 자체가 본질적으로 윤리적인 것이며, 그 안에서의 모든 기술과 행실은 고매한 선, 즉 건강이라는 자연의 목적에 순응하는 직업"26)이며 따라서 의사는 죽여서는 안 된다고 말하는 것은27) 너무 나이브한 생각이다. 이에 대하여 드워킨은 모든 직업이 그것이 따라야 할 단일하고 배타적인 목적을 가졌다고만 생각해야 하느냐고 묻는다. 변호사가 의뢰인에 따라 복수의 목적을 가질 수 있는 것처럼 의사 역시 환자의 건강을 지키는 것만이 아니라 고통을 줄여야 한다는, 그렇기에 아주 특별한 경우에 죽음을 앞당기도록 도와주는 것도 그 본래의 목적에 어긋난 것이 아니라고 말한다.28) 더욱이 의료의 한계상황에서조차 의료인은 자신의 환자에 대하여 "그를 죽이면 안 된다"는 절대 절명의 원칙을 지켜야 한다는 것은 오히려 인간으로서 의사인 자신의 처지를 모르는 행위라고 할 수 있다. 오히려 병마와 싸울 때 환자의 동맹자였던 그가 혹시 환자의 곁에 끝까지 남아 있어야 하며 그래서 그 의사자신도 자신이 내린 판단과 신념의 전 과정을 결과에까지 경험하고 책임져야 할 것이라고 말하면서 드워킨은 이 안락사에 대하여 찬성한다.29)

안락사를 적극적으로 수용한 필요가 있다고 주장하는 이들은 '의도성'과 '인과성'의 논리적 관점에서 안락사의 부당함을 주장하는 일반적인 논의를 비판적으로 검토하고 이것들이 결과론적으로 어떤 차이를 야기시키는 것인가의 문제를 집중적으로 제기한다. 즉 여타 다른 죽음의 종류들을 살펴 볼 때 '죽임'과 '죽음을 의도함', 그리고 '죽음을 야기함' 사이에서는 실제적으로 전혀 다른 효과를 낳지 못한다는 점을 지적하면서30) 안락사를 옹호하는 것이다. 프레이에 의하면 이러한 논증은 말기암 환자를 치료하는 의료 행위 중 예상된 이중적 효과를 살펴보면 더욱 자명해진다. 진통제를 투약할 때 그 의사가 선의를 가지고 행동하지만 그것으로 인해서 죽음이 예상될 수 도 있으며 그 최후 통제의 책임은 의사가 져야 한다는 것이다.

의사 조력 자살과 안락사와의 관계에서도 비슷한 논증이 주어질 수 있다. 의사조력자살이란 면허증을 가진 의사가 다른 사람이 스스로 목숨을 끊도록 정보를 제공해 주거나 처방을 하거나 또 스스로 죽을 수 있는 장치를 주는 것을 의미하는 것인데,31) 이 역시 실제적인 의료행위에서는 적극적 안락사와도 쉽게 구분되지 못한다. 치료 전에 환자 스스로가 음식물 섭취를 거부하였을 때, 스스로 음식물 섭취를 중단할 수 있고 그렇게 한다면 그것은 자살이다. 반면에 치료가 시작되었기에 의사에게 음식물 공급을 중단해 달라고 요청할 경우, 그는 반드시 의사의 도움을 받아야 하는 것이다. 그리고 병원에서 음식물과 심폐술, 그리고 모든 호흡기의 기술적 투입 여부는 의사의 몫이며 이는 그 환자가 병원에 올 때부터 이미 치료 행위 안에 포함되어 있는 것이다. 프레이에 의하면, 환자의 죽음을 묵인하겠다는 결정에 대하여 그 의사는 이미 책임을 져야한다는 것이다.32)

소위 적극적 안락사와 소극적 안락사의 관계에도 이러한 논의는 더 펼쳐질 수 있다. 이는 안락사를 수행하는 사람의 행위에 따른 구분으로서 적극적 안락사란 안락사를 수행하는 사람이 환자의 생명을 단축시킬 것을 처음부터 의도하여 구체적인 행위를 능동적으로 취하는 형태이다. 반면에 소극적 안락사란 이전부터 존재하던 질병이 원인이 되어 죽음의 과정이 시작되었을 때 그것을 저지하거나 지연 시킬 수 있는 능력이 있으나 방치하는 것이다. 이를 테면 ① 급식튜브를 제거하는 것, ② 공기 밸브를 다시 열지 않는 것 등이 거기에 포함된다. 하지만 이때 의사가 죽음을 야기시킬 수도 있는 알약을 제공하는 것과 영양공급 내지 밸브를 제거하는 것 사이의 도덕적 차이가 무엇이냐고 묻는 것이다.33)

안락사 주장과 연관해서 논제와 상관없어 보이면서도 실제로는 이 안락사 논쟁에서 가장 중요한 역할을 하는 논의가 바로 이 '미끄러운 경사면에 대한 두려움' 이다.34) 우리 인간들은 이 일정한 한계를 허락할 경우 그 죽음의 허용은 생각할 수 없을 만큼 엄청나게 광범위한 범위로 무절제하게 악용될 것이라는 염려가 있는 것이다. 그리고 프레이도 이 두려움을 실제로 알고 있다. 단지 그는 이 미끄러운 경사면에 대한 두려움 때문에 실제 현장에서 반드시 필요한 '도덕적 사고의 일부분'을 포기하는 것을 해서는 안 된다고 말할 뿐이다.35) 이 문제에 관한 한 우리 인간들은 사실 항상 심각하게, 겸손하게 이 문제를 대하여야 한다. 우리 주변에 얼마나 우리를 무너뜨리는 악한 구조가 우리를 둘러싸고 있는가? 이미 제2차 대전 중에 우리는 그것을 현실로 경험하였다.

3. 적극적 안락사의 윤리적 배경과 신학적(?) 요구

안락사를 주장하는 그룹의 생각을 정리해 보면 이들은 안락사를 통하여 환자의 자기 결정의 권리를 존중하고 있다고 느끼고 있으며 고상하고 품위 있게 죽을 수 있는 자유를 삶의 자기 결정의 자유와 동일한 차원에서 이해하는 것처럼 주장한다. 죽음 이외의 다른 길이 없는 그 환자에게 죽음을 선사하는 것이 아니라 고통의 끝을 선사함으로써 인간다운 동정심을 베풀고 있는 것이다.36) 이를 통하여 간접적으로나마 타인의 생명을 침해하지 않았다는 주장을 할 수 있었으나 그것이 그들의 생명권을 존중하는 결과라고는 말할 수 없을 것이다. 이 안락사를 해명하기 위해서 우리는 무엇보다도 먼저 현장의 원칙이 중요함을 인식해야 한다. 안락사는 현실에서 일어나는 사건으로서 매일 우리가 만나야 할 현장이다. 절박하고 불가항력적인 상황에서 부딪치는 안락사의 각 개성과 독특성을 이해한다면 안락사가 일반적인 원칙으로만 통제가 가능한 그런 사건이라고 본다는 것은 비현실적이라고 하겠다. 이것은 보편적 법칙의 확실성에 버금가는 현실의 당위성을 갖고 있는 일이다: 나의 형제와 부모가 처절한 고통 가운데 마지막 숨을 몰아쉬며 우리를 바라보고 있다면 누가 이 안락사의 현실을 부정할 수 있는가? 안락사는 이러한 특수한 현실에서 사용되는 그 자신만의 특수한 법정이라고 할 수 있을 것이다. 안락사는 이런 의미에서 현실적 필연성에 의한 타당성을 갖는 주장이다.

그러나 안락사를 옹호하는 사람들이 "보호하고자 하는 환자의 생명을 끊음으로서 그 환자를 고통에서 보호한다"는 것을 이 사안의 궁극적인 목적이라고 여긴다면 이는 분명히 자기모순이다. 자신이 지켜야 할 대상을 이 세상에서 (그 자신들의 기준에 의하여) 사라지게 함으로써 자기들이 목적하는 바를 성취하였다고 말한다는 것은 그 사건에서 아직 드러나지 않았을 수 있는 내적 사태연관과 안락사 순간의 현실적 필연성을 혼동한 것이다. 그 숨막히는 현장에서 끔찍한 고통을 피하는 것 이외에는 어떤 다른 목적도 발견할 수 없도록 만드는 주장들은 그 본래의 사태를 밝힐 수 있는 인간적, 신학적 토대를 갖지 못한 유한성의 자기인식의 반영일 수 있다. 그리고 이러한 세속적인 관점에서 적극적 안락사를 주장하는 현재의 주장은 '도피성 강박관념'에 불과한 것이다. 죽음을 만나는 것이 아니라 고통을 피하는 것이다. 이는 그들 본래의 주장과는 달리 안락사의 모든 도덕적 인간학적 권위와 가치를 부정하게 만드는 요소이다. 즉 적극적 안락사는 현실적 필연성을 가진 사태임에도 불구하고 현재 상태에서 주장되는 적극적인 안락사는 아무런 보편적 정당성을 확보할 수 없는 매뉴얼에 불과한 것이다. 적극적 안락사의 현장에서 구현되어야 할 목적만이 이 사태를 정당화 할 수 있는 힘을 가지며 그것을 가지려면 그들은 스스로의 옷을 갈아입어야 한다.37)

  이들의 주장을 살펴보면 보다 책임윤리적인 측면이 강하게 되면서 의료행위의 결과가 가지고 올 여러 파장들을 당사자의 선과 연관시켜서 논의하고 있는 것을 보게 된다. 즉 안락사를 주장하는 사람들이 주장하는 선은 생명보다 더 소중한 무엇이라고 생각하면서 안락사의 과정을 통하여 생각된 것을 얻으려고 한다.38) 그렇다면 그 선은 무엇인가? 과연 그들은 그 어떤 초월적 가치도 인정하지 않으면서도 삶의 한계상황에서 구체화 될 수 있는 삶의 내재적인 목적을 가지고 있다고 볼 수 있는가? 삶을 제한하여 그것을 유한한 것으로 만들면서 동시에 그 행위 안에서 다시 삶을 의미 있도록 만드는 어떤 도구를 가지고 있는가? 삶의 종말을 정당화 하면서도 우리가 알고 있는 방식과 상관없이 그 자체로 존립가능한 선에 대한 이념으로부터 삶은 그 자체로 선한 것이기에 그 무엇도 인간의 생명 그 자체를 '....을 위한 도구'로 삼을 수 없다는 논증처럼 삶의 내재적 가치를 보유할 수 있도록 하는가?39) 이들은 인간의 생명을, 그러니까 의도된 죽음을 통하여 다시 인간의 그 이외의 목적, 이를테면 고통의 감소, 정서적 문제, 경제적 호소 등에 의하여 함부로 다루는 일이 없도록 해야 한다는 칸트적 윤리학40)에 어떻게 대답할 것인가? 기껏해야 이제 그들은 그 삶의 고통을 줄여주는 것에서 고통의 감소와 인격적 삶의 유지라는 가치를 발견하지만 그것이 죽음을 넘어선 선인지는 확신할 수 없다. 그들은 삶의 내재적인 고유한 가치를 이제 당연한 것으로 여길 수 없으며 오히려 죽음이라는 과정을 통하여 새롭게 얻을 수 있다고 주장해야 하는 것이다. 그리고 이렇게 새롭게 얻어질 선과 생명의 가치를 창조하는 자유는 오직 신학적인 관점에서 이해할 때 가능해진다.

4. 신학적 관점에서 본 안락사

신학적 지평에서 안락사를 이해한다는 것은 먼저 삶과 죽음을 이해하는 노력을 전제로 한다. 삶을 이해하기 위해서는 삶의 객관적 이해가 불가능하기에 삶을 삶 내부로부터 파악하는 해석학적 지혜가 요청된다.[41] 삶은 단순히 생물학적 생명 개념으로는 파악될 수 없는 것이다. 그리고 이는 죽음에도 동일하게 적용할 수 있다. 삶은 그 자체로 이미 초월론적 기능을 갖고 있으며 그 사실은 삶 자체가 삶을 이해하고 삶을 형성하고 삶을 꾸려나가는 어떤 근거라는 점에서 분명해 진다. 삶의 이해는 자신에 대한 탐구의 결과이며 스스로를 대상으로 갖고 있는 실현과정이기도 한 것이다.[42] 죽음 역시 포괄적인 입장에서 보았을 때 그것은 하나의 삶의 과정이다. 삶과 죽음은 동전의 양면처럼 서로 접붙어 있는 하나의 공동적 과정이라고 할 수 있다. 삶이 스스로 초월되어야 하는 것이라면 동일하게 죽음도 스스로 초월되어야 하고, 그 초월의 운동을 통하여 죽음을 이해할 수 있어야 한다. 그럼으로써 죽음을 이해한다는 것은 삶-그 자체 안에 모든 목적과 의미가 속해있다고 주장함으로써 의미를 발견하거나 혹은 거꾸로 삶을 넘어서는 초월을 통하여 삶의 의미를 발견할 수 있다는 삶의 기본적, 이중적 현상성을 유비로 하는 또 하나의 거대한 의미-창조의 사건이라고 볼 수 있다. 죽음은 이때 한계가 아니라 새로운 도전, 새로운 프런티어를 의미하게 된다. 죽음은 그리스도의 복음 안에서 생명의 약속으로 바뀐다.[43] 죽음은 인간의 삶을 제한하고 있지만 동시에 새롭게 그 한계 밖의 새로운 삶의 영역을 기대하게 할 수도 있는 사건이다. 성서에서, 그리고 신학적으로 하나님은 삶을 창조하셨지만 우리는 그 삶을 우리의 한계와 더불어서 만나고 있다. 그리고 그 한계 위에서 삶에 대한 전적인 타자가 존재함을 배워야 한다는 필연적 과제가 남아있다. 즉 죽음의 현실을 통하여 우리들은 하나님과 인간 사이의 분명한 차이와 구분이 있으며, 이 구분과 차이가 바로 우리의 삶에 구성적 의미를 갖고 있음을 재발견해야만 한다.[44]

창조주 하나님은 이 세계의 창조주로서 그는 모든 생명의 원천이시다. 그는 삶을 창조하시고 생명을 주셨다. 그는 생명의 주로서 우리의 삶을 책임지시는 분이신 것이다. 이 삶에 대한 긍정 속에서만 우리는 우리의 한계로서 죽음을 화해의 사건으로 받아들일 수 있다.[45] 물론 이때 삶을 위한 투쟁이 죽음을 위한 투쟁이라고 해석하려는 것은 복음이 가지고 있는 "삶으로 지향하는 불가역적 운동"을 오해하는 해석이다.[46] 오히려 우리의 삶과 죽음을 이해하려는 치열한 노력에서, 삶과 죽음의 이중성을 넘어서, 드러나야 하는 인간의 선은 바로 하나님의 형상으로서의 신적 삶의 유비적 현실이다.[47] 이 유비적 현실은 우리의 삶속에서 우리의 인간다움이 바로 신적-사건의 계시속[48]에서 뿌리박고 있음을 보여주면서 우리의 선의 원천이 바로 하나님이심을 주장한다.[49] 우리는 삶의 현실로서 그리고 참된 선으로서 하나님이 주신 생명을 발견하게 되는 것이다. 참된 인간적-삶 안에, 그리고 그 삶의 한 기회로서의 죽음도 바로 이 신적 삶의 유비적 현실 속에서 형상화되어야 한다. 그리고 이 사건의 한복판 속에 예수 그리스도의 삶이 있으며 하나님의 유비로서의 예수의 삶 속에는 다시 십자가의 죽음과 부활의 능력이 함께 있다. 이렇게 죽음을 넘어선 죽음의 관점에서 죽음도 그 은총의 삶의 한 순간인 것이다. 이는 하나님의 생명에 참여하는 사건으로서의 은총이었다. 그렇다면 안락사는 어떻게 받아들여야 할 것인가? 이 역시 죽음의 한 형태로서 본다면, 그래서 우리가 경험해야 할 한 과정의 한 모습이라고 인정된다면, 그런 만큼 이 안락사도 본래적인 복음적 의미의 죽음 가운데 참여할 수 있는 것인가? 안락사 안에서 하나님의 생명으로의 새로운 문을 발견할 수 있을 것인가? 이미 지적한 바와 같이 안락사는 그 현실적 강제성을 가지고 있으나 그 정당성은 결여되어 있었다. 이는 안락사를 이해하는 철학의 한계 때문이며 유한성의 한계 때문이었다. 신학적인 관점에서 볼 때 이 유한성의 철학은 변화되어야 한다. 그리고 안락사도 변화되어야 한다. 지금 현재대로의 안락사가 갖고 있는 그 현실적 강제성이 복음의 능력으로 수용되어 그 의미가 변화되어야 한다. 그리고 바로 이 강제성이 의미-창조의 새로운 사건으로 변화될 때 안락사 자체의 변화가 야기될 것이다. 하나님의 복음은 지금 있는 그대로의 안락사를 변화시킨다.

4

죽음과 함께하는 삶:
안락사에 대한 과정윤리적 고찰

홍순원 | 감리교신학대학교 교수 (기독교윤리학)

본 논문은 하나의 메타윤리적 기능을 수행한다. 안락사에 대한 수용이나 비판의 논리를 정립시키려는 연구는 지금까지 많이 이루어져 왔기 때문에 여기서는 안락사에 대한 논의가 합치점을 모색할 수 있도록 찬부양론의 주제들을 비판적 분석의 대상으로서 다루려고 한다. 특히 안락사의 논의가 방향성과 현실성을 갖게 하기 위해서 일괄적이며 맹목적인 안락사 반대의견에 대한 비판적 성찰이 이루어질 것이다.

기독교윤리에서는 안락사의 문제를 다룰 때, 단지 그것의 법제화를 목표로 하지 않는다. 어떤 행위에 대한 윤리적 평가와 법적 평가는 전혀 다른 차원을 형성한다. 법은 선을 규정하고 증진시키기보다는 그 한계를 설정한다. 그 안에는 이미 범법행위가 전제되어 있다. 이런 의미에서 법은 선을 실천하기보다는 '악을 제어하기'(acre malum) 위한 규범이다. 그것은 불법에 상응하여 형성되며 무질서를 전제한다. 한편 윤리는 두 차원을 포괄한다. 윤리는 법보다 상위개념이기 때문에 법과 윤리 사이에는 연속성과 불연속성이 공존한다. 둘은 긴밀한 상호작용 속에서 서로를 보완하는 관계 속에 있기 때문에 법이·윤리적 관점을 배제할 때는 '법독단주의'(Gesetzmonismus)에 빠지기 쉽다. 법의 영역은 행위와 그 결과의 영역에 제한되지만 윤리는 그것들을 넘어서서 행동을 야기시키는 사고와 의식, 그리고 행위주체로서 인간실존까지도 다룬다. 인과론적인 관점에서 본다면 법은 철저히 결과주의적(현상적) 성격을 띠고 있으며 윤리는 동기주의적(본질적)인 면을 함께 포괄한다. 따라서 법적으로 정당할지라도 윤리적으로 부당한 사례가 존재할 수 있으며 윤리적으로 수용할 수 있지만 법으로 제정되기 어려운 사례도 있다. 안락사의 경우는 두 가지 특징을 함께 나타내는 복합적인 문제라고 볼 수 있다. 그러므로 안락사에 대한 논의가 구체적인 방향으로 나아가기기 위해서는 법적인 관점과 윤리적 관점의 경계설정과 함께 안락사의 다양한 사례적 개념들 사이의 명확한 경계설정이 먼저 필요하다.

1. 안락사의 개념규정에 있어서 모호성

안락사라는 용어는 오랫동안 오해의 여지를 남겨왔다. '안락'(eu)이라는 의미는 죽음이 유익하다는 뉘앙스를 풍기면서 그 안에 안락사가 긍정적인 면만을 함축한 것처럼 보이지만, 이것은 환자자신보다는 그에게 동정심을 느끼는 사람들의 입장을 대변한다고 볼 수 있다. 사실 죽음 앞에서는 어떠한 유익도 의미가 없다. 이러한 이유에서 드워킨은 안락사라는 용어를 부적절하다고 보고 그 대신에 그는 '의료적으로 도움 받는 죽음'(medically assisted dying)이란 용어를 제안한다.[1]

안락사에 대한 논쟁은 먼저 그것의 개념규정의 모호성에서 출발한다.[2] 이러한 개념적 모호성은 안락사에 대한 이해의 불일치를 초래하며 윤리적 판단의 차이를 가져온다. 안락사에 대한 개념규정이 불확실할 때 우리는 너무 쉽게 그것을 수용하든지 아니면 너무 쉽게 반대할 수가 있다. 예를 들어 안락사를 살인의 관점에서 반대하는 경우가 있는데, 안락사의 경우는 살인이냐 아니냐를 떠나서 살인금지규정이 무너지는 한계 사례이기 때문에 그러한 입장은 잘못된 출발점에 서있다고 볼 수 있다.

안락사에는 크게 자의적 안락사와 의도적, 혹은 예견된 생명단축, 그리고 의사조력자살로 구분할 수 있다. 자의적 안락사는 환자와 의사의 자발적 결단에 의해 의사가 적극적 내지는 소극적으로 환자의 죽음을 야기 시키는 것을 말한다. 예를 들어 생명연장 장치를 끄는 것은 적극적 안락사로 볼 수 있으며 작동시키지 않는 것은 소극적 안락사라고 볼 수 있다. 의도적 생명단축은 의사가 환자의 죽음을 의도하여 처방하는 것이며 예견된 생명단축은 의사가 처방하면서 환자의 죽음이 앞당겨질 수 있음을 예견하는 것이다. 의사조력자살은 환자 자신이 안락사를 시행할 수 있도록 의사가 수단과 방법을 제공하는 것이다. 자의적 안락사와의 차이점은 안락사의 수단과 방법을 제공한 의사와 환자의 죽음 사이에 환자의 결정이 개입된다는 것이다. 여기서는 죽음의 수단제공이 곧 죽음을 의미하지 않는다. 결국 둘은 마지막 행위자가 누구인가에 의하여 구분될 수 있다.

마지막 행위자라는 관점이 의사조력자살과 자의적 적극적 안락사를 구분하기는 하지만 그것이 윤리적 정당성의 차이를 드러내는 것은 아니다. 다만 형식적인 면에서 의도적으로 환자의 생명을 끊는 것과 환자가 생명을 끊는 것을 의도적으로 도와주는 것은 구별된다. 그러나 두 경우는 모두 환자의 죽음을 야기하기 위해서 의사와 환자가 서로 다른 방식으로 상호작용하는 것일 뿐이다. 예를 들어 의사가 환자에게 일산화탄소를 마실 수 있는 장치를 부착해놓고 기계를 켜는 일만 환자에게 맡겨 두었다면 누가

작동버튼을 누르는 것이 윤리적 책임의 문제를 일으킨다고 볼 수 없다 .3)

환자의 입장에서 볼 때 수동적 안락사는 그것에 대한 논의가 구체화되기 전부터 치료조치중단의 형태로서 일상화되어 왔지만 능동적 안락사(의사조력자살)는 환자의 요구가 있는 경우에도 원칙적으로 거부되었다. 전자의 경우에서 의사는 환자가 생명유지 장치에 의존하는 한계상황 속에서 행동하지만, 후자의 경우는 환자가 그러한 장치에 의존하지 않는 보편상황이라는 의식이 전제되어 있기 때문이다. 또한 수동적 안락사에서 의사는 환자의 고통을 덜어주기 위하여 영양공급 튜브를 제거함으로써 환자의 죽음을 야기하지만, 후자의 경우에서 의사는 환자의 죽음을 의도하여 알약을 제공하는 것이기 때문에 둘은 윤리적으로 구분된다고 볼 수도 있다. 그러나 엄밀한 의미에서 이러한 구분은 안락사의 개념규정에 있어서의 오류에 기인한다. 두 안락사는 모두 환자를 고통으로부터 벗어나게 하려는 것이며, 능동적 안락사에서는 그 목적이 알약의 복용을 통하여 성취되고, 수동적 안락사에서는 연명 장치의 제거를 통해 성취되는 것뿐이다. 오직 환자의 치료기부권의 관점에서 볼 때만 둘 사이의 경계선이 존재한다. 다시 말해서 환자의 치료거부는 조치생략이나 치료중단을 통해 자살의 수단이 될 수도 있고 안락사를 초래할 수도 있다. 이 권리는 환자가 어떠한 의료적 도움도 원치 않는다는 것을 의미하며, 그것은 죽음의 수단을 제공받을 수 있는 범위까지 확장될 수 없기 때문이다. 결국 환자의 자율성에서 볼 때 현실적으로 의사조력자살과 자의적 안락사를 구분하는 것은 일관성이 결여되어 있다.4)

이러한 개념규정을 기초로 해서 우리는 안락사의 사례를 더 구체적으로 유형화시킬 수 있으며 윤리적 평가를 시도할 수 있다. 그리고 다양한 개념들의 경계설정을 통해 얻어진 중요한 결론은, 안락사에 있어서는 환자 자신의 결단과 행동뿐 아니라 의사의 결단과 행동이 함께 작용하기 때문에, 환자의 자율성만이 최고의 권위가 될 수 없다는 것이다.

2. 안락사의 근거설정에 있어서 모호성

죽음을 선한 가치로 받아들이고 자연적 죽음이 아닌 자발적, 선택적 죽음을 원하는 사람은 없다. 안락사를 선택하게 되는 근본적인 동기는 견디기 힘든 고통의 상황과 그 상황으로부터 벗어나기 위한 환자의 죽고자 하는 자율적 결단을 존중하려는 데 있다. 환자의 자율성과 고통으로부터의 해방은 우리가 인정하지 않을 수 없는 중요한 가치들이다. 무엇보다 중요한 것은 고통과 죽음을 환자 자신이 겪어야 한다는 사실이며, 그 때문에 무엇보다 환자 자신의 결단과 의지가 중요하다.

그러나 고통의 제거와 환자의 자율성이 죽음을 선택하는 상황과 그 상황 속에서 의사의 의료행위에 적용될 경우 사람들의 태도는 나누어진다. 환자가 안락사를 요구했을 때 그것이 진실된, 자유로운 결단이고 충분히 검토되었으며 다른 선택의 여지가 없다는 것을 어떻게 검증할 수 있을 것인가? 만일 환자가 우울증에 걸려있다면 그의 결단을 어떻게 수용할 것인가? 안락사에 결정적 영향을 미치는 의사의 진단과 환자의 상태에 대한 설명이 부정확할 가능성은 없는가? 고통이 정말 견딜 수 없는 정도였는가? 환자의 결단은 과연 자발적이었는가? 이러한 질문들은 안락사에 대한 논의를 복잡하게 만든다. 그렇지만 모든 질문들이 향하고 있는 결론은 안락사를 어디까지 허용할 수 있는가이다.5)

환자가 극도의 고통을 느끼고 있으며 만일 그것으로부터 벗어나는 길이 있다면 의사는 환자 자신뿐 아니라 의사도 당연히 그것을 선택하여야 한다. 그런데 그 길이 고통의 주체까지 제거하는 것이라면 그러한 선택이 유일한 대안일 수만은 없다. 물론 예정된 죽음과 극심한 고통의 상황에서 단지 생명을 연장하는 것만이 최선의 길이라고 볼 수도 없다. 이러한 이중적 대안의 가능성은 과연 고통의 제거와 환자의 자율성이라는 안락사의 기본적 전제가 죽음의 경우에 있어서도 타당성과 정당성을 가질 수 있는가하는 미해결의 질문으로부터 유래한다.

어떻게 보면 환자의 죽음결단을 놓고 정당성과 부당성을 논한다는 것 자체가 외람된 것일 수 있다. 그것은 너무도 비장하며 신성하기까지 한 결단이다. 예를 들어 생명의 존엄성에 근거하여 안락사를 반대한다면 우리는 또한 동일한 근거를 가지고 안락사를 찬성할 수도 있다. 예를 들어 고층빌딩에서 화재가 났을 때 불길을 피해서 뛰어내리는 행위를 부당하다고 하거나 자살이라고 규정할 수 없듯이 환자 자신이든 의사든 아니면 가족이든 죽음을 선택한다는 것 자체는 돌파구 없는 한계상황이다.

이와 같이 안락사에 대한 논의가 좀처럼 합치점에 도달하지 못하는 이유는 무엇보다도 환자의 자율성과 극심한 고통이라는 두 전제조건이 동시에 성립되어야 할 뿐 아니라 그것들의 경계가 모호하기 때문이다.6) 사실 환자의 자율성을 강조하다보면 고통의 강약과 관계없이 안락사의 요구를 수용해야 하며, 고통의 원인인 질병이 치료불가능하다는 결론이 도출되지 않을 경우 환자는 참을 수 없는 고통도 참아야 한다. 한편 고통 자체는 환자의 주관적 감성에 기초해 있기 때문에 감내할 수 있는 일반적이며 객관적인 범위를 설정하기 어렵다. 환자의 자율성도 의사와의 관계를 떠나서 완전히 독립적으로 작용한다고 보기 어렵다. 의료윤리적 관점에서 볼 때 환자의 결단은 의사의 결단에 종속될 수도 있다. 의료윤리에서는 환자의 가치보다 의료행위의 가치를 더 관심 있게 다룬다. 안락사의 상황에서 의사는 환자의 죽음을 앞당기기 위해서 행동하는 것이 아니라 치료 불가능한 극심한 고통에 대하여 종국적인 의료행위를 시도하거나(직접적 안락사) 환자의 의료행위 거절에 대하여 수용적으로 의료행위를 중단하는(간접적 안락사) 것이다. 만일 그렇지 않다면 의사는 안락사에 있어서 자살을 방조하거나 도와주는 행동을 하는 것이 된다. 행위주체로서 의사는 환자의 자율적 결정에 로봇처럼 동의할 수 없다. 책임 있는 의사는 환자가 자율적으로 안락사를 요구하고 견딜 수 없는 고통을 호소한다고 해도 그것에 반대되는 결정을 내릴 수도 있다. 엄밀히 볼 때 안락사에 있어서 최종적인 결단은 - 물론 환자와의 긴밀한 관계 속에서지만 - 의사자신에 의해서 이루어지는 것이나 다름없다. 이와 같이 안락사의 사례에서는 객관적 규범 대신에 환자와 의사의 주관적 판단이 결정적 역할을 하며 환자와 의사 사이의 개인적 관계에 기초한다. 그렇기 때문에 그것을 공적, 제도적 차원에서 다루는 데는 어려운 점이 있다. 윤리적 관점에서 환자의 자율성과 극심한 고통을 인정할 수 있을지라도 그것을 법적, 제도적으로 객관화하는 것은 전혀 다른 차원을 형성한다.

또한 그런 경우에 있어서도 안락사의 사례는 그러한 필요적 구성요건을 넘어서는 한계상황을 형성하기 때문이다. 안락사는 문자적 의미에서처럼 결코 바람직하거나 편안한 결단이 될 수 없다. 그것은 선한 가치와 선한 가치 내지는 선한 가치와 악한 가치 사이의 관계를 통해서 형성되는 보편상황이 아니라 악한 가치들 사이에서 타협과 결단이 요구되는 윤리적 갈등상황이다. 여기서 우리는 부정적 가치를 통하여 또 다른 부정적 가치를 제어할 수밖에 없다. 그렇다면 안락사는 최선의 길이라기보다는 차악의 선택이다. 환자가 극도의 고통을 느끼고 있으며 그것에서 벗어나는 길이 있다면 당연히 그 길이 선택되어야 한다. 그러나 그 길이 고통의 주체도 함께 제거하는 것이라면 죽음에 있어서도 자율성이 인정되어야 하는가 하는 문제가 야기된다. 결국 안락사는 권리의 주체됨을 포기할 권리를 인정하는 이율배반적 의미를 내포한다.

사람들이 안락사를 법으로 규정하려고 하는 이유는 크게 세 가지로 구성된다. 첫째, 환자에게 있어서 단지 고통스런 생명을 연장하는 것보다 마감하는 것이 더 유익하다고 판단될 때 환자의 죽음을 의도하는 것은 의사의 권리라고 볼 수 있다. 둘째, 안락사는 환자의 자율성을 존중하는 것일 뿐 아니라 환자 스스로 자신의 결단의 권리를 수호하는 것이다. 마지막으로 현행법은 안락사를 제어하기에 비효율적이며 불충분하다. 법은 이미 의도적 생명단축을 암묵적으로 허용하고 있을 뿐 아니라 자의적 안락사가 공공연히 실행되고 있는 것을 막지 못하고 있다. 이러한 근거들을 기초로 하여 네덜란드는 안락사를 법으로 허용하고 있다. 그러나 아직까지 네덜란드를 제외한 대부분의 국가들에서 안락사가 법제화되지 못하고 있는 이유는 한편에서는 안락사 자체가 거부되고 있기보다는 그것을 위한 근거설정이 불충분하며, 다른 한편에서는 극심한 고통과 소생불가능한 상태가 객관적 진달일지라도 주관적 요소가 전혀 배제될 수 없다고 보기 때문이다. 시셀라 복은 '네덜란드의 사례' 7)를 통하여 안락사를 위한 최소한의 기준을 다음과 같이 제시 한다:

1) 환자가 자의적으로 심사숙고한 후에 변함없이 확신을 가지고 안락사를 요구해야한다.
2) 위의 사실에 대해 확증할 수 있는 의사와 환자 사이의 긴밀한 관계가 인정되어야 한다.

3) 환자의 고통이 참을 수 없는 것이며 진전될 가능성이 전혀 없다는 사실에 대한 공감대가 형성되어야 한다.
4) 의사는 안락사 외의 다른 대안에 대해서도 충분히 논의하여야 한다.
5) 의사는 환자의 상태에 대해 다른 의사와도 상의하여야 한다.
6) 안락사는 숙련된 의학적 경험에 기초하여 이루어져야 한다.8)

그러나 이것은 안락사를 법제화하기 위한 구성요건일 뿐이며 윤리적 문제는 여전히 남아있다. 안락사의 사례는 윤리적 관점에서 '수단-목적 논쟁' 의 사례이다. 과연 인간 생명이 고통제거의 수단이 될 수 있는가. 다시 말해서 안락사는 수단이 목적을 정당화하거나 목적이 수단을 정당할 때 발생하는 문제들을 내포하고 있다. 인간 삶에 있어서 행복의 증대보다 고통의 제거가 더 시급하고 절실한 문제이기는 하지만 그러한 목적을 위해서 과연 죽음의 선택까지도 수용될 수 있는가 하는 것은 윤리적 차원에서 더 해결해야 할 과제이다.

3. 노아질서의 표징으로서 안락사

창세기 9장에 나타나는 노아의 이야기는 기독교적 현실이해를 위한 틀을 제공한다. 2절(... 너희를 무서워하리니)과 6절(사람의 피를 흘리면 사람이 그 피를 흘릴 것이니..)의 내용을 살펴보면 인간의 타락이 인간 안에만 머물러 있지 않고 피조물 전체로 확산되어 역사를 움직이는 보복과 폭력의 근본원리가 되어가는 과정이 묘사되고 있다. 한편 하나님은 타락한 역사를 포기하지 않고 노아계약을 통하여 보존한다. 그 역사는 자기파멸로부터 보존되지만 더 이상 창조질서가 아닌 타락질서의 모습으로서 전개된다. 역사를 보존시키는 하나님의 뜻은 창조원리로서가 아니라 악으로서 악이 제어되는 이율배반적인 타락원리를 투과하여 나타난다. 폭력은 더 큰 폭력을 통해 억제되며 살인은 또 다른 살인을 통해서만 금지시킬 수 있다는 의미에서 역사현실의 보존은 하나님의 은혜일 뿐 아니라 간접적 심판이다.9)

성서는 안락사의 문제를 구체적으로 다루고 있지는 않지만 우리는 노아질서의 빛에서 안락사의 현실을 해석할 수 있다. 본래 생명은 하나님 아래 있었으며, 그 때문에 모든 생명 사이에 조화와 질서가 있었다. 여기서 수직적 질서는 수평적 질서의 근원이 된다. 창조질서의 혼란은 곧 창조주와 피조물 사이의 관계의 혼란에 기인한다. 이런 의미에서 안락사에서 나타나는 생명 안의 갈등, 생명과 생명 사이의 갈등은 창조명령이 아니라 무질서를 통하여 질서 잡힌 세상의 모습을 반영한다. 다시 말해서 안락사는 노아질서의 두드러진 사례가 된다. 생명을 위해서 생명을 제거한다는 것은 그것의 본래적 형태를 상실한 것이다. 만일 반창조석인 세상질서 안에서 고통이 하나님의 뜻이라면 의료행위는 하나님의 뜻에 부딪치는 것일 수 있다. 고통 자체는 하나님의 창조의지가 아니라 타락의 불가피한 결과이며 하나님은 고통을 제거하기보다는 그 고통을 통하여 세상을 보존한다. 하나님의 보존은총은 회복된 창조질서가 아니라 타락한 세상 한복판에서 작용한다.

노아질서 안에서 죄는 양자택일적으로 어떤 특정한 결단과 행위에 제한되지 않는다. 그것은 결단과 행위 이전에 인간 존재와 현실의 상황에 부착되어 있다. 이러한 근본적인 반창조적 원리는 역사 안의 무질서를 형성하며 개체적 삶 속에서 윤리적 한계상황으로 표현된다. 어떠한 선택도 윤리적 돌파구가 될 수 없는 안락사의 사례도 이러한 한계상황으로 이해될 수 있다. 노아질서의 증상으로서 안락사는 창조질서의 변화를 드러내며, 우리는 안락사가 불가피한 상황 속에서 그것이 하나님의 본래적 의지가 아님을 인식할 수 있다. 결국 안락사의 상황 속에서 나타나는 윤리적 갈등은 악으로서 악을 제어해야만 하는 노아질서로서 역사적 현실을 그대로 반영한다.

4. 미끄러운 경사면 논쟁의 이중적 함의

의료행위의 목적은 공공의 선을 실천하는 것이다. 이 목적은 질병, 죽음과 같은 고통의 문제와 깊이 연관되어 있다. 선을 실천한다는 것은 윤리적으로 이중적 의미를 가진다. 하나는 긍정적 가치를 극대화하는 것이고 다른 하나는 부정적 가치를 최소화하는 것이다. 공리주의 전통에서는 고통의 제거라는 긍정적 가치를 확장시키려는 입장을 지지하며 의무론적 전통에서는 현실적 부작용이라는 부정적 가치를 축소시켜야 한다고 주장한다. 의료행위로서 안락사는 고통의 제거라는 목적을 달성하는 것으로 그치지 않고 고통을 느끼지만 살고자 하는 사람들에게 언제든지 원치 않는 잠재적 위험이 될 수 있다는 점에서 긍정적 가치와 부정적 가치를 동시에 지니고 있다. 미끄러운 경사면 논쟁은 안락사의 부정적 가치들을 다룬다는 점에서 의무론적 관점에 서있다고 볼 수 있다.

　미끄러운 경사면 논쟁은 인과적 필연성의 논쟁이라기보다는 개연성의 문제이다.10) 말하자면 그것은 A(안락사)가 선택되었을 경우 B(적용범위 확장)와 C(유사성의 정당화)가 나타날 수 있다는 가능성을 전제로 한다.11)

미끄러운 경사면 논쟁이 무엇보다 중요하게 다루는 것은 환자의 자율성이 손상될 수 있다는 가능성이다. 의사조력자살 내지는 자발적 안락사를 허용하다 보면 결국 비자의적 안락사가 일어날 수 있으며 나아가서는 반자의적 안락사까지 확대될 수 있다는 것이다. 일부 학자들은 네덜란드에서는 안락사 허용법안이 공공정책의 일부로서 제정되었지만 시간이 지날수록 그것이 의사와 환자 사이의 개인적 문제로 변모되어 가고 있다고 강조하고 있다. 이러한 이유들 때문에 이론적으로는 안락사를 찬성하는 사람들도 대부분 그것이 합법화되는 것은 반대한다.

미끄러운 경사면 논쟁은 크게 다섯 가지 관점으로 요약될 수 있다. 첫째로 안락사가 정당화되면 자살도 정당화될 수 있다는 입장이다. 왜냐하면 자발적 안락사는 엄밀히 볼 때 자살하려는 사람이 그 능력을 가지고 있지 않은 사례이기 때문이다. 둘째로 안락사 요청에 대한 신뢰성이 객관적으로 검증되기 어렵다. 안락사 요청을 수용하는 것이 겉으로는 환자의 자율적 요구를 존중하는 것처럼 보이지만 사실은 환자의 요구가 정당하다는, 다시 말해서 죽음이 환자에게 도움을 준다는 의사의 결정이 되고 만다는 것이다. 여기서 안락사의 문제는 의사의 윤리적 상황까지 확장된다. 셋째로 안락사에 동의할 수 있는 범위설정이 모호해질 수 있다. 자발적 의사표현이 없을 경우 그것이 과연 환자를 위한 것인지의 기준이 모호하다. 마지막으로 비자의적 안락사의 경우 그 판정이 현재의 과학과 의학의 수준에 기초해 있다는 것이다.12) 현재의 의학에서 치유불가능하다는 진단은 논리적 불가능성으로서 미래에도 적용될 수 없기 때문이다. 이러한 다섯 가지 입장들이 지향하는 최종적인 결론은 자의적 안락사가 합법화되면 임신중절의 사례처럼 공식적으로는 어려운 결정이 되겠지만 보편적으로 실행될 수 있다는 것이다.

한편 미끄러운 경사면 논쟁은 안락사의 부작용에 대한 주장을 객관적으로 입증시키기 어렵다는 문제를 안고 있다. 화투를 친다고 해서 도박의 길에 들어섰다고 말할 수는 없으며, 맥주를 한 잔 마셨다고 해서 알코올 중독자가 된다고 주장할 수도 없다. 중요한 문제는 도박과 알코올 중독을 일으키는 메커니즘을 규명하는 것이다. 미끄러운 경사면 논쟁에 있어서도 관건이 되는 것은 굴러 떨어지게 하는 경사면의 메커니즘이다. 아라스(John Arras)는 두 가지 관점에서 이 메커니즘을 설명한다. 하나는 기존의 사회체계에 특별한 사회적 관례를 삽입시키게 되면 어떤 일이 일어날 수 있는가에 대한 경험상의 예측이다.13) 여기서 경험상의 예측이 부정적이며 비관적으로 흐르게 되는 이유는 안락사의 자발성, 그것의 대안 그리고 그것의 남용을 막기 위한 감시체계에 있어서 현재의 사회현실은 문제점을 지니고 있다는 것이다. 다른 하나는 '정당화의 유사성'(similarity in justification)14)이다. 아라스는 자율성과 고통의 제거라는 안락사의 두 근거 때문에 결국 안락사의 허용범위가 유사한 사례로 확대될 수밖에 없다고 본다. 예를 들면 안락사가 정상적인 판단력을 가진 환자에게 국한되어야 한다고 규정할지라도 판단능력은 없으나 극심한 고통을 겪는 환자에게 확대될 수 있으며, 그것이 말기 환자에게 국한되어야 한다고 하지만 결국은 그렇지 않은 경우에도 적용될 수 있다는 주장이다. 이러한 입장들을 종합해보면 미끄러운 경사면은 의사조력자살에서 적극적 자발적 안락사로, 그리고 결국은 비자발적, 반자발적 안락사로의 하강을 묘사한다.

그러나 객관적으로 비교해볼 때 안락사의 비관적 결과가 가정될 수 있는 것처럼 또한 긍정적 결과도 가정할 수 있다. 미끄러운 경사면 논쟁은 시종일관 비관적 방향성을 견지하면서 안락사의 합법화를 원칙적으로 반대하는 입장을 형성하는 것 안에 그 한계를 가지고 있다. 또한 개연성만을 가지고 안락사를 반대하는 근거를 구성할 수는 없다. 이런 의미에서 고메즈(Gomez)는 안락사를 너무 열광적으로 수용해도 안 되지만 단지 비판을 위한 회의주의로 흘러도 비현실적이라고 본다. 그는 대안적 방향 제시로서 '건실한 회의주의'(healthy skepticism)를 지지한다.15)

5. 나가는 말

기독교윤리는 현실해석학적 기능을 수행한다. 옛 에온(타락질서)과 새 에온(하나님의 현존)이 공존한다는 의미에서 현실은 이중적 구조를 가지며 윤리적 갈등상황은 이러한 근원적 갈등을 반영한다. 이질적인 두 에온은 시간적으로 대체되는 것이 아니라 현실 안에 공존하고 있기 때문에 에온적 갈등은 역사의 근원현상이며, 인간의 자기 자신과의 관계, 이웃과의 관계 그리고 세상과의 관계를 특징짓는다. 이 갈등은 타락과 심판 사이의 현실 속에서 결코 해소될 수 없으며, 기독교윤리는 타협의 길을 제시함으로써 갈등상황을 해결하기보다는 구체적, 윤리적 상황을 분석하면서 세상 안의 근원적 갈등을 드러내는 과제를 가지고 있다. 그 때문에 기독교윤리는 기독교적 행동지침을 제시하기 이전에 인간의 윤리적 상황과 행동을 규정하는 현실을 어떻게 이해해야 하는가에 먼저 관심을 가진다. 기독교윤리적으로 안락사를 수용한다는 것은 마치 예수가 마태복음 19장에서 이혼을 수용한 것처럼 율법 아래서의 수용을 의미한다. 율법이 노아질서로서의 현실을 수용하는 하나님의 상대화된 의지인 것과 마찬가지로 안락사는 왜곡된 창조질서의 현실로서 수용되어야 한다. 안락사는 다름 아닌 타락과 심판 사이의 노아질서에 대한 하나님의 보존은총 아래 있다.

이러한 의미에서 안락사의 문제를 논의하는 것은 단지 그것을 규범화 시키고 구체적인 실천방향을 제시하려는 작업을 넘어서 진행된다. 기독교적 관점에서 죽음은 인간에 대한 하나님의 주권을 인식시킨다. 그것은 개체적이며 생물학적 현상이 아니라 인격적이며 관계적인 사건이다. 생명에서 죽음으로의 전이는 진화론적인 전개과정이 아니다. 하나님과 인간과의 관계 속에서 생명과 죽음의 대립과 양극성은 해소된다. 하나님과의 관계 속에서 죽음은 생명과 단절된 결과가 아니라 생명 안에 잠재되어 있는 가능성으로써 연속성을 가진다. 그것은 단지 미래적일 뿐 아니라 생명 안에 끊임없이 현실화 된다

죽음은 다름 아닌 하나님 앞에서 인간의 죽음이다. 그것은 인간을 향한 '하나님의 진노'(ira Dei)를 상징한다.16) 만일 죽음이 실존의 종국적인 사건을 의미한다면 인간은 결코 죽을 수 없는 존재이다. 성서는 인간 실존을 하나님과 인간의 관계 안에서 이해하며 그 관계는 육체적 한계를 넘어 영원한 것으로 설명한다. 죽음은 세상에 대한 관계의 끝이며 인간과 하나님의 관계는 죽음을 넘어서도 이어진다. 인간을 향한 하나님의 사랑이 영원하듯이 또한 그의 진노도 영원하다. 인간은 하나님의 진노아래서 죽을 수 없다. 인간은 육체적 죽음을 통해서 세상 안의 하나님관계에서부터 세상을 넘어서는 하나님관계로 나아간다.

안락사는 고통의 문제를 안고 있다. 그 고통은 단지 인간의 고통일 뿐 아니라 노아질서로서 역사의 고통이다. 하나님은 역사 안에서 고통을 제거하지 않고 그것을 통하여 인간과 역사를 보존하고 구원한다. 그렇다면 죽음을 선택하는 것과 마찬가지로 끝까지 죽음을 거부하는 것도 생명에 대한 하나님의 주권에 대립될 수 있다. 인간 생명이 하나님으로부터 부여받은 것이라면 인간은 자신의 생명에 대한 청지기이며 그것의 마감도 인

간이 좌우해서는 안 될 것이다. 만일 우리가 안락사를 전체적으로 거부하는 것만이 기독교적일 수 없다고 본다면 그것은 자의적 간접적, 수동적 안락사의 길을 열어놓는 것이다. 여기서 안락사는 인간 타락의 결과로서 불가피한 육체적, 자연적 죽음을 앞당기는 것이며 죽어가는 사람을 살리는 것과 동일한 차원에서 다루어진다. 그렇다면 환자 자신의 결단으로 죽음을 수용하는 것은 어떤 의미에서는 기독교적일 수 있다. 그것은 생명에 대한 하나님의 주권을 인식하고 응답하는 것이 된다.

우리는 네덜란드의 사례를 통해서 안락사의 법제화를 서두르기보다는 그것의 부작용을 먼저 살펴보아야 한다. 안락사는 고통뿐 아니라 공포로부터도 유발된다. 육체적 고통이 제어될 수 없다고 해서 정신적 고통까지도 그런 것은 아니다. 안락사를 합법화하는 것보다 더 시급한 문제는 사회적, 제도적으로 죽음을 앞둔 사람들을 돌볼 수 있는 여건과 장치를 마련하는 일이다. 그렇지 않으면 안락사는 합법적 위선이 될 수 있다. 이제 안락사에 대한 앞으로의 논의방향은 통전적인 의미에서 '생명마감 돌봄'(end-of-life care)[17]으로 나아가야 할 것이다.

5 가톨릭교회의 안락사에 대한 입장

김중호 | 가톨릭의과대학 교수

1. 서론

가톨릭교회의 가르침은 아래와 같다.

모든 인간의 생명은 하느님에 의하여 창조되었기 때문에 인간의 생명은 신성하고 존중되어야 하며 인간의 품위를 갖고 죽을 수 있도록 허락되어야 한다. 우리 인간은 살아야 할 때가 있고 죽어야 할 때가 있다고 믿는다. 그래서 환자가 의학적으로 더 이상 생명이 지속되기 어렵다고 확실한 근거가 보일 때는 생명을 지속적으로 연장하는 것은 옳지 않다고 본다. 죽어 가는 사람이 회복될 가능성이 전혀 없을 때는 죽음이라는 운명을 따라야만 한다.

과거에는 생물학적인 근거와 육체적인 회복에 기준을 두는 의사들의 추구, 즉 어떠한 노력과 비용을 들여서도 죽어 가는 인간의 목숨을 살리지 못하면 이것은 윤리적으로 크게 잘못되었다는 의견에 윤리학자들이 영향을 받았던 일이 있었다. 어떤 의사들은 치료하던 환자가 죽으면 그의 직업윤리를 소홀히 했다고 질책 받곤 하였다. 그러나 죽음이란 인간에게는 삶에 있어서 자연적인 과정이며 이 세상의 삶을 떠나고 영원으로 들어가는 것이라고 본다. 이러한 과정을 정지하거나 반대로 향하는 것은 극히 어리

석은 일이다. 그러므로 정상적인 사고방식을 가진 사람들은 옛 속담의 말씀을 따라야 할 것이다. "너는 사람을 죽여서는 안 된다. 그러나 사람의 생명을 계속해서 유지하려고 해서도 안 된다."

그럼에도 불구하고 일반적으로 병원에서 임종환자를 돌볼 때 윤리적인 지침을 따르는 것이 쉽지는 않다. 예를 들면 이 환자가 확실히 죽어가고 있고 다시 회생될 가능성이 전혀 없다고 어떻게 확신하는가? 이 경우에 정맥을 통한 수액과 영양주입은 의무적인가 선택적인가? 이때 환자의 치료를 포기하는 것이 의료태만인가 아니면 환자를 죽게 허락하는 것인가? 등 어려운 문제들에 직면하게 된다.

일반적으로 의사의 기본임무는 환자의 생명을 보존하고 고통을 완화하는데 있다. 그리스도교인들은 고통과 죽음을 그의 실존에서 피할 수 없는 장애로 보고 이것을 해결해 보려고 많은 노력을 했다. 그러나 고통은 구원에 이르는 길에 필수적인 것으로 간주하며 하느님과 함께 하는 이 현실세계의 불협화음으로 생각한다. 그래서 그리스도의 죽음과 부활 안에 극복되어야 할 것으로 믿는다.

가톨릭교회는 인간의 생명을 하느님 사랑의 선물로 본다. 그러므로 인간은 이 생명을 잘 보존하여 풍성한 결실을 맺도록 하느님의 부름을 받은 존재이다.[1] 또 인간 생명은 신성불가침의 권리를 지니며, 이 신성불가침의 생명권은 인간의 가장 기본적인 권리이며, 다른 모든 인간적 권리의 토대가 된다. 그 생명은 오직 영원한 생명 안에서 온전한 완성을 찾는 것이지만, 이미 이곳 지상에서 결실을 맺어야 할 선으로서 개인에게 맡겨진 것이다. 또 고의로 자기 자신의 죽음을 초래하거나 자살하는 것은 살인과 마찬가지로 부당한 일이다. 인간의 편에서 취하는 이러한 행위는 하느님의 주권과 사랑의 계획에 대한 거절로 간주되는 것이다. 현대에 이르러 오래 지속되고 견디기 어려운 고통으로 인하여 죽음을 요청할 수 있고, 이 편안한 죽음(안락사)을 자신이나 다른 사람을 위하여 좋은 일이며 인간 존엄성에 부합되는 것으로 생각하는 사람들이 있기는 하지만, 더 나아가 자기 자신을 위하는 것이든 아니면 자기가 돌보는 다른 사람을 위한 것이든, 어느 누구도 이러한 살인 행위를 요청할 수 없고, 또 남자든 여자든 명시적으로나 함축적으로 거기에 동의할 수 없다. 어떠한 권위라도 그러한 행위를 합법적으로 권고하거나 용인할 수 없다. 그것은 하느님의 법을 침해하는 문제이고 인간의 존엄성에 대한 모욕이며 생명을 거스르는 범죄요 인간성에 대한 공격이기 때문이다.

가톨릭교회의 가르침을 보면, 고통, 특히 삶의 최후 순간에 겪는 고통은 하느님의 구원 계획안에 특별한 자리를 차지하고 있다. 죽음은 회피할 수 없는 현존이며 동시에 죽음은 불멸의 생명으로 문을 연다. 그러므로 우리는 결코 죽음의 시간을 재촉하지 않으면서 온전히 책임과 존엄성을 가지고 죽음을 받아들일 수 있어야 하며 결코 안락사는 용인될 수 없다. 그러나 한편 인간이 자신의 생명을 보존하기 위하여 언제나 가능한 모든 치료를 계속하여야 할 의무가 있는가에 대한 심각한 문제에 직면한다.

의학 기술의 발달로 인하여 과거에는 상상도 할 수 없는 방법으로 치료를 하고 인간의 생명을 연장시키고 있기 때문이다. 이러한 문제들에 대해서 교황 비오 12세는 1957년 11월 24일 의사들에게 행한 연설에서, 생명 보존을 위해서 일반적인 치료 수단을 사용하는 것은 의무적이지만, 특수한 치료 수단을 사용하는 것은 의무적이 아니라고 가르치고 있다.2) 일반적인 치료 수단이란 '환자에게 어느 정도 이익을 줄 수 있는 합리적 희망을 제공하고, 동시에 지나친 치료비나 고통이나 다른 큰 불편함이 없이 제공받을 수 있는 약품 투여, 치료 수술 등'을 말한다. 반면에 특수한 치료 수단이란 '지나친 비용이나 고통이나 다른 큰 불편이 없이는 제공받을 수 없고, 또 제공받는다 하더라도 기대하는 이익을 얻으리라는 합리적인 희망을 제공하지 못하는 모든 약물 투여, 치료, 수술 등'을 말한다.3)

이러한 일반적인 치료 수단과 특수한 치료 수단의 구별을 토대로 교회 교도권은 생명 보존을 위한 치료 의무의 한계를 분명히 설정해 주고 있다. 생명 보존을 위해서 일반적인 치료를 해야 할 의무가 있지만, 특수한 치료를 해야 할 윤리적 의무는 없다는 것이다.

2. 로마 교황청 신앙교리성성에서 반포한 "안락에 관한 선언"

1998년 5월 5일 가톨리교회의 본산인 로마·교황청에서는 세계 여러 곳에서 문제가 되고 있는 안락사에 대하여 교회의 입장을 밝히는 선언문이 나왔다. 지금도 가톨릭 계열의 의과대학 부속병원, 기타 의료기관에서는 이 지침서에서 제시하는 사항들을 지키고 있다. 이 선언문의 내용을 요약하면 아래와 같다.

〈서론〉

근년 의학의 발달로 안락사 문제의 새로운 국면이 대두되어, 윤리적인 차원에서 이러한 국면에 대한 보다 깊은 해명이 요청되고 있다.

인간 생명의 근본 가치까지도 의문에 붙여지고 문화의 변화로 고통과 죽음을 보는 눈이 달라진 현대사회에서, 의술(醫術)은 또한 특수한 처지에 놓인 생명을 연장시키고 치유할 수 있는 능력을 증진하여 때로 윤리적인 문제를 야기하고 있다. 그래서 이러한 상황 속에 살아가는 사람들은 노쇠와 죽음의 의미에 관하여 전혀 걱정을 하지 않는다. 또한 사람들은 고통을 단축시켜 인간 존엄성에 부합되는 듯이 보이는 '편안한 죽음'(안락사)을 자신이나 다른 사람을 위해 획득할 수 있는 권리가 있지 않을까 하고 생각하기 시작했다.

이 문서는, 최우선으로 그리스도 안에 믿음과 희망을 건 모든 사람들에게 관심을 두고 있다. "우리는 살아도 주님의 것이고 죽어도 주님의 것입니다"(로마 14,8; 필립 1,20 참조)라고 사도 바울로가 말한 대로, 그리스도께서는 그분의 삶과 죽음과 부활을 통하여 그리스도인의 실존(實存), 특히 죽음에 대한 새로운 의미를 주셨다.

다른 종교를 믿는 사람들 가운데 많은 이들이, 생명의 주님이시고 생명을 주시는 분인 창조주 하느님께 대한 신앙—그들이 그러한 믿음을 공유하고 있다면—이 모든 인간에게 고귀한 품위를 부여하고 인간 존중을 보증하는 데에 우리와 생각을 같이 할 것이다.

〈인간의 가치〉

인간 생명은 선(善)의 근본이고, 모든 인간 활동과 모든 사회의 필연적인 근원이고 필요조건이다. 대다수의 사람들은 생명을 신성한 그 무엇으로 존중하여 아무도 생명을 마음내키는 대로 할 수는 없다고 생각하지만, 신앙인들은 생명 안에서 보다 위대한 그 무엇, 즉 이를 보전하여 풍성한 결실을 맺도록 부름 받은 하느님 사랑의 선물로 본다. 이러한 고찰은 다음과 같은 결론에 달한다.

1. 무구(無垢)한 사람의 생명을 빼앗는 것은 예외 없이, 그 사람에 대한 하느님의 사랑을 거스르고 근본권리를 침해하는 것이며, 그러므로 또한 극도의 중죄를 범하는 것이다.4)

2. 모든 사람은 하느님의 계획에 따라 자기 생명을 이끌어가야 하는 의무를 가지고 있다. 그 생명은, 오직 영원한 생명 안에서 온전한 완성을 찾는 것이지만 이미 이곳 지상에서 결실을 맺어야 할 선으로서 개인에게 맡겨진 것이다.

3. 고의로 자기 자신의 죽음을 초래하거나 자살하는 것은 살인과 마찬가지로 부당한 일이다; 인간의 편에서 취하는 이러한 행위는 하느님의 주권(主權)과 사랑의 계획에 대한 거절로 간주되는 것이다. 더 나아가서 자살은 또한 자기 사랑의 거부이고 생존본능의 부정이며, 이웃과 여러 공동체 또는 전 사회에 대한 정의와 사랑의 의무를 회피하는 것이다. — 비록 그러한 책임이 경감되거나 완전히 면제될 수 있는 것으로 드러나는, 일반적으로 인정되는 심리적인 요인들이 종종 있다고 하더라도 그렇다.

그러나 보다 숭고한 목적을 위하여, 즉 하느님의 영광과 영혼의 구원 또는 형제에 대한 봉사를 위하여 자신의 목숨을 바치거나 위험 앞에 내놓는 자기 생명의 희생(요한 15, 13 참조)과 자살은 명확하게 구별해야 한다.

〈안락사〉

안락사는 모든 고통을 제거하기 위하여 저절로 혹은 고의로 죽음을 초래하는 행위 또는 부작위(不作爲)로 이해된다. 그러므로 안락사의 관계 조건은 사용된 방법과 지향의지(志向意志)에서 인지(認知)되는 것이다.

어느 누구도 그 무엇도 무구한 인간존재, 갓 잉태된 태아든 좀 자란 태아든, 어린이든 어른이든 노인이든, 불치병으로 고통 받는 사람이든 죽어가는 사람이든 결코 인간의 살해를 용납할 수 없다는 것을 다시 한번 확고히 천명한다. 더 나아가 자기 자신을 위한 것이든 아니면 자기가 돌보는 다른 사람을 위한 것이든, 어느 누구도 이러한 살인행위를 요청할 수 없고, 또 남자든 여자든 명시적으로나 함축적으로 거기에 동의할 수 없다. 그것은 하느님의 법을 침해하는 문제이고 인간 존엄성에 대한 모욕이며 생명을 거스르는 범죄요 인간성에 대한 공격이기 때문이다.

오래 지속되고 견디기 어려운 고통으로 말미암아 극히 개인적인 혹은 기타의 이유 때문에 죽음을 요청할 수 있고 다른 사람들을 위하여 죽음을 얻어낼 수 있다고 사람들이 믿게 되는 일이 일어날지도 모른다. 그러한 경우에 개인의 죄의식이 감소되거나 완전히 없어진다 하더라도 비록 선의에서일지라도 양심이 저지른 판단의 오류가 결코 그러한 살인행위의 본질을 바꾸지는 못한다. 그 행위 자체는 언제나 거부되어야 할 것이다. 흔히 죽여 달라고 하는 중환자들의 간청이 안락사에 대한 진정한 원의를 나타내는 것으로 이해되어서는 안 된다; 사실 그것은 거의 언제나 도움과 사랑을 구하는 고뇌에 찬 간원의 경우다. 의학적인 가료 외에 병든 사람에게 필요한 것은 사랑이다. 부모, 자녀, 의사, 간호사 등 가까운 모든 사람들이 병자를 에워쌀 수 있고 또 감싸줘야 하는 인간적이고도 초자연적인 온정이 필요한 것이다.

〈치료제 사용〉

오늘날 남용될 위험을 안고 있는 기술 위주의 태도에서, 임종의 순간에 그리스도교적 삶의 개념과 인간의 존엄성 모두를 수호하는 것은 매우 중요하다.

어떤 사람들은 '죽을 권리'를 말하지만, 그것은 자기 자신의 손에 의하여 혹은 다른 사람의 손을 빌어서 죽음을 획득할 수 있는 권리를 뜻하는 것이 아니라 인간적인 그리고 그리스도교적인 존엄성을 지니고 평화롭게 죽을 수 있는 권리를 말하는 것이다. 이러한 관점에서 볼 때, 치료 수단의 사용은 가끔 어려운 문제를 제기한다.

여러 경우에, 상황의 복합성은 윤리적 원칙을 적용할 방도에 대하여 회의를 일으키게 할 수 있다. 결국, 병증(病症)의 여러 국면과 윤리적 책임에 비추어 결정하는 것은 병자 혹은 병자를 대변할 자격이 있는 사람 혹은 의사의 양심에 속하는 문제다.

모든 사람은 자기 자신의 건강을 돌보아야 할 책임이 있고 다른 사람의 간호를 요구할 의무가 있다. 병자를 돌볼 임무를 지닌 사람들은 양심적으로 간호해야 하며 필요하고 유용한 의약(醫藥)을 투여해야만 한다.

사용되는 수단에도 불구하고 회피할 수 없는 죽음이 임박할 때, 불확실하고 고통스러운 생명의 연장을 보호해줄 뿐인 치료법을 거부할 수 있는 결정은 양심 안에서 허용된다. 단, 유사한 병증의 환자에게 요구되는 정상적인 간호는 중단되지 않아야 한다. 이러한 상황 안에서, 위험 중에 있는 사람을 돕지 못한 일로 의사가 자책(自責)할 이유는 없다.

〈결론〉

생명은 하느님의 선물이다. 한편, 죽음은 회피할 수 없는 것이다. 그러므로 결코 죽음의 시간을 재촉하지 않으면서 우리는 온전한 책임과 존엄성을 지니고 죽음을 받아들일 수 있어야 할 필요가 있다. 죽음이 우리 지상(地上) 실존의 종언을 (畫)하는 것은 사실이다. 그러나 동시에 죽음은 불멸의 생명에로 문을 연다. 그러므로 모든 사람은 인간 가치의 빛 안에서 이 사건에 대한 채비를 스스로 갖추어야 한다. 나아가 그리스도인은 신앙의 빛 안에서 그러해야 한다.

의료 분야에 종사하는 사람들은 반드시 병자와 임종자들에게 유효한 모든 기술을 강구해야 한다. 그러나 그들은 또한 병자와 임종자들에게 끝없는 친절과 정성어린 사랑의 위안을 주는 일이 얼마나 절실하게 필요한가를 기억해야만 한다. 사람들에 대한 그러한 봉사는 주님 그리스도께 대한 봉사다. 그분은 말씀하셨다.: "너희가 여기 있는 형제 중에 가장 보잘 것 없는 사람 하나에게 해준 것이 바로 나에게 해준 것이다"(마태 25, 40).

3. 교회 가르침의 요약

현대 의학에서 중환자의 생명을 유지시키는 의술이 계속적으로 발달하여 영구 식물상태로 죽음을 기다리는 환자의 수는 매년 증가하고 있고, 또 많은 수의 불구아들이 태어나며, 회복할 수 없는 병으로 참을 수 없는 고통을 계속적으로 받고 있는 암환자들과 노인 환자들도 대단히 많다. 이들은 가족들과 사회에 거추장스러운 존재들이며 이들 때문에 막대한 의료 비용이 든다. 그래서 본인은 물론 가족과 주변 사람들에게 큰 부담과 고통을 주기 때문에 이렇게 무의미한 삶을 연장하기보다는 차라리 빨리 생명을 단축하는 것이 옳다고 판단하여 여러 곳에서 안락사가 이루어지고 있다. 이러한 사실을 놓고 안락사를 찬성하는 부류와 반대하는 사람들 사이에 격렬한 윤리적 논쟁이 지속되고 있다. 비록 고통스러운 상황에 처해 있더라도 인간 생명의 존엄성을 지켜야 한다는 의견과 인간은 자신의 생명과 운명의 주인이며 자신의 문제를 자발적으로 결정할 수 있어야 한다는 권리를 주장하는 의견이 있다. 그리고 각 종교마다 이에 대한 견해도 일치하지 않고 있다. 그러나 귀중한 인간의 생명을 현실적인 편의와 부담을 줄이기 위해서 의도적으로 생명을 종식시킬 수 있는지는 깊이 숙고해야 할 윤리적인 과제라고 본다.

  이상의 모든 것을 종합하여 볼 때 타의적 안락사, 적극적 안락사, 자비적 안락사, 도태적 안락사는 어떠한 합리적인 이유로써도 허용되어서는 안 된다. 그러나 죽음은 인간 생애의 불가피하고 필연적인 것이므로 그 인간의 조건에 따라 소극적 안락사, 간접적 안락사에 대하여는 기본적인 치료 방법(ordinary means)이 지속되는 가운데 신중하게 생각하고 처리되어 허용될 수 있다고 본다.

6

기독교 생명윤리학적 관점에서 본 안락사

박충구 | 감리교신학대학교 교수 (기독교윤리학)

1. 생명윤리학

기독교의 경전인 성서는 생명에 대한 정의로운 관심을 담고 있다. 성서에는 다양한 생명윤리학적인 주제들이 담겨있지만 원칙적으로 생명에 대한 해악금지 사상은 구약성서의 보복의 윤리를 넘어서서 인간 생명에 대한 공동 책임과 옹호의 정신을 기린다. 특히 예수의 사랑의 윤리는 원수의 생명권까지 옹호할 것을 지시한다. 따라서 기독교는 생명에 대한 관여나 주권을 인간의 의지나 합리적 사유에 맡기지 않고 하나님의 주권에 속하는 것이라고 본다. 여기서 말하는 생명은 인간 생명뿐 아니라 하나님의 창조를 통하여 존재하게 된 모든 생명을 포괄한다.

생명을 이해하는 관점 중에는 하나님 중심적인 생명권옹호의 관점이 있고, 인간의 제도중심의 관점으로 대별될 수 있다. 개체 생명의 자유와 권리를 존중하는 논리는 환경론적이며 생태 중심적 구조를 가지고 있다면, 제도중심의 관점은 주로 사회와 경제 그리고 정치적 이해관계에 따른 생명가치를 옹호하는 실용주의적이며 현실주의적인 논리구조가 있다.[1]) 성서가 옹호하는 생명주권사상이 하나님 주권에 대한 승인을 필두로 하는 것이라면 그것은 현실주의적인 제도적 가치를 초월하는 생명옹호의 윤리 사상이라는 것을 의미한다.

따라서 기독교 생명윤리학은 생명에 대한 실용주의적 이해나 합리적 평가를 넘어서 생명에 대한 불가침의 권리를 옹호한다. 이 불가침의 생명권은 인간의 제도적 가치에 의하여 부정될 수 없으며, 따라서 생명에 대한 존재론적인 의미와 가치를 부여한다. 이런 의미에서 국가가 국민의 생명을 빼앗을 수 있다는 형법적인 사형제도는 신중심적 관점에서 정당성을 찾기 어렵고, 생명 살상을 통하여 평화를 얻으려는 전쟁 행위도 기독교 생명윤리의 관점에서 정당성을 얻기 어렵다.

그러나 오늘날 기독교 생명윤리학의 난제(難題)들은 자명한 판단범주를 벗어나 다양한 가치판단을 동원하여 보다 옳고 선한 것을 규명할 수밖에 없는 정황에 부딪히는 경우에서 드러난다. 생명복제와 줄기세포 논쟁, 그리고 인공유산, 시험관 시술, 안락사 논쟁은 단순한 원칙적 판단만으로는 가려내기 어려운 복잡한 정황에서 제기되는 생명윤리학적인 문제를 다루는 것이기 때문이다. 본 소고에서는 현대 생명윤리학의 주요 논제들 중의 하나인 안락사(euthanasia) 허용에 대하여 원론적인 찬반의 논쟁을 살펴보고 기독교 생명윤리학적 평가를 내리는 데 초점을 두려고 한다.

2. 안락사 논쟁의 자리

인류사회와 기독교 신앙 공동체가 안락사라는 주제를 보다 보편적인 사회적 관심으로 여기기 시작한 것은 최근의 일이다. 전통적으로 기독교 신앙 공동체는 자의나 타의를 막론하고 인간 생명에 대해 해악을 끼치는 행위를 금기시해 왔다. 따라서 전통적인 관점에서 본다면 안락사란 원칙적으로 허용 불가능한 것이다. 그러나 안락사, 특히 조력안락사(assisted euthanasia)를 논의할 수밖에 없는 현대의 정황은 기독교 신앙 공동체나 인류사회를 향하여 전통적인 견해의 수정을 요구하고 있다. 따라서 기독교 생명윤리학의 관점에서 안락사 문제를 다룬다는 것은 죽음과 삶에 대한 전통적인 이해와 더불어 새로운 정황의 요구가 무엇인지를 밝히고 이 새로운 정황에서 하나님의 생명 사랑의 관점에서 적절한 대처방안을 숙고해야 한다는 것을 의미한다.

현대 사회에서 신앙 공동체들이 안락사 문제를 재고할 수밖에 없는 것은 원칙의 변화가 아니라 몇 가지로 대별될 수 있는 상황의 변화2) 때문이다. ① 우선 현대세계 속에서 개인의 자율성과 자기 결정권이 증대되었다는 점을 들 수 있다. 오늘날 개인은 집단이나 전통에 예속되어 있기보다 주체적인 자기 결정권을 행사할 수 있게 되었기 때문이다. 따라서 삶과 죽음에 대하여 주체적인 개인적 결단을 존중해야 한다는 요구가 있다. ② 둘째로는 과학기술의 발달로 인해 우리는 죽음을 조정할 수 있는 능력을 갖추게 되었다. 과거에는 질병을 치료하거나 고칠 수 있는 가능성과 능력이 취약하여 개인이 죽어가는 과정이 매우 신속하였으나 오늘날에는 질병치료와 더불어 죽음을 연장할 수 있는 다양한 의료적 기술이 개발되었다. 우리는 일정부분 죽음을 제어할 수 있는 정황에 처해 있게 된 것이다. ③ 따라서 죽음의 연장은 고통의 연장이 될 수 있으므로 개인은 물리적 아픔과 정신적 고통 속에서 죽어가는 과정을 두려워하게 되었다. 말기환자의 경우 신경 안정제와 진통제 투약만으로는 감당할 수 없는 고통이 있을 때 삶의 연장은 단순히 고통의 연장 이상의 의미를 가질 수 없는 경우가 있다. ④ 시대의 변화는 가족관계에 변화를 불러와 많은 이들이 가족들과 더불어 살다가 죽음을 맞기보다는 건강한 가족들로부터 격리 수용되어 병원이나 양로원에서 죽음을 맞는 경우가 증대하고 있다. 그리하여 한 개인의 육체적, 정신적, 영적인 요구가 박탈되고 무기력하게 죽음을 기다려야 하는 상황에 처하는 경우가 증대되고 있다. ⑤ 의료적으로 죽음을 연장하는 방법은 고가의 의료비를 지출해야 하는 경제적 부담과 직결된다. 고가의 장비사용이나 장기간 간병인의 도움을 받는 경우 환자나 환자의 가족들, 혹은 사회가 그 비용을 지출해야만 하는 것이다. ⑥ 따라서 여러 가지 정황변화는 사회공동체나 신앙공동체로 하여금 개인이 존엄한 죽음을 선택할 수 있는 가능성 유무에 대한 윤리적인 재고를 하게 될 것이다.

따라서 상황을 받아들이지 않는 원칙적이며 심정적 윤리학적 입장을 견지하는 보수적 성서주의자들은 성서 문자주의적인 가치판단에 따라 안락사를 격렬히 반대해 왔고 합리적 전통을 수용해 온 교파들은 선택적인 입장을, 그리고 자유주의 전통을 가진 미국 장로교와 성공회의 경우 안락사를 수용하는 입장을 보이고 있다. 기독교 각 교파적 평가와는 달리 현재 네덜란드는 위에 언급한 새로운 정황에 대한 긴 숙고 끝에 존엄사에 대한 사회적 합의를 이루어 냈고[3], 미국의 경우 한 주(Oregon)에서 존엄사를 허용하는 법안을 합의했다.[4] 오스트레일리아의 경우 북부지역에서 1996년 안락사를 허용했다가 4가지 케이스를 겪은 후 상원에서 전격적으로 안락사법을 폐지했다.[5] 그러므로 존엄사를 종교적으로 허락할 수 없는 종교적 살인이라고 간주하던 입장을 극복한 경우들이 있다는 점을 인지하는 것이 필요하다.

3. 안락사 논의의 필요성

안락사의 어원적 의미는 '좋은 죽음'을 뜻한다. 이는 희랍어에서 좋다는 의미를 가진 'eu'와 죽음이라는 단어 'thanatos'가 함께 만들어 내는 의미와 같다. 하지만 안락사는 그 행위의 주체에 따라서 적극적/수동적 안락사로 나뉘고, 주체의 동의 여부에 따라 자의적/타의적 안락사로 나뉘며, 방법이나 목적에 따라 자연사, 자비사, 자살, 도태사(유아안락사), 조력/간접적 안락사 등으로 나뉜다. 본 논문에서는 안락사 개념[6]을 자발적, 조력, 자살(voluntary, assisted suicide)이라는 범주에 두고 논의할 것이다.

자기 생명을 자의적으로 종식시키는 경우는 ① 안락사라기보다는 자살에 해당하고, ② 의료 전문가에 의한 자기 생명 종식을 요구하는 경우도 광의의 의미에서 자살에 해당하지만 앞선 경우의 자살과는 다른 조력자살의 의미를 지닌다. 이 조력 자살의 경우 인간의 존엄성에 대한 자기의식을 가진 요구에 따른 것일 경우 성공회와 같은 진보적인 교단에서는 일종의 허용 가능할 수 있다고 생각한다. ③ 의료 전문가가 주체가 되어 환자의 생명의 존엄성을 보전하기 위하여 의료적 판단에 의해 생명의 종식을 앞당기는 경우 존엄사의 범주에 속하는 것이지만, 그 주체가 환자가 아니라는 점에서 삶에 대한 선택권이 제한된다는 윤리적 문제가 남는다. ④ 환자의 요청에 의하여 치료를 중단하거나 생명 유지 장치를 제거하는 경우 소극적 안락사라는 의미로 이해할 수 있다. 이상과 같은 안락사에 근접한 이해는 실제 의료적 현장에서 끊임없이 일어나고 있는 문제이며, 각기 적절한 조치가 요구되고 있다고 보겠다.

네덜란드 로테르담 법원은 1981년에 법적으로 기소대상에서 제외될 수 있는 조력 안락사를 구성하는 아홉 가지 요건을 제시하였다. 안락사를 허용할 수 있는 조건은 우선 환자가 견딜 수 없는 고통을 겪고 있는 경우, 분명한 의식을 가지고, 자발적으로 요구하는 경우여야 하며, 환자에게는 안락사를 대치할 수 있는 다른 방안들에 제시되어 재고의 기간을 거쳐야 한다. 그 결과 안락사 이외의 다른 합리적인 방안이 없다고 판단될 때, 환자의 죽음이 다른 이들에게 고통을 끼치지 않아야 하며, 이 결정에는 환자 외의 다른 이가 함께 참여해야 한다. 그리고 안락사를 직접적으로 조력하는 이는 반드시 의사가 되어야 하고 죽음을 결정한 이에 대한 깊은 배려가 동시에 주어져야 한다는 요지를 담고 있다.7)

1991년 9월 10일, 네덜란드 정부가 주도한 최초의 안락사 연구보고서8)에 의하면 환자의 요구에 의하여 의사가 환자를 죽게 한 경우가 2,300케이스(active voluntary euthanasia), 의사가 환자에게 죽도록 조치를 취한 400케이스(physician assisted suicide), 환자가 알지 못하거나 동의하지 않는 상태에서 의사가 환자를 죽게 한 1,040케이스가 있었는데 이 중에서 14%는 환자가 전적으로 아무것도 할 수 없는 경우였고, 72%는 환자가 자기 삶이 종식되어야 할 것에 대하여 아무런 언급을 하지 않은 경우였다. 그 중 8%는 의사가 다른 선택의 여지가 있다는 것을 알면서도 비자발적인 안락사를 시행한 경우였다. 이 보고서에 따르면 8,100명의 환자들은 의사의 고의적인 진통제 과도처방에 따라 죽었고, 그 중에서 61%인 4,941명은 환자의 동의 없이 과도하게 처방된 약을 먹고 죽었다.9)

이렇게 의사들이 시행한 안락사의 대상 중 약 45%는 환자들의 가족들이 충분히 인지하지 못한 상태에서 안락사가 시행되었다.10) 의사들이 안락사를 시행하게 된 주요 이유들을 밝힌 내용을 살펴보면 '삶의 질 저하'가 제일 높았고, '개선의 희망이 없는 상태' 그리고 '가족들이 견디기 어려운 정황' 등으로 분류되고 있다. 이런 자료들은 말기 환자들의 죽음에 의사들의 전문적 판단이 깊이 개입하고 있다는 증거이며, 환자들에 대한 보다 진지한 관심을 가지려면 의사 개인적인 의료적 판단에 따라 안락사를 시행하는 경우를 피할 수 있는 제도적 장치가 필요하다는 것을 보여주고 있다. 즉 안락사에 대한 일방적인 선언적 금지가 환자들의 생명을 지켜주는 것이 아니라는 것을 알 수 있다. 실제에 있어서 안락사는 이미 일부 간접적으로, 그리고 적극적으로, 광범위하게 의도적, 비의도적으로 시행되고 있기 때문이다.

네덜란드의 경우가 보편적인 세계적 정황이라 할 수는 없겠으나 의료영역에서 이미 비명시적으로 시행되고 있는 안락사 현실이 있다는 점을 이 연구 보고서는 잘 드러내고 있다. 결국 이런 정황은 의료 기술과학의 발전과 더불어 인간생명에 대한 의료적 조치가 생명을 살리는 일만이 아니라 생명의 종식에도 관여할 수밖에 없다는 사실을 보여준다 하겠다. 그러므로 전통적인 생명윤리학의 기준을 넘어서서 환자의 생명권과 존엄성을 지켜낼 수 있는 새로운 의료 윤리학적 판단 기준을 숙고해 보지 않을 수 없다.

4. 안락사 찬반의 논리와 부수적 논쟁점

조력 자살로서의 안락사에 대한 찬반 논쟁은 전통 보수적인 견해와 급진적이며 자유주의적인 견해와의 대립에서 잘 드러나고 있다. 안락사를 반대하는 입장은 주로 의료적 조치를 통한 죽음을 일종의 생명에 대한 위해행위로서 종교적이거나 윤리적인 해악금지의 원칙에서 벗어난 비인도적인 행위라고 규정하는 데(prohibiting a person to die) 비하여, 안락사를 허용할 것을 주장하는 입장은 회생 불가능한 질병을 앓고 있는 말기 환자가 도저히 육체적이거나 정신적 고통으로부터 벗어날 수 없는 정황에서 자신의 인간으로서의 존엄성을 지키는 동시에 죽음을 받아들이는 행위를 존중해야 한다는 입장(letting a person die)에서 대립한다.

여기서 제3자인 의료 행위자나 종교 지도자가 환자가 죽도록 허용하거나 금지할 권한이 있는지 없는지에 대한 답변이 요구된다. 이 문제는 누군가가 죽도록 방치하거나 허용하는 행위가 도덕적으로 혹은 신앙적으로 허용가능한가라는 윤리적이며 종교적인 질문으로 바뀌게 된다. 그러나 찬반의 두 관점은 환자의 죽음이 필연적일 경우 그 구별이 애매하고, 결국 양자가 환자의 죽음을 받아들여야 하는 순간에서는 차별성이 없게 된다. 하지만 그 순간까지 보수적 견해는 환자 자신의 실존적 입장을 배제하고 제3자의 종교 혹은 도덕적 원칙에 충실하다는 점이 장점이자 동시에 단점이라고 지적될 수 있을 것이다.

일부 가톨릭 신학자들은 어떤 상황이라 할지라도 개인에 의한 죽음의 선택은 자살이며, 동시에 생명의 서부 행위로서 일종의 자기 자신을 향한 살인행위로 금기시한다. 이런 점에서 존엄사의 범주나 자비사(mercy killing)를 의미하는 적극적 안락사는 금기시하지만 불필요한 치료행위의 중단을 의미하는 소극적 안락사와 구별하고, 전자는 반대하지만 후자는 허용할 수 있다는 입장을 보이고 있다.11) 이런 관점은 말기환자들의 고통을 외면하는 것이라는 비판을 직면하게 된다. 원칙윤리의 규범을 지킨다는 이론적 입장에서 개체 인간 실존의 적나라한 고통을 외면하게 되는 까닭이다. 아무런 희망 없이 고통을 겪고 있는 말기환자의 인간으로서의 존엄성을 훼손하고 자신의 죽음을 받아들이려는 숭고한 의지를 거부하는 결과를 초래한다는 것이다.

1) 기독교 전통과 생명의 종식과 연장에 관한 이해

구약 성서적 관점에서 본다면 정당한 이유 없이 생명을 손상시키거나 빼앗은 행위는 금지되어 있다. 예외적인 경우는 전쟁 상황이나 정당한 자기 방어 행위일 것이다. 간혹 타자를 위한 자기희생이 높이 평가받고, 진리를 증거하다가 죽음을 당하는 순교적 행위도 높이 평가하지만 기독교 전통 안에서 생명에 대한 경외의 가치는 매우 높다. 따라서 생명은 무제약적인 선한 가치를 지니는 것이므로 상대적으로 그 가치를 논구할 수 없다는 원칙을 유지해 왔다. 생명에 위해를 끼쳐서는 안 된다는 제 6계명(출 20:13)은 성서적 원리를 넘어서서 인류사회의 보편적인 규범으로 자리 잡고 있다.

1995년 발간된 인공유산, 안락사 그리고 사형제도에 대한 교황 바오로 2세의 회칙에서 강조하고 있는 생명권의 신성함과 존엄성을 지킬 교회의 의무는 전통적인 기독교적 생명의 존엄성에 대한 성서적 이해에 그 근거를 두고 있다.12) 이 회칙에 의하면 인간 생명은 다른 가치와 비교할 수 없는 가치를 지니고 있으며, 그 가치는 하나님의 생명 주권에 의해서 주어진 것이므로 인간의 제도나 가치판단이나 공리적인 이익을 위하여 제한될 수 없는 것이다. 성서적 의미에서 인간 생명은 출생의 축복(요 16:21)과 생명의 축복(요 10:10)을 누리며 영원한 생명에 참여하도록 부름(요일 3:1-2)을 받은 존재다. 그러므로 생명을 사랑하시는 하나님께서 자신의 아들을 주실 만큼 귀한 존재다. 따라서 교회는 당연히 생명의 복음으로 인간 생명을 지키고 보호하는 책무를 지니고 있다는 점이 강조된다.

생명에 대한 위협은 오늘날 전쟁, 살인, 집단학살, 인공유산, 안락사, 그리고 의지적인 자기 파괴를 의미하는 자살, 그리고 인간의 통전성에 위해를 가하는 성기절단, 고문, 물리적 위협, 인간의 존엄성을 모욕하는 행위들이 있다. 이 외에도 인간의 생명환경에 위해를 가하는 종속인간으로 차별화된 삶의 조건들, 추방, 노예제도, 매춘, 여성과 아동매매 그리고 인신모독적인 노동환경 등이 지적될 수 있다. 이 모든 행위들은 윤리・신학적으로 생명의 창조주이신 하나님에 대한 불경의 행위라 규정되는 것이다.13) 과거의 생명윤리학적 악은 이와 같은 명시성을 지니고 있었으나 근래 들어 의료윤리학적인 영역에서 일어나는 생명에 대한 위협은 과학기술의 발달과 더불어 대두된 새로운 정황 속에서 일어나고 있다.

특히 안락사와 관련하여 논의될 수밖에 없는 자살행위에 대한 성서적 원칙은 제 6계명을 위배하는 행위로서 금기시 되어 왔지만 성서는 몇 개의 예외적 정황도 담고 있다. 사무엘하 17장 23절 이하에 나오는 아비멜렉은 전쟁터에서 치명적인 손상을 입자 공개적인 모욕으로부터 자신을 지키기 위하여 무장병에게 자기를 죽일 것을 명한다. 또한 사울도 전쟁터에서 상처를 입고 패배하자 적들로부터 수치를 모면하기 위하여 자살을 시도하고14), 열왕기상에는 시므리가 왕궁이 함락되고 자신이 적에게 포위되어 있음을 깨닫고 스스로 불을 질러 죽음을 사초한다.15) 외경 마카비서에서도 전사인 라치스(Razis)는 불명예보다는 자살을 택하고16) 예수를 배반했던 유다는 스스로 목을 매 죽는다. 반면 바울은 빌립보 옥에서 자결하려는 간수를 살린다.17) 자살에 대한 성서적 평가는 대체적으로 분명하지 않다. 다만 고난과 고통에 대한 수납의 태도를 강조하는 구절들은 많지만 이로 인하여 자살을 허용하는 태도를 보이는 구절들은 거의 없다고 볼 수 있다.

그 밖에 초기 기독교 신자들은 종교적 신념을 위하여 목숨을 버릴 수도 있다는 순교를 받아들인 흔적이 있지만 어거스틴이나 아퀴나스의 신학적 입장에서도 자살에 대한 긍정은 찾아보기 매우 어렵다. 오히려 아퀴나스는 자살이 자연적인 자기 사랑이나 생존본능을 거역하는 것이며, 사회 공동체 구성원으로서의 공동적 존재를 부정하는 행위이고, 생명을 선물로 주신 하나님에 대한 거역18)이라고 보았다. 이런 초기 기독교 전통의 관점에서 본다면 자살이나 안락사에 대한 긍정을 찾기는 매우 어렵다고 생각한다. 그러나 이런 전통적 견해는 새로운 의료적 상황에 대한 숙고를 포함하지 않고 있다는 점에서 일종의 한계를 가지고 있으므로 부분적인 재고가 요청되고 있다고 보겠다.

2) 안락사 허용을 반대하는 이유
(1) 생명경외의 윤리적 원칙

말기 환자의 안락사를 반대하는 견해는 대체적으로 생명권 옹호의 입장에서 비롯된다. 고통을 견디지 못하는 환자의 고뇌와 아픔보다 더 중요한 것이 생명에 대한 수납의지이며, 감사의 태도가 되어야 한다는 당위적 요구이다. 즉 종교적인 관점에서 하나님이 주신 생명을 받아들이는 것은 피조자로서 일종의 경건한 의무라는 것이다. 따라서 생명 경외의 가치가 인간의 자유로운 선택보다 앞서며, 환자의 고통의 부담보다 삶 그 자체가 더 중요하다는 시각이 지배한다. 그리하여 생명에 대한 인간의 자율성은 생명 경외의 태도 안에서만 허용 가능한 것이지 생명의 종식까지 자유로운 인간의 선택 대상이 되어서는 안 된다고 본다.

따라서 생명 경외의 원칙윤리가 신음하고 있는 생명의 비참한 정황을 압도한다. 다만 이 입장은 환자의 견딜 수 없는 고통에 대한 보조적인 도움으로 생명의 고통을 견디어 낼 수 있는 호스피스 제도를 대안으로 제시한다.19) 그러나 여기서 문제로 남는 것은 환자 자신이 동의할 수 있는 가치가 아니라, 종교적 신념이나 환자를 호스피스의 대상으로 보는 제 3의 관점이 지배하고 있다는 점이다. 그리고 호스피스 제도가 고통을 겪고 있는 이들의 삶에 대한 보편적인 대안이나 혜택이 되지 못하고 있는 현실을 간과하고 있다.

이 견해는 전통적인 교회의 가르침인 생명경외의 윤리를 보전하고, 그 가치를 존속시키려는 입장에 의하여 지지를 받고 있다. 하지만 새로운 현대의 정황, 즉 국가나 제도 혹은 사회의 개입과 판단에서 독립된 인간의 자율적 선택권이 확대되고, 과거에는 예상할 수 없었던 의료적 생명연장 기술이 고도로 발달해 있는 정황에서 부수하게 된 의미를 느낄 수 없는 삶의 연장이 곧 견딜 수 없는 고통의 연장과 동일시되는 정황에 대한 깊은 숙고가 결여되어 있다는 점이 지적될 수밖에 없다. 더구나 의료적 조치들은 곧 환자 가족의 재정적 부담으로 되돌려지는 것이며, 환자의 고통의 연장은 환자를 더 커다란 고통과 삶의 무의미로 전락시킬 수도 있다는 점을 간과하는 것이기도 하다. 이런 비판에 직면하여 전통적인 견해를 보완하는 입장에서 최근 의료조치들의 제거를 통한 자연사 유도를 안락사 범주에서 제외시키는 견해를 보이는 입장들도 표명되고 있다.[20] 일종의 타협적 판단이라 생각된다.

이런 점에서 요한 바오로 2세가 자신의 죽음을 받아들이기 위하여 치료를 거부하는 행위를 자살이라고 본다든지, 혹은 고통을 회피하는 것이 아니라 환자의 죽음이 피할 수 없는 것이라는 현실을 인식하고 고통의 연장을 의미하는 삶의 연장을 기하려는 치료 행위를 중단하는 것은 인간의 조건인 죽음을 받아들이는 행위이지 자살로 간주되어서는 안 된다는 견해[21]는 새로운 정황을 다소간 긍정하는 입장이라고 생각된다. 다만 인간이 가진 피할 수 없는 조건으로서 죽음의 긍정에 대한 해석지평이 확대될 경우 일종의 미끄러운 경사면에 처할 수도 있다는 점은 주지할 필요가 있다. 따라서 안락사에 대한 허용 기준은 전문적이고 객관적인 환자 상태에 대한 인식과 환자 자신의 자의식에 따른 수용여부가 중요하다.

(2) 부수적인 결론들

이상과 같은 원론적인 기독교 생명경외의 윤리라는 관점에서 부수하는 안락사 반대 이유는 다음과 같이 몇 가지로 요약될 수 있다.[22] ① 하나님의 생명 주권에 대한 신뢰가 안락사 허용에 의하여 침해될 수 있다. ② 고통과 고난은 피할 수 없는 인간의 정황이므로 안락사보다는 도덕적으로 수용 가능한 방법에 의하여 극복되어야 한다. ③ 죄스러운 인간의 자율성에 대한 기독교적 제한은 안락사 허용을 반대하는 논리적 근거가 된다. ④ 인간 실존을 정당화하지 않는 안락사는 살아있는 생명을 종식시킴으로써 선택의 기회를 말살하는 것이다. ⑤ 보다 적절한 고통과 고난의 치유방법은 안락사 요구를 감소시킬 수 있다. ⑥ 의사의 역할은 치료하는 것이지 죽이는 것일 수 없다. ⑦ 지나친 의료적 처치방법을 사용하는 대신 다른 방법(호스피스)을 적용함으로써 안락사 요구를 극복할 수 있다. ⑧ 안락사를 일단 허용하면 개인과 사회로 하여금 이를 남용할 가능성이 많다. ⑨ 안락사가 시행되면 경제적인 이유로 안락사를 받아들여야 할 요구가 증대된다. ⑩ 안락사가 허용되면 사회적으로 고립된 환자나 심각한 장애를 가진 사람들이 부적절하게 안락사를 선택할 가능성이 많다.

요약하건대 이 입장은 인간 생명의 자율권을 이해함에 있어서 자신의 죽음을 선택하는 행위에서는 적용하지 않는 것이며, 인간의 죽음은 인간으로서의 조건으로서 반드시 '자연스러운 것'이어야만 한다는 입장을 견지하는 것이라 볼 수 있다. 따라서 생명을 치료하고 연장하는 행위는 생명경외의 윤리적 원칙에 저촉되지 않지만, 자연스러운 죽음이 아닌 죽음, 즉 생명을 자발적으로나 인위적으로 종식시키는 행위는 허용할 수 없다는 것이다.

3) 안락사 허용을 지지하는 입장
(1) 생명과 죽음의 선택권

안락사 논쟁에 있어서 일반적으로 사소한 이유로 생명을 거부하는 행위는 논의 밖의 주제이다. 여기서 논의하는 주요 관점은 신체적 및 정신적 고통을 겪고 있는 말기환자가 "살아있음"에 대한 의미물음을 하는 인간으로서 자기 생명의 의미를 찾을 수 없다는 자의식을 가진 정황에서 과연 자신의 죽음을 선택할 자유가 있는가, 없는가의 문제에 관심하는 것이다. 안락사 시행을 받아들인 네덜란드의 경우나 미국 오레곤 주의 경우는 환자가 고통과 고난이 극심한 자리에서 자신의 죽음을 받아들이는 행위는 하나님의 생명 주권을 거역하는 것이 아니며, 오히려 인간다움의 품위와 존엄함을 지키는 결단이라고 이해하는 데에서 사회적 합의를 거쳐 그 시행을 받아들인 것이다. 따라서 자신의 죽음에 내한 진지한 긍정과 수용의지를 단순한 생명권 거부나 하나님의 생명 주권에 대한 반역으로 평가하는 것은 정황에 눈이 먼 맹목적인 가치판단의 강요라고 본 것이다.

따라서 안락사 시행을 지지하는 입장은 최소한 두 가지 원칙에 그 근거를 두고 있다: 즉 개인의 선택을 존중할 의무가 있다는 것과 비록 생명을 종식시키는 행위가 될지라도 인간을 고통으로부터 건져낼 의무가 있다는 점이다.23) 이런 정황은 죽게 내버려 두는 행위와 생명을 종식시키는 행위 간에 아무런 차이를 명확하게 제시할 수 없는 정황이다. 따라서 극심한 고통의 연장을 의미하는 삶의 연장은 아무런 의미가 없으며, 비참한 고통 속에 한 인간을 버려두는 무책임한 행위가 될 수도 있다고 본다. 생명의 존엄성을 긍정하지만, 한 인간으로서 존엄함을 지킬 수 없는 정황에서 보다 인간의 존엄함을 지키기 위하여 죽음을 선택하는 것은 도덕적으로 혹은 법적으로 부도덕한 행위이거나 범법적인 행위일 수 없다는 것이다.

따라서 극한적인 고통 속에 있는 이들에게 선택권을 부정하고 고통 속에 남게 하는 무책임한 제3자의 결정과 방침들은 고통당하는 이에게 고통 속에 가두는 비윤리적인 행위와 판단이 될 수도 있다는 점을 지적하지 않을 수 없다. 과연 극심한 고통의 자리에서 신앙인의 자세를 가다듬으며 고통도 하나님의 뜻으로 받아들이는 그런 삶의 태도가 하나님을 경외하는 신앙의 자세인지는 사회 윤리적 원칙들을 살펴보면서 재평가 해 볼 문제이다. 즉 불가피한 전쟁행위를 신앙의 이름으로 정당화하고 살상행위조차 더 큰 평화를 위하여 조장하고 허용했던 역사를 가진 기독교 정당 전쟁론은 이러한 원칙윤리를 고수하려는 입장에서 자기모순에 빠진다.

(2) 부수적인 논쟁점들

이상과 같은 안락사 허용 가능성에 대한 부수적인 논의들은, 첫째, 조력자살을 인정하는 것이 하나님의 인간생명에 대한 주권을 부정하는 행위라기보다는 오히려 하나님의 형상을 갖춘 인간의 존엄함을 지키는 것으로 간주될 수도 있다는 점에서 하나님의 생명 주권을 거역하는 것이 아니라는 입장이 논의될 수 있다. 안락사가 성서에서 금기시되고 있는 생명손상 행위들과 동일시되어서는 안 되는 이유는 동기와 목적에 있어서 차별되는 까닭이다. 생명을 경하게 여기거나, 자신의 소기의 이익을 얻기 위한 목적으로, 혹은 실수나 오류로 인하여 일어나는 살해 행위는 제6계명을 범하는 것이지만, 선의를 가지고 극심한 고통만 남은 환자의 요구를 받아들여 생명의 종식을 돕는 행위는 6계명을 범하는 것이라 볼 수 없다는

견해이다.24)

둘째, 안락사는 말기 환자들의 고통과 고난에 대한 윤리적 조치일 수 있다는 논쟁이 가능하다. 하나님의 형상대로 지음을 받은 인간이 극심한 고통과 삶의 무의미로 인하여 하나님의 형상을 닮은 그 존엄함을 지킬 수 없을 때, 그리고 이러한 고통과 삶의 무의미가 지성적으로, 현실적으로 명백한 것이라고 판단될 때, 스스로 생명의 종식을 바라는 것은 불신앙이나 인간 생명의 존엄함을 해하는 것이라 볼 수 없다는 것이다. 인간의 존엄함은 고통에 의해서만 공격받는 것이 아니라, 맹목적으로 생명연장 수단을 동원하는 결정들에 의하여 침해당할 수도 있다. 회복불가능하고, 명백하게 죽음이 임박한 정황에서 고통을 겪고 있는 환자에게 갖은 수단과 방법을 동원하여 그 생명을 연장시키고 고가의 의료비를 지출하게 하는 조치는 윤리적인 의료행위라 볼 수 없을 것이다. 기독교 전통이 안락사를 선택하는 행위를 자살로 간주하는 것은 보편적인 차원에서 긍정하지만, 특수한 정황에서는 허락되어도 인간의 존엄성을 해하는 일이라 볼 수 없다는 논의가 있다.25)

셋째, 현대 의료기술 공학의 발전은 인간의 죽음을 방해하거나 무의미하게 연장하는 기술을 보유하고 있으므로 어느 시점에서 죽음을 선택함으로써 기술과학에 종속된 존재가 아니라 하나님이 주신 자신의 생명에 대하여 주체적으로 판단하는 안락사가 허용되어야 한다는 입장이 있다. 아프리카인들의 평균 수명이 50세도 안 되는 반면 서구인들의 평균수명이 80세가 넘는 까닭은 서구인들이 아프리카인들에 비하여 문화와 음식과 의료적 조치에 있어서 월등한 혜택을 누리는 까닭이다. 따라서 안락사 논의는 자연적인 생명의 시작과 종식이라는 관점보다는 의료적으로 연장된 생명의 시작과 종식이라는 측면에서 이해될 수 있어야 한다. 요셉 플레

쳐는 쓸모없이 환자의 생명을 연장하는 것은 인간의 자유와 인식, 자신에 대한 권리나 책임을 희생시키는 것일 수 26)도 있음을 지적한 바 있다. 의료적 생명연장 장치에 의하여 고통 속에 버려진 채 자신의 의사와 관계없이 강요되는 생명은 하나님의 선물이라고 간주하기 어렵기 때문이다. 따라서 특정한 정황에서 인간 생명에 대한 존엄함을 충분히 인식한 판단에 의해 이루어지는 생명 보조 장치의 제거와 같은 행위는 생명에 대한 위해나 생명을 거부하는 행위라고 보아서는 안 된다는 입장이 있다.

넷째, 안락사가 허용될 경우 사회적 강요로서 안락사가 시행될 수 있고, 이는 마치 사회적 가치라는 기준에 의하여 인간 생명을 평가하게 하여 자의적 혹은 비자의적 안락사를 만드는 논리를 유발할 수 있다는 비판이 있다. 일단 안락사를 허용하면 미끄러운 경사면에 발을 딛는 것과 같이 위험한 일이라는 것이다. 그러나 이런 주장은 현실적인 것이라기보다는 예측이나 예상에 근거한 추정적 판단이다. 제도적 보완을 통해 안락사의 오용과 강제, 혹은 의료비 소모를 줄이려는 사회적 압력과 같은 문제들을 충분히 해결해 나갈 수 있다고 본다.

결국 기독교인으로서 안락사를 지지하는 입장은 생명권 옹호의 윤리적 원칙을 지키되, 매우 예외적인 경우인 특정한 상황에서 개체 인간이 지닌 자결권, 인간의 존엄함을 지키며 죽을 수 있는 권리, 그리고 이런 선택을 하는 이들을 향한 깊은 동정과 이해를 긍정하는 입장이라고 볼 수 있다.

4. 생명 공동체로서의 교회와 안락사

기독교 신앙 공동체는 생명을 창조하신 하나님의 거룩한 뜻에 따라 생명을 지키고, 보호하며, 생명의 풍요로움을 창출해 낼 수 있는 생명윤리 공동체이다. 그러나 삶의 구체적인 현실과 모든 생명 현상을 살펴볼 때 생명은 생명을 먹고 사는 것이며, 불가피한 생명 파괴를 통하여 인간의 삶이 가능하다는 점도 부인할 수 없다. 일면 무조건적인 생명권 옹호의 논리는 생명이 처해 있는 정황에 대하여 눈을 감고 원칙만을 강조하는 입장이 될 수 있다. 반면 선택권을 옹호하는 논리는 개체 인간의 자율적 선택권을 자기 자신의 생명까지 대상으로 한다는 점에서 지금까지 기독교 공동체가 견지해오던 생명윤리의 옹호론 중심의 원칙에 비한다면 매우 낯선 이론처럼 보인다.

그러나 네덜란드나 미국의 오레곤 주의 경우 조력 자살을 의미하는 안락사를 법적으로 허용함으로써 죽음을 선택할 개인의 권리를 특정한 상황에서는 받아들일 수 있다는 점을 명백히 했다. 네덜란드나 오레곤 주의 주민들이 전통적인 기독교 신앙이 견지해온 생명윤리의 원칙을 포기한 것이라고 단순히 비판하는 것은 매우 경박한 평가이다. 오히려 나는 그들이 가진 염려와 고민의 흔적들을 살펴보면서 현대 생명 공학이 인간의 수명을 연장시켜 이전에 비해 긴 수명을 누리는 인간들이 되었지만, 그 대신 죽음을 앞둔, 죽음을 기다리는 시간도 길어진 현실을 부정할 수 없다고 생각한다.

안락사를 허용하고 있는 사회가 이해하고 있는 인간의 생명과 죽음에 대한 이해의 관점을 살펴보면, 말기 환자들의 고통과 고난의 현실에 대한 의료적 조치들은 보다 나은 삶을 불러올 수 있는 기대와 희망보다는 단순한 삶의 연장만을 의미하는 조치가 될 수 있으며, 간혹 이러한 조치들은 삶의 연장이 아니라 죽음을 기다리는 시간의 연장, 혹은 고통의 연장으로 이해될 수도 있다는 점에 깊이 주목하고 있다고 생각된다. 그러므로 불필요한 의료적 조치를 가하며 죽음을 연장시키는 것보다는 적절한 의료적 조치와 더불어 환자가 스스로의 죽음을 준비할 수 있도록 돕는 것도 그릇된 것이라고 볼 수 없다. 여기서 한걸음 더 나아가 분명한 자의식을 가진 한 개인이 자기 결단을 통하여 인간으로서의 존엄성을 지키며 죽음을 선택할 경우 이를 존중할 수 있는 정황은 생명을 죽게 내버려 두거나, 혹은 생명을 고의적으로 죽이는 행위와 구별될 수 있어야 한다고 본 것이다. 또한 성서가 명시하고 있는 생명옹호의 윤리와 해악금지의 윤리는 특정한 상황에 처하여 고통 속에서 죽음을 기다리는 환자가 그 무의미한 고통의 시간을 줄이기를 원할 경우 조력 자살에 개인적 차원이 아니라 제도적 차원에서 동의할 수도 있다는 점을 보여주고 있다.

물론 이와 같은 입장은 지구상에서 가장 진보적이거나 자유주의적인 나라나 사회의 경우이다. 보수성이 짙고, 한 개인의 자결권에 가족이나 사회 혹은 국가가 깊이 개입하고 있는 경우에는 개인의 죽음 선택권을 보장할 엄두도 내지 못할 것이다. 하지만 기독교 신앙 공동체들은 단일한 것이 아니라 다양한 윤리적 사유의 공동체이기도 하다. 한편에서는 안락사의 제도화를 반대하고 있는가하면, 다른 한편에서는 안락사를 기독교 신앙 안에서 받아들일 수 있다는 입장도 표명되고 있다는 점을 이해하는 것이 오늘날 우리에게 있어서 무엇보다도 중요하다고 나는 생각한다. 여기서 어느 편을 선택하는가는 개인의 신앙과 개체인간의 자율적인 선택권에 대한 이해의 차이에서 각기 다르게 표현될 수 있다고 생각된다.

하지만 안락사를 금지하려는 이들과 안락사의 허용을 주장하는 이들 모두 생명에 대한 존엄함을 지키려 한다는 점에서 크게 차이가 없다. 한편은 금함으로서 생명권을 옹호하고 한편은 허용함으로써 하나님의 형상의 고귀하고 존엄한 모습을 지킬 수 없는 비참한 정황에서 인간다움을 지키려 하는 노력이라고 이해할 수도 있기 때문이다. 따라서 어느 한 편을 들어 안락사에 대한 기독교 생명윤리학적인 견해라고 지칭하는 것은 지나친 독단적인 견해가 될 수 있다고 생각된다.

5. 결론

오늘날 인류사회는 생태학적인 위기를 안고 있다. 기술과학 발달로 인하여 인간의 수명이 연장되어 노년기가 길어지고, 생산력을 가지지 못한 노인층이 날이 갈수록 많아짐으로써 오늘의 세대는 의료 및 사회적 비용을 그 이전 세대보다 더욱 많이 지출해야 하는 입장에 서있다. 뿐만 아니라 기하급수적으로 늘어가는 인구의 증가와 삶의 질 향상에 대한 요구는 공간과 자원에 있어서 한계를 가진 지구가 견딜 수 없는 임계점에 다다르게 하고 있다. 자연 환경오염과 파괴는 그러한 지표들을 보여주는 것이며, 개체 인간의 삶에서 환경의 위기는 안락사에 대한 진지한 관심을 요구하고 있다.

과학기술의 발달과 진보는 매우 좋은 것이지만, 그것이 인간의 생명현상에 미치는 결과들은 결국 인간의 윤리적인 판단에 의하여 긍정과 부정의 의미를 지니게 된다. 수명의 연장은 일면 긍정적인 것이지만 다른 측면에서 본다면 인구의 증가와 더불어 죽음의 연장이라는 부정적인 의미도 가지고 있다. 이런 형편에서 안락사 문제는 사회가 고령화되어가면 갈수록 진지한 물음으로 되물어질 생명윤리학적 과제가 아닐 수 없다. 죽음을 기다리는 이에게 생명권 옹호를 주장하는 것이 옳은 것인지 아니면 인간의 존엄성을 지키려는 개인의 결단을 깊은 연민과 동정을 가지고 존중하는 것이 옳은 것인지에 대하여 간단히 잘라 찬반의 뜻을 밝히기는 매우 어렵다고 생각한다. 이러한 종말론적이고 실존적인 문제는 환자 자신의 자의식의 깊이에 따라, 그리고 정황에 따라서 각기 다양하게 표현될 수 있을 것이다.

따라서 기독교 신앙공동체는 안락사에 대한 규범적 이해를 넘어서서 안락사 문제를 논할 수밖에 없는 현대의 새로운 정황에 대한 적절한 이해를 받아들이려는 노력을 할 수 있어야 한다. 허용과 금지를 넘어서서 무엇이 정작 우리에게 생명을 주신 하나님의 거룩하신 뜻인지를 구별하려면 규범윤리학적 답변만이 아니라, 특정한 고통과 고통이 주어진 정황에서 한 신앙인이 자신의 죽음을 받아들이는 행위도 불신앙적인 것이라고 간단히 규정하고 비난할 수는 없다. 이런 관점은 결국 죽음을 직면한 순간에 내리는 신앙고백만이 진실한 것이 아니라, 이미 와 있는 죽음을 부정하며 생명 공학적 수단과 방법에 의지하여 연장하려는 것보다 죽음을 삶의 일부로서 수용할 수 있는 믿음도 기독교 신앙 안에서 받아들일 수 있다는 것을 의미한다.

그러므로 조력 자살과 같은 의미의 안락사에 대한 법적 금지나 허락은 신앙인의 행위를 외면적으로 규제할 수는 있을지라도, 인간의 생명에 대한 존엄성의 존중과 삶에 대한 감사, 그리고 삶의 한 부분으로서 죽음까지도 믿음 안에서 받아들이는 내면적 결단과 행위를 제한할 수는 없다. 말기 환자로서 겪어야 할 고통을 감소시키기 위한 약물투여가 정당하다면, 그러한 고통과 약물투여의 과정이 삶의 연장에 대한 의미조차 휩쓸어가는 것이라면, 그리고 그 이상의 아무런 희망을 가질 수 없는 정황에서 주변의 사람들에게 무거운 짐이 된다면, 풍성한 생명의 의미는 이미 그에게 있어서 종식되었다고 생각할 수 있으며, 환자에게는 인위적인 생명연장이란 무의미한 고통의 연장 이상의 것이 아닐 수도 있다.

다만 자기 생명에 대한 선택 가능성에 대한 판단을 내릴 수 있는 사람은 환자 자신이며, 주변의 사람들은 환자의 판단이 임시적인지 임의적이 아닌지를 깊은 동정을 가지고 살펴볼 수 있을 뿐이다. 매우 어려운 일이지만, 경우에 따라서 조력자살과 같은 안락사를 기독교 신앙 안에서 매우 예외적인 케이스로 허용할 수도 있다고 보는 견해[27]는 기독교 생명윤리의 원칙에 위배되는 비윤리적인 것은 아니라고 보아야 할 것이다. 죽음을 기다리고 있는 말기 환자의 경우 생명의 존엄함을 사랑하고 지키는 행위와 생명에게 위해를 끼치는 행위가 어느 지점에서는 구별되지 않는 까닭이다. 우리의 삶에서, 무의미한 삶의 연장 속에서 겪어야 하는 고통만 남았을 때, 그것이 의학적으로 인간 생명의 한계에 이른 것이라는 사실을 인식했을 때, 의료적 보조 장치의 제거나 고통을 제거하기 위한 약물투여가 필경은 환자의 죽음을 재촉하는 것일 수밖에 없다는 것을 인식했을 때, 자기 죽음을 받아들이는 행위는 불신앙이 아니라 신앙적인 행위일 수도 있다.

네덜란드와 오레곤 주에서 사회적으로 합의한 안락사 허용은 생명권 옹호론자들이 생명의 존엄성을 해하는 비윤리적인 행위라고 비난하는 의미 이상의 깊은 숙고가 담겨있다. 생명권 선택을 주장하는 이들은 생명이 인간의 선택여하에 달려있다는 주장을 하는 것이 아니라, 인간으로서 살아간다는 의미를 소중히 여기는 자의식을 가진 이의 선택이며 결단일 경우 사회는 이를 존중해야 한다는 판단에서 나온 것이다. 모든 것이 떠나고 오직 고통과 고난만 남아 버려진 삶에서 사회는 인간에게 죽음을 강요할 수도 없지만, 고통의 연장 이상의 의미를 지니지 못한 삶을 강제하거나 강요할 수도 없다는 것이다. 이런 판단은 삶의 막다른 골목에서 만나는 절망을 극복할 수 있는 신앙의 포기가 아니라, 절망과 죽음까지도 하나님 안에서 받아들이는 용기 없이는 내려질 수 없는 것이다.

7

네덜란드의 안락사: 미끄러운 경사면 논증의 경험적, 논리적, 역사적 증명

이상원 | 총신대학교 신대원 교수 (기독교윤리학)

1. 들어가는 말

진정한 의미의 기독교 생명윤리는 경계선상의 인간의 생명을 보호하기 위한 이론적 근거를 제시하는 것을 가장 중요한 목적으로 한다. 인간의 생명이 경계선상에 있다는 말은 인간이 신체적으로나 정신적으로 자기 몸을 스스로 보호할 수 있는 능력이 거의 없는 상태에서 타인의 조작에 그 생명의 존폐 여부가 절대적으로 의존되어 있는 상태를 말한다. 경계선의 상황들 가운데 가장 중요하고 뚜렷한 두 가지 상황은 생명의 시작점과 생명의 종결점이다. 인간의 생명이 탄생하는 시점에 인간은 신체적으로나 정신적으로 취약한 상황에 처한다. 수정란, 배아, 태아, 신생아 등이 그 예들이다. 노화나 중증 질환 등으로 생명의 종결점에 가까운 시점에서도 인간은 신체적으로나 정신적으로 취약한 상황에 처한다.

생명의 종결점과 관련되어 제기되는 윤리문제들의 핵심인 안락사와 자살조력의 문제를 다룰 때 중요한 쟁점들 가운데 하나는 미끄러운 경사면 논증이 과연 실재하느냐라는 문제다. 미끄러운 경사면 논증이란 언덕 위에 정차되어 있는 자동차가 약간이라도 경사길에 바퀴가 진입하여 일단 구르기 시작하면 언덕 아래까지 굴러 내려가는 것을 막을 수 없는 것처럼, 환자의 생명에 위해를 가하는 의료행위의 경우에 아무리 엄격한 조건 아래에서라 하더라도 일단 한번 허용하면 수많은 다른 사례들에 대해서도 생명에 위해를 가하는 행위들이 광범위하게 허용되고 만다는 논리를 골자로 한다. 안락사 및 자살조력을 옹호하는 진영에서는 극히 엄격한 통제 안에서 제한적으로 안락사 및 자살조력을 시행한다면 안락사가 확대 적용되는 일은 얼마든지 막을 수 있으며, 미끄러운 경사면 논증은 허구에 지나지 않는다고 주장한다. 반면에 안락사 및 자살조력 자체를 반대하는 진영에서는 아무리 제한된 조건 아래일지라도 한번 안락사 및 자살조력의 문을 열기 시작하면 안락사 및 자살조력의 범위가 걷잡을 수 없이 확대 적용되는 것을 막기 어려우므로 안락사 및 자살조력행위 그 자체를 원천적으로 금지시켜야 한다고 주장한다.

  미끄러운 경사면 논증이 안락사 및 자살조력에 적용되었을 때 다음과 같은 논리적 순서로 허용범위가 넓어진다.[1)]

(1) 처음에는 임종직전의 환자가 견디기 어렵고 회복이 불가능한 신체적 고통이 있을 때에 엄격히 제한하여 안락사를 허용한다.

(2) 만일 고통의 강도를 따진다면 정신적인 고통도 신체적 고통 못지않게 환자를 힘들게 하는 것이므로 고통을 신체적 고통에 한정시켜야 할 이유를 찾을 수 없게 된다. 따라서 '신체적인'이라는 말은 곧 누락될 수밖에 없고, 이 용어가 누락되면 이때는 온갖 유형의 정신적인 고통을 겪는 사람들에게 다 안락사와 자살조력을 베풀 수 있게 된다. 정신적인 고통은 어떤 질병을 겪는 환자에게만 찾아오는 것이 아니다. 일상의 인간관계에서 고통스러운 일을 당한 사람도 이 범주로부터 배제시켜야 할 이유가 없어진다.

(3) 만일 안락사가 환자에게 혜택을 베푸는 좋은 의료행위라면 임종직전의 환자에게만 이 혜택을 제한해야 할 이유가 없어진다.2) 임종직전의 환자가 겪는 고통의 정도와 같은 질병을 몇 년 이상 겪어야 할 환자의 고통의 정도를 비교해 볼 때 후자가 고통의 정도가 더 클 것이 분명한데, 고통을 적게 받는 환자의 경우에는 혜택을 베풀고 고통을 많이 받는 환자의 경우에는 혜택을 베풀어서는 안 되는 이유가 무엇인가? 이 질문에 대하여 할 말이 없어진다. 마침내 '임종직전'이라는 제한어귀는 제거되고 안락사나 자살조력은 신체적이고 정신적인 고통을 겪는 모든 사람들에게 확대된다.

(4) 안락사와 자살조력이 고통을 겪는 사람에 대한 혜택이라면, 자기 자신의 의사를 자유롭게 표명할 수 있는 사람에게만 이 혜택을 베푸는 것은 공정성에 문제가 있다. 안락사와 자살조력을 요청하고 싶지만 자기의사를 제대로 표명할 수 있는 능력을 상실한 사람들, 예컨대 치매에 걸린 환자, 정신질환자, 말 못하는 신생아나 유아, 혼수상대니 뇌사상태에 있는 환자늘을 수혜의 대상에서 제외해야 하는 것은 근거가 없을 뿐만 아니라 명백히 인종차별이 아닌가? 이 논리에 의하여 마침내 안락사와 자살조력은 자기 의사를 표명하지 못하는 사람들에게까지 확대하여 허용되기에 이른다.

본 논문은 안락사와 자살조력문제를 다룰 때 미끄러운 경사면 논증이 유의미한 논증이라는 사실을, 세계 최초로 안락사를 허용한 법률을 제정한 네덜란드의 의료계와 법조계를 경우를 예를 들어 논증함으로써, 안락사와 자살조력행위는 엄격한 조건 아래에서라도 허용되어서는 안 된다는 생명윤리운동(Pro-Life Movement)의 지침이 바르게 설정된 지침이라는 사실을 뒷받침하기 위하여 작성되었다. 이 논문은 세 부분으로 구성되어 있다. 첫번째 부분에서는 네덜란드 의료계의 인식을 반영하고 있는 레멜링크 보고서의 토대가 된 통계자료조사에 나타난 자료들의 특성을 분석함으로써 미끄러운 경사면 논증이 현실화되어 있는 증거를 제시했다. 두번째 부분에서는 네덜란드의 표준적 안락사 정의로부터 어떻게 필연적으로 논리적 사고과정을 거쳐서 안락사의 범주가 확대되어 왔는가를 제시했다. 세 번째 부분에서는 네덜란드의 법원이 안락사 및 자살조력에 관련된 사건들을 판결해 온 사례들을 역사적 순서에 따라서 검토해 봄으로써 미끄러운 경사면 논증이 역사적으로 현실화되어 오다가 마침내 안락사의 전면적인 허용에까지 이르게 되었음을 보여주고자 했다.

2. 미끄러운 경사면 논증의 경험적 현실화

1989년 네덜란드 연정은 '의료적 안락사 관행의 범위와 성격'에 대하여 보고할 위원회를 구성했다. 1990년 1월 17일 법무장관이자 교수인 레멜링크(Remmelink)가 의장이 되어 소집된 위원회는 의사들의 안락사 관행에 대한 보고서를 작성하도록 요구받았다. 위원회는 에라스무스 대학교의 보건학 및 사회의학 교수인 마스(P.J. van der Maas)에게 안락사관행에 대한 양적인 정보와 아울러 질적인 정보를 알려 줄 조사를 해 줄 것을 위임했다. 그 결과가 [생명의 종결에 관한 의료적 결정]이라는 통계조사로 나타났다. 이 통계조사는 다음과 같다.3)

(1) 죽음의 총계(모든 원인을 포함)	129000	
(2) 안락사 c		2300 a
(3) 조력자살		400
(4) 명백한 요청이 없는 상황에서 의도적으로 생명을 종결시키는 행위 d		1000(1000) b
(5) 고통/증상의 경감 e	22500	
(6) 생명단축을 명백히 목적으로 하고		1350(450)
(7) 생명단축을 부분적으로 목적으로 하고		6750(5058)
(8) 명백한 요청이 없는데도 치료를 유보하거나 중단 f	25000	
(9) 생명단축을 명백히 목적으로 하고		4000(4000)
(10) 생명단축을 부분적으로 목적으로 하고		4750(4750)
(11) 명백한 요구에 의하여 치료를 유보하거나 중단 g	5800	
(12) 생명단축을 명백히 목적으로 하고		1508
(13) 생명단축을 부분적으로 목적으로 하고		4292
(14) 소계 h		10558(5450)
(15) 총계 i		26350(15258)

a: 생명을 단축시키려는 명백한 의도를 가진 사례들.

b: 명백한 요청이 없는 경우는 괄호 안에 넣었음.

c: 생명단축이 아닌 경우는 1% 미만.

d: 생명단축이 아닌 경우는 4% 미만.

e: 생명단축이 아닌 경우는 8% 미만.

f: 이 환자들(22500)의 90%가 인터뷰 때까지 죽었으며, 생명단축이 아닌 경우는 20% 미만이었다.

g: 이 환자들의 82%(4756)가 인터뷰 때까지 죽었으며, 생명단축이 아닌 경우는 19% 미만 이었다.

h: 이 소계는 의사들이 '명백하게' 생명을 단축시키고자 하는 의지를 가진 사례들을 가리킨다.

i: 이 총계는 의사들이 ('명백하게' 또는 '부분적으로') 죽음을 앞당긴 사례들을 가리킨다. 그러므로 이 총계와 앞의 소계 안에는 생명이 단축되지 않은 경우들과 조사가 진행될 시점까지 환자들이 죽지 않았던 두 차례의 치료의 유보 또는 중단의 범주들 안에 있는 경우들이 포함되어 있다.

그렇다면 이 조사가 내포한 의미는 무엇인가?
우선 네덜란드 의료계가 합의한 안락사의 정의는 '관련 당사자의 요구가 있을 때 관련 당사자가 아닌 누군가에 의하여 의도적으로 관련 당사자의 생명을 종결시키는 행동'이었다.4) 한마디로 요약한다면 네덜란드의 의료계는 능동적이고 자발적인 안락사에 안락사의 정의를 엄격히 제한시켰다. 그러나 앞에 소개한 조사는 실질적으로 시행된 안락사가, 이 정의가 규정한 범주에 제한되지 않고 있음을 보여준다.
1990년에 있었던 129000건의 죽음(1) 중에서 안락사는 약 1.8% 인 2300건(2)이었고, 자살조력은 약 0.3% 인 400건(3)이었다. 만일 의사들이 네덜란드의 표준적인 안락사에 정의를 엄격하게 고수했다면 안락사 및 자살조력의 사례는 이 두 건을 합한 2700건에 엄격하게 제한되었어야 한다. 그러나 조사표가 명확히 보여 주듯이 안락사 및 자살조력의 경우들은 2700건에 제한되지 않았다.
첫째로, 의사들이 환자의 명백한 요청이 없는 경우에도 생명종결을 서두르려는 목적으로 약을 투여한 사례가 1000건(약 0.8%)에 달했다(4).
둘째로, 통증을 완화시키는 목적으로 사용되는 약제를 과도하게 투여함으로써 거의 확실하게 환자의 생명을 단축시키고자 한 경우가 22500건(약 17.5%)에 달했다(5). 이 중에서 14625건(65%)의 경우에 의사는 생명단축의 가능성을 고려하여 약을 투여했다. 6750건(30%)의 경우에 '부분적으로 생명을 단축시키고자 하는 목적으로' 약을 투여했으며(7), 1350건(6%)의 경우에 '생명을 단축시키고자 하는 명백한 목적을 가지고' 약을 투여했다(6).

셋째로, 의사들은 또 다른 25000건의 경우에 환자의 요청이 없어도 치료를 유보 또는 중단했는데(8), 이 가운데 22500명(90%)이 사망에 이른 것으로 조사되었다. 이 가운데 16250건(65%)의 경우에 생명단축의 가능성을 고려하여 치료가 유보 또는 중단되었다. 그러나 4750건(19%)의 경우에 '부분적으로 생명을 단축하려는 목적으로' 치료가 유보 또는 중단되었고(10), 4000(16%)의 경우에 '생명을 단축시키려는 명백한 목적으로' 치료가 유보 또는 중단되었다(9).

넷째로, 의사들은 약 5800건(4.5%)의 경우에 적어도 부분적으로 환자가 죽음을 앞당기려는 의도를 가지고 요청을 하는 경우에 치료를 유보하거나 중단했다(11). 이 가운데 4292건(74%)의 경우에는 부분적으로 생명을 단축시키려는 목적을 가지고 치료를 유보하거나 중단한 반면에(13), 1508건(26%)의 경우에는 '생명을 단축시키려는 명백한 목적을 가지고' 치료를 유보하거나 중단했다(12). 인터뷰가 진행되었을 때 이 가운데 4756명(82%)가 죽었다.

위원회는 위의 조사결과를 근거로 하여 네덜란드에서의 안락사와 자살조력은 2700건에 엄격히 제한되었기 때문에 네덜란드에서 안락사가 과도하게 남용되었다는 가정을 뒷받침해 주는 것은 아니라고 주장하지만, 1990년에 시행된 실질적인 안락사의 전체 수치는 2700건을 훨씬 상회하여 56000건(전체 죽음 총계의 43%)이 실질적으로는 안락사 또는 조력자살의 과정을 거쳐서 죽음에 이르렀다는 사실을 보여주고 있다. 문제는 안락사시행의사들이 전제한 안락사와 자살조력에 관한 정의가 너무 폭이 좁아서 실질적인 안락사관행들을 다 포괄하지 못한다는 데 있다.

3. 안락사의 정의와 미끄러운 경사면 논증

앞에 제시된 조사표와 네덜란드의 표준적 안락사 정의, 그리고 의사들이 합법적인 안락사허용조건으로 제시한 규정들을 검토해 보면, 안락사를 엄격하게 규정한 정의와 조건들 그 자체 안에 이미 안락사의 범주를 넓게 확대할 수 있는 논리적 빌미들이 이미 내재해 있음을 발견할 수 있다. 이 점은 다양한 각도에서 지적될 수 있다.

1) 레멜링크 위원회는 네덜란드의 표준적 안락사 정의를 받아 들여 안락사를 다음과 같이 정의한 바 있다. 안락사는 '관련 당사자의 요구가 있을 때 관련 당사자가 아닌 누군가에 의하여 의도적으로 관련 당사자의 생명을 종결시키는 행동'이다. 그런데 조사표는 안락사가 능동적이고 자발적인 안락사나 자살조력에만 머무르지 않고 크게 확대되었음을 명백히 보여주고 있는데, 위원회는 안락사의 이와 같은 확대를 '이중효과의 원리' 논증에 의지하여 안락사의 범주로부터 배제하기 위하여 안간힘을 썼다. 이중효과의 원리란 A라는 결과를 기대하고 어떤 행위를 했을 때 예상하지 못했던 B라는 결과가 나타났을 때, 의도했던 A라는 결과가 선한 결과이고 의도와는 달리 실제로 나타난 B라는 결과가 악한 결과라면 이 행위는 도덕적으로 악한 행위로 판단되지 않는다는 논증이다.5) 곧 위원회

는 안락사의 범위가 표준적인 네덜란드의 안락사 정의가 규정한 범주를 넘어서서 크게 확대되었다는 조사표의 해석에 대하여 의사가 환자의 고통을 경감시키려는 목적을 가지고 약제를 투여했는데 환자가 죽음에 이르렀을 경우까지를 안락사의 범주에 집어넣는 것은 안락사의 범주를 지나치게 부풀린 것이라는 논증을 제시했다.6) 그러나 이 논증은 정직하지 못한 논증이다. 의사가 고통의 경감을 목적으로 약제를 투여했다 하더라도 사용된 약제의 투여가 명백하게 환자의 생명을 종결시킬 수밖에 없는 내용을 지닌 약제라면 이 의사는 환자의 생명의 종결을 목적으로 할 뿐만 아니라 생명종결을 위한 행위를 한 것이라는 비판으로부터 자유로울 수 없다. 예를 들어서 한 아들이 아버지로부터 재산을 상속받을 목적으로 커피에 독약을 타 넣어서 아버지를 죽음에 이르게 했다고 가정해 보자. 이때 이 아들의 목적은 아버지로부터 재산을 상속받고자 하는 것이었다. 그렇다면 이 아들의 주된 목적이 재산상속에 있기 때문에 아들이 독약을 커피에 타 넣은 행위에 대하여 아버지를 죽이려는 의도를 가지고 한 살인행위였다는 비판으로부터 이 아들이 자유로울 수 있는가? 결코 자유로울 수 없다.7) 안락사로 유명해진 의사 잭 케보키안이 법정에서 재판받을 때 자신의 행동을 이중효과의 원리에 의지하여 변호했다. 그는 자신의 행동은 살인하고자 하는 의도는 없이 다만 고통의 완화만을 의도한 행동이었다고 주장했다. 그러나 케보키안의 변호는 진실성이 의문시되었는데, 그 이유는 그가 사용한 일산화탄소(carbon monoxide)는 모르핀과는 달리 사람을 죽이지 않고는 고통을 제거할 수 없는 물질이었기 때문이다.8)

2) 1984년 네덜란드 보건협회의장인 보르스트 아일러 여사는 안락사문제를 다루고 있었던 알크마르지방법원의 요청을 받고 합법적인 안락사의

요건을 다음과 같이 정리했다.

(1) 안락사의 요청은 환자로부터만 와야 하며, 완전히 자유롭고 자발적으로 이루어져야 한다.

(2) 환자의 요구는 충분히 숙고되고 끈기 있고 지속적으로 표현되어야 한다.

(3) 환자는 회복의 전망이 없는 가운데 견딜 수 없는(반드시 신체적인 견딜 수 없음으로 제한시킬 필요가 없음) 통증을 느껴야 한다.

(4) 안락사는 최후의 수단이어야 한다. 환자의 상황을 경감시키기 위한 다른 대안들이 고려되었어야 하며, 결함이 있음이 발견되었어야 한다.

(5) 안락사는 의사에 의하여 시행되어야 한다.

(6) 의사는 이 분야에 경험이 있는 동료의사와 협의해야 한다.9)

이 요구조건 가운데 환자의 고통의 성질을 묘사하는 3항의 '견딜 수 없는'이라는 표현은 주관적인 해석의 여지가 많을 뿐만 아니라 정확하게 정의하기도 어려워서 질병에 기인하지 않은 다양한 형태의 고통들도 모두 포괄할 수 있다.10) 예컨대 네덜란드에서 저명한 안락사시행의사는 환자가 스스로 가족들에게 짐이 되고 있고 또한 자신이 죽을 것을 가족들이 바라고 있음을 느끼고 있기 때문에 안락사를 원한다고 말한다면 자기 자신은 이 환자의 경우도 '견딜 수 없는 고통'의 범주에 넣을 것이며 안락사를 배제하지 않을 것이라고 답변했다.11)

3) 조사표상 네덜란드의 표준적인 허용 가능한 안락사와 자살조력의

정의에 부합하는 경우인 (1)과 (2)를 합한 2700건은 환자의 자발적인 의사표현을 전제로 한 것이다. 그러나 Van der Maas 보고서에는 어느 곳에서도 환자의 '자발성'을 언급하거나 묻는 항목이 없으며, 환자의 요구가 자발적임을 입증하는 어떤 장치도 제시되어 있지 않다.12) 2700건 중에서 60%의 경우에 환자의 요구는 구두로 전달된 것으로 되어 있으며,13) 환자를 간호사가 돌본 경우에는 의사가 간호사와 상담조차 하지 않은 것으로 판명되었다.14) 또한 환자의 요구를 들었다고 말하는 의사의 말을 증명할 수 있는 장치도 갖추어져 있지 못할 뿐만 아니라 생명종결을 원하는 환자의 요청이 없는 경우에도 의사가 환자의 생명을 종결시키려는 의도를 명백하게 혹은 부분적으로 지니고 치료에 임하는 경우가 34100건(전체 죽음수치의 26%)에 달했다. 이와 같은 결과는 안락사의 정의와 요구조건이 말하는 '자발성'이라는 단어만으로는 실질적으로 의사의 주관적인 판단에 따라 안락사를 확대 적용하는 것을 막지 못한다는 것을 의미한다. 환자의 자발성이라는 단어에는 생명을 단축시키려는 의사의 의도를 규제할 논리적이고 규범적인 힘이 없다.

문제는 환자가 자발적으로 생명종결을 요구했다 하더라도 환자의 요구를 액면 그대로 받아들이는 것은 문제가 있다. 바틴이 잘 지적한 것처럼 환자는 세 가지 형태의 조작된 압력에 직면해 있다. (1) 가족, 친지, 친우들이 "너는 이제 갈 때가 되었다"고 말함으로써 환자를 압박한다(interpersonal abuse). (2) 의사가 전문가로서의 권위를 빙자하여 환자의 미래를 자의적으로 재구성하여 제시한다(professional abuse). (3) 환자에 대한 진료를 거부하거나, 환자의 상황을 인위적으로 불리하게 조작하거나, 재정부담을 엄청나게 가중시킴으로써 죽음 이외에는 대안이 없음을 암시한다(institutional abuse).15) 이때 환자가 겉으로는 안락사를 요청해도 속마음은 사람들과의 접촉과 애정과 같이 있어 주는 것과 격려를 요청하고 있다고 보아야 한다. 환자는 죽어가면서도 사람들과 만나고 싶어 하며, 절망에 대항하여 영혼의 힘을 북돋우어 주는 말과 행위를 요구한다. 환자는 다른 사람들에게 의존해서 살아야만 하는 자신의 삶도 의미 있는 삶이라고 생각하며, 고통의 삶 속에서도 가치를 발견하며 가족 가운데서 일어나는 일들을 보려는 욕구를 가지며, 죽음을 앞당기는 행위를 죄라고 생각한다.[16] 의사는 환자의 고통을 멈추게 하겠다는 단순한 긍휼의 실천의 차원을 넘어서서 죽어가고 있지만 살아 있는 자의 인간성에 주목해야 한다. [17]

4) 명백한 요청이 없는 상황에서 의도적으로 생명을 종결시키는 행위 (4)의 경우에 해당하는 1000건의 경우는 혼수상태나 치매상태의 환자들처럼 의사표현능력이 없는 환자들의 경우를 말하는데, 이 경우에도 14%는 완전히 의사표현능력이 있는 것으로 확인되었으며, 11%는 부분적으로 의사표현능력이 있는 것으로 확인되었기 때문에 수치의 정확성과 정직성에 문제가 있다.[18] 뿐만 아니라 이 환자들 가운데 21%는 1-4주 가량, 그리고 7%는 1-6개월 정도 더 살 수 있었던 것으로 조사되었다.[19] 더욱이 의사가 환자를 안락사시킨 이유의 목록에는 '회복의 전망이 없다'(60%), '온갖 치료를 다 동원해도 낮지 않는다'(39%), '불필요하게 생명을 연장하는 것을 피해야 한다'(33%), '가족들이 환자를 지원할 능력이 없다' (32%), '삶의 질이 낮다'(31%) 등이 열거되어 있고 '고통'은 가장 낮은 비율(30%)를 차지했다.[20] 뿐만 아니라 환자의 명백한 요청이 없음에도 불구하고 환자를 안락사시킨 경우는 최소한 26000건(죽음 총수의 약 20%)에 달했다는 사실은 문제의 심각성을 가중시킨다. 위원회는 명백한 요청이 없는 상황에서의 안락사를 '죽어가는 자를 위한 돌봄'이라고 미화

시켰는데, 이 표현을 시류에 영합하는 완곡어법이다. 결국 위원회는 명백한 요청이 없는 경우 의도적으로 생명을 종결시키는 행위를 살인이 아닌 어떤 다른 행동으로 보아야 한다는 결론을 내렸다.21) 이처럼 네덜란드의 표준적인 안락사의 정의와 합법적인 안락사 요구조건은 안락사의 범주가 확대되는 결과를 논리적으로 막을 수 있는 장치를 가지고 있지 못했다.

5) Van der Maas 조사결과를 검토해 보았을 때 안락사가 과연 최후의 수단으로 사용되었는가하는 문제에 대하여 심각한 의문을 제기하지 않을 수 없게 한다. 의사들은 다섯 경우 가운데 한번은 대안치료가 있음에도 불구하고 대안치료를 거부했다.22) 어떤 대안도 존재하지 않는다고 결론을 내린 의사들 가운데 1/3이 동료로부터 충고를 구하지 않았다.23) 더 심각한 문제는 대안이 없다고 생각한 의사들 가운데 4/5가 '안락사에 대한 대안'을 생각했던 것이 아니라 '현재 시행되고 있는 치료에 대한 대안'을 생각하고 있었다는 점이다. 예컨대, 완화의료(77%), 연명 치료(10%)와 같은 치료법이 있음에도 불구하고 대안치료가 없다고 판단했다는 것이다.24) 조사에 응한 의사들 가운데 40%는 "고통과 증상을 적절히 경감시키고 죽어가는 환자를 인격적으로 잘 돌보기만 해도 안락사가 필요없어진다"는 점에 동의했다. 그럼에도 불구하고 위원회는 표준적인 안락사와 자살조력에 해당하는 2700건의 경우에 안락사가 완화의료와 말기간호의 대안으로 사용된 것이 아니라고 결론을 내리고 있다.25)

4. 미끄러운 경사면: 논증의 법제사적 현실화

안락사 및 조력자살에 관련된 네덜란드 입법의 역사는 미끄러운 경사면 논증의 살아있는 표본이다. 네덜란드 법은 안락사 및 조력자살을 형사처벌을 받아야 할 범죄로 규정했던 최초의 입법으로부터 점차 그 조건을 완화시켜 가다가 마침내 안락사를 전면적으로 허용하는 안락사 및 조력자살 허용입법으로 귀결되었다.26) 그 과정이 어떻게 전개되어 왔는가를 살펴 보자.

1) 1886년에 제정된 네덜란드 형법-안락사와 조력자살을 형사처벌 받아야 할 범죄로 규정.27)

안락사는 최고 12년 징역형을 선고받을 수 있었고, 조력자살은 최고 3년 징역형을 선고받을 수 있었다.

2) 1973년 G.E. Postma-van Boven 사건: 최초의 안락사 및 조력자살 허용조건제시.

안락사와 관련된 최초의 중요한 법적 결정은 레우바르덴 지방법원을 통하여 제시되었다. 1971년 프리슬란드 지방의 어느 여의사가 중병에 걸린 자기 어머니에게 치사량에 이르는 모르핀을 주사하여 죽음에 이르게 했다. 이 의사의 어머니는 딸에게 반복하여 자기 생명을 종결시켜 달라고 애원했고, 딸이 이 애원을 들어 줌으로서 안락사가 이루어졌다.

레우바르덴 지방법원은 생명을 단축시키는 행위는 네가지 조건 하에서 이루어질 때만 허용될 수 있다고 판시했다.

(1) 환자가 질병 또는 사고로 치료불가능한 질병 상태에 있을 때.
(2) 환자가 견디기 어려운 신체적이거나 정신적인 고통이 있을 때.
(3) 환자가 자기 생명을 종결시키기를 원하는 의사를 표현할 때.
(4) 생명종결을 위한 시술이 의사에 의하여 이루어질 때.

문제가 된 사건의 경우에는 여의사가 사용한 수단이 정당하지 못한 것으로 판단되었기 때문에 불가항력에 호소한 여의사의 호소는 기각되었다. 이 여의사는 형법 293조를 범한 것으로 판단되었고, 일년간의 집행유예에 일주일간의 징역형을 선고받았다.

이 판결은 매우 중요하다. 왜냐하면 안락사 및 조력자살에 관하여 향후에 법적인 결정을 내릴 때 이 판결이 제시한 조건들이 판단기준으로 사용되었기 때문이다.

3) 1981년 C. Wertheim - Elink Schuurman 사건: 조력자살허용기준제시.

두 번째 중요한 법적인 판결은 로테르담 지방법원의 판결이다. 문제가 된 사건은 의사가 아닌 어느 여인이 또 다른 여인의 자살을 도와 준 사건이다. 이 여인은 자살하고 싶어 하는 여인의 요청을 듣고 치사에 이르는 약물을 주입하여 죽음에 이르게 했다. 자살한 여인은 알콜중독자였고, 어린 시절부터 줄곧 불행한 삶을 보냈다. 그녀는 격리된 상태에서 살았으며, 암으로 고통을 받고 있었던 것으로 추측되었다.

로테르담 지방법원의 소견은 다음과 같았다.

(1) 오늘날은 형법이 제정되던 당시와는 달리 많은 사람들이 예외

적인 상황에서는 자살 그 자체를 받아들일 수 없는 행동으로 간주하지 않는다.
(2) 문제가 된 당사자에게 있어서나 주위 사람들에게 있어서 중요한 것은 자살이 혐오스러운 방법으로 일어나서는 안 된다는 것이다.
(3) 자살은 일반적으로 타인의 도움이 없이는 가능하지 않다. 로테르담 지방법원은 레우바르덴 지방법원이 제시한 기준을 받아들인 후에 이 기준들에 새로운 기준을 첨가했다.
(4) 도움을 제공하고자 하는 결정은 한 사람에 의해서만 내려져서는 안 되고 도움 제공 시에 사용할 수단을 제공할 의사 한 명이 반드시 참여해야 한다.

로테르담 지방법원은 문제가 된 사건의 경우에 자살을 도와주었음이 입증된 것으로 간주했다. 이 여인의 행위는 대부분의 조건을 충족시키지 못했기 때문에(더욱이 이 여인은 의사가 아니었다!), 비상상황이라는 의미에서의 불가항력에 대한 호소는 존중되지 않았다. 이 여인은 일년간의 집행유예와 6개월간의 징역형을 선고받았다.

이 판결의 의미는 자살을 도와주는 경우에 비상상황에서의 불가항력에 호소할 때 호소가 받아들여질 수 있는 조건을 마련했다는 데 있다.

4) 1983년 P.L. Schoonheim 사건: 안락사에 대한 최초의 법적 허용.
어느 가정의가 어느 노파의 명백하고도 열렬한 요구를 듣고 치사의 약물을 주입함으로써 그녀의 생명을 종결시켰다.

알크마르의 지방법원은 의사에 대한 소송을 기각했다. 기각의 사유는 다음과 같았다.

(1) 생명종결의 자기결정권이 이전보다 더 폭넓은 영역 안에서 받아들여지고 있다.
(2) 인정해 줄만한 방법으로 자기 자신의 생명을 종결시키기 위해서는 제3자의 도움이 필요하다. 따라서 환자가 자유의사에 의하여 생명을 종결하고자 하여 도움을 요청할 때 도움을 제공한다면, 형식적으로는 형법 293조를 범한다고 할 수 있지만 실질적으로 위법이라고 볼 수 없다. 바꾸어 말한다면, 그 자체로서는 처벌받을 수 있는 행동(안락사시행)이라 할지라도 그 행동이 허용된 목적(인정해 줄 만한 방법으로 환자가 자신의 생명을 종결시킬 권리)에 이르기 위한 유일한 수단일 때는 처벌될 수 없다.
(3) 이 도움의 제공이 실질적으로 위법성이 없다는 말은 도움을 요청하는 자가 지속적인 고통을 당하는 상태에서 충분히 숙고한 후에 나온 요청일 때에 한하여 받아들여질 수 있다. 이 문제를 판단할 때나 도움을 제공할 때 커다란 주의가 요구된다.

알크마르의 지방법원의 결정이 갖는 의미는 네덜란드 역사상 처음으로 형법 293조에 명시된 안락사임이 입증이 되어도 처벌받지 않아도 되는 것으로 간주되었다는 데 있다.

한편 암스테르담 고등법원은 알크마르 지방법원의 결정을 무효화시켰다. 암스테르담 고등법원은 실질적인 위법성이 없다는 요구를 받아들이지 않았을 뿐만 아니라 비상한 상황이라는 요구도 환자가 고통을 견딜 수 없다는 것을 객관적으로 증명할 수 없다는 이유로 기각되었다. 1984년 대법원은 암스테르담 고등법원이 불가항력에 대한 호소의 동기가 불충분하다는 이유로 이 사건을 헤이그 고등법원으로 되돌려 보내기에 앞서서 안락사는 비상상황에 대한 호소가 제시될 경우에 일정한 조건 안에서 허용된다고 판시한 바 있다. 이 판결은 안락사에 대한 네덜란드 대법원의 최초의 진술이다. 1986년 헤이그 고등법원은 비상상황에 대한 요청을 받아들여 문제의 의사에 대한 모든 법적인 소송을 기각했다.

대법원의 판결은 두 가지 특징을 보여 주었다. 첫째로, 이전까지는 다가오는 차를 피하도록 하기 위하여 길에서 사람을 밀쳐내는 행동을 정당화할 때처럼 생명을 구하는 행동을 뒷받침하는 근거로 사용되어 왔던 불가항력의 논증이 생명을 죽이는 행위를 뒷받침하는 논증으로 사용되었다. 둘째로, 이 판결은 고통을 경감시키는 의무가 사람을 죽여서는 안 된다는 의무를 능가하는 이유를 제시하지 못했다.28)

5) 1993-1995년 B.E. Chabot 사건: 질병에 기인하지 않은 고통에 대한 자살조력을 허용.

이 사건은 어느 여인이 어느 정신과 의사가 처방해 준 약을 먹고 목숨을 끊은 사건이다. 이 여인은 신체적으로는 건강했다. 정신과 의사는 이 여인이 우울증이 동반된 심각한 불행을 느꼈으나, 정신병적인 장애는 없었다고 결론 내렸다. 이 여인은 결혼에 관련된 문제들과 이 문제들로부터 기인한 이혼, 그리고 그녀의 두 아들들의 죽음 등의 문제들 때문에 오랜 세월동안 정신적인 고통을 겪었다. 목숨을 끊으려는 몇 차례의 시도 끝에 이 여인은 정신과 의사인 샤보트와 접촉했다.

이 사건에 대하여 아쎈 지방법원이 내린 판결문에서는 신체적 고통과 정신적 고통이 구분되지 않았다. 그러나 정신적 고통은 언제나 아주 쉽게 뚜렷한 신체적 혹은 정신적 질병과 연결되어 나타날 수 있었다. 그런데 이 사건에서는 다른 상황이 전개되었다. 이 여인이 겪어야 했던 정신적인 고통은 신체적인 질병이나 명백한 정신적인 질병 그 어디에도 그 원인이 있지 않았다.

아쎈 지방법원은 판결문에서 이 여인이 정신병이라는 의미에서 질병상태인가의 문제는 다루지 않았다. 판결문에서 중요시되었던 문제는 그녀의 고통이 견디기 어려운 것이었고, 회복될 전망이 없다는 점이었으며, 그녀의 도움요청이 자유로운 결단 안에서 충분히 숙고된 가운데 이루어진 것이었는가 하는 점이었다. 이런 요구조건들은 고전적으로 안락사를 허용하는 법적 조건들이다. 어떤 원인으로부터 고통이 오게 되었는가 하는 문제를 재판관들은 중요시하지 않았다.

아쎈 지방법원은 자살조력이 입증되기는 하지만, 여인에게 있어서는 견디기 어렵고 회복의 전망이 없는 고통을 겪고 있다는 사실이 고려되어야 한다고 판시했다. 이와 동시에 법원의 판결은 정신과 의사가 신중하고 의학적으로 책임 있는 자세로 요구에 반응해야 함을 강조했다.

아쎈 지방법원은 비상상황에서의 불가항력이라는 의사의 청원을 존중했고, 소송은 기각되었다. 레우바르덴 고등법원에서의 상고심에서도 판사는 동일한 결론을 내렸다. 마침내 사건은 대법원에까지 올라갔다. 대법원은 거의 대부분의 논점들에 대하여 아쎈 지방법원과 레우바르덴 고등법원의 견해를 따랐으나, 샤보트는 한 가지 논점에 있어서는 결함이 발견된다고 판시했다. 그는 환자의 의사를 묻지 않고 두 번째 정신과의사에게 검사를 맡겼다. 대법원은 샤보트를 유죄로 판명했으나 형벌을 부과하지는 않았다.

아쎈 지방법원, 레우바르덴 고등법원, 대법원의 판결은 최초로 고통과 고통의 원인이 되는 질병과 분리되어 다루어졌다는 점에 의의가 있다.

6) 1998-2001, Ph. Sutorius 사건: 단순히 삶에 지친 사람의 자살조력에 관한 논의.

1998년 4월 전직 노동당국회의원인 E. Brongersma가 가정의 수토리우스가 처방해 준 약물의 도움을 받고 목숨을 끊는 사건이 발생했다. 이 사람은 심각한 신체적이거나 정신적인 질병을 가지고 있지 않았다. 다만 자신의 삶이 견디기 어렵다고 느낄 뿐이었다. 2000년 10월 할렘 지방법원에 이 사건이 송치되었을 때 핵심적으로 다루어졌던 문제는 이 경우에 견딜 수 없고 회복이 불가능한 고통이 있다고 볼 수 있느냐 하는 것이었다. 판결문은 의료윤리에 있어서는 견딜 수 없는 고통이 무엇인가 라는 질문에 대해서는 좁은 의미든 넓은 의미든 합의된 답변이 없다는 점을 지적한 뒤에 이 용어를 넓은 의미로 이해하였다. 뿐만 아니라 할렘 지방법원은 Brongersma에게 있어서는 개선이나 변화의 전망도 전혀 없었고, 그 때문에 그의 상황이 회복의 가망이 없다는 사실을 받아 들였다. 이로써 안락사를 합법화시킬 수 있는 모든 조건들이 충족되고 수토리우스가 불가항력 조항에 호소한 것은 성공적이었다. 피의자는 처벌받지 않았고 피의자에 대한 모든 법적 소송은 기각되었다.

검찰은 이 판결에 대하여 반발하여 항소했다. 이 사건의 경우에 견딜 수 없고 회복이 불가능한 고통이 성립될지 의문이라는 점이 항소의 이유였다. 검찰의 의견은 Brongersma는 '삶에 지친' 사람으로서 이런 사유는 구 안락사법이나 심지어 2002년의 신안락사법도 그 적용범위를 제한시키고 있는 의료의 영역 안에 들어오지 않는 사유라는 것이다.

2001년 5월 8일 암스테르담 고등법원은 두 명의 전문가들을 선정하여 견딜 수 없고 회복가능성이 없는 고통에 관한 불확실한 부분들을 자세하게 조사할 것을 명령했다. 반년 뒤인 2001년 11월에 전문가들은 보고서를 제출했다. 두 전문가는 Brongersma 사건은 의료의 영역 밖에 있는 문제라는 소견을 밝혔다. 이 소견에 근거하여 암스테르담 고등법원은 이 사건은 도움을 제공하는 시점에 적용되는 안락사관련규정에도 들어맞지 않을 뿐만 아니라 2002년의 [요청을 받고 생명을 종결시키거나 자살을 도와주는 행위를 시험하는 법률]의 범주에도 들어맞지 않는다고 판시했다.

12월 6일에 암스테르담 고등법원은 수토리우스를 유죄로 선언했다. 그러나 이 의사는 실질적으로는 어떤 처벌도 받지 않았다. 암스테르담 고등법원에 따르면 자살조력이 질병으로 말미암지 않은 고통의 경우에 고통이 시작되는 단계에서도 정당화될 수 있느냐라는 문제를 둘러싸고 벌어지는 논쟁은 별다른 의미가 없다. 2001년 말 수토리우스는 암스테르담 고등법원의 판결에 대항하여 상고했다. 2002년 12월 17일 대법원은 이 사건에 대한 심리를 진행했다. 검찰부총장은 대법원에게 이 사건을 헤이그 고등법원으로 이송하라고 권고했다. 그러나 12월 24일 대법원은 다르게 결정했다. 대법원은 암스테르담 고등법원의 판결을 존중하여 수토리우스를 유죄로 판결했다.

지금까지 살펴 본 바와 같이 안락사 및 자살조력은 지속적으로 허용범위를 넓혀 왔으며, 이 과정에서 안락사 및 자살조력을 허용하는 조건들이 발달해 왔다. 2002년 [요청에 의한 생명종결과 자살조력을 시험하는 법률]이 발효되기까지 의사들은 이 요구조건들을 충족시키면 비상상황에서

의 불가항력이라는 정당한 근거에 호소할 수 있었다.29)

안락사 및 자살조력은 형법 293조와 294조가 말하는 범죄에 부합한다는 사실이 입증되지만, 처벌되지는 않고 있는데, 그 이유는 비상한 상황이 있고 또 의무간의 충돌이 일어나고 있기 때문이다. 의사는 한편으로는 생명을 보호해야 하는 의무를 지니고 있지만, 다른 한편으로는 인간을 견딜 수 없는 고통으로부터 해방시켜야 할 의무를 지니고 있다. 예를 들어서 안락사를 제공하거나 자살조력을 제공하는 것은 후자의 의무에 속한 것으로 간주된다. 그런데 새로운 법률이 발효된 뒤에는 더 이상 의사가 불가항력조항으로 도피해 들어갈 필요가 없어졌다. 형법 안에 특별한 처벌면제 근거가 마련되었기 때문에 요청에 의한 생명종결과 자살조력을 제공하는 의사는 더 이상 처벌받지 않아도 된다. 2002년 신법률은 안락사허용조건을 다음과 같이 규정했다.

(1) 의사는 자유의사에 의하여 충분히 숙고된 환자의 요청이 있는가를 확인해야 한다.
(2) 의사는 회복의 전망이 없고 견디기 어려운 환자의 고통이 있는가를 확인해야 한다.
(3) 의사는 환자에게 환자가 만나게 되는 상황과 앞으로의 상태에 대하여 사전에 고지해야 한다.
(4) 의사는 환자가 처해 있는 상황을 해결할 수 있는 어떤 다른 합리적인 해결방안도 없다는 사실을 환자와 함께 확신해야 한다.
(5) 의사는 적어도 의사 자신과는 아무런 연고도 없는 다른 또 한 명의 의사와 협의를 해야만 한다. 이 의사가 누구인가는 환자가 알고 있어야 하며, 이 의사는 앞에 열거한 요구조건들에 관

한 자기 자신의 판단을 서면 상으로 제출해야 한다(정신적 고통이 있는 경우에는 정신과의사가 상담의 대상이 되어야 한다).
(6) 생명종결과 자살조력은 의학적으로 신중한 방법으로 시행되어야 한다.30)

이와 동시에 의사는 시의 검시관에게 안락사 혹은 자살조력을 보고해야 한다.31) 검시관은 의사가 제출한 보고서를 다섯 군데의 지역심의위원회(위원회는 의사 한 명, 윤리학자 한 명, 법률가 한 명으로 구성된다)에 보낸다. 위원회는 요구조건에 준거하여 의사의 행동을 심의한다. 의사가 신중하게 행동했다고 위원회가 판단하면 이로써 사건은 종결된다. 그러나 위원회가 문제가 있다고 판단하면 의사에 대한 법적 소송은 계속 진행된다.
한편 새로운 안락사 및 자살조력에 관한 법률이 발효됨에 따라서 관련 형법도 개정되었다.

안락사에 관한 형법 293조는 다음과 같이 개정되었다.
(1) 어떤 사람의 명백하고 진지한 요청을 받고 의도적으로 그 사람의 생명을 종결시키는 사람은 최고 12년의 징역형 혹은 5번째 범주의 벌금형에 처한다.
(2) 1항에서 말하는 사실이 [요청에 의한 생명종결과 자살조력을 시험하는 법률] 제2항에 제시된 요구조건을 충족시킨 의사에 의하여 시행되고, 시행사실이 [시신관리에 관한 법률] 제7조 제2항에 의거하여 시 검시관에게 보고 된다면, 이 사실은 처벌의

대상이 되지 않는다.32)

자살조력에 관한 형법 294조는 다음과 같이 개정되었다.
> (1) 고의적으로 다른 사람을 자살에 이르게 하여 자살이 뒤따른 경우에는 최고 3년간의 징역형 혹은 네 번째 범주의 벌금형에 처한다.
> (2) 다른 사람이 자살에 이르는 것을 의도적으로 돕거나 자살에 이르는 방편을 제공하여 자살이 뒤따른 경우에는 최고3년의 징역형 혹은 4번째 범주의 벌금형에 처한다. 293조 2항도 동일하게 적용한다.33)

5. 나가는 말

지금까지 필자는 세 영역에서 네덜란드의 의료계와 법조계에서 안락사에 대한 인식과 시행사례 그리고 법적인 판결과정을 검토하면서 이 과정 전체가 미끄러운 경사면 논증이 현실적으로 나타나고 있음을 보여주고자 했다.

안락사에 대한 네덜란드의 의료계의 경험적 현실을 여실히 보여주고 있는 레멜링크 위원회의 보고서는 안락사가 '자발적이고 능동적인 안락사'라는 표준적인 엄격한 안락사 정의와 이를 뒷받침하는 합법적인 안락사 요구조건에만 한정되지 않고 환자의 명백한 요청이 없는 경우에까지, 통증완화를 위한 치료의 경우에까지, 환자의 요청이 없는 경우에까지 확대 적용되었다는 사실을 증명해 주었다.

이와 같은 확대적용에는 표준적인 안락사와 합법적인 요구조건의 문구 그 자체가 지닌 의미의 모호성과 자의적으로 해석될 수 있는 가능성에 기인하는 것이었다. 우선 이 정의와 요구조건은 통증완화라는 목적으로 죽음을 이용하는 관행을 논리적으로 막지 못했다. '견딜 수 없는 통증'의 범주의 모호성은 신체적인 통증의 범위를 넘어서서 정신적인 통증, 나아가서는 환자가 아닌 사람들의 일상적인 고통까지 안락사의 범주를 넓히는 것을 막지 못했다. 또한 '자발적'이라는 용어 그 자체가 환자의 솔직한 마음과 상황을 반영하지 못하는 한계 때문에 사실상 환자가 강제적으로 안락사당하는 경우까지도 '자발적'이라는 범주 안에 포함시켰다. 표준적인 안락사의 정의와 요구조건은 환자가 의사표명을 할 수 있는 상태인데도 의사표명을 할 수 없는 상태로 분류되는 것을 막을 수 없었고, 심지어 대안치료방법이 많이 있었음에도 불구하고 성급하게 안락사를 대안으로 선택하는 것을 논리적으로 막을 수 없었다.

네덜란드의 안락사관련법제사는 미끄러운 경사면 논증의 현실화를 보여주는 전형적인 사례다. 1886년에 제정된 네덜란드 형법은 안락사와 자살조력을 형사범으로 규정했으나 점차적으로 예외규정들을 부가해가는 방법으로 사실상 안락사와 자살조력을 허용하는 길을 걸어왔다. 1973년 안락사 및 조력자살에 관하여 향후에 법적인 결정을 내릴 때 원용될 조건들이 제시되었고, 1981년에는 자살을 도와주는 경우에 비상상황에서의 불가항력에 호소할 때 호소가 받아들여질 수 있는 조건을 마련했다. 1983년에는 불가항력의 논증이 안락사허용조건으로 사용됨으로써 사실상 안락사가 최초로 법적으로 허용되었다. 1995년에는 질병에 기인하지 않은 고통에 대한 자살조력이 법적으로 허용되었고, 2001년에는 단순히 삶에 지친 사람의 자살조력에 대한 논의가 시작되었다. 마침내 2002년에는 안락사를 법적으로 허용하는 [요청에 의한 생명종결과 자살조력을 시험하는 법률]이 발효되고 이에 준하여 형법 293조와 294조를 개정하기에 이르렀다.

결론적으로 말해서 네덜란드에서의 안락사 및 자살조력에 대한 의료계와 법조계의 현실은 미끄러운 경사면 논증이 생생하게 현실화되는 과정을 보여주었으며, 안락사와 자살조력을 엄격하게 정의하고 엄격하게 요구조건을 설정했다 하더라도 그 범위가 무차별하게 확대 적용되는 것을 막을 수 없음을 증명해 주고 있다. 이와 같은 무차별한 안락사 및 자살조력의 적용으로부터 환자의 생명을 보호하기 위해서는 인간의 목숨은 천하보다 무겁다(마16:26)의 정신에 살려서 안락사 및 자살조력을 초기단계에서 전면적으로 금지시키는 윤리적이고 법적인 결정 이외에 다른 대안이 없다는 사실을 우리에게 주지시켜 준다.

8
영국 신학자들의 안락사 논의

김승호 | 한성교회 담임목사, 장로회신학대학교 강사

최근 의료기술의 급진적인 발달로 인해 안락사의 윤리성에 대한 논의가 과거 그 어느 때보다도 복잡한 양상으로 전개되고 있다. 네덜란드에서 안락사가 합법화된 이후로 세계 여러 나라에서는 안락사의 법제화에 대한 요구가 날로 거세지고 있다. 우리 사회에서도 의료계를 중심으로 안락사의 법제화에 대한 요구가 고개를 들고 있으며 우리사회의 중요한 이슈로 떠오르고 있다. 안락사 논의는 여러 가지 다른 복잡한 이슈들과 연결되어 있어서 간단히 몇 마디로 요약할 수 없다는 특징이 있다. 그런 점에서 안락사 논의는 안락사 자체에 대한 논의와 함께 안락사와 관련된 다양한 이슈들에 대한 심도 있는 분석이 필요하다고 보인다. 본고는 세계 여러 나라에서 진행되고 있는 안락사에 대한 논의 가운데 영국의 신학자들 사이의 논의를 구체적으로 살펴보고자 한다.[1] 먼저, 영국의 의료계와 법원 같은 공적기관들에서 안락사에 대한 인식이 어떻게 변화되어 왔는지를 살펴보고; 둘째, 안락사에 대한 세 명의 영국 신학자들의 주장을 알아보며; 셋째, 이 주장들에 대한 비판적 평가; 그리고 넷째, 결론을 도출해 보고자 한다.

1. 영국의 공적 기관들에서 안락사에 대한 인식의 변화2)

영국의료협회(The British Medical Association)는 '적극적인' 혹은 '직접적인' 안락사 형태들에 대해 반대한다. 그러나 1988년의 '안락사 보고서'와 1992년의 'PVS 환자3) 치료에 관한 논의문서' 사이에는 뚜렷한 변화가 있다. 두 번째 문서에는 '인공영양공급'(artificial feeding)이 의료적 치료이며 이 의료적 치료는 임상적 결정의 기초 위에서 철회될 수 있다'고 언급하고 있다. 영국의료협회 의료윤리위원회는 특히 '위 절개수술 혹은 위 연결튜브에 의한 영양공급은 인공적 과정'이라고 주장했다. 1993년 영국의료협회의 가이드라인에 의하면 PVS 환자가 최소한 일 년 동안 그 상태로 있으며 두 명의 독립적인 의사들과 그 환자를 돌보는 의사가 회복될만한 이성적 기회가 없다고 믿지 않는 한 이 과정이 철회되지 말아야 한다고 자세히 언급했다.

의료윤리학 연구소(The Institute of Medical Ethics)는 PVS 환자에 대해서는 영국의료협회와 비슷한 입장을 채택했으나, '적극적인' 혹은 '직접적인' 형태의 안락사에 대해서는 영국의료협회 보다 한걸음 더 나아갔다. 즉, 선한 양심으로 행동하는 의사는 만일 치료 불가능한 질병에 의해 야기되는 강력하고 끊임없는 고통을 완화시키기 위한 요구가 그 생명을 연장시키는 혜택을 능가한다면 죽음을 돕는 것이 윤리적으로 정당화되며, 이럴 경우 이에 대한 환자의 '지속적인 소원'이 의사에게 알려지는 것이 중요하다는 것이다.

1992년 '애플턴국제회의 프로젝트'(Appleton International Conference Project)는 '생명을 연장하는 의료적 치료를 포기하는 결정을 위한 발전적 가이드라인'을 보고했는데, 이 가이드라인은 두 가지 점에서 영국의료협회의 입장을 넘어서는 것이었다. 첫째, 확실하게 PVS 상태로 진단받은 환자는 이기적인 이권을 갖지 못한다. 인공수화(artificial hydration)와 인공영양공급을 포함하여 사전에 언급한 요청이 아닌 한, 생명을 유지하는 치료를 계속하기 위한 근거를 환자에게 둘 이유는 없다. 비실재적 낙관주의가 지속적으로 허용되는 것은 불친절한 것이며 가족의 적응을 넘어서서 그런 환자를 후원하며 사회적 자원의 연장된 소비를 허용하는 것은 불공정한 것이다. 둘째, 심각하게 말기의 치료 불가능한 고통을 겪고 있는 의사결정능력을 가진 환자들은 때때로 죽음에 이르도록 도움을 요청한다. 직접적으로, 의도적으로 죽음을 야기하는 의료적 행위에 의한 생명의 적극적 종료를 위한 그런 요청은 도덕적으로 정당화될 수 있으며 심각한 고려가 있어야 한다.

1993년 토니 블랜드(Tony Bland)가 사망하도록 허락했던 상원의 판결은 여러 가지 설명을 제공했다. 먼저, 위 연결튜브에 의한 인공영양공급의 기능은 정상적으로 호흡할 수 없는 환자의 폐에 인공적으로 호흡할 수 있게 하는 풍풍기와 유사한 형태의 생명지원형태라고 주장하면서, 항소심 판사들은 블랜드가 생존하도록 허용한 정부가 '의료적 치료와 돌봄'을 성립시켰다는 것에 동의했다. 또한, '환자에 대한 최대의 이익' 개념이 부정적으로보다는 긍정적으로 적용되어야 한다는 일반적인 의견일치가 있었다. 즉, 환자가 인지능력이나 감각능력이 부족하기 때문에 그 생명을 종결시키는 것이 그에게 최대의 이익이라고 주장될 수는 없지만, 아무런 목적없이 침략적인 의료적 치료/돌봄을 끊임없이 계속하지 않는 것이 마침내 그에게 최대의 이익으로 간주되었다. 게다가, 판사들은 이 특별한 케이스에 의해 야기된 공동체의 최대 이익을 고려해야 할 필요가 있다는 관심도 표현했다.

블랜드의 사망을 이끌었던 항소심 판사들의 요청에 의해 이와 관련된 이슈들을 고려하기 위해 상원에 선별위원회가 설치되었고, 1994년 1월 선별위원회는 '의료윤리학에 관한 보고서'를 출간했다. 이 위원회는 PVS 상태의 환자에게 행하는 인공영양공급이나 수화가 의료적 치료의 구성요소가 되는지의 여부에 대해 의견의 일치를 이루지 못했다. 그 결과 그 위원회는 PVS 케이스들을 위한 입법을 제안하지는 않았지만, 전문적 가이드라인을 요청했다. 그래서 매 케이스마다 수화(hydration)/환기(ventilation)의 철회를 위한 요청은 여전히 법정에 가지고 나가야 한다.

1996년 3월 영국의 왕립의과대학(the Royal College of Physicians)은 높은 확실성이 있는 회복불가능성이 진단될 때, '지속적'(persistent)이라는 용어보다는 '영구적인 식물인간상태'(permanent vegetative state)라는 용어의 사용을 추천하면서 가이드라인을 발간했다. 이에 따르면, 머리손상을 당한지 12개월 혹은 다른 원인들로 인해 뇌손상을 당한 지 6개월 이전에는 진단이 행해지지 말아야 한다. 진단은 의식의 교란을 평가하는데 경험이 있는 두 명의 의사에 의해 이루어져야 하며, 그들의 핵심역할은 그 환자가 감각능력이 없다는 사실을 확실히 하는 것이다. 진단에 도달하기 위해서, 그들은 친척들, 돌보는 자들 및 그 환자를 책임지고 있는 간호스탭의 말을 주의 깊게 경청해야 한다. 그런데, 이 가이드라인이 발간된 지 일주일 후에 앤드류스(K. Andrews) 박사는 병원 스탭과 분명하게 의사소통을 했던 두 명의 진단받은 PVS 환자들[4]의 케이스를 보고했다. 이 케이스들은 과거에 PVS 진단을 받은 것이 반드시 믿을만한 것은 아니라고 주장할 수 있는 여지가 있으며, '지속적'(persistent) 상태는 결코 확실성이 있는 지속적 상태로 볼 수 없다는 주장을 할 수 있게 된 계기를 마련해 주었다.

이로써 영국 의료계와 법원의 안락사에 대한 입장이 고정된 형태로 이어져 내려온 것이 아니라 변화되어 왔으며, 특히 의료기관(협회)의 성격에 따라 서로 다른 인식을 갖고 있음을 알 수 있다. 그렇다면, 안락사 문제에 대한 영국 신학자들의 입장은 어떠한지 구체적으로 살펴보기로 하자.

2. 안락사에 대한 영국 신학자들의 입장

영국의 신학자들 가운데 길(R. Gill), 베담(P. Badham), 켐벨(A. Campbell)의 주장을 살펴보기로 한다. 이들 세 학자들의 입장을 한마디로 정리하면, 길이 안락사 법제화에 대해 조심스런 입장으로 남아 있는 반면, 베담은 안락사 법제화에 적극적으로 찬성하는 입장에 서 있고, 켐벨은 이에 적극적으로 반대하는 입장에 서 있다. 이들 세 명의 신학자들이 안락사에 대해 구체적으로 어떤 견해를 갖고 있는지 구체적으로 조명해 보기로 한다.

1) R. Gill 의 입장[5]

길은 이전 시대 영국의 낙태논쟁이 현 시대의 안락사 논쟁과 친화성이 있다고 보며, 낙태논쟁의 교훈을 통해서 안락사 논쟁에 대한 해법을 제시하고자 한다. 그에 의하면, 1968년 영국에서 낙태의 법제화 이후 낙태문제가 영국사회와 교회 내에서 지속적인 논쟁을 야기했던 것처럼 안락사 문제 역시도 지속적인 논쟁 아래 놓이게 되었다는 것이다. 길은 안락사 문제가 이전에는 그리스도인들과 세속주의자들 사이의 논쟁이었는데 이제는 그리스도인들 사이의 논쟁이 되었음을 언급하며 안락사 이슈가 그리스도인들 사이에서의 논쟁이 된 네 가지 원인을 다음과 같이 설명한다.[6]

첫째, 사회에서 안락사에 대한 태도의 변화이다. 낙태의 경우에, 1980년대 중반까지는 여성의 건강이 위험에 빠졌거나 강간을 당했거나 태아에게 어떤 결함이 있는 경우 같은 특별한 경우들에 대해서 기독교인들과 비기독교인들 모두의 광범위한 지지가 있었다고 한다. 1965년 '낙태: 윤리적 논의'라는 영국 성공회의 사회책임위원회의 보고서는 낙태를 위한 법적 기초로서 흠 있는 배아(defective embryos)가 허용되는 것에 대해 반대했지만, 20년 후인 1985년 BSA 조사가에서는 성공회 소속의 매주 교회출석자들의 82%가 그런 경우들에 있어서 낙태를 지지했고, 로마 가톨릭 소속의 매주 교회출석자들의 43%는 뚜렷하게 이것을 덜 지지하지만, 로마 가톨릭 소속의 매월 교회출석자들 가운데서는 이에 대한 지지율이 76%로 증가했다는 사실을 보여준다. 또한, 안락사의 경우에는 정기적인 교회출석자들의 지지가 증가하고 있다고 한다. 1983-84 BSA 조사 전체 샘플 가운데, 76%는 말기 환자에게 허용되는 안락사에 호의적이었지만, 이것은 1994년까지 82%로 증가했다. 교회출석자들을 포함한 대부분의 사람들이 말기 환자에게 안락사 혹은 조력자살을 허용하는 것에 동의했다는 것이다. 길이 1994년 BSA 조사를 토대로 행한 분석에서 추출해 낸 사실은 개인이 교회에 다니면 다닐수록 그녀 (혹은 그)는 안락사 혹은 조력자살의 법제화를 덜 수용한다는 점이다. 게다가 1995년 BSA 조사에서, 응답자들은 말기 환자들을 위한 안락사/ 조력자살에 대해서는 강력하게 지지하지만, 단순히 삶에 지쳐 있으나 말기 환자가 아닌 사람들에 대해서는 거의 지지하지 않으며, 영구적인 코마 상태의 환자로부터 생명 지지를 철회하는데 대한 강력한 지지가 있다고 말한다. 특히 성공회의 정기적인 교회출석자들 가운데서는 평신도 대다수가 최소한 말기 환자들에 대한 안락사를 지지하는 듯이 보인다고 길은 언급한다.

둘째, 의료에서의 변화이다. 길은 여론조사 데이터가 말기 환자의 생명을 종결시키기 위해 의도되는 의료적 보조나 행위에 대해 교회출석자들과 비교회출석자들 양쪽 모두 사이에 광범위한 대중적 지지가 있다는 것을 보여주고 있지만, 단순히 삶(살아있는 상태)에 지쳐있지만 말기가 아닌 환자들에게 안락사를 허용하는 것에 대해서는 공적 지지가 거의 없다는 사실을 언급한다. 1995년 BSA 데이터를 보면, 많은 사람들이 토니 블랜드의 경우를 보면서, 그들 스스로 자기 생명이 점점 더 복잡해지는 현대의학에 의해 부적절하게 연장될 수 있다는 사실에 대해 상당히 두려워한다는 사실이 나타났다는 것이다. 자신이 그런 상황에 빠지게 될 경우, 그런 상태에서 계속 살아있기를 원하는 사람은 소수에 불과하다는 것이다. 여기서 사람들의 두려움은 단순히 다루기 힘든 고통에 직면하는데 대한 두려움이 아니라, 길이 지적하는 바, '지각력이 없는 상태가 연장되는 상태를 직면하는데 대한 두려움'을 의미하고 있다.

셋째, 신학에서의 변화이다. 길에 의하면, 다른 윤리적 이슈들과는 달리, 현대의학에서 창조된 딜레마들은 그 복잡성 때문에 단순냉묘한 입장을 유지하기가 어렵다고 한다. 신학자들은 인간생명이 사랑의 하나님으로부터 주어진 선물이라고 주장하지만, 신앙 없는 사람들은 그렇게 생각하지 않는다는 것이다. 이들에게 안락사는 단지 그들 자신의 선택이지만, 그리스도인들에게 생명은 하나님께서 주시는 것으로 인간의지에 의해 형성되는 것이 아니라는 것이다. 자신의 생명이 은혜의 선물이냐 아니면 자신의 선택에 의한 것이냐에 대한 대조적인 입장 사이가 그렇게 뚜렷하지 않다는 것이다. 그래서 그리스도인 의사들은 여전히 말기 환자나 영구적 코마상태의 환자의 생명을 연장하는데 대한 똑같은 딜레마에 직면한다는 것이다. 이로써, 은혜의 선물인 생명은 감사와 책임감으로 취급되어야 하지만 동시에 생명이 주어지는 대상을 구속하지 말아야 한다는 주장이 설득력을 얻고 있다.

넷째, 법률에서의 변화이다. 길은 낙태의 이슈를 예로 들면서, 1960년대 당시 영국성공회의 사회책임위원회가 법률에서의 변화를 지지했지만 실제로는 의도된 것보다 훨씬 더 낙태를 허용하는 결과를 초래했다고 한다. 1968년 낙태법은 불우한 사람들에 대한 동정심에 기초하여 낙태를 허용했지만 결국 소수를 위한 동정적 기초가 나중에 여성들을 위한 권리로 바뀌어졌다는 것이다. 즉, 초기 낙태가 아이를 출산하는 것보다 산모에게 더 안전하기 때문에 최소한 첫 3개월 내의 낙태는 낙태법이라는 조건에서 항상 정당화될 수 있다는 주장으로 발전했다는 것이다. 길은 네덜란드에서 안락사의 법제화를 예로 들면서, 영국에서도 안락사가 법제화될 경우 이런 위험성을 내포하고 있다고 주장한다.

결국 안락사의 법제화는, 길에 의하면, 덜 동정적인 사회- 마태복음 25장의 명령들과는 더욱 더 거리가 먼 - 를 창조할 수 있으며 그런 사회에서 노인들이나 영구적인 불구자들 같은 사회적 약자들은 자신들의 생명을 연장시키지 않도록 압력을 받는다고 느낄 수 있다는 것이다. 이러한 이유들을 근거로 해서, 길은 안락사의 법제화에 대해 조심스런 입장으로 남아 있다.

2) P. Badham 의 입장[8]

베담은 자의적(voluntary) 안락사의 문제를 말기 질병의 마지막 단계에 있는 사람이 자신의 생명을 종결시키는데 있어서 의료적 보조를 요청할 때의 문제로 본다. 그는 네덜란드의 안락사 법제화가 네 가지 조건을 전제로 하고 있다고 언급한다. 첫째, 그 혹은 그녀의 생명이 종결되어야 한다는 환자의 소원에 대해 전혀 의심이 가지 않도록 환자에 의한 자유 결정이 지속적이라는 분명하고 설득력 있는 증거가 있어야 한다. 둘째, 환자의 결정은 의사들과의 완전한 논의 후에, 그리고 모든 적절한 사실들을 주의하면서 이루어진 정보에 근거한 결정이어야 한다. 셋째, 환자는 돌이킬 수 없는, 연장하거나 견딜 수 없는 고통에 직면해야 한다. 그리고 마지막으로, 환자의 관점으로부터, 고통을 경감시키기 위한 분별력 있는 대안들의 부재상태가 되어야 한다. 베담은 최근 고통을 완화시키는 의료기술이 발달하고 호스피스 돌봄이 활성화되었지만 그렇다고 해도 안락사의 허용요구를 위한 조건은 지속되고 있다고 본다. 그는 죽음의 과정에서 현대의학에 의해 고통을 통제할 수 있다는 믿음이 잘못된 믿음이라 보며 그들이 존엄성을 갖고 죽을 수 있는 권리가 있다는 사실을 환기시킨다. 결국, 그는 네덜란드에서의 사례를 근거로 해서 영국에서도 자의적 안락사가 법제화되어야 한다고 주장한다.9)

베담은 네덜란드에서의 자의적 안락사가 대부분의 경우 환자가 죽음에 가까이 이르렀고 견딜 수 없는 고통 가운데 있는 상황에서 간호사들과 가족과의 협의에 의해서, 또한 환자가 미리 만일 그런 경우에 처해졌을 경우에 안락사에 대한 소원을 표현했던 이해 위에서 이루어진 케이스들이었음을 강조한다. 또한 그는 안락사의 허용이 어떤 노인들에게 두려운 마음이 들게 할 것이라는 사실을 수용하면서도 동시에 정반대의 상황, 즉, 안락사 법에 대한 부재가 노인들에게 또 다른 종류의 두려움 - 즉, 그들의 소원을 무시하여 의사들이 그들의 몸의 전쟁터에서 싸우는 죽음에 반대하는 지루한 전투의 고뇌를 견디도록 강요받을 두려움 - 을 불러일으킨다는 것이다. 이 사실에 근거하여, 베담은 안락사의 위험으로부터보다는 안락사 법의 부재 상태에서 그들이 받을 수 있는 치료로부터의 두려움이

더 클 수 있다고 본다.10)

그는 성경에 기록된 자살의 케이스들에 대해 새롭게 조명하면서 자살의 부정적이지 않은 언급들을 탐구한다. 첫째, 삼손은 자신의 머리 위로 다곤의 집을 허물어뜨리기 위해 하나님에 의한 힘이 주어졌고 그 결과 그는 그의 적들과 함께 죽는다고 기록되어 있다. 둘째, 포획과 조롱의 굴욕을 피하기 위하여 사울왕과 그의 무기 든 자가 자살한다. 이 경우들에 대해 성경은 어떤 부정적인 언급 없이 보도되며 그들의 죽음은 전 이스라엘에 의해 애도를 받았다는 것이다. 또한, 신약성경에서 우리는 물론 가룟 유다가 스스로 목매었지만, 이것은 단순히 언급 없이 보고 되고 있다는 것이다. 또한 베담은 예수의 죽으심에 대해 요한복음에서는 그 죽음을 자기 생명을 내려놓기 위한 예수님 자신의 선택의 산물이라는 사실을 지적한다: '아무도 나로부터 생명을 취하지 못한다, 내가 내 자신과의 조화로 생명을 내려놓는다.' 예수의 가장 사랑하는 비유적 이미지 중의 하나를 보면, 그는 자기 양을 위해 자기 생명을 내려놓을 준비가 되어 있는 훌륭한 목자로서 스스로를 그리고 있으며, 흔히 간과되고 있는 것은 그 비유적 표현이 돌보는 목자가 더욱이 평소대로 그런 선택을 한다는 가정이다. 게다가, 예수는 다른 이를 위해 죽을 준비가 되어 있는 것이 궁극적으로 우정의 진실한 테스트임을 가르쳤다, '친구를 위하여 자기 목숨을 버리는 자보다 더 큰 사랑은 없다'. 베담은 결국 이런 성구들이 교훈하는 바는 죽음이 모든 대가를 지불하고서라도 피해야 하는 궁극적 악이 아니며, 하나의 긍정적 선(a positive good)으로서 정당하게 포용될 수 있는 그 무엇이라는 점을 강조한다.11)

베담은 이전 시대 의료행위에 대한 교회의 부정적 견해가, 생명의 모든 측면들이 하나님의 직접적 통제 하에 있다고 믿었기 때문임을 지적한다.

그리스도인들이 수세기 동안 약의 투여, 외과수술의 실행, 해부학 혹은 의학연구를 위한 시체 해부를 금지했고, 접종과 예방접종의 실천은 맹렬한 신학적 반대에 직면했다는 사실이다. 마취와 분만 시 클로로포름(cloroform)의 사용은 '너는 고통 중에 자녀를 낳을 것'이라는 신적 명령에 직접 도전하는 것으로 보였고, 그러므로 영국과 미국 전체를 통하여 공공 설교단에서 격렬하게 비난받았다는 것이다. 이러한 비난과 반대는 하나님이 원하시는 것에 대해 인내함으로 복종하지 않았다는 사실에 대한 비난과 반대였다. 그러자 점진적으로 이런 태도가 변화되어 이전에 의사가 비난받은 활동이 모든 주류 기독교에 의해 하나님의 사랑의 채널로 보는 인식전환이 일어났다는 것이다. 이런 인식전환의 기초 위에서, 베담은 오늘날 사람들이 의사를 환자의 건강회복을 위해서 하나님의 뜻을 실현하는 사람으로 보듯이, 실제적인 회복의 희망이 없는 곳에서 의사가 한 생명을 평화로운 죽음으로 데려감에 있어서 신적 섭리의 대행자로서 보여질 수 있다고 말한다.[12]

베담은 고통의 문제에 직면한 그리스도인들이 헤로인과 모르핀에 의존하는 무력한 의존자들로서 몇 달 더 오래 생명을 부지하기보다는 그들이 여전히 자신들의 능력을 통제할 수 있는 동안에 자신들의 생명이 끝나게 되기를 희망할 것이라고 말한다. 이것은 그들의 일생을 통하여 마약문화에 반대해서 싸웠고 그들 인생의 마지막 몇 주간 내에 그것에 굴복하기를 원하지 않는 기독교적 가치들에 대해 가장 헌신적인 사람들에 대해서는 특히 진실일 수 있다는 것이다. 또한 베담은 '누구든지 남에게 대접을 받고자 하는 대로 너희도 남을 대접하라'는 황금율의 원리를 따르는 것이, 의사가 말기 상태의 희망 없는 고통 중에 있는 환자에게 도움을 줄 때 역시 적용되어야 하는 원리로 제안한다. 그런 점에서, 그는 안락사의 요청은

기독교적 희망을 부정하는 것이 아니라는 것이다.13)

3) A. Campbell의 입장14)

캠벨은 영국과 뉴질랜드 병원에서의 풍부한 윤리 컨설팅을 한 경험을 바탕으로 안락사 문제에 접근한다. 그는 삶과 죽음에 대한 의료적 결정들은 어떤 소원을 표현할 수 없는 사람들을 위해 만들어질 필요가 있다고 주장한다. 그는 환자에 대한 '방치'와 '치료철회' 사이의 모호성을 지적하면서, 피터 싱어(P. Singer) 같은 자의적 안락사의 옹호자들이 치료철회와 신생아 살해 사이의 경계를 무너뜨리려 한다는 사실에 대해 비판적인 시각을 갖고 있다.15)

그는 환자에게 적절한 돌봄을 제공하기 위한 투쟁과 성가신 의료적 간섭을 피하려는 결심 및 치명적 약물투여로 신속하게 생명을 종결시키려는 결정 사이에 차이의 영역이 있음을 언급하며, 생명을 소중히 다루는 것은 생존을 보장하기 위한 노력이 헛되다는 것이 증명될 때 평화로운 죽음을 보장하려는 관심에 의해 항상 조절되어야 한다고 말한다. 즉, 살해는 금지되지만 치료의 철회는 허용하는 법적 틀에 의해 균형이 유지된다는 것이다. 캠벨은 행동의 결과를 측정하는 이성의 이름으로 이 둘(살해와 치료철회) 사이의 구별을 폐지하려는 피터 싱어의 주장에 반대하며 그것은 의료적 돌봄에 있어서 도덕적 문제를 야기한다고 본다. 그는 호주의 북부 지역에서 통과된 안락사 법안을 예로 들어 자의적 안락사를 규정함에 있어서의 문제점을 지적한다. 그 법안은 안락사를 '나에게 나의 생명을 종결시키는 것을 보조하는' 이라는 구절을 사용함으로 다른 사람에 의한 살해의 행위의 가능성에 대한 언급을 회피하는 경향이 있다는 것이다. 캠벨에 의하면, 이러한 살해의 사실을 모호하게 하는 구절은 살해의 사실을 숨

기는 부정직한 것이라고 말한다.16)

캠벨은 뉴질랜드에서 죽음에 직면한 한 환자의 두 가지 요청 (즉, 인공호흡소생술을 행하지 말아달라는 처음 요청과 환기통 스위치를 꺼 달라는 두 번째 요청)의 예를 들면서, 처음 요청은 생명을 구하는 치료의 거절로 이런 치료의 거절은 뉴질랜드 법에 의해 인정되지만, 두 번째 요청은 단순히 치료의 거절 이상의 의미를 포함하고 있다고 본다. 실제로 환자 자신이 인공호흡장치를 제거한 후 의사가 환자의 호흡상의 고통을 덜기 위해 완화제를 투여했는데, 이 단계에서 의사에 의한 약물투여 행위는 확실히 죽으려는 환자의 요청에 반응한 것이며, 이 단계에서 의사는 환자의 요청에 의해 환자를 죽였고 그것은 자의적 안락사의 행위이자 동시에 범죄행위라고 본다.17)

그는 정의라는 차원에서 안락사의 법제화를 반대한다.18) 첫째, 의료계의 도덕적 틀에 대한 위험이 있다고 한다. 안락사 입법은 그 자체로 살해의 사실이 완곡하게 숨겨진 상태로 합법적 살인의 형태로 발전하기 쉽다는 것이다. 이 주장은 비빌실 논승으로 설명되듯이, 영국에서 낙태의 법제화 이후 낙태가 제정된 법률보다 훨씬 더 나아가게 된 결과를 초래한 것처럼 안락사의 법제화 역시도 그런 결과를 초래하게 될 것이라는 길의 주장과 같은 맥락에 서 있는 입장이라 할 수 있다.

둘째, 허가된 살해의 경계를 규정함에 있어서의 어려움이 있다고 한다. 자살을 시도했다가 실패한 자들 중에는 그 실패가 기쁘고 자신의 삶을 새롭게 인식한 사람들이 있으므로 자발적 안락사의 법제화는 위험요소들을 동반하고 있다는 것이다. 이 주장 역시도 앤드류스(K. Andrews) 박사에 의해 보고된 것처럼, PVS 환자로 판명된 자가 나중에 다시 소생한 경우처럼, 환자의 PVS 여부에 대한 진단의 부정확성을 근거로 안락사가 논의된다는 것은 위험한 일이라는 길의 주장과 같은 맥락에 서 있다.

셋째, 의료보험 배당금이라는 조건에서 정의에 위반된다는 것이다. 치료에 대한 재정적 어려움이 있는 사람들에게 안락사 법제화는 '인가된 도덕적 선택'이 될 수 있다는 것이다. 특히, 켐벨은 앵글하트(Englehartd)의 주장을 언급하는데 그는 자발적 안락사가 도덕적으로 수용할 수는 있지만 이것은 더 나아가 하나의 의무가 될 수 있으며, 의료자원이 고갈되는 미래 세속사회에서 가장 가난하고 연약한 사회구성원들에게는 자발적 죽음이 유일한 대안이라고 느끼게 될 것이라는 주장이다. 이런 상황의 도래는 가난한 자와 약한 자를 위한 기독교적 복음과 가치 그리고 정의로운 사회에 대한 기독교적 이해에도 위배된다는 것이다. 결국 켐벨은 비록 자의적 안락사가 개인의 선택에 대해서 강력하게 호소하고 있지만 보다 복잡한 문제들을 보지 못하고 더 많은 부정과 불공평을 초래하게 될 것이라고 보면서 안락사 법제화에 대해 분명히 반대하고 있다.

3. 비판적 평가

그리스도인 의사로서 호들(P. Howdle)은 길이 안락사의 법제화를 낙태의 법제화와 비교하는데 너무 많은 강조를 하고 있다고 비판한다. 호들에 의하면 블랜드의 케이스는 규범이 아니라 한 예에 불과하며 실제로 일반적인 선을 위해 잘 기초되고 집행된 많은 안락사의 예가 있다는 것이다. 그는 모든 것이 하나님의 창조 목적 안에 있다고 보면서 죽음 그 자체가 종결과 실패의 표시가 아니며 비탈길 논증 때문에 안락사를 반대하는 것은 잘못이라고 주장한다.[19]

렉(I. Leck) 역시 호들과 같은 맥락에서 안락사의 법제화에 대해 이렇게 찬성한다. "만일 당신이 당신 자신처럼 당신의 이웃을 사랑하려 한다면, 만일 그녀 혹은 그가 죽기를 원할 정도로 고통을 겪고 있다면, 그리고 만일 당신이 이 같은 고통을 겪고 있을 때 당신 스스로 죽기를 원한다면, 이것이 당신에게 어떤 이웃의 생명을 종결시키도록 동기를 부여하는 시점에 이르게 하지 않을 수 있겠는가?"20) 그는 안락사의 법제화가 덜 동정적인 사회를 창조할 수 있다는 길의 주장을 공유하면서도, 사악함이 아니라 사랑에 의해 동기가 부여된 어떤 이에 의한 생명의 종결을 나타내는 '윤리적 안락사'가 있다고 믿고 있으며, 사랑에 의해 동기 부여된 어떤 이의 생명종결을 생명의 감금이라고 규정하는 것은 잘못이라고 믿고 있다.

반면, 길은 이러한 자신의 비판자들에게 '절차상 악화'(procedural deterioration)를 언급한다.21) 소수를 위한 낙태나 안락사가 한번 법제화되면 이것은 분별 있는 선별을 강요하기 어렵고 곧 다수를 위한 허가증으로 변한다는 것이다. 낙태법의 법제화 이후 현재까지 요구하는 대로 낙태가 행해지며, 낙태법에 나타나는 모든 조항들이 무시되어 왔다는 것을 지적하면서, 안락사의 경우에도 이 같은 위험성으로 인해 길은 안락사의 법제화에 반대하는 입장을 견지하고 있다.

오펜하이머(H. Oppenheimer)는 베담이 제기하는 죽음에 대한 성경구절의 해석에 대해 반론을 제기한다. 베담이 해석하는 바와는 달리, 오펜하이머는 복음서에서 예수님은 죽기를 원하지 않았으며 사람의 구원을 위해서 자기 생명을 내놓으신 것으로 이해하며 삼손의 죽음 역시 블레셋 사람들을 죽이기 위해 다곤의 신전을 무너뜨린 것이지 스스로 죽음을 선택한 것은 아니라고 주장한다.22) 파슨즈(S. Parsons)는 안락사 법제화를 찬성하는 베담의 논지 가운데서 나타나는 개인주의에 주목하며, 도덕적 논의에서 이러한 개인주의에 대한 강조는 개인을 둘러싸고 있는 상황과 문화적 관습을 무시하는 처사라고 말한다. 즉, 안락사를 고려하고 있는 개인은 혼자가 아니며 개인의 죽음에 대한 이해는 그 개인이 살고 있는 사회와 삶의 그룹들에 의해 형성된 것으로 개인적 자율성을 넘어서는 문제인데 베담의 논의에서는 이런 측면을 간과하고 있다고 지적한다.23)

반면, 베담은 안락사가 허용되는 네덜란드 같은 상황에서는 환자에 대한 '완화제' 투여에 대해 환자, 가족, 의사들이 세심하게 토의할 수 있지만, 안락사가 금지된 나라에서는 이런 토의를 할 수 없는 관계로 의사가 완화제를 과다투여 함으로 예측은 하지만 법적으로 의도되지 않은 살인을 하는지의 여부를 알 길이 없다고 한다. 안락사 합법화를 통해서 의사와 환자의 관계를 활성화할 수 있다는 것이다.24)

죽어가는 환자에게 완화제를 투여하는 것에 대한 켐벨의 비난에 대해서, 포브스(Forbes)는 이런 환자에게 완화제를 투여하는 것은 필요하고 인도적인 조치이며, 약물투여가 의사에 의한 환자 살해라고 하는 켐벨의 주장과는 다른 견해를 밝힌다. 또한 의사결정능력이 없는 환자에 대해 의료 개입을 하는 것이 그 환자의 자율성을 침해한다는 켐벨의 주장에 반대하여, 그 환자가 속해 있는 공동체라는 맥락에서 생각해 보면 그러한 의료 개입은 그 자체로 자율성 및 기독교적 가치에 위배되지 않는 면이 있다고 주장한다. 게다가 정의라는 관점에서 안락사의 법제화에 반대하는 켐벨의 주장에 대해, 포브스는 죽음에 직면한 한 사람의 존엄성과 가치를 그(녀) 자신의 요구에도 불구하고 무시하는 것은 우리 모두의 존엄성과 가치를 축소하는 것으로 보고 있다.25)

리치몬드(Richmond) 역시 포브스와 같은 입장에 서 있으며, 그는 켐벨이 환자를 '죽이는 것'과 '죽도록 내버려 두는 것' 사이에 강력하고 도덕적인 구분을 하고 있다고 보며, 이러한 도덕적 구분에 대해 그는 '치료하지 않는 행위'와 '약물 투여'에서의 의도는 모두 환자가 죽어야 한다는 것이라고 보며, 그렇다면, 의도적으로 생명을 살리는 행위를 보류하는 것(즉, 약물 투여를 하지 않는 것)은 적극적인 약물투여보다 더 도덕적이라고 보기 힘들며, 결국 치료거부는 약물투여와 별반 차이가 없는 것으로 본다.26) 또한 리치몬드는 켐벨의 논점인 안락사 법제화가 말기 질병을 앓고 있는 환자 스스로에게 법적 살인이 가해지게 하는 압력에 대해서 (무기력한 사람이 회복될 수 있는 가능성에도 불구하고 자살을 기도할 위험성이 있다는 사실), 그런 위험성은 불치병 진단에 두 명의 의사와 안락사 전 30일 간의 시험 기간을 통해 제거할 수 있다고 본다. 그는 공리주의적 입장에 서서, 혹시 몇몇 환자들이 불필요하게 죽을 수 있지만 그러한 죽음들 역시도 자신들의 선택에 대한 책임으로 보며 그 대신 수많은 무기력 상태의 환자들을 고통으로부터 해방할 것이라고 말한다. 게다가, 그는 가난한 자와 노약자가 안락사의 압력을 받게 될 것이라는 켐벨의 주장을 인정하면서도, 안락사를 합법화 하지 않는 것이 '가난한 자들을 위한 최선의 대안'이라고 보지 않는다. 스스로 인생이 살 가치가 없다고 생각한 사람에게는 안락사 반대법이 자신들의 자유를 침해하는 법으로 작용할 수 있다는 것이다.27)

이러한 반론들에 대해, 켐벨은 고통의 치료와 가망 없는 환자들에 대한 비치료의 모든 경우들을 전적으로 안락사와 구별할 수는 없다고 언급한다. 그는 포브스의 견해가 적극적 안락사와의 경계를 무너뜨리는 자유주의적 발상이라고 보는 반면, 리치몬드의 견해는 의사들로 하여금 선한 의료적 실천들을 수행하는데 방해가 된다고 역설한다. 그는 자신의 풍부한 임상 경험으로부터 주장하는 바, 비록 안락사 이슈와 연관된 상황보다 훨씬 덜한 상황이 발생한다 하더라도 임상 의료에서의 모호성으로부터 완전히 피해갈 수는 없다고 한다.28) 또한 켐벨은 도덕성이 모든 딜레마의 상황을 덮을 수 있는 하나의 우선적인 원리의 문제가 아니라고 제안하며, 진정한 상황은 자율성, 선행 및 정의의 원리들 사이의 긴장이며 이러한 긴장은 세 가지 요소 모두를 풍성하게 하는 결과를 초래한다고 언급하는 것으로 결론을 내린다.29)

4. 결론 및 함의

본고는 영국 신학자들의 안락사 논의를 소개하는 차원에서 핵심적 주장들을 살펴보았다. 요약하면 안락사 이슈에 대한 영국 신학자들의 논의는 학자들 간에 첨예하게 대립되고 있음을 볼 수 있다. 세 명의 학자들 가운데 베담이 안락사 법제화에 분명히 찬성하고 있는 반면 길과 켐벨은 이에 분명히 반대하고 있다. 여기서 PVS 환자에 대해서 취해야 할 기독교적 입장으로 길이 제시하는 몇 가지 사항들은 안락사 문제 및 생명에 대한 기독교적 접근에 있어서 중요한 통찰을 제공해 준다.30)

1) PVS 환자에 대한 이해에 있어서, PVS 환자는 뇌가 죽은 상태가 아니며 몸의 반사기능, 특히 심장박동, 호흡, 소화기능을 조절하는 뇌줄기(brain stem)는 계속해서 작용하고 있다. 그런 점에서 사회가 노인을 존중하는 것처럼 PVS 환자 역시도 여전히 인격(persons)으로서 존중되어야 한다.

2) PVS 환자의 영양공급/수화/배설이 치료라는 사실을 수용하면서, 치료를 억제하거나 철회하려는 결정은 환자를 인격으로 취급하지 않은 결정으로 노인과 정신적 불구자 같은 사회의 다른 약자들에게 매우 해로운 함의를 가질 수 있다. 반면, 분명한 혜택 없이 무한하게 침략적으로 그들을 취급하는 것 역시도 도덕적으로 수용하기 어려운 것으로 받아들인다.

3) 치료를 억제하는 것과 철회하는 것 사이의 형식적 차이는 거의 없을 수 있지만 거기에 중요한 도덕적 차이가 있다. 치료를 철회하는 사람들은 단순히 처음부터 치료를 하지 않았던 사람들보다 더 큰 도덕적 비난의 위험에 빠지지 말아야 한다.

4) PVS 환자들로부터 치료 철회 여부에 대한 결정은 단지 물질주의적 기초 위에서 해결되지 말아야 하며, 이 환자들은 특별한 보호를 필요로 하며, 앤드류스(K. Andrews) 박사에 의해 인용된 PVS 환자의 역전 케이스들에 대해 매우 주의 깊은 조사가 필요하며, 치료를 철회하려는 윤리적 결정에 선행되어야 할 필수 사항이 바로 PVS에 대한 안전한 진단이다.

모든 인간은 질병을 비롯한 여러 가지 원인들로 인해서 심적·육적 고통을 경험하며 살아가고 있다. 이러한 고통은 그리스도의 십자가 고통과 동일시 할 수 있는 것이며 이 고통을 통해서 더 넓고 깊은 하나님의 뜻을 경험하게 되고 현재의 고통을 넘어서는 의미도 깨달을 수 있다. 기독교인의 입장에서는 생명을 존경과 감사와 책임감으로 취급해야 하지만 그럼에도 불구하고 환자에게 어떤 유익을 주지 않으면서 불필요하게 생명을 연장할 필요는 없다고 보인다. 그런 점에서, 생명을 의도적으로 취하는 것을 허락하지 말아야 할 것과 동시에 무의미하게 생명에 집착하지 않는 것이 두 가지의 균형을 이루는 것이 생명에 대한 접근에서 그리스도인이 가져야 할 시각이라고 여겨진다.

9

안락사: 논란에서 목회적 해석으로의 초대

곽재욱 | 동막교회 목사, 장로회신학대학교 강사

1. 들어가는 말

저자는 1989년 5월 서울 강남 노회에서 본 교단의 목사로 안수 받았다. 지난 달로 만 18년째에 들어가는 셈이다. 그 동안에 저자의 소명에 대한 이해는 크게 두 번 변화하였다. 안수를 받을 당시 저자에게 있어서 목회란 '정확하게 잘 배워서 잘 가르쳐주는 일'이라고 이해했었다. 첫번째 목회에 대한 인식의 변화는 처음으로 담임목사가 된 때에 일어났다. 1992-93년에 미국 시카고에 있는 맥코믹 신학교에 교환교수로 가게 되는 기회를 가졌다. 그 기간 동안 우연한 연결로 미국 일리노이 중에 있는 '블루밍턴-노말 한인교회'의 담임목사로 섬기게 되었다. 작은 교회이었으나 담임을 하게 되면서 처음으로 '지식의 한계'를 느꼈다. 배우고 습득한 지식이 모자란다는 한계가 아니라, 지식만으로는 제대로 교회를 섬길 수 없다는 한계의 인식이었다. 그 때 목회를 하려면 '영성'이 있어야 한다는 것을 절감했다. 그런데 지금 생각해보면 저자가 그 당시 추구하던 영성이란 '영적인 힘'(spritual power)이었다. 책을 통해 배운 것을 넘어서는 특별한 개인적 체험과 설교와 기도의 능력을 갖추어야 한다는 절감이었다.

두 번째 변화는 그로부터 10년 뒤인 2002-2003년경 현재 섬기고 있는 동막교회의 목회를 하는 가운데 일어났다. 그것은 특별히 교우 가운데 두 사람, 최연실 양과 이정익 집사의 '삶과 죽음'을 돌보는 가운데 일어났다. 당시 섬기는 교회의 창립 100주년을 당하여 온 교회가 새로운 성장과 선교의 각오를 다지는 가운데, 2002년 11월과 2003년 2월에 발병한 이들 두 사람의 문제를 놓고 목회자와 교우들은 간절하게 주님께 구하였다. 그러한 목회의 돌봄을 통하여 저자는 영성에서 눈물로, 눈물에서 '이야기하기'(narrative)로 목회관이 다시 한번 변화되는 것을 경험하였다. 영성에서 눈물과 이야기하기로 변화하였다는 것 보다는 '힘의 영성'에서 '눈물과 이야기하기의 영성'으로 성숙하였다고 하는 것이 더 정확한 표현일 것이다.

2. 우리 교회에서 있었던 일 – 두 가지 사례들

1) 최연실 양의 삶과 목회적 돌봄

2002년 11월 당시 최연실 양은 고등학교 3년 과정을 마치고 대학 입시를 치르고 있는 중이었다. 고등학교 3년 내내 다니던 고등학교에서 수위권의 성적으로 공부한 키가 크고 교우 관계가 좋은 모범생이었다. 강화가 고향인 연실 양의 아버지는 강화에서부터 친동기처럼 생각하는 우리 교회의 유완식 집사를 따라 서울까지 이웃집으로 이사 올 만큼 의가 좋았다. 그런 그에게 있어서 가장 못마땅한 것은 유완식 집사 가족이 오로지 교회를 섬기느라고 자신을 등한히 하는 점이었다. 그와 그의 가족은 교회라곤 문턱도 넘어본 적이 없고, 다만 그의 어머니, 연실 양의 할머니만이 유 집사의 가족의 인도를 받아 열심히 교회에 나오고 있었다. 사고는 연실 양이 서울의 모 대학에 수시 원서를 내놓고 밤새 공부한 새벽에 일어났다. 같은 방을 사용하는 할머니가 새벽예배를 다녀오는 사이에 연실양은 자신의 방에서 쓰러졌다. 할머니가 방문을 열었을 때는 손녀가 의식을 잃은 지 30분이 경과한 때였다. 평소 활발하고 총명하던 그녀의 뇌는 그녀가 앰뷸런스에 실릴 때까지의 약 1시간 동안이나 산소가 공급되지 못하자 그 기능을 상실하였다. 목숨은 건졌으나 다른 모든 기능은 정지된 소위 '식물인간' 상태가 되었다. 병원은 전신마비는 물론 동공이 전혀 움직이지 않고 뇌파가 제대로 잡히지 않는 소생 불가능한 상태라는 판정을 하였다. 마침 교회 창립 1세기 기념 부흥회를 갖는 교회는 이 일을 놓고 온 교회가 힘을 다하여 기도하는 가운데 기적이 일어났다. 불가능하다던 그녀의 눈동자가 움직이기 시작했고 외부에 대해 반응을 보이기 시작했다. 연실 양의 회복 과정은 무당, 불교 승려, 점쟁이들이 모여들어 마치 종교 각축장 같았다. 그 가운데 교회의 기도와 사랑을 목도하고 체험한 연실 양과 그 가족들은 현재 새벽예배까지 나올 정도로 열심 있는 신앙인이 되었다. 아직까지는 부모의 부축을 받으면서 예배에 출석하고 있는 연실 양은 교회의 기도의 응답의 증인일 뿐만 아니라 가족 구원의 길잡이가 되었다.

2) 이정익 집사의 죽음과 목회적 돌봄

故 이정익 집사는 대대로 무속 신앙을 신봉하던 집안의 형제 중 둘째로 고등학교 시절부터 홀로 우리 교회에 출석하기 시작하였다. 그의 어머니와 할머니, 그리고 그 윗대는 경기 지방에서 소문난 무속인이었다. 그러나 가족 가운데 홀로 교회를 다니던 이 집사의 타고난 성실함과 순수함은 곧 교회의 인정과 칭송을 받았고 본 교단의 한 목회자의 사위가 되었다. 교회의 최연소 안수집사로 교회의 모든 일에 충성을 다했던 이 집사의 신변에

문제가 감지되기 시작한 것은 2003년 2월경이었다. 수저를 떨어뜨리고 걸음걸이가 이상해지기 시작했던 것이다. 다음 달인 3월에 그는 희귀병인 '루게릭'이라는 진단을 받았다. 심장에서 먼 쪽에서부터 시작하여 가까운 쪽으로의 모든 신체의 근육을 상실해가는 병이다. 다시 서울대학병원에서 받은 진단은 더욱 절망적이었다. 반응을 보이는 치료약이 없을 뿐만 아니라 이 집사의 경우 특이하게 병세의 진전이 빠르다는 것이다. 4월에 서울대학병원은 치료를 포기했고 퇴원 조치했다. 퇴원하면서 걸어 나왔으나 2개월 뒤에 일어설 수 없게 되었고, 다시 10월에 사망할 때까지의 마지막 2개월은 의식만 있을 뿐 신체의 모든 기능은 완전히 정지된 상태가 되었다.

  4월부터 6월까지, 종합병원을 퇴원하고 자리에 눕기까지 이 집사는 한편 기도로, 다른 한편 사이비 침술에 의지했다. 환자와 가족의 아픔과 절박함을 이용한 사기로 생각되었으나 말릴 수는 없었다. 병원은 그를 포기하였고, 그들에게 희망을 주었기 때문이다. 그 희망으로 단 몇 주나마 눈빛을 빛내는 그를 보는 것이 그 값이라는 생각도 들었다. 교회는 교회대로 그를 놓고 총동원하여 기도하였다. 앞서 연실 양의 기적을 체험한 바가 있으므로 교회는 병원의 진단에도 불구하고 그가 회복될 것이라는 것을 확신하는 분위기였다. 그러나 교우들의 기도 소리가 높아감에도 그의 상태는 날이 갈수록 나빠져갔다. 그럼에도 불구하고 마지막 두 달 동안 그는 행복해 보였다. 더 이상 육신의 회복에 희망을 가지지는 않았지만 교우들의 기도와 호스피스, 그리고 천국의 소망으로 참 편안한 마지막 시간들을 보냈다. 그의 죽음의 과정과 교회의 돌봄을 지켜본 그의 부모들은 자신들이 살아온 삶과는 너무나 동떨어져 있던 교회에 마침내 나오기 시작하여 열심히 신앙생활을 하고 있다.

그는 가난한 가정에서 태어나 억척같이 일하여 자수성가한 사람이었다. 가난한 집에서 물려받은 것이 별로 없는 그는 어렵사리 마련한 아파트가 그 자신의 치료비에 쓰여질까 걱정하며 남겨지는 부인과 딸을 위하여 그것만은 처분하지 말고 자신이 의식을 잃을 경우 소생술을 사용하지 말 것을 당부하면서 편안하게 주님의 품에 안겼다.

3. 안락사와 이야기하기(narrative) 해석학에의 초대

생명 윤리에 관한 논의는 원래 종교, 특히 기독교에서부터 비롯되었다. 이러한 논의가 일반의 장으로 넘어간 것은 1965년에서 70년 사이에 일어났다. 모든 학문들이 중세기 동안 신학의 총론에 대한 각론으로 인식되었다가 르네상스-계몽주의에 이르러 독립적이고 독자적 영역을 주장하게 된 것과 같은 일이 생명윤리에 관한 한 그 시기에 그렇게 늦게 일어난 것은 생명윤리가 인간의 생명을 유지할 수 있는 의료기술의 발전과 함께 관심 영역이 되었기 때문이다.[1]

이어서 1989년 '헤스팅 센터에서 종교와 생명윤리학에 관한 심포지엄' - 그 주제는 "현재 우리가 생명윤리학을 논의하는 방식과 종교가 관련이 있다면 도대체 어떤 의미를 지니는가?"였다. -을 거치면서 완전히 주변부로 밀려났다. 현재 생명의료윤리 논의의 대강을 이루는 계몽주의 생명윤리학은 4가지 주요 원칙에 일반적으로 합의하고 있다. 그것은 (1) 자율성 존중 원칙(the principle of respect for autonomy) (2) 악행금지의 원칙(the principle of non-maleficence) (3) 선행의 원칙(the principle of Beneficence) (4) 정의의 원칙(the principle of Justice)의 4가지 원칙이다.[2]

자율성의 원칙은 의료행위에 있어서 환자 자신의 동의가 있어야 한다는 것이다. "그 배후에는 개인은 누구나 자신의 일을 결정할 자율권을 지니며, 그것이 타인에게 피해를 주지 않는 한 어느 누구도 그 권리를 침해받아서는 안 된다는 원리가 전제되어 있다."3) 악행금지의 원칙과 선행의 원칙은 연관되어 이해되어야 한다. 선행의 원칙은 선한 일을 위해 의술을 사용하라는 것이고, 악행금지의 원칙은 피해를 주는 일을 위해 의술을 사용하지 말라는 원칙이다.4) 전자가 소극적인 면을 강조한 것이라면 후자는 적극적인 면에 치중한 것이라고 볼 수 있다. 정의의 원칙은 의료를 어떻게 분배하는 것이 정의로운가라는 질문에 관한 원칙이라고 볼 수 있다.5)

이러한 계몽주의적 원칙들에 대해서 먼저 분명히 해두어야 할 것은 그것들이 완성되고 완결된 것이 아니라는 점이다. 그것은 '원칙'이라는 단어가 갖는 함정이다. 사람들은 '원칙들'이라는 말을 들을 때 그것들은 벗어나거나 움직일 수 없는 확정된 것이라는 생각을 갖는다. 원칙이라는 말은 이탈하는 순간 그것을 '사이비'로 만드는 강제력이 있는 단어이다. 그러나 모든 계몽주의 의료윤리들이 네 원칙들을 원칙적으로 언급하고 있음에도 그 원칙들이 갖는 딜레마에 대해서 또한 언급하고 있음을 주목해야할 필요가 있다.

첫번째 원칙인 자율성의 원칙의 예만을 보자. 자율성의 원칙은 환자 자신의 동의가 있을 때에만이 '치료' – 본 주제에 관한 한은 '죽음' –를 할 수 있다는 것이다. 일차적으로 그것은 환자 자신의 명시적 동의를 뜻한다. 그러나 여기에 '묵시적 동의'와 '가상적 동의'가 합해지면 '동의'라는 개념이 사실상 흔들린다. 묵시적 동의란 '예'라고 말이나 글로 표명하지 않아도 관련 당사자의 행위나 처한 상황으로 보아 동의한 것으로 간주하는 것을 말한다. 가상적 동의란 아직 그러한 상황에 처하지는 않았으나 그 상황에 처하게 되면 그 역시 동의할 것이라고 가정하는 것이다.6) 병원 접수를 이미 묵시적 동의로 보고 가상적 상황까지를 포함하게 되면 그 넓은 바다에서 자율성의 배는 항로를 잃고 표류한다.

안락사의 경우, 김상득은 그의 교과서적 저서인 〈생명의료윤리학〉에서 안락사를 자의적, 반자의적의 범주로부터 세목으로 여덟 개의 항목으로 나누고, 그것을 다시 자유주의적, 절충주의적, 보수주의적 입장에서 나누고 있다. 그렇게 되면 항목은 사실상 수십 개로 늘어날 수 있다.7) 그와 같은 많은 조합과 구분 자체는 엄밀한 의미에서 '참조(reference)'이지 '원칙(principle)'이라고 할 수는 없다. 의료윤리 계몽주의자들이 신학과 교회에서 생명윤리를 가져가서 세운 이와 같은 원칙들은 공허하다. 그것은 의무론의 주관성이나 공리주의의 기초 없는 객관성 사이를 오간다. 네 가지 원칙은 하나의 원칙으로 통합되지 못하고 충돌할 뿐만 아니라 위에 언급한 자율성의 원칙의 예에서 본 것과 같이 결국 완성된 배를 띄우지 못하고 나무 조각들로 붙이고 있다. 계몽주의가 기독교 신앙으로부터 생명의료윤리의 문제만 가져가고 그것을 푸는 방정식을 함께 가져가지 못한 탓이다. 저자가 섬기는 동막교회에서 2002-2003년에 있었던 최연실 양과 이정익 집사의 목회적 사례에서 볼 수 있었던 바와 같이 생명의료윤리의 문제는 기독교 신앙과 성경에서 비롯되고 전승된 것이므로 문제만 따로 떼어내어서는 계몽주의 의료윤리의 딜레마를 벗어날 수 없다. 연실 양의 경우 생명연장 의술을 실시함으로서 교회가 기도하고 의학적으로는 '일어날 수 없는 기적'이 일어난 것이다. 이정익 집사의 경우, 그는 너무나 행복하게 죽음을 맞이하면서 남아있는 집 한 칸을 사랑하는 아내와 딸을 위해 남겼다.

저자는 이 두 사람의 삶과 죽음에서 자의적, 강제적, 수동적, 능동적,

직접적, 간접적 등의 구분같은 것들이 중심적 의미를 갖는다고 생각하지 않는다. 무엇보다 중요한 것은 온 교회가 그들을 위해서 눈물과 사랑으로 기도했으며, 산자나 죽은 자가 그 기도소리를 듣는 가운데 '성도의 교제 (santorum communio)'가 일어났다는 것이다. 연실 양은 그렇게 기적적으로 살아났고, 이 집사는 그렇게 복되게 주의 품에 안겼다.

둘째로 이 두 사람은 모두 그들의 삶과 죽음을 통해서, 그렇지 않았다면 불가능하게 보였던 가족들을 주님께로 인도하였다. 교회로서 그것은 단순히 교인의 숫자가 늘어난 것을 의미하는 것이 아니다. 그들의 교회 등록은 교회에 활력을 주었고, 교회로 하여금 교회가 무엇인지 새롭게 깨닫게 하는 계기가 되었으며, 우리가 어떻게 모이고 예배하는지에 대한 재각성을 불러일으켰던 것이다.

셋째로 살아남은 우리도 언젠가는 죽음을 맞이할 것이지만, 우리의 죽음은 교회의 이야기하기 속에 있으며, 그 해석 가운데 우리는 살아남거나 죽거나 간에 죽음을 극복한다. 성경은 죽음과 고난을 죄의 결과로 말하기도 하지만 인생의 자연스러운 과정으로 가르치기도 하는 것이다.[8] 의료 윤리를 '이야기하기' 관점에서 다룬 스탠리 하우어와스는 『고통 받는 사람들과 함께 하기』(Suffering Presence)와 『침묵에의 명명』(Naming the Silence)의 두 권의 책에서 생명 윤리의 문제를 다루고 있는데 그는 삶과 죽음을 이야기하기를 전승받고 새롭게 해석하며 그 안에서 전승적 모범을 보유하고 있는 신앙 공동체, 즉 교회의 관점에서 접근할 것을 제안한다. 여기에서 질병의 경험, 느낌, 감정, 그리고 해석들의 중심성과 중요성은 제외된다.[9] 데카르트적 사고에서는 의술은 원인을 찾고 그것을 제거하는 기술이고 환자는 고객으로 이해되어진다. 이 때 의술은 '불필요한 고통을 경감시키려는 노력'[10]으로만 생각되어진다. 하우어와스는 고통 그 자체로서는 아무런 의미도 없는 불필요한 것인가를 묻는다. 고통에 있어서 중요한 것은 고통을 경감시키거나 없이하는 것이 아니라 그것을 이해하는 것, 즉 그것에 대해서 명명(naming)하는 것이다. 앞서 예로 들었던 이정익 집사는 그와 같은 신앙의 이야기 안에서 얼마나 편안하고 행복한 죽음을 맞이하였던가? 고통과 죽음은 개인적인 문제가 아니라 공동체의 문제이며 삶과 죽음, 그리고 영생이라는 기독교 신앙의 네레이티브 속에 흡수되어 해석되어져야 하는 것이다. 계몽주의 의료윤리는 문제만 가져갔지, 성경과 신앙의 이야기하기적 해석과 해석하는 공동체로서의 교회를 가져가지 못한데서 시작부터 이미 파산이 예고되고 있었던 것이다.

1

1) 죽음과 안락사 문제에 대한 철학적, 윤리학적 논의에 관심 있는 분은 T. 샤논, J. 디지아코모, 『生醫倫理學이란?』, 황경식, 김상득 역 (서울: 서광사, 1988), 제임스 레이첼즈편, 『사회윤리의 제 문제』, 황경식 외 역 (서울: 서광사, 1983), 金榮振, "慈悲死(安樂死)에 대한 철학적 연구", 『哲學』, 28집 (1987 가을), 67-89를 참조하라. 필자는 이들의 글로부터 도움을 많이 받았다.

2

1) 안락사 논쟁이 다시 공론화될 것으로 보인다. 국회 보건복지위원회 소속 한나라당 안명옥 의원은 2006년3월1일 불합리한 연명 치료 중단을 허용하는 내용의 의료법 개정안을 의사 출신 신상진 의원 등 의원 9명의 서명을 받아 발의했다. 개정안은 환자 등의 치료 중단 요구가 있거나 의학적 기준에 따른 치료 중단이 필요하다고 판단되는 경우 중앙(지방)의료심사조정위원회 심의·결정에 따라 환자의 연명 치료를 중단할 수 있도록 하고 있다. 안 의원은 "의학적으로 회생 불가능한 환

자를 특수 기계장치를 통해 억지로 연명시키는 것은 환자 본인이나 가족에게 큰 고통이며 사회적 부담도 큰 것이 현실"이라며 법 제안 이유를 설명했다. 이번 개정안 제출로 그동안 주로 의료계 내부에서 논의되던 연명 치료 중단, 즉 소극적 안락사 문제가 국회라는 공론의 장에서 논의되게 됐다. 소극적 안락사 문제가 사회의 주목을 받게 된 계기는 1998년 '보라매병원 사건'이었다. 이 사건은 환자가 퇴원할 경우 사망할 수 있다는 것을 알면서도 가족의 요구로 환자를 퇴원시켜 사망에 이르게 한 의사들에게 대법원이 살인방조죄로 유죄 판결을 내린 것이다. 이를 계기로 의료계는 소극적 안락사 허용 문제를 적극 제기해 왔다. 의사협회는 2002년 4월 의사의 사회적 역할과 의무를 규정한 의사윤리지침을 제정하면서 소극적 안락사를 수용하는 쪽으로 가닥을 잡았다. 하지만 이번 개정안이 주로 의료계 입장을 반영한 것이어서 종교계 등을 중심으로 생명경시 풍조를 조장할 수 있다는 반발이 일 것으로 보인다. 특히 개정안에 따르면 환자 가족뿐 아니라 의학적 기준에 따라 의사도 치료 중단을 요구할 수 있도록 돼 있어 자칫 치료 중단 오남용 가능성을 배제할 수 없다. 생명윤리학계 내에서도 논란이 많다. 서울대 의대 황상익 교수는 "우리 사회의 성숙도로 봤을 때 소극적 안락사를 합법화하기에는 시기적으로 이른 감이 있다"며 "연명 치료 중단을 실정법으로 허용할 경우 오남용으로 인해 지금보다 더 억울한 죽음이 많이 발생할 것"이라고 우려했다. 그러나 한림대 법학부 이인영 교수는 "회복 가망이 없는 환자가 자기 의사결정에 따라 인간다운 죽음을 맞을 수 있도록 생명연장 조치를 중단하는 존엄사는 허용돼야 한다."고 말했다.

2) 안락사 법안을 최초로 통과시킨 국가는 네덜란드로서 2000년 11월 28일 네덜란드 의회를 통과하였고, 이를 계기로 전 국가로 논쟁이 유발되었다.

3) Peter Saunders, "Thou Shalr Not Kill", *Journal of the Christian Medical Fellowship* (July, 1992), 4.

4) 롬 6:23, 5:21; 고전 15:56; 약 1:15

5) Louis Berkhof, 『벌코프의 조직신학 하』, 권수경, 이상원 역 (서울: 크리스챤다이제스트, 1995), 936.

6) Franklin E. Payne, Jr. *Biblical/Medical Ethics* (Milford: Mott Media, 1985), 201.

7) Norman L. Geisler, 『기독교윤리』, 위거찬 역 (서울: 기독교 문서 선교회, 1991), 202-203. 일반적으로 안락사를 요청하는 사람들은 치유 불가능한 질병으로 무의미한 고통을 받고 있다는 절망감과 자신의 존재가치가 없다는 좌절감에 사로잡힌 채 격리되어 고독과 소외감을 느끼고 있는 사람들이다. 따라서 이들이 요청하는 안락사는 자신을 죽여 달라는 의사를 표현하고 있는 것이 아니라 언제나 고통과 절망과 고독과 소외로부터 구원을 요청하는 절규요, 진정 인간적인 사랑과 도움을 간청하는 고뇌에 찬 마지막 애원으로 이해해야 한다.

8) 손봉호, 『고통 받는 인간』 (서울: 서울대학교 출판부, 1996), 169.
9) 위의 책, 170-172.
10) 길버트 마일랜드(Gilbert Meilaender)는 고통에 대해 두 가지 지녀야 할 의미를 말한다. 첫째, 우리가 마땅히 고통 받는 자를 돌보아야 한다는 것과 둘째, 고통을 완전히 제거하는 것이 가능하다 할지라도 그것은 우리 인생에 의미가 없는 것이다. 고통의 치료가 인간을 건강하게 하나, 이것이 온전한 건강을 이루는 것은 아니다. Gilbert Meilaender, *Bioethics* (Grand Rapids: Eerdman, 1996), 8.
11) 왜 하나님은 고난(고통)을 허용하시는가? 기독교 역사와 함께 시작되어 오늘날까지 계속되고 있는 이 古典的 질문에 대해 R C 스프라울은 다음과 같이 답하고 있다. 첫째, 타락 전에는 고통이 없었으며, 새 하늘과 새 땅에서도 죄나 고통은 없을 것이다. 결국 고통이란 기본적으론 죄(原罪)와 관계가 있다. 둘째, 그렇지만 각 개인의 고통과 죄가 항상 동일한 정도의 관계를 갖는 것은 아니다. 하나님의 특별한 목적과 이유 때문에 고난과 고통이 우리에게 있는 경우도 있다. 하나님의 특별한 목적에는 하나님의 영광을 위하는 것(요 9장), 인간의 성화를 위하는 것(욥 23:10) 등이 있을 것이다. 셋째, 자신에게 닥친 고통의 원인을 욥의 경우처럼 스스로는 끝내 알 수 없는 경우도 있으나, 모든 고통은 우연이 아니라 하나님의 주권 하에서 일어나고 있음을 믿어야 한다. 넷째, 고통에 대한 궁극적인 문제는 '왜 우리가 행한 것보다 더 많은 고통을 받지 않는가?' 이다. 우리는 늘 아침잠에서 깬 이후 왜 하나님께서 우리 모두를 멸망시키지 않으셨는가를 의아해 해야 한다. 하나님께선 왜 우리가 계속해서 죄를 짓는 것을 용납하시며, 우리를 이 땅에서 멸망시키지 않는 것일까? 위의 맥락에서 볼 때 본능적으로 고통을 피하고 싶어 하고 또 없애고자 노력하는 것들이 결코 잘못된 것은 아니지만 고통의 이면에 숨겨진 것들을 볼 수 있어야 하고 동시에 각 상황에서 하나님의 뜻을 찾기 위해 애써야 한다. 거의 맹목적으로 모든 수단(자살, 적극적 안락사 등)을 동원해서라도 육체적 고통에서 해방되는 것이 지고선(至高善)이라고 생각하기보다는 믿음의 눈으로 십자가의 예수를 바라보며 그리스도의 남은 고난을 채우는 초월적 삶의 자세가 요구되는 것이다. R. C. 스프라울, 『왜 나는 그리스도교를 믿는가?』 (서울: 요단출판, 1992), 147-162.
12) G. L. Waybright, "A Pastor's Experience", ed. by J. F. Kilner, *Dignity and Dying* (Michigan: Paternoster Press, 2001), 17-18.
13) 신원하, "안락사- 인간에게 죽음을 선택할 권리가 있는가," 「목회와 신학」 (2001. 1.), 243.
14) F. A. Schaffer and C. E. Koop, 『인간, 그 존엄한 생명』, 김재영 역 (서울: 라브리, 1988), 135.
15) 박재현 교수의 '안락사에 대한 한국기독교생명윤리위원회의 입장'은 우리가 깊이 생각해야 할

성경적 입장을 잘 대변해준다고 본다. 1.한국기독교생명윤리위원회는 하나님의 형상을 따라 창조된 인간의 생명은 하나님이 주신 선물로서, 그 절대적 소유권이 하나님에게 있으며, 따라서 오직 하나님만이 그 생명을 종언시킬 권리를 가진다고 믿는다. 2.한국기독교생명윤리위원회는 의료행위는 생명을 지키고, 고통을 줄이는 데 그 목적이 있으며, 이를 위하여 적절한 치료를 제공해야 한다고 믿는다. 의료행위 시행자는 자신의 의료행위가 생명의 주관자이신 하나님의 주권 안에서 이루어지는 것임을 인식해야 한다. 3.한국기독교생명윤리위원회는 환자의 고통을 줄이거나 환자 및 가족의 경제적인 고려나 희소한 의료자원의 효율적인 이용이나 배당 등의 이유로 의도적으로 환자의 죽음을 야기 시키는 의료행위를 반대한다. 4.한국기독교생명윤리위원회는 첫째로, 신중한 의학적 판단에 의거하여 회복 불가능한 불치의 질병이나 필연적인 노화로 인하여 임종이 임박했음이 분명하게 입증되고, 둘째로, 분명한 의식을 가진 환자의 요청이 있으며, 셋째로, 더 이상의 치료가 의학적으로 무의미하다는 사실이 분명히 입증된다는 조건 하에서 치료를 중단함으로써 환자가 자연적인 죽음의 과정을 맞이하도록 하는 것에 반대하지 않는다. 그러나 위의 세 가지 조건이 충족되지 않을 때 장기간의 혼수상태에 있는 환자로부터 인공적 생명연장수단을 제거하는 행위는 반대한다. 5.한국기독교생명윤리위원회는 의료행위시행자가 환자의 삶과 죽음에 관련된 결정을 내림에 있어서 환자나 보호자(가족, 교회, 사회공동체)의 소망과 신념을 충분히 고려할 것을 요청한다. 무엇보다도 기독교의료행위시행자는 성경의 가르침에 순종해야 하며, 기독교공동체의 성경적인 정신에 근거한 결정을 존중해야 한다. 모든 의료행위시행자는 그들의 양심이나 윤리적 신념을 침해하는 치료행위를 거절할 권리와 책임이 있음을 인식해야 한다. 6.한국기독교생명윤리위원회는 의료행위시행자들이 안락사를 거부함과 동시에 고통을 경감시키는데 필요한 다양한 방법을 개발하고 따뜻한 사랑과 관심으로 고통 속에 있는 환자를 위로하며, 영적인 상담과 지원을 제공하는 일에 최선을 다해 줄 것을 요청한다.

1) Kenneth Kearon, *Medical Ethics*, 김희수 역, 「의료윤리」 (서울: 기독교 문서선교회, 1998), 34 이하. 과거에 불가능했던 것으로 신체의 각 장기들에 이 생명 보조 장치들에 의하여 호흡과 혈액순환이 인위적으로 지속될 수 있어서 살아남을 수 있다는 것은 소위 소극적 안락사라는 것과 연관이 있다. 뇌사에 대한 새로운 이해가 이와 연관되어 있다: 참고 Jeff Mcmahan, "Brain Death, Cortical Death and Persistent Vegetative State," in: Helga Kuhse, Peter Singer, eds. *A Companion to Bioethics* (Massachusetts: Blackwell), 250-260.
2) M. Honecker, "Euthanasie," in: RGG (Religion in Geschichte und Gegenwart) Bd.

4,1682; 구영모, 『생명의료윤리』 (서울: 동녘, 2000), 49 재인용.
3) Dan W. Brock, "Medical Decisions at the End of Life," in: *A Companion to Bioethics*, 231이하 브룩은 특별히 이 죽음에 임박했을 때의 의료행위에 대한 관심을 소개하고 이 때의 수행되는 특별한 의료행위 중, 누구와 의논하며 어떤 가치를 찾을 것인지, 안락사 등에서 일어나는 과정에 대한 윤리판단의 문제를 다루고 있다.
4) 이는 현대의 거의 모든 죽음이 급격스럽고 부자연스러운 것이 아니라면 병원에서 시작되거나 병원에서 이루어지는 현상과도 관련이 있다. 참고 Philippe Ari'es, *Essai L'Historie de La Mort en Occident*, 이종민 역 (서울: 동문선, 1975), 71-72. 병원에서 죽어가는 이러한 현상은 죽음을 숨기거나 금지시키고자 하여 그 죽음을 참되게 받아들일 수 없도록 만들고 있다. 이런 현상에 대하여 김균진, 『죽음의 신학』 (서울: 대한 기독교서회,2002), 451 이하
5) Leon R. Kass, "Is there a Right to die?" in: Tom L. Beauchamp and LeRoy Walters, eds, *Contemporary issues in Bioethics* (Boston: Wadsworth Publishing Company, 1999), 343ff.
6) 더욱이 우리가 목적으로 삼는 안락사에 대한 신학적 이해는 그 근거는 다를지 모르지만 생명 중시 사상적 요소과 깊은 연관이 있다는 것이 사실이다: 이를테면 Karl Barth, KD(Kirchliche Dogmatik, Zuerich: Theologische Verlag,) III/4 484ff.; 한국에서는 맹용길, 『생명의료윤리』 (서울: 장로회신학대학 출판부, 1987)이러한 신학적 입장은 신학 그 자체에서 이루어진 것이기도 하지만 동시에 나치정권하에서 대략 90000명이 강제로 죽임을 당했고 5000명의 지체부자유 어린이들이 강제로 안락사를 당했다는 역사적 사실에서 이 안락사가 갖는 부정적인 측면이 강조된 것처럼 보인다(참고: 나치의 안락사에 대한 비판적 고찰, Michael Burleigh, *Death and Deliverance 'Euthanasia' in Germany*, 1900-1945 (New York: Cambridge University Press, 1994); 오늘날 사회 속에서는 안락사가 말해지는 여건이 변화되었다는 것을 염두에 두어야 하지만 그럼에도 불구하고 여전히 안락사가 공론화되었을 때 사회와 환경 그리고 처한 장소마다 안락사의 효과는 다르게 나타날 것이다. 그런 의미에서 신학은 여전히 죽음을 극복하는 희망을 전해야 하며 그 희망의 보편적인 기반을 먼저 밝혀야 한다. 단지 우리는 매우 포괄적인 신학적인 지향점만을 제시 하는 데에 일차적인 목표를 갖어야 할 것이다. 물론 기독교적 삶의 이해가 생명 자체를 목적으로 여겨지는 그런 사상과 유사한 형태로 나타나는 것을 기대할 수 있지만 언제나 일치하는 것만은 아니다. 개신교 안에도 안락사를 인정하는 그룹이 있는가 하면 그것을 반대하는 목소리도 높다. 그런가 하면 안락사를 원칙적으로 찬성하지만 실제로는 그것을 공개적으로 찬성하고 싶지는 않은 것처럼 보일 때도 있다. 참고: 김균진, 『죽음의 신학』, (서울: 대한 기독교서회,2002), 483-485, 특히 484에 제시된 4가지 결론적 중간고찰의 3)과 4)은 서로 쉽게 허용되지

않은 말이다. 안락사의 권리를 인정하면서 동시에 안락사를 철저하게 법적으로 규정하기를 원한다는 것은 사실 모든 논의를 뒤로 되돌리는 것이라고 할 수 있다. 왜냐하면 안락사의 상황은 이미 어떤 특정한 상황에서 제시된 것이고 어떤 특정한 조건하에서만 가능한 것이라고 논의되었었기 때문이다.

7) M. McC Gatch, *Death: Meaning and Mortality in Christian Thought and Contemporary Culture* (New York: Seabury Press, 1969),

8) 보편적으로 모든 인간의 투쟁의 대상이 죽음이며 이는 사실 죽음의 부정을 의미한다. 참고: 베커, 죽음의 부정, 1973년: J. Hollman, "정상적인 노화과정과 임종 결정" *(The normal Aging Process and the implications for End of Life Decisions)*, 김민철 역, in: Jay Hollman편,『의료윤리의 새로운 문제들』, 박재형 외 역, (서울: 예영 커뮤니케이션, 1996), 323에서 재인용

9) M. McC Gatch, Death, 4ff; 이러한 태도는 사실 거의 모든 사람들에게 찾을 수 있는 기이한 현상이지만 그 "죽음의 긴박한 상황을 없는 것처럼 처리할 수 있는 방법론적 태도"에서 이 미국인들의 특성을 찾을 수 있을 것이다. 참고: E. Juengel, *Death: The Riddle and the Mystery, trans. by Iain Ute Nicol* (Philadelphia: Westminster Press, 1971), 7. 죽음은 개인에게 가장 가까운 것이지만 동시에 가장 멀리 있는 사건처럼 여겨진다.

10) M. McC Gatch, Death, 6, 10ff. 만일 이러한 분석이 올바른 것이라면 죽음에 대한 기독교적 이해는 사실 그 논쟁에서 커다란 역할을 수행하지 못한다. 거기에다 안락사를 권리로서 주장하게 되는 상황이라면 이는 마치 세네카로 대표되는 스토아주의의 한 죽음에 대한 이해와 큰 차이가 없을 것이다. 그렇다면 우리는 이 안락사 논쟁에 그냥 동참할 수 있는 것이 아니라 먼저 죽음에 대한 기독교적 계몽을 수행한 다음에서야 그 일을 수행해야 할 것이다.

11) 여기에서 우리는 두 가지 의심을 동시에 표현하고자한다: 첫째로 현대에서 다루는 그 안락사가 죽음을 우리 자신의 죽음으로 심각하게 받아들이는 태도에서 비롯된 것인가 하는 것이다. 미국의 장례문화가 보여주는 의식적 저변에는 죽음의 현상을 인생의 의미를 파악하려는 심각한 기회로 보기보다 안락사를 통하여 본래적 문제를 회피하려는 것처럼 보인다. 둘째로 이 죽음의 세속적인 이해가 오로지 품위 있는 죽음이라는 기준을 갖고 있다고 주장하지만 사실 삶을 세속적으로 보자면 그 죽음은 생물학적 과정이외에 다른 무엇으로 이해될 수 있는지 알 수 없다. 실제로 비 자의적 안락사가 다루어지는 용어를 살핀다면 여기에는 매우 끔직한 언어들이 등장하고 있음을 보게 된다. 그리고 그렇다면 안락사는 이미 논쟁거리가 아니라 처리대상일 뿐이다: 이를테면, 구영모, "안락사를 어떻게 볼 것인가?" in: 구영모 편, 『생명의료윤리』 (서울: 동녘신서, 2000), 65. "장애를 가졌건, 정상적이건 간에, 유아들은 합리적이지도 자의식적이지도 않고 단지 감각만

을 느낄 수 있는 존재들이다. 따라서 유아에 대해서도 감정적이지만 합리적이지도 자의식적이지도 않은 동물을 죽이는 일의 옳고 그름을 좌우하는 원칙이 적용되어야 한다."

12) 박신배, "구약의 죽음과 문화," in: 한국문화신학회 편, 『죽음: 삶의 현장에서 이해하기』, 제7집 (서울: 한들출판사, 2004), 44-67; 박익수, "신약성서에 나타난 죽음에 대한 이해," in: 『죽음』, 68-98

13) Bernhard Lohse, *Luthers Theologie in ihrer historischen Entwicklung und in ihrem systematischen Zusammenhang* (Goettingen: Vandenhoeck & Ruprecht, 1994), 242. 특별히 각주161참조; 그런가 하면 Eberhard Juengel, Death: The Riddle and the mystery, Iain Ute Nicol, trans. Philadelphia: Westminster Press, 1971, 116. 루터의 말대로 그리스도가 죽으심으로 "죽음을 죽게 만들었다." 그리고 이 동시적 사건에서 죽음과 삶이 교차하고 참된 선의 원천이 자기를 계시한다.

14) 김중호, "안락사에 관한 윤리문제," in: 『신학과 사상』, 제42호 (2002 겨울), 121-144. 하지만 이보다 더 보수적인 견해도 존재한다.: Robert Orr, Physician-Assisted Death, 정숙향 역, in: Jay Hollman 편, 『의료윤리의 새로운 문제들』, 박재형 외 역 (서울: 에영커뮤니케이션, 1997), 347이하. '안락사'란 의사가 환자를 동정하여 환자를 죽게 만드는 어떤 직접적인 행동을 하는 것이고 '의사 조력 자살'은 환자 스스로가 생명을 끊는 것을 의사가 도와주는 것을 의미한다. 이 두 가지는 다시 환자가 치명적인 병에 걸려서 피할 수 없는 죽음이 임박했을 때 이미 환자 스스로가 더 이상의 생명연장을 포기하여 생명을 유지해 주는 각종 치료를 그만두기로 결정하는 것과는 별개의 문제이다. 흔히 생명연장을 포기하여 각종 치료를 그만두기로 하는 것을 소극적 안락사라고 하는데 이것은 잘못된 정의라고 생각한다. 안락사에는 적극적인 의미가 이미 담겨있는 것이기 때문이다. 소극적인 안락사란 의사조력자살에 찬성하는 사람이 안락사와 생명연장치료를 중지하려는 결정사이에는 차이가 없다는 점을 주장하려고 사용하는 것이고 결국 의미전달에 큰 혼란을 주게 되었다(350).저자는 안락사의 근저에는 나치가 시행하던 우생학적 정신이 깃들여 있다고 보면서 이를 비판한다: 즉 스스로 인간이 인간자신을 다스리려는 태도가 있다는 것이다(351).

15) G. Dworkin, 머리말, in: G. Dworkin편, 『안락사 논쟁』, 서기용. 정기도 역, (서울: 책세상, 1999), 17 드워킨은 안락사를 찬성하는 사람들의 논의는 사실 "인간에 대한 호소(ad hominem)"라고 말한다. 안락사에서 필요한 조건은 환자가 분명히 정상적인 판단력을 가진 환자여야 한다는 점이며 두 번째로 그 환자가 의사원조 자살이나 안락사를 요청할 수 있는 특별한 사정에 처해 있어야 한다는 것, 세 번째로 그 과정에 대한 분명한 이해를 갖고 있으리라는 점, 마지막으로 이 조건하에서 의료종사자들의 선의를 인정해야 한다는 점들을 주장하고 있다. 그리

고 의사도움 자살 역시 궁극적인 행위자가 환자라는 것을 제외하곤 "의도성과 인과성"이라는 범주의 차이를 교차하여 적용하면 안락사와 의사도움 자살사이에 "규범적인 비대칭성"이 존재하지 않는다는 점을 주장함으로써 결과적으로 자살과 안락사가 동일한 것이라고 말하고 싶어 한다.; Sissela Bok, "죽음의 선택과 살인," in: 『안락사 논쟁』, 131-145. 이에 반하여 복(Sissela Bok)은 자살과 살인의 범주로 두 행위를 명백하게 규정하면서 안락사의 합법화가 살인금지 명령을 약화시키기에 그것을 될 수 있다면 막아야 한다고 주장한다.; 이러한 조건에 부합하면서도 개인적으로 극단적인 위험에 처했으며 지극히 정상적인 판단력을 가지고 안락사나 의사원조자살의 유혹을 받았지만 오히려 삶을 유지한 하게 된 예에서 의사의 삶으로의 초대와 권면의 역할을 강조한 연구:

16) Sissela Bok, "자살," in: 『안락사 논쟁』. 예외적으로 초기 기독교에서의 종교적 이유나 박해로부터 신앙을 지키기 위해서 집단자살을 하는 경우가 있었다. 하지만 자살은 대다수의 기간에 금지되어 있었다.; Brian Stoffell, "Voluntary Euthanasia, Suicide and Physician-assisted Suicide," in: *A Companion to Bioethics*, 272이하 특별히274. 그에 의하면 자살과 살인을 다른 그룹으로 묶어야 하며 자살의 현상을 도덕적으로 잘못되지 않은 것이라는 판단할 만한 특별한 예들이 존재한다.

17) 안락사를 다룰 때 적극적, 소극적인 안락사외에도 반 자의적 안락사와 비 자의적 안락사를 구분할 수 있다. 반 자의적 안락사란 분명하게 거부되어야 할 것이라고 인정된다면(설사 그것이 온정주의에 의거한 것이라고 할 찌라도) 비 자의적 안락사란 ① 중증의 정신질환자내지 신생아 ② 이전에는 생명을 스스로 판단할 수 있으나 그것을 잃어버린 사람, 이를테면 노인성 치매나 정신적 무능력자 ③ 혼수상태에 빠진 자들 등에 관한 것이다. 이 세 번째 그룹에 속한 자들에게 안락사를 수행하는 것은 매우 위태로운 결정이며 도덕적으로 이 세 번째 사람들을 안락사 하지 않은 것이 더 안전하다.

18) 안락사에 대한 왕립 네덜란드 의사 협의회의 기준, Robert Orr, *Physician-Assited Death*, 정숙향 역, 『의료윤리의 새로운 문제들』, 355에서 재인용

19) 생명권에 대한 침해 여부는 비자발적인 안락사를 수행해야할 피치 못할 경우와 그 대상들이 전혀 이러한 어려운 상황에 대하여 판단을 내릴 수 없는 경우가 속한다. 이럴 경우 매우 상세한 윤리적 판단과정에 대한 성찰이 요청된다. 먼저 일반적인 윤리적 판단을 위하여 규범들과 판단의 원칙들에 대하여 참고: *Christofer Frey, Trepetitorium der Ethik* (Waltrop: Hartmut Spenner, 1995), 197ff. 또한 구영모, 『생명의료윤리』, 28이하

20) 환자의 자율권은 주로 환자의 명백한 의사표명으로 이루어지며 어떤 단계에서 어떤 시술이 더

이상 이루어지지 않도록 요청하는 권리이다. 즉 말기 암환자들에게 일어나는 현상으로 심폐술등의 과정을 거쳐 생명현상이 이어지지 않도록 하는 요청이며 이러한 요청은 자연스럽게 죽을 수 있는 권리에 속한다. 참고: 톰 보챔프, *Refusals of Treatment and Requests for Death, in: Kennedy Institute of Ethical Journal*, 6권 1966, 371-381; 참고 "California Court of Appeals, Second District, Bouvia v. Superior Court," in: Tom L. Beauch and Leroy Walters eds., *Contemporary Issues in Bioethics* (London: Wadsworth Publishing Company, 1999), 278ff. 또한 같은 책 Lawrence O. "Gostin, Life and Death Choices after Cruzan," in: Contemporary Issues in Bioethics, 286이하

21) 의료현장에서 자주 찾아오는 현상이다: 모든 치료를 끊임없이 제공하여 생물학적 생명을 유지시키는 것을 최고선으로 삼는 오만으로부터 벗어나 과잉진료로 인하여 쓸데없이 고통당하지 않고 환자가 품위를 지킨 체로 죽어가도록 하는 과정이다: 참고 김경식, 『의사와 호스피스』, 154, 김균진, 『죽음의 신학』, 483에서 재인용. 흔히 안락사에 대한 대안으로서 호스피스가 등장하기도 한다.

22) F.M. Kamm, "A Right to Choose Death?," in: Tom L. Beauch and Leroy Walters eds., *Contemporary issues in Bioethics* (Boston: Wadsworth Publishing Company, 1999), 340이하

23) G. Dworkin, "의료행위의 본성," in: 『안락사 논쟁』, 190이하

24) L. Kass, "Neither for Love nor Money: Why Doctors Must not Kill," in: The Publish Interest, 제94권, 1989, 제럴드 드워킨, 『안락사 논쟁』에서 재인용

25) G. Dworkin, 『의료행위의 본성』, 25. 카쓰(E. Kass)는 안락사를 선택하는 의사들이 선택 가능성에 의한 필요성과 필연적 강요, 그리고 환자의 개인적인 결단과 상관없이 그 환자가 처하여 있는 객관적인 상황에서 추출할 수 있는 자연스러운 결론(의사는 사실 그의 삶을 종결시켜야 한다는 자비로운 임종의 필요성) 앞에 서게 되지만, 카쓰에 의하면, 실제로 안락사를 인정하는 사람들이 그 환자의 고상한 죽음을 위한 결정이 과연 그 환자의 객관적인 상태에 의존한 것인가에 대하여 의문을 제시하면서 실제로는 그 의사의 개인적인 판단에 기초한다고 본다.: 즉 이때 그 의사의 사랑이 넘치는 의도가 안락사의 충분조건이 되고 있다고 고발하는 것이다. 이에 대하여 드워킨은 오히려 이러한 논의의 발전이 "카스가 슬며시 그 환자의 객관적 상태에서 벗어나 전적으로 의사의 동기나 의도에 문제의 초점을 맞추고 있다"고 비판한다.

26) E. Kass, *Neither for Love nor Money: Why Doctors must not kill*, 29, G. Dworkin, 『의료행위의 본성』 28에서 재인용.

27) 카쓰의 결론은 전형적인 "심정주의" 논의의 전형이다. 의사는 "의도의 순결성"을 가지고 외적 진

료에 임하여야 하는 것이다. 이와 더불어 이 심정주의 논쟁은 의사의 태도를 주로 윤리적 기점으로 삼고 있는 점이라는 것에서 비판적이어야 한다. 드워킨에 의하면 의사들은 다음의 상태만이 이 논쟁에 주요한 기점을 말하고 있다: 즉 견딜 수 없는 엄청난 고통, 말기 단계의 질병, 회복불능의 혼수상태, 매우 심각한 치매,

28) G. Dworkin, 『의료행위의 본성』, 30

29) 위의 책, 35. 객관적으로 안락사의 시작이 환자로 하여금 자살을 선택하게 하는 압력이 있는가의 여부, 그 환자가 합리적이라는 사실에 대한 신빙성에 대한 고려가 있었음으로 이 마지막까지의 모든 과정은 의료진의 동행적 차원을 의미한다고 말할 수 있다. 단 문제는 이러한 동행과 마지막까지의 보살핌이 과연 얼마나 가능한가를 물어야 한다. 오늘날의 의료현장은 사실 이와는 좀더 다른 모습이기 때문이다.

30) R. G. 프레이, 죽음의 구별, in: 안락사 논쟁, 42이하: 죽음이라는 결과에 대한 책임의 차원에서 보자면 모두 차이가 없다는 것이다. 이에 반해서 규범적 비대칭성을 인정하고자 하는 논리의 속설에는 소위 심정의 윤리가 적용되고 있음을 지적하게 된다.

31) 로버트 D. 오어, "의사조력사망," 정숙향 역, in: 제이 홀맨 편, 『의료윤리의 새로운 문제들』, 박재형 외 역, (서울: 예영커뮤니케이션, 1997), 348.

32) R. G. 프레이, "죽음의 구별," in: 『안락사 논쟁』, 55

33) 위의 책, 63 이때 차이는 "환자의 고통을 덜어주는 것과 환자의 죽음이 오는 것"인 반면 알약을 제공하는 의사는 "환자를 죽게 함으로써 그의 고통을 덜어주는 것"(단 이때 환자는 이 외의 다른 수단을 갖고 있지 못할 때이다)의 차이라고 프레이는 주장한다(65-66).

34) R. G. 프레이, 미끄러운 경사면에 대한 두려움, in: 안락사 논쟁, 73이하: 역시 안락사를 반대하는 입장에서도 그것이 가장 중요한 관건이다. 참고 Sissela Bok, "죽음의 선택과 살인," in: 『안락사 논쟁』, 144, 177이하

35) R. G. 프레이, "미끄러운 경사면에 대한 두려움," in: 『안락사 논쟁』, 102

36) 실제로 이들의 논의에서 부족한 점은 바로 이점이다. 그들은 안락사가 그 환자의 생명을 지켜주는 삶의 행위라고 이해할 수 없는 것이다. 그들의 세속적 이해에서는 안락사를 인생의 마지막 순간을 평안하게 하기 위한 피치 못할 긴급조치라고 말하지만 그것은 생명의 연장이나 생명을 새롭게 보도록 하는 선물로서가 아니라 생명의 끝으로서의 행위라는 점을 넘어가지 못한다. 즉 세속적 안락사 이해의 한계는 이 철학의 한계이며 생명을 부활의 빛으로부터 보지 못하는 의미-인식(혹은 의미-창조)의 한계이다. 그런 의미에서 이들은 카쓰(Kass)가 주장하는 것처럼 실제로 의사의 선한동기에서 주어진 자애심으로밖에는 이 안락사를 정당화 할 수 없게 된다.

37) 이런 이유에서 기독교계에서는 호스피스교육을 대안으로 강조하고 있다: 참고: 최재락, 목회상담에서 본 죽음의 이해: 자기도취적인 문화에서 보살핌의 문화로, in: 죽음. 삶의 현장에서 이해하기, 한국문화신학회 제7집, (서울: 한들출판사, 2004), 211이하

38) 로버트 D. 오어, "의사조력사망," 정숙향 역, in: 『의료윤리의 새로운 문제들』-저자에 의하면 안락사를 찬성하는 사람들은 "실용주의적 논점"으로서 좋은 동기와 좋은 결과가 성취된다면 어떤 방법도 괜찮은 것이라고 생각한다고(351-352)고 지적한다.

39) 삶을 그 한계로 보는 유한성의 관점에서는 목적론적 논증이나 책임적 윤리도 죽음이내의 상황에서만 찾을 수 있다고 생각한다는 전제를 동시에 생각한다면 우리는 여기에서 이런 내재적 가치의 가능성을 물어야 한다.

40) F. M. Kamm, *A Right to Choose Death?*, 338이하

41) M. Heidegger, *Sein und Zeit* (Tuebingen: Max Niemeyer, 1972) 하이데거는 이해가 바로 삶의 과정임을 보여주었다.

42) Christofer Frey, "Zum Verstaendnis des Lebens in der Ethik," in: *Konfliktfelder des Lebens* (Goettingen: Vandenhoeck & Ruprecht, 1998), 77.

43) Eberhard Juengel, "Der Tod als Geheimnis des Lebens," in: *Entsprechungen: Gott-Wahrheit-Mensch* (Muenchen: CHR.Kaiser VErlag, 1986), 특히 334.

44) Christofer Frey, *Perspektiven gelingenden Lebens, in: Konfliktfelder des Lebens, Goettingen*, 210이하

45) Eberhard Juengel, "Recht auf Leben - Recht auf Sterben: Theologische Bemerkungen," in: *Entsprechungen: Gott-Wahrheit-Mensch* (Muenchen: CHR. Kaiser Verlag, 1986), 323-324.

46) Eberhard Juengel, "Recht auf Leben - Recht aufe Sterben," 특히 324쪽의 논제 16

47) Eberhard Juengel, "Recht auf Leben - Recht aufe Sterben," 325이하. 예수 그리스도의 삶과 죽음이 하나님과 인간사이의 참된 화해의 근원이다. 이 예수의 죽음과 부활에서 "종말론적 상응(eschatologische Entsprechung)"이 일어났다. 그것은 신과 인간의 일치로서의 자기 동일화였고 사건으로서 동일화였던 것이다. 융엘은 이를 "성부와 성자의 차이"속에서의 대자적 섬이며 동시에 그 대자적 섬으로서도 막지 못할 더 큰 성부와 성자사이의 상호 연관의 일치적 완성으로서의 성령을 강조한다. 하나님이 인간을 대할 때 이렇게 성부와 성자의 관계가 성립하고 그와 동시에 그 차이를 보존하는 종말론적 일치로서의 성령을 강조할 수밖에 없다.

48) Eberhard Juengel, "Recht auf Leben - Recht aufe Sterben," 325이하. 이 사건은 삼위일

체적 상응의 사건 이며 삼위일체적 일치됨의 존재이다. 이 사건이 신적 근거에서 일치의 사건화가 완전히 사유될 때에만 하나님 아버지와 하나님 아들 그리고 성령 하나님과의 모든 관계가 온전하게 사유될 수 있다. 이 관계의 온전함에서 하나님과 인간사이의 온전함이 드러난다. 성자로서 하나님은 예수와 일치하고 있다. 성부로서 그는 이 일치의 근거이시며 성령으로서 그는 이 일치의 시간적인 사건화이고 동시에 인간적 상응의 능력으로서 이 상응의 능력 안에서 우리 신앙은 아버지와 아들의 일치성을 고백한다.

49) 이것은 종교개혁이 가져온 선의 이해에서 가장 중요한 변화와 일치한다. 참고: Jan Rohls, *Geschichte der Ethik* (Tuebingen: J. C. B. Mohr, 1991), 176ff, 특히 Christofer Frey, *Theologische Ethik* (Neukirchen: Neukirchener Verlag, 1990), 156.

4

1) 제럴드 드워킨, 『안락사논쟁』, 석기용역 (서울: 책세상, 2002), 16.
2) John Keown, *Euthanasia, Ethics and Public Policy, An Argument against Legalisation* (Cambridge, 2002), 16.
3) 드워킨, 『안락사논쟁』, 62.
4) John Keown, Euthanasia, 33
5) 위의 책, 16.
6) James Hoefler, *Managing Death* (Colorado, 1997), 134.
7) 2000년 11일 네덜란드 하원은 세계 최초로 불치병 환자의 안락사를 인정하는 법안을 통과시켰다.
8) 드워킨, 『안락사논쟁』, 188.
9) Theodor Bakkevig, *Ordnungstheologie und Atomwaffen,* (Paderborn, 1989), 126.
10) 드워킨, 『안락사논쟁』, 75.
11) 위의 책, 88.
12) Karen Ann Quinlan의 사례는 의료기술과 진단의 신뢰성에 대한 문제를 드러낸다. 1975년 당시 21세였던 퀸란은 신경안정제를 술과 함께 복용한 후 혼수상태에 빠지고 6개월간 정맥주사와 인공호흡기로 연명하다가 소생불가능하다는 의사의 판단과 부모의 요청에 의해 인공호흡기가 제거되었지만 그 후로 9년 동안 생존하였다(위의 책, 49).
13) 위의 책, 84.
14) 위의 책, 86.
15) Carlos Gomez, *Regulating Death, Euthanasia and the Case of Netherlands* (New

York, 1991), 138.
16) Helmut Thielicke, *Leben mit dem Tod* (Tuebingen, 1980), 183f.
17) John Keown, *Euthanasia*, 279.

5

1) 신앙교리성, "안락사에 관한 선언," 「사목」, 71호, 126쪽.
2) 비오 12세, AAS 49(1957), 1031-1032.
3) K. H. 페쉬케, 『그리스도교 윤리학』, 김창훈 역 (서울: 분도출판사, 1992), 303.
4) 동 선언(同 宣言)의 주제와 무관한 특수사정을 수반하는 사형(死刑)과 전쟁(戰爭) 문제는 완전히 제외시킨다.

6

1) Paul Ramsey의 "cannons of loyalty"와 "Rationally objective norms" 개념은 신중심적 생명이해와 제도중심적 생명이해의 근간을 지시하는 유사개념이라고 볼 수 있다. Stephen E. Lammers and Allen Verhey, *On Moral Medicine: Theological Perspectives in Medical Ethics* (Michigan: Grand Rapids, 1987) 33.
2) Committee on Medical Ethics, Episcopal Diocese of Washington, D. C., *Assisted Suicide and Euthanasia: Christian Moral Perspectives* (Washington, D. C.: Morehouse Publishing, 1997), 7-9.
3) 네덜란드는 1952년 의사가 결핵 말기 환자였던 자기 형을 죽도록 조치한 Eindhoven 사건 이후 조력사를 시행한 의사들을 기소하지 않는 방향으로 노력해 왔다. 이어 1982년 조력 자살 가이드라인을 마련했고, 1984년 네덜란드 대법원은 1982년 일어난 최초의 안락사 사건을 심의한 후 의사에게 무죄를 선언하였다. 2000년 네덜란드는 존엄사를 의미하는 안락사를 합법화하였다. Jocelyn Downie, "The Contested Lessons of Euthanasia in the Netherlands," Heath Law Journal, vol. 8 (2000), 119-139.
4) 미국 오레곤(Oregon) 주에서는 1994년 국민투표에서 51:49로 존엄사를 입법화하였으나 1997년 보다 구체적인 정보를 제공하며 묻는 국민투표에서는 60:40으로 존엄사를 합법화시켰다. 반면 오스트레일리아 북주(Northern Territory)는 1996년 존엄사를 합법화시켰다가 4건의 안락사가 시행된 이후 상원에서 이를 폐지했다.
5) Seth Mydans, "Legal Euthanasia: Australia Faces a Grim Reality," New York Times

(Feb. 2, 1997).

6) 안락사 개념에 대한 세밀한 분석과 구분은 노영상, "안락사의 개념정의에 의거한 안락사 논쟁에 대한 기독교윤리학적 반성," 『안락사 문제와 호스피스』 (서울: 한국 기독교 생명윤리협회, 2005), 19-38참조.

7) Carlos Gomez, *Regulating Death* (New York: Free Press, 1991), 32.

8) 이 보고서는 이 연구 책임자가 되어 연구를 수행했던 네덜란드 고등법원 변호사의 이름을 따서 The Remmelink Report라고 불리어지고 있다. Remmelink, M. J. et al, *Meidcal Decisions About the End of Life, I. Report of the Committee to Study the Medical Practice Concerning Euthanasia. II. The Study for the Committee on Medical Practice Concerning Euthanasia* (The Hague, Sep. 19, 1991). 이후 이 두 문서는 Report I, Report II로 약칭된다.

9) Report II, 72.

10) Report II, 62ff.

11) 이동익, "가톨릭 윤리신학의 안락사 이해와 불필요한 치료행위의 중단에 관한 고찰"「신학과 사상」, 35 (2001 봄), 29-47.

12) Pope John Paul II, *The Gospel of Life: The Encyclical Letter on Abortion, Euthanasia, and the Death Penalty in Today's World* (New York: Random House, 1995). 이하 *The Gospel of Life*로 칭한다.

13) 위의 책, 7.

14) 참조, 삼상 31: 1-6; 삼하 15: 1; 역대상 10: 1-13.

15) 열왕기상 16: 18-19.

16) 2 Maccabees 14: 41-6.

17) 사도행전 16: 27-28.

18) John Paul II, "Euthanasia: Declaration of the Sacred Congregation for the Doctrine if the Faith (May 5, 1980)," Stephen E. Lammers and Allen Verley, eds., *On Moral Medicine: Theological Perspective in Medical Ethics* (Grand Rapids: William B. Eerdmans Publishing Company, 1987), 441-444.

19) 최화숙, "호스피스: 최상의 대안"「안락사 문제와 호스피스」, 9-16.

20) 노영상, 28; 이동익, 31.

21) John Paul II, 444.

22) *The Washington Report*, 33ff.

23) 위의 책, 37.
24) Joseph Fletcher, *Morals and Medicine* (Princeton, New Jersey: Princeton UP, 1954).
25) 이런 논의는 미국 성공회에서 1996년 발간한 "Report of the Task Force on Assisted Suicide to the 122nd Convention of the Episcopal Diocese of Newark" (Jan. 27, 1996) 참조.
26) Joseph Fletcher, 191.
27) 오하이오 성공회 교구가 The Newark Report에 대하여 낸 문서 참조. Committee on Health, Human Values, and Ethics of the Episcopal Diocese of Southern Ohio, "Response to the Resolution Concerning Assisted Suicide Adapted by the 122nd Convention of the Episcopal Diocese of Newark," (Fe. 23, 1996).

7

1) J. Douma, *Medische ethiek* (Kampen: Kok, 1997), 81.
   John Keown, "Euthanasia in the Netherlands: Sliding Down the Slippery Slope?" in *Euthanasia Examined: Ethical, Clinical and Legal Perspective* (Cambridge: Cambridge University Press, 1997), 261-62.
2) 안락사와 자살조력이 혜택이라면 이 혜택을 확대적용해서는 안될 이유가 없다는 논증에 대한 설명으로는 Keown, "Euthanasia in the Nederlands: sliding down the slippery slope?" 262; Luke Gormally, "Walton, Davies, Boyd and the legalization of euthanasia," in *Euthanasia Examined*: 113-40을 참고하라.
3) Keown, "Euthanasia in the Netherlands: Sliding Down the Slippery Slope?" 270.
4) P.J. van der Maas et al., *Euthanasia and other Medical Decisions Concerning the End of Life* (Amsterdam: Elsevier, 1992), 5.
5) 이상원, "안락사는 정당한가?" [신학지남], 제269호 (2001년 겨울), 256.
6) P.J. van der Maas et al., 'Dances with Data' (1993) 7 *Bioethics*, 325, requoted from Keown, "Euthanasia in the Netherlands: sliding down the slippery slope?" 273-74.
7) Keown, "Euthanasia in the Nederlands: sliding down the slippery slope?" 274.
8) William F. May, "After the US Supreme Court Decisions: the Politics of Assisted Suicide and the Church's Role," in *Studies in Christian Ethics*, vol.11. No.1 (1998), 49.
9) Keown, 264; Edward J. Larson & Darrel W. Amundsen, *A Different Death: Euthanasia & the Christian Tradition* (Downers Grove: InterVarsity Press, 1998), 234.

10) H.J.J. Leenen, "The Definition of Euthanasia," *Medicine and Law* (1984, 3월), 333-334.

11) Keown, "Euthanasia in the Nederlands: sliding down the slippery slope?" 265.

12) 위의 책, 275.

13) Van der Maas. *Euthanasia and other Medical Decisions Concerning the End of Life*, 43.

14) 위의 책, 108.

15) Margaret Pabst Battin, "Ethical Issues in Physician-Assisted Suicide," in Michael M. Uhlmann ed. *Last Rights: Assisted Suicide and Euthanasia Debated* (Grand Rapids: Eerdmans, 1998), 133.

16) "The Supreme Court Decides: The 'Glucksberg' and 'Quill' Cases," in 위의 책, 618-19.

17) Leon R. Kass, "Why Doctors Must Not Kill?" in 위의 책, 304-5.

18) Van der Maas, *Euthanasia and other Medical Decisions Concerning the End of Life*, 61.

19) 위의 책, 66.

20) 위의 책, 64.

21) Keown, "Euthanasia in the Nederlands: sliding down the slippery slope?" 283-84.

22) 위의 책, 45.

23) 위의 책, 43.

24) 위의 책, 43, 45.

25) Keown, "Euthanasia in the Nederlands: sliding down the slippery slope?" 280.

26) http://www.nvve.nl/nvve/print?pagkey=44586.

27) Wetboek van Strafrecht, art. 293 그리고 art. 294.

28) 위의 책, 263-64.

29) Wetboek van Strafrecht. art. 40.

30) De Wet toetsing levensbeeindiging op verzoek en hulp bij zelfdoding, art 2. in http://www.nvve.nl/nvve/dossierdetail.asp?pagkey=44589&dossier=57364.

31) De Wet toetsing levensbeeindiging op verzoek en hulp bij zelfdoding, art 7.

32) 새 형법, Wetboek van Strafrecht, art. 293.

33) 위의 책, 294.

8

1) 본고는 Robin Gill (ed.), *Euthanasia and the Churches*, (London: Cassell, 1998)에 나타난

영국 신학자들의 안락사 논의를 중심으로 살펴보고자 한다.
2) R. Gill, *Moral Leadership in a Postmodern Age*, 김승호 역, 『포스트모던 시대의 도덕적 리더십』 (서울: 선학사, 2004), 224-230.
3) Persistent Vegetative State 의 약어로 '지속적으로 식물인간 상태에 있는' 환자를 의미한다.
4) 두 명의 환자 가운데 한 명은 7년 동안 혼수상태에 있었던 환자였다
5) Robin Gill은 영국 켄트 대학(the University of Kent at Canterbury)의 Michael Ramsey 석좌교수로 지난 15년 동안 케임브리지 대학에서 발간한 New Studies in Christian Ethics Series의 편집장으로 활동해 왔다.
6) Robin Gill, 'The Challenge of euthanasia,' in Robin Gill (ed.), *Euthanasia and the Churches* (London: Cassell, 1998) 18-27.
7) BSA는 British Social Attitude Survey의 약어이다.
8) Paul Badham은 영국 웨일즈 대학(the University of Wales, Lampeter)의 신학과 교수로 죽음과 영혼불멸에 대한 연구로 그 명성이 높다.
9) P. Badham, 'Should Christians accept the validity of voluntary euthanasia?' in Robin Gill (ed.), *Euthanasia and the Churches* (London: Cassell, 1998) 41.
10) 위의 책, 42-44.
11) 위의 책, 45.
12) 위의 책, 48-49.
13) 위의 책, 50-51.
14) Alastair Campbell은 영국 브리스톨 대학(the University of Bristol)의 의료윤리학 교수로 동 대학 내의 의료윤리센타의 디렉터로 활동하고 있다.
15) A. Campbell, 'Euthanasia and the principle of justice,' in Robin Gill (ed.), *Euthanasia and the Churches* (London: Cassell, 1998) 83.
16) 위의 책, 88.
17) 위의 책, 89.
18) 위의 책, 91-95.
19) Robin Gill, 'The Challenge of euthanasia,' in Robin Gill (ed.), *Euthanasia and the Churches* 29.
20) 위의 책, 31-32.
21) 위의 책, 37.

22) P. Badham, 'Should Christians accept the validity of voluntary euthanasia?', in Robin Gill (ed.), *Euthanasia and the Churches* 60-61.
23) 위의 책, 64-66.
24) 위의 책, 74.
25) A. Campbell, 'Euthanasia and the principle of justice,' in Robin Gill (ed.), *Euthanasia and the Churches* 100-102.
26) 위의 책, 103-104.
27) 위의 책, 108.
28) 위의 책, 116.
29) 위의 책, 118.
30) Robin Gill, 「포스트모던 시대의 도덕적 리더십」, 230-233.

9

1) Allen Verhey, "Talking of God-but with Whom?", *Hastings Center Report* (Special supplement: "Theology, Religious Traditions and Bioethics"), vol. 20 no.4 (July-August 1990), 21 참조.
스콧 래 & 폴 콕스, 김상득 역, 『생명윤리학』 (서울: 살림, 2004), 93ff. 버헤이는 이와 같은 변화를 "의료윤리학의 르네상스", "생명의료윤리학의 계몽운동"이라고 평가한다.
2) 김일순, 손명세, 김상득, 『의료윤리의 네 원칙』 (서울: 계축문화사,1993) 참조. 의과대학 교수들인 저자들은 임상적 사례들을 통하여 의료윤리의 네 원칙의 내용과 문제들에 대한 간결한 설명을 하고 있다.
3) 위의 책, 16.
4) 위의 책, 47.
5) 위의 책, 137.
6) 위의 책, 18-19.
7) 김상득, 『생명의료윤리학』 (서울: 철학과 현실사,2001), 290-326. 특히 296과 299의 도표 참조.
8) 정원범, "죽음에 대한 기독교윤리적 접근," 『생명 신학 윤리』 (서울: 한들출판사, 2003), 191-199.
9) Stanley Hauerwas, *Naming the Silences: God, Medicine, and the Problem of Suffering* (Grand Rapid, Michigan: William B. Eerdmans Publishing Company,1990), 63.
10) Stanley Hauerwas, *Suffering Presence: Theological Reflections on Medicine, the*

Mentally Handicapped, and the Church (Notre Dame, Indiana: University of Notre Dame Press, 1988), 30.

3부
안락사법 제정과 기독교

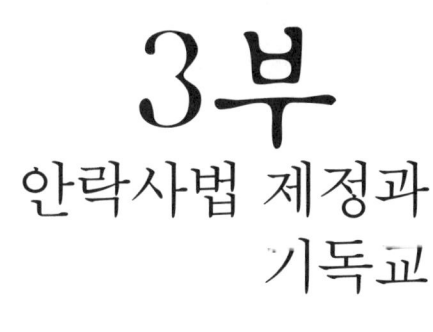

법적 측면에서 본 안락사

김일수 | 고려대학교 교수 (법학)

1. 들어가는 말

살해금지는 동·서양을 막론하고, 법과 도덕의 객관적 실체로서 오랜 문화적 전통과 유산이 되어 왔다. 법과 사회윤리의 입장에서 보면, 타인의 생명을 존중해야 하는 일, 타인의 생명을 침해하지 말아야 하는 일이 주된 관심사였기 때문에 애당초 자살은 죄가 되지 않는다.

안락사의 문제는 살해금지와 자살 사이에서, 당면한 죽음의 고통을 물리적으로 해결해 보려는 시도 가운데서 나타난다. 즉 자살을 감행할 만한 정신적·육체적 조건을 이미 갖추지 못한, 그러면서도 임박한 죽음의 고통 앞에서 씨름하는 한 인간을 이 같은 고통에서 속히 해방시켜 주려는 의도에서 생명을 단축시키는 조치를 취한 경우와 본인 또는 가족 등의 진지한 간청·촉탁 또는 승낙에 의해 역시 이와 같은 조치를 취한 경우, 이것을 살해금지의 위반으로 볼 수 있는가 하는 문제이다.

인간은 본래 자연과학적으로 완전히 해명할 수 없는 정신적·영적 차원과 접해 있다는 점에서 하나의 형이상학적 존재이다. 또한 인간의 생명은 특히 그 시기와 종기에 있어, 생물학적·의학적으로 완전히 해명할 수 없는 신비로운 일면을 갖고 있다. 생명은 일회적이며, 돌이킬 수 없고, 바꿀 수도 없으며, 그 생명의 소지자에게 고유한 실체로서 의미 있는 삶 전체의 실존적 기반이 된다는 점에서 지고한 인격가치로 평가되고 있다.

이러한 면을 솔직히 시인하는 한, 안락사의 문제는 영원히 신학적·윤리학적·의학적·법학적 난제로 남게 될 것이다. 그러나 여기서는 안락사 문제를 특히 실정법적 문제에서 말해 보려고 한다. 특히 현대의 고도산업사회·대중사회에 이르러 인간의 생명에 대한 경외감이나 그 지고의 가치성 내지 신비성의 희박, 생명의 물화, 인간의 수단화 현상과 인명경시의 풍조가 특히 극악화, 급증화해 가는 범죄 속에서 단적으로 표현되고 있다. 따라서 안락사의 실정법적 논의에서도 이 같은 탈인간화의 사회적 병리현상에 대한 조명과 살해금지와 인명존중의 규범의식을 염두에 두고 합리적으로 형사정책적 효과를 고려해야 한다.

2. 안락사의 실정법적 문제점

안락사(euthanasie)란 그리스어 유타나시아(εθαύασια)에서 유래된 말로서 '아름다운 죽음' 또는 '쉬운 죽음' 등의 의미를 내포하고 있다.[1] 이 용어가 생성된 후기 그리스 시대에서 이 말은 사실상 쉽고, 고통 없는 죽음이란 뜻 이외에 무엇보다도 사기(死期)에 임박한 사람 자신의 그 죽음에 대한 관계를 표현하는 말로 사용되었다.[2] 그러나 오늘날은 중환자나 불치 또는 빈사의 병자에 대해서 쉬운 죽음을 가능케 하는 인간의 행위를 말한다. 독일어 중에서 안락사를 '죽음 중의 도움'이나 '죽음에로의 도움'을 함축하는 의미에서 '죽음의 도움'(Sterbehilfe)이라고도 말하고 있다.

이런 의미에서 안락사란 돌이킬 수 없는 결정적 죽음의 과정에 들어선 생명을 인위적으로 앞당기거나 아니면 그 연장을 가능케 하는 조치를 중단해버리는 경우를 말한다. 이러한 인간행동의 배후에는 물론 삶과 죽음, 삶과 고통을 합리적으로 교량하려는 합리주의적 사고가 깔려 있음은 물론이다.3) 그러나 자연적인 죽음이나 자연적인 임종의 시기와 관련된 윤리적·종교적 의미관련성과 인격의 근저에 깔려 있는 존재론적인 가치는 인간의 생명 그 자체를 단순한 생물학적 생명이나 심리적 인격처럼 경험적 고찰의 대상으로만 삼을 수 없음을 말해 주고 있다. 따라서 고통의 한계상황에 처한 빈사의 병자나 불치의 병자에 대해 그 고통을 경감 또는 제거하기 위하여 예상되는 자연적 사망의 시기를 앞당기는 일체의 처사는 우선 형법적으로 살인죄 또는 그 병자 본인의 진지한 요구가 있었을 때에 촉탁·승낙 살인죄의 여부가 문제된다.

이러한 문제의 실정법적 문제성과 그 해결방향을 이해하기 위하여 우선 구체적으로 안락사가 문제되는 개념의 유형을 구별하여 고찰할 필요가 있다.

1) 안락사가 문제되는 경우

안락사를 분류하면 안락사는 본인의 의사(意思)에 따라 본인의 촉탁·승낙 등이 있는 경우에 이루어지는 자의적 안락사와 본인이 의사(意思)를 표시할 수 없거나, 가능하다 하더라도 외부의 제3자가 이해할 수 없는 상태에서 행하여지는 비임의적 안락사, 그리고 본인이 적극적으로 반대했는데도, 이에 반하여 강제로 실시하는 타의적 안락사 등으로 구별할 수 있다.4) 또 시행자의 행위에 따라 생명의 종기를 일시적이나마 저지·지연시킬 수 있는데도 이에 필요한 조치를 취하지 않는 부작위로 이루어지는 소극적 안락사, 죽음이라는 결과가 초래된다는 것을 알면서도 임종의 고통을 덜기 위해 일정한 처치를 계속함으로써 결국 죽음이 야기되는 간접적 안락사와 행위자가 사기(死期)에 임박한 환자의 생명을 처음부터 단축시키는 조치를 행함으로써 이루어지는 적극적 안락사 등의 구별도 가능하다.5) 더 나아가 생존의 윤리성과 관련하여 인내하기 힘든 고통을 견디어 나가는 중환자의 생명이란 무의미하기 때문에 오히려 생명을 단축시켜주는 것이 고통의 종국적 해방을 가능케 하는 자비로운 행위라는 점에서 자비적 안락사, 산 송장 또는 식물인간은 의식이나 정신활동이 전혀 불가능하여 인간의 생존가치가 없기 때문에 도리어 인격의 존엄을 지키기 위해 생명을 단축시켜야 한다는 존엄적 안락사(또는 간단히 존엄사)와 질병이나 사고로 심신상태가 극도로 약화되어 쓸모없는 생명체가 되어 버린 사람은 공동체에 큰 부담만 되고 공동체가 그 희생을 더 이상 감내할 수 없으므로, 이런 생명체의 배제는 공동체의 부정을 뜻하는 것이 아니라 그것을 강화한다는 의미에서 인정되어야 한다는 도태적 안락사 등이 있다.6)

이러한 여러 유형의 안락사는 형법의 입장에서 여러 가지 다른 평가의 대상이 될 수밖에 없다. 그러나 형법적으로 문제되는 안락사는 사회현실의 대부분이 그렇듯이 이 같은 도식적 분류만으로 구분되는 것이 아니라, 여러 가지 유형들이 복합적으로 형성되는 경우가 대부분이다. 그러나 이러한 복합적 성격은 형법적 평가에 있어 판단의 일정한 규범적 표준들이 마련되어 있는 실정법 테두리 안에서는 별 어려움이 되지 않는다. 여기에서 특별히 형법적으로 문제되는 사례의 유형들을 먼저 확인해 볼 필요가 있다고 생각한다.

진정안락사는 생명의 단축을 수반하지 않는 안락사를 말한다. 예컨대 임종의 고통을 제거하기 위하여 적당량의 진정제 또는 마취제를 사용함으로써 자연사시키는 경우가 그것이다.7) 이러한 예에는 생명의 단축을 초래하지 않을 뿐 아니라 그것 자체가 훌륭한 치료행위가 될 수 있으므로 형법 전문가가 아닌 사람들에게는 물론 형법 전문가에게도 종종 형법상 아무런 문제가 발생하지 않는 것처럼 인식되고 있다. 그러나 치료행위 자체도 언제나 당연한 업무행위일 수만은 없기 때문에 구체적인 사정에 따라 이 경우도 형법적으로 문제가 발생할 수 있다.

간접적 안락사, 이것은 생명단축의 결과를 가져올 가능성이 있는데도 불치나 난치 또는 빈사의 병자의 고통을 완화시켜 주는 것을 주목적으로 하여, 이를 위한 처치를 했던 결과 그 부작용 등으로 병자의 죽음을 야기한 경우에 해당된다. 예컨대 죽는다는 점을 인식하고서도 암의 말기증상을 나타내고 있는 환자에게 그 고통을 제거·완화시키기 위하여 모르핀을 계속 증량하여 병자의 자연적인 사망을 앞당겨 초래하는 경우이다.[8] 이러한 예는 고통완화의 수단과 원치 아니하는 부수효과로서 경미한 생명단축이 결합되어 있는 경우에 자주 발생한다. 특히 이러한 경우를 형법적으로 어떻게 취급할 것인가에 관하여는 논란의 여지가 많다.

소극적 안락사는 생명체가 불치 또는 난치의 병으로 놓이킬 수 없는 결정적 죽음의 과정에 들어섰을 때, 의사가 그 진행을 일시적으로 저지·지연시킨다면 생명연장의 가능성이 확실히 존재하는데도, 환자의 죽는 고통이 오래 계속되지 않도록 생명연장의 적극적 수단을 취하지 않고 부작위로 나아가 죽음에 이르도록 방치하는 경우이다. 예컨대 중병의 기형신생아를 수술하지 않고 방치하여 사망케 하는 경우,[9] 수혈을 하면 연명이 가능하지만 사기(死期)가 임박하고 있어 오히려 그것만으로는 사망의 고통이 멈추어지지 않고 더욱더 가중될 염려가 있는 경우에 그 수혈을 행하지 않거나 또는 캠퍼(camper)주사를 주입하면 일시 생명의 연장에 도움이 될 수 있을지라도 단지 죽음의 고통만 연장하는 결과가 되어 오히려 주

사를 놓지 않고 죽음에 이르도록 방치하는 경우 등이다.10)

　적극적 안락사는 행위자가 불치병에 걸린 환자나 빈사의 환자에게 애당초 생명단축을 목적으로 그 생명을 단절시켜버림으로써 그 환자로 하여금 사망의 고통에서 벗어나게 하는 경우이다. 이는 적극적으로 생명을 단축시키는 경우이다. 예컨대 중환자에게 치명적인 독약을 투여하여 그를 살해하는 경우이다. 이 경우 중환자의 자살에 가담하여 그에게 극약을 마련해 준다거나 극약의 주입을 돕는 일 또는 환자의 요구에 따라 직접 안사술을 시행하는 경우는 물론 적극적인 작위에 의한 진정안락사, 간접안락사, 그리고 도태적 안락사까지 적극적 안락사 속에 포함시키는 경우도 있다.11) 그러나 여기에서 도태적 안락사는 별도로 취급하는 것이 형법적 평가의 관점에 비추어 더욱 합리적이라고 생각한다.

　도태적 안락사의 경우는 무가치한 생명의 말살(Die Vernichtung lebensunwerten Leben)을 의미한다. 이것은 적극적·소극적 안락사의 경우에서처럼 죽음에 임박한 병자의 고통을 덜어주기 위한 동정심과 연민의 정에서 취해지는 안락사가 아니라, 생존능력은 있으나 심신상태가 극도로 약화되어 치유할 수 없는 정신병자 또는 강도(强度)의 심신장애자 등을 죽이는 조치가 문제되고 있는 사례이다.12) 이것은 특히 현재적 또는 잠재적 고통을 줄이기 위한 조치가 아니라, 무가치하다고 인정되는 생명을 아예 박멸해 버린다고 하는 점에서 자비적 존엄적 안락사와 구별된다.13) 이는 인간존엄의 존중요구에 명백히 반하는 처사로서 형법적으로도 분명히 범죄행위로 판단될 수밖에 없지만 학설로는 이와 같은 경우에 생존이 무가치한 생명을 말살하는 것이 국가에 의해서 허용될 수 있을 것인가 하는 문제가 오랫동안 논의되어 왔다. 형법학자인 빈딩(Binding)과 정신과의사 호헤(Hoche)는 그들의 공동연구에서 이를 지지하고 나섰다.14) 그러나 독일에서 1933년 전까지는 이 같은 주장이 인간존중의 요구에 따라 거부되어 왔다. 1939년 9월 1일자 히틀러(Hitler)의 비밀지령에서 이 같은 도태적 안락사가 명령되고 일부 의사들에 의해 시행된 것은 사실이지만, 나치(Nazis) 집권시기인 1933~1945년까지도 법적으로 이것이 허용된 적은 없었다.15)

2. 안락사 이론의 역사

안락사 문제의 실정법적 해결을 찾기 위해서는 먼저 안락사 문제의 논의를 둘러싼 이론사의 검토와 비교법적 고찰이 필요하다.

안락사 문제는 이미 고대 희랍에서 논의되었다. 그 당시의 철학자들은 고통 없는 죽음의 보장문제가 아니라 생존가치가 없는 어린아이의 살해 문제를 두고 논의했다. 예컨대 플라톤은 기형아를 기르지 말고 탄생 후 즉시 버려야 한다고 말했다.16) 이런 주장은 실제 스파르타(Sparta)에서 관행으로 통용되었다. 이와 마찬가지 입장은 초기 로마시대에도 있었음이 입증된다.17) 세네카(Seneca)도 기형아의 살해를 의미하는 안락사를 이야기했고 오늘날의 안락사와 같은 의미에서 고통을 덜어주는 죽음을 말하기도 했다.18) 그러나 기독교의 전파로 희랍과 로마사상의 지배에 있던 유럽에서 기형아의 안락사에 관한 이념과 실제는 점점 사라져갔다. 즉 모든 인간의 생명은 비록 그것이 기형아일지라도 신의 피조물이며 따라서 불가침이며 거룩하다고 하는 점이 인식되었기 때문이다.19) 기독교의 영향이 미치던 시대에서는 안락사와 생존의 가치없는 생명의 박멸에 관한 긍정적인 입장은 단지 손으로 꼽을 정도의 몇몇 문헌에서만 발견될 수 있을 뿐이다. 특히 그 중에서 토마스 모어(Thomas More)의 『유토피아』(Utopia)를 들 수 있다. 여기에서 모어는 중환자 스스로의 의사(意思)에 따라 고통 없는 자살이나 살해도 성직자의 승인을 얻어 이루어질 수 있음을 말하고 있다.20) 12세 되는 완전한 바보이며, 기형아의 살해에 대하여 루터(Luther)도 찬성을 하고 있다. 루터는 이같은 피조물은 단지 사탄의 사생아일 수 있기 때문에 강물에 던져버리라고 했다.21)

새로운 안락사 논의는 계몽주의철학에 의해 차츰 활발해지기 시작하여 1794년의 프로이센 일반 란트법(ALR)은 치명상을 입은 병자나 중환자를 선한 의도에서 살해한 자를 단지 과실범으로 처벌할 수 있도록 규정하였다. 독일의 안락사 운동은 무엇보다도 빈딩(Binding)과 호헤(Hoche)의 저술과 노력에 의해 더욱 활발해졌다. 그러나 빈딩과 호헤의 주장은 제3제국에서 생존이 무가치한 생명의 박멸운동에 정신적인 길잡이가 되었지만, 실제로 독일에서는 나치 집권기간 동안에도 그와 같은 조치가 법적으로 허용된 적은 없었다. 심지어 1935년의 형법위원회도 이른바 무가치한 생명의 박멸에 대한 아무런 다른 결정을 하지 못했다. 안락사를 위한 특별한 구성요건설정에 대한 헨켈(Henkel)과 콜라우쉬(Kohlrausch)는 그 남용가능성을 들어 단호히 반대했던 것이다.22) 그러나 나치 집권시기에 안락사의 실제는 그 후 독일 형법에서 1962년 정부초안에 이르기까지 안락사의 규율에 대한 소극적 입장을 취하게 만들었다.

그러던 중 1970년 독일 형법학교수 연례회에서 카우프만(A. Kaufmann)이 승낙살인(§216 StGB) 자체는 법익향유자가 그 향유를 포기한 것이기 때문에 이미 보호될 법익을 결한 것으로 불가벌로 해야 한다고 주장한 이래,23) 마르크스(M. Marx)24)와 슈미트(R. Schmitt)25) 등에 의해 지지되었다. 이에 대해 히르쉬(Hirsch)는 반론을 펴고, 개인의 의사

(意思)와 독립된 타인의 생명의 불가침성은 어떤 종교적인 주민 일부의 단순한 가치관이 아니라 법적으로 존중되어야 할 일반인의 정신적인 전 유물임을 내세웠다.26)

영국에서는 안락사(euthanasia)와 자비사(mercy-killing)가 동의어로 쓰인다. 일찍이 1932년 밀라드(K. Millard) 박사에 의해 이른바 자비사(mercy-killing)의 입법화 운동이 추진되었고, 1935년에는 외과의사 모이니헌(Moynihan) 경을 의장으로 하는 '자의적 안락사 입법추진회'(Voluntary Euthanasia Legislation Society)가 설립되었다. 1936년에는 안락사 법안이 상원에 상정되었으나 35대 14로 부결되었다. 그러나 이러한 입법추진의 노력은 계속되어 1950년과 1969년에도 상정되었으나 아직 입법화되지 않은 상태에 머무르고 있다.

미국에서도 안락사 자유화 운동이 일어나 1938년 뉴욕 주에서 3,272명의 의사에게 설문조사를 한 결과, 80% 이상이 안락사 자유화에 찬성했고, 신교와 유태교 신학자들에 의해서도 적극적인 지지의 입장이 표명되기도 했다. 그리하여 안락사의 합법화 추진을 위한 단체(Euthanasia Society of America)가 결성되기에 이르렀다. 그러나 영국에서와 마찬가지로 여러 주의 의회에 상정된 이 법안은 성과 없이 끝나 버렸다.

3. 안락사의 비교법적 검토

오늘날 소위 죽음의 권리(Right to die)를 법제화하려는 경향이 활발하지만, 그럼에도 불구하고 죽음의 권리를 생명의 권리(Right of life)에 우선시하는 법제가 확립되기는 어려울 전망이다.27)

영국에서는 「1961년 자살에 관한 법률」(Suicide Act of 1961)의 발효까지는 심지어 자살미수도 범죄로 취급했고, 우리나라와 마찬가지로 오늘날도 자살교사나 방조행위를 14년 이하의 금고형에 처하도록 규율하고 있다.28) 생명을 단축시키는 본래적인 안락사는 피해자의 승낙이나 동의가 있건, 동정심에서 행해졌건, 또는 사기(死期)가 임박했다는 사정이 있건 간에 모살(murder)이다.29) 이와는 달리 의사가 중환자에게 당장의 고통을 제거해 줄 수는 있지만, 그로 인해 사기(死期)가 앞당겨질 수도 있는 일정량의 모르핀을 주었을 때, 즉 간접적 안락사의 경우에는 처벌받지 아니한다. 이미 1957년 의사인 애덤스(Adams)에 대한 형사재판에서 판사 데브린(Devlin)은 고통을 제거, 완화하는 의사의 조치는 그 부수효과로 생명을 단축시키는 일이 일어난다 하더라도 인과관계가 결여되어 있기 때문에 처벌할 수 없다고 판결했다.30) 소극적 안락사의 경우는 아직 영국에서 완전히 해결되어 있지 않고, 의사는 환자의 생명을 유지해야 할 법적 의무가 존재한다는 입장이다.31)

미국도 영국과 비슷한 원칙을 적용하고 있으나, 주마다 법이 다르기 때문에 단일한 법규율을 찾기 힘들다. 원칙적으로 자살관여죄는 처벌된다.32) 심사숙고하여 타인을 살해하는 것은 '일급의 모살'로서, 환자의 요구나 동정심에서 살해했다는 행위자의 동기도 가벼운 고살(故殺)로 다루거나 면책될 수 없다. 그러나 샌더스(Sanders) 판사가 다룬 10건의 안락사 사건에서 6건이 무죄 방면된 예와 같이 판결에서 무죄로 다루어진 사례가 많다. 그러나 그 판결이유는 안락사를 직접 인정하기 때문이 아니라, 책임능력이 결하여 있었다든지 인과관계가 결해 있었다고 하는 이유에서이다.33) 이른바 존엄사와 관련하여 미국에서 1975년, 당시 뉴저지 주 모리스타운(Morristown)에 살던 22세의 여대생 카렌 퀸란 양의 양부에게 식물인간 상태에서 연명하고 있는 퀸란 양에게서 인공호흡기를 떼어낼 수 있는 프라이버시의 권리를 인정해 주었다.34)

대륙법계 나라들은 촉탁·승낙살인을 가볍게 처벌하며, 또 참작할만한 동기가 있는 살인을 법정형이 가벼운 고살로 취급하고 있다. 뉴저지 형법 §235 Ⅱ는 안락사를 「소생할 가망 없는 환자를 동정하여 그의 생명을 단축시켰을 때」 촉탁살인과 마찬가지로 형벌을 감경시키고 있다.35) 자살관여죄에 관하여 독일·프랑스·벨기에·룩셈부르크·스웨덴은 주범의 행위가 죄가 안 된다는 입장에서 불가벌로 하고 있는 반면, 덴마크·그리스·이탈리아·노르웨이·오스트리아·폴란드 등은 이를 처벌하고 있다.36)

일본은 아직 안락사를 인정하는 법률을 제정하지 못하고 있지만, 1962년 12월 22일 나고야 고등법원 판결에서 안락사가 정당화되기 위한 여섯 가지 조건을 제시하고,37) 불치의 병으로 사기(死期)가 임박하여 격심한 고통에 시달리는 아버지의 진지한 촉탁에 의해 우유에 농약을 타서 아버지에게 주어 죽게 한 피고인에게 의사의 시술이 아니라는 점과 그 방법이 윤리적으로 정당화될 수 없다는 점에서 촉탁살인을 인정하였다.38)

4. 실정법에 따른 문제해결

우리나라는 특히 생명을 단축시키는 안락사가 허용될 수 있느냐에 관하여 학설이 나뉜다. 즉 절대로 위법성이 배제될 수 없다는 견해도39) 있으나, 통설적인 입장은 나고야 고등법원에서 제안한 조건이 갖추어진 경우 대체로 정당행위(형법 제20조)로 인한 위법성의 배제를 인정하고 있다.40) 다음에서 안락사의 실정법적 문제를 좀 더 자세히 다루기 위해 형법적 평가가 달라질 수밖에 없는 여러 가지 사례들을 구분하여 고찰해 보자.

1) 진정안락사의 경우

이 경우 환자의 동의가 있는 한, 진정안락사행위는 무제한 허용될 수 있다. 반면 환자가 계속된 의식장애로 인하여 그러한 동의를 줄 수 없을 때라면, 추정적 승낙이 있다고 볼 수 있는 한, 역시 형법적으로 정당화된 행위가 된다. 만약 환자의 의사(意思)에 반해서라면 고통을 감경시키는 조치는 허용될 수 없다.41) 실제 어떤 환자가 임종까지 분명한 의식 속에서 죽음의 고통을 견디어 내려고 하여, 최후 순간까지 고통을 줄이기 위한 신경진정제 등의 주사를 놓지 말아달라고 했는데도 의사가 안락하게 잠들 수 있는 모르핀 주사를 놓아 고통을 느끼지 않고 사망하였다면, 이 같은 진정안락행위는 살인죄를 구성하지는 않지만 상해죄에는 해당할 수 있다. 왜냐하면 환자 자신의 자기결정권(Selbstbestimmungsrecht)은 법이 똑같이 존중하고 보호해야 하기 때문이다.42)

2) 간접적 안락사의 경우

이 문제에 관해서는 일부는 생명단축의 결과를 예견하였지만 의욕하지 않은 약간의 생명단축이 발생한 경우에 주된 목적인 고통의 제거·완화가 일종의 치료행위이기 때문에 그에 따른 살인죄도 배제된다고 주장한다.43) 이에 반하여 다른 견해들은 의사가 약간의 생명단축이 야기될 수 있음을 예견한 이상 언제나 고의의 살인죄가 성립된다는 입장이다.44)

그러나 이 양극단적인 입장은 환자의 진정한 의사(意思)와 이 경우 문제될 수 있는 법익 또는 의무교량을 간과하고 있다는 비난을 면할 수 없다. 따라서 환자가 극심한 고통을 면하기 위해 사기(死期)를 앞당길 위험성을 스스로 부담하려는 마음준비에서 촉탁을 하고, 사기(死期)에 임박한 생명의 극심한 고통제거와 그 잔여생명의 유지의무 사이에 법익 또는 의무를 교량하여 전자의 이익과 의무가 우위에 있다고 판단될 때 의사의 간접적 안락사행위는 정당화될 수 있다고 본다.45) 다만 의사가 환자의 분명한 의사(意思)에 반하여 이와 같은 시술행위를 한 경우는 사정이 달라진다. 이러한 상황에서는 약간의 생명단축밖에 안되더라도 고의에 의한 살인죄(형법 제250조 1항)가 성립한다. 만약 의사가 요구된 주의의무를 태만히 하여 생명단축의 위험을 인식하지 못했거나 생명단축의 위험이 발생하지 않으리라고 경신(輕信)했다면 과실치사(형법 제267조)에 해당될 것이며, 그가 환자의 생명단축을 예견하고 그것이 발생해도 할 수 없다고 용인했다면 미필적 고의에 의한 살인죄가 성립하되, 확정적 고의와 다르게 양형에서 참작될 뿐이다.46)

3) 소극적 안락사의 경우

불치 또는 난치의 중환자기 빈사지경에서 고통하고 있을 때, 그 환자의 의사(意思)에 반해서 생명연장의 수단을 취할 의무가 의사에게 주어져 있는 것은 아니다. 따라서 환자가 더 이상 생명연장을 위한 적극적 수단을 분명히 거부한 때는 의사가 가능한 생명연장의 조치를 포기하고 부작위로 나아갔더라도 촉탁살인죄(형법 제252조 1항)의 구성요건에 해당되지 않는다.47)

이와 관련하여 독일에서도 이른바 '죽을 수 있는 권리'(Recht auf den eigenen Tod)가 점점 법해석에서 인정되고 있다. 그러나 만약 환자가 죽음의 연기를 원한다면 의사는 생명연장을 위한 가능한 적극적인 조치를 취해야 하며, 이를 행하지 않을 때는 부작위에 의한 살인죄의 죄책을 면할 수 없을 것이다. 문제는 환자가 식물인간상태에 빠져 생명연장이나 단축에 관한 의사(意思)를 전혀 표현할 수 없고 그의 생명연장은 단지 인공심폐기의 부착에 의존하며, 의사의 진단에 의하여도 환자가 다시금 의식을 회복할 가능성은 전혀 없는 경우에 의사가 이 기구를 제거함으로 사기(死期)를 결정할 수 있느냐 하는 점이다. 독일의 통설은 이러한 기구에 의한 연명이 환자에게 더 이상 의미가 없고 환자의 의식회복의 기대는 완전히 소멸되었으며, 따라서 기구를 제거함이 환자의 추정적 승낙에 일치한다고 볼 수 있는 경우, 이 기구의 작동중지를 의사가 결정할 수 있다는 방향으로 나아가고 있다.48) 그러나 환자가 의사의 치료에 의해 의식을 회복할 가능성이 있다면, 비록 의식회복 후 얼마 연명하지 못할 것이라는 확실한 예측이 있다 하더라도 의사는 생명연장기구의 작동을 중지시킬 수 없다고 본다.49)

4) 적극적 안락사의 경우

만약 독일·프랑스 형법 전처럼 자살관여죄가 처벌되지 않는다면 적극적 안락사가 언제나 처벌될 수 있다고 섣불리 결론을 내릴 수는 없다. 왜냐하면 적극적 안락사는 넓은 의미에서 자살을 교사하거나 방조하는 행위도 포함될 수 있기 때문이다. 그러나 우리 형법은 자살관여죄를 벌하고 있기 때문에(형법 제252조 2항), 위의 경우도 처벌될 수 있다.

그 외에 적극적 안락사는 살해 그 자체를 목적으로 하는 행위이므로 환자의 진지한 촉탁승낙이 있고, 고통을 면제시켜 주려는 행위자의 자비로운 동기가 주어져 있더라도, 타인의 사망에 직접적으로 관여해서는 안 된다는 살인 또는 촉탁승낙살인죄의 전제를 직접 침해하기 때문에 위법성이 배제될 수 없다.50)

독일에서 심손(Simson)은 불치의 환자에 대해 그의 요구에 따라 치명적인 주사를 놓음으로써 더 이상 사망의 고통을 당하지 않고 사기(死期)를 결정짓는 의사의 조치를 긴급피난(§34 StGB ; 우리 형법 제 20조)으로 정당화될 수 있다는 주장을 하고 있다. 카우프만(Arth. Kaufmann) · 마르크스(M. Marx) 등도 촉탁 · 승낙살인은 더 이상 보호할 법익을 결하고 있어 실질적인 범죄가 될 수 없는 것이므로 입법론적으로 비범죄화 해야 한다는 주장이다.51) 그러나 록신(Roxin), 하낙(Harnack), 가일렌(Geilen), 슈라이버(Schreiber) 등 다수의 학자들은 어떤 사람이 진실로 죽고 싶은지의 여부는 그 사람의 언어에 의하여 확고히 표현되는 것이 아니라, 오로지 자신의 행동에 의해서만 표현될 수 있다는 의미에서 자살이 아닌 타살에 해당하는 적극적 안락사의 적법성을 부인한다.

5) 도태적 안락사의 경우

도태적 안락사의 주장도 자비적 안락사나 존엄사와 같은 윤리적 근거에서 주장될 수 있지만, 그것이 헌법상의 생명의 권리와 인간의 조언과 인격의 자유로운 발전을 위한 기본권에 반하는 점에서 형법적으로 허용될 수 없다는데 이론의 여지가 없다.

6) 존엄사

존엄사(Death with dignity)란 단지 생명유지장치에 의해 인공적으로 연명할 뿐 다시 소생할 가망없는 혼수상태나 뇌사상태의 환자를 연명의 고통으로부터 벗어나 차라리 죽을 수 있도록 생명유지장치를 제거하여 생명을 단축시키는 행위를 말한다.52) 생명유지를 위한 의료기구들이 생명의 연장이라기보다는 사경을 헤매는 고통의 연장이라고 판단될 때 환자에게서 인공적인 연명장치를 제거시키고 신의 섭리에 그 경과를 맡기는 것이 오히려 인간의 품위에 합당하다고 말할 수도 있을 것이다.53)

이 존엄사도 넓은 의미에서 소극적 안락사의 일종이지만 환자의 고통이 크게 문제되지 않는다는 점과 환자 자신이 자기결정권을 행사할 수 없다는 점에서 소극적 안락사와 반드시 일치하는 것은 아니다.

존엄사의 형법적 취급에 관하여는 ① 생명유지장치의 제거행위를 부작위로 보아 의사에게 식물인간에 대한 생명연장의무가 없기 때문에 그 행위는 구성요건해당성이 없다는 견해(Roxin, Geilen), ② 그 행위를 작위로 보아 적극적인 살인행위로 간주하는 견해(Bockelmann), ③ 살해금지규범의 보호목적을 고려하여 식물인간의 생명은 살해금지규범의 보호목적 밖에 있으므로 생명연장장치의 제거가 허용된다는 견해(Sax, Mollering), ④ 헌법상의 privacy권을 근거로 환자의 자기결정권을 존중함으로써 생명연장장치의 제거를 인정하는 견해(Cantor, Ducat) 등이 있다.54)

생각건대 뇌사에 이르지 아니한 식물인간에 대한 생명연장장치 제거행위는 살해금지규범을 정면으로 위반한 것으로서 살인행위에 해당한다. 존엄사는 비록 윤리적인 동기 면에서 수긍할 점이 있다고 하더라도 인간생명의 존엄성과 신성성을 명백히 침해하는 처사로 볼 수밖에 없기 때문이다. 그러나 장기간의 식물상태의 환자가 드디어 뇌사상태에 이르렀을 때에 한하여 예외적으로 생명연장장치 제거행위를 사회상규에 위배되지 않는 행위로 정당화할 수 있다.55)

뇌사설이 공인되지 않은 사정 하에서 뇌사상태의 환자도 살인죄의 객체임에는 틀림없다. 그러나 의사가 일정한 요건 하에서 뇌사환자의 가족과 상의하여 연명장치를 차단하는 것은 환자의 진정한 의사(意思)에 합치하는 대리판단에 해당할 수 있고, 환자 자신으로부터 추정되는 존엄한 죽음에의 의사(意思)가 존중됨과 아울러 인명(人命)의 경의로운 유일무이성의 가치도 존중된다고 보기 때문이다.56)

7) 의사에 의한 조력자살(이른바 존엄사법의 자살방조)

의사에 의한 조력자살이란 임박한 죽음의 고통에 시달리는 불치 또는 난치의 환자가 그 고통에서 벗어나기 위해 차라리 죽기를 바랄 경우에 치명적인 의약품을 제공함으로써 환자 스스로 고통없는 방법으로 즉사에 이르게 하는 자살원조행위를 말한다. 이것은 환자 스스로 자살에 이를 수 있도록 그것을 방조한다는 점에서 타살에 의한 안락사나 존엄사와 구별된다. 따라서 적극적 안락사와 마찬가지로 조력자살도 어떠한 상황에서나 위법성이 조각되지 않는다. 따라서 치명적인 의약품이나 환자 스스로 시행할 수 있는 안락사수단의 제공행위는 다 같이 자살방조죄에 해당한다.

미국 Oregon주는 1994년 11월 Oregon Death with Dignity Act라는 이름의 자살방조법을 제정, 국민투표에 부쳐 찬성을 얻었으나 1994년 11월 7일 법원의 결정에 의해 발효일 하루 선에 그 효력이 정지되었고, 이것은 1995년 8월 3일 연방하급법원에 의해서도 위헌법률이라는 판결을 받았다. 이 Oregon Death with Dignity Act는 1995년 5월 오스트레일리아 북부지방에서 통과된 자살방조법(the assisted-suicide law)과 유사한 내용의 법률이다. 즉 이 오리건 존엄사법률은 ① 최소한 2인 이상의 의사가 불치병의 말기환자라는 진단을 하고, ② 환자 스스로 죽음을 선택할 수 있을 만큼의 정신상태를 가진 상태에서, ③ 환자가 죽기를 바라는 의사표시를 문서로 작성하고, ④ 두 사람의 증인이 이 문서에 서명을 하고, ⑤ 48시간이 지난 후라는 조건 하에서, ⑥ 의사나 약사가 치명적인 의약품을 수교할 수 있도록 하는 것을 내용으로 한다. 물론 이러한 조건 하에서도 치명적인 의약품을 요구하는 환자나 친지들의 요구를 의사나 약사가 응낙하느냐는 그들의 자율의사에 달려 있다. 이 법률은 Oregon주 가톨릭협의회와 전국 생명권운동단체 등의 격렬한 반대에 부딪쳐 법원에 제소되었고, 연방법원은 그것이 미국 제14차 수정헌법의 평등조항에 반한다는 이유로 위헌임을 선언했다. 즉 불치병에 대해서만 차별대우를 하는 법률이라는 이유 때문이다. Oregon주는 그 법정논쟁에서 이 법률은 결정의 부담을 단지 환자에게만 지우고 아무 적극적인 역할을 하지 않는다는 이유를 들어 평등보호조항을 위반하지 않는다는 논지를 폈다. 주(州)는 또한 자살방조조치가 알코올, 담배, 총기 등 죽음의 위험과 직결된 물건들을 시민들에게 사용할 수 있는 권리를 인정한 다른 법률과 비교할 때 결코 지나친 내용이 아니라는 주장도 폈다. 그러나 연방하급법원은 아직 국민 대다수가 자신들에 대한 이 같은 자살방조조치를 수용하지 않는다는 점과, 그 남용과 오용의 위험 및 그것을 유독 불치병에 허용해야 할 합리적인 근거를 발견할 수 없다는 이유를 들어 위헌임을 선언했다. 헌법은 생명권을 보장해도 사망권은 보장하지 않는다는 전제와도 일치하는 판단이다.

5. 맺음말

위와 같이 현행 실정법의 범위에서 안락사 문제는 헌법상의 인간존엄의 존중과 보호규정, 보통살인죄, 자살관여죄, 촉탁·승낙살인죄 등의 규정과 관련하여 많은 제한이 주어져 있다. 이러한 실정법적 제한범위를 구성요건해당성이나 개개 위법성배제사유의 판단에 따라 구체적인 사례의 해결을 할 수 있지만, 역시 그 범위도 한계가 있다.

그렇다면 이러한 실정법을 넘어 안락사의 적법성을 인정하기 위한 새로운 입법조치가 필요한가의 문제가 남게 되는데, 형사정책적 평가와 목적, 비교법적 연구결과에 비추어 당분간 그럴 필요는 없다고 생각한다. 오늘날 대중화된 산업사회 속에서 발생하는 갖가지 문화갈등의 요인들과 가치관의 변화로 급증된 각양각색의 폭력·살인범죄, 인구정책에 편승한 낙태죄의 규범력 이완으로 일반화된 낙태의 밝혀지지 않는 사례(Dunkelziffer) 증가로 인명경시의 경향이 뚜렷해지고 있다. 안락사의 합법화는 바로 이와 같은 경향을 가속하는 데 기여하지 않을까 생각해봐야 한다. 아무리 합리적·현실적 요구가 강해도 형법은 전통적인 의미에서 인간의 생명과 자유와 존엄성을 보호하고 유지한다는 점에서 양보할 수 없다. 형법은 항상 현실의 변화를 염두에 두면서 또한 현실의 잘못된 방향에 대한 제동과 새로운 규범의식에 대한 지도기능을 함께 갖고 있지 않으면 안 된다. 형법 법익질서의 최고가치인 생명은 안락사라는 출구를 통해 흔들려서는 안 될 것이다.

2

안락사 문제에 관한 대한의사협회의 윤리지침과 기독교

정원범 | 대전신학대학교 교수 (기독교윤리학)

1. 들어가는 말

오늘날 현대의학기술은 급속한 발전을 이루었다. 현대의학은 과거 불치병으로 여겨지던 질병까지도 치료를 가능케 하면서 현대인의 평균수명을 늘이는데 기여하고 있다. 더 나아가 현대의학기술은 독자적으로는 생존이 불가능한 환자의 생명도 기계를 통하여 거의 무한정으로 연장시킬 수 있는 수준에까지 이르게 되었다. 이것은 달리 말해 현대의학은 많은 의학발전에도 불구하고 근본적으로 불완전하다는 것을 의미하는 것이다. 이처럼 오늘날의 치료행위는 건강회복을 의미하기보다는 병의 악화 속도를 늦추는 것이거나 죽지만 않게 하는 의료행위일 때도 많아졌다. 이런 경우 우리는 과연 그런 치료를 시행하는 것이 바람직한 것인가 하는 의문을 갖게 된다.

우리나라에서는 1997년 12월에 있었던 보라매병원사건에 대한 법원의 유죄판결이 있은 이후 '환자의 생명을 보호하기 위한 의료행위를 계속해야 할 의사의 의무는 어디까지인가?' 또한 '의학적으로 회복 불가능한 환자에 대한 과다한 연명 치료를 계속할 것인가'에 대한 의문이 본격적으로 제기되기 시작했다. 이에 따라 대한의사협회는 2001년 4월에 '의사윤리지침'을 제정하여 2001년 11월에 공포하였다. 그 후 2002년 5월에 대한의학회는 '임종환자 연명 치료 중단에 관한 대한의학회의 의료윤리지침(제1보)'를 발표하였다. 그러나 이 두 지침은 그것을 접한 시민단체들로부터 "그 지침은 소극적 안락사를 인정하는 것이 아니냐?" 또는 "생명경시 풍조를 조장하는 것이 아니냐?"라는 비판을 받으면서 적잖은 사회적 파장을 일으켰다.

따라서 본고에서는 안락사 문제와 관련한 대한의사협회와 대한의학회의 윤리지침의 내용은 무엇인지, 그리고 그에 대한 사회적 반응은 어떠했는지를 간단히 정리하고자 하며 끝으로 두 윤리지침에 대한 기독교윤리학적 평가를 내리고자 한다.

2. 안락사문제에 대한 대한의사협회의 의사윤리지침

2001년 4월 19일에 제정된 대한의사협회 '의사윤리지침'의 내용은 다음과 같다.[1]

제28조(진료중단과 퇴원 요구시 유의사항)
① 의사는 생명이 위급한 환자, 또는 가족 등 그러한 환자의 대리인이 의사의 의학적 판단과 충고에 반하여 생명유지치료를 비롯한 진료의 중단이나 퇴원을 요구하는 경우 신중하고 적절하게 대처하여야 한다.
② 의사의 충분한 설명과 설득 이후에도 생명이 위급한 환자가 자신의

자율적 결정에 의하여 생명유지치료를 비롯한 진료의 중단이나 퇴원을 문서에 의하여 요구하는 경우 의사가 불가피하게 그러한 요구를 받아들이는 것은 허용된다. 의사는 그러한 경우에도 환자가 심리적으로 안정된 상태에서 그와 같은 결정을 하였는지 면밀히 확인하여야 한다.

③ 의사는 환자가 의식불명에 빠지는 등 자율적 결정을 내릴 수 없는 상황에서 생명이 위급한 환자를 대신하여 가족 등 환자 대리인이 의사의 충분한 설명과 설득 이후에도 생명유지치료를 비롯한 진료의 중단이나 퇴원을 문서에 의하여 요구하는 경우 그러한 요구가 환자의 이익과 의사에 부합하는지 신중히 고려하여야 한다. 환자 대리인의 요구가 환자의 이익과 의사를 충실히 반영한다고 판단되는 경우 의사가 불가피하게 그러한 요구를 받아들이는 것은 허용된다.

제29조(판단이 어려운 경우의 자문)

① 제28조의 경우와 같이 생명이 위급한 환자 또는 환자가 정상적인 판단을 할 수 없는 경우 가족 등 그러한 환자의 대리인이 의사의 의학적 판단과 충고에 반하여 생명유지치료를 비롯한 진료의 중단이나 퇴원을 요구하는 경우 담당 의사는 각급 의료기관, 각급 의사회, 전문학회 등의 윤리위원회나 대한의사협회 윤리위원회에 자문을 구하는 것이 바람직하다.

제30조(회복불능 환자의 진료 중단)

① 의사는 의학적으로 회생의 가능성이 없는 환자의 경우라도 생명유지치료를 비롯한 진료의 중단이나 퇴원을 결정하는 데 신중하여야 한다.

② 의학적으로 회생의 가능성이 없는 환자의 자율적 결정이나 그것에 준하는 가족 등 환자 대리인의 판단에 의하여 환자나 그 대리인이 생명유지치료를 비롯한 진료의 중단이나 퇴원을 문서로 요구하는 경우, 의사는 그러한 요구를 받아들이는 것은 허용된다.

③ 의사의 충분한 설명과 설득 이후에도 환자 또는 가족 등 환자의 대리인이 회생의 가능성이 없는 환자에 대하여 의학적으로 무익하거나 무용한 진료를 요구하는 경우, 의사는 그것을 받아들이지 않을 수 있다.

제57조(말기환자에 대한 역할)
① 의사는 죽음을 앞둔 환자의 신체적·정신적 고통을 줄이는 데 최선의 노력을 기울여야 한다.
② 의사는 죽음을 앞둔 환자가 자신의 죽음을 긍정적으로 받아들여 품위있는 죽음을 맞이할 수 있도록 필요한 도움을 줄 수 있다.
③ 의사가 호스피스 운동에 참여하는 것은 바람직하다.

제58조(안락사 금지)
① '안락사'라 함은 환자가 감내할 수 없고 치료와 조절이 불가능한 고통을 없애기 위한 목적으로 환자 본인 이외의 사람이 환자에게 죽음을 초래할 물질을 투여하는 등의 인위적·적극적인 방법으로 자연적인 사망 시기보다 앞서 환자를 사망에 이르게 하는 행위를 말한다.
② 의사는 '안락사'에 관여해서는 아니 된다.

제59조(의사조력자살금지)

① '의사조력자살'이라 함은 환자가 자신의 생명을 끊는 데 필요한 수단이나 그것에 관한 정보를 의사가 제공함으로써 환자의 죽음을 촉진하는 것을 말한다.

② 의사는 '의사조력자살'에 관여하여서는 아니 된다.

제60조(의학적으로 의미 없는 치료)

의사가 회생 불가능한 환자에게 의학적으로 무익하고 무용한 치료를 보류하거나 철회하는 것은 허용된다.

3. 사회적 반응

대한의사협회의 '의사윤리지침'은 2001년 4월 19일 제정되고 2001년 11월 15일 공포된 후 적잖은 사회적 반향을 일으켰다. 일부에서는 생명경시를 우려하는 의견, 또 한편에서는 환자의 품위 있는 죽음을 도모할 수 있도록 해야 한다는 의견, 또 다른 한편에서는 실정법위반이라는 시민단체의 반발 등 다양한 반응이 나타났다. 의료계의 긍정적인 반응과는 달리 사회 여러 분야에서 부정적인 반응들이 표출되었는데 몇 가지로 정리해 보면 다음과 같다.

1) 현행법과 상충된다.[2]

의사윤리지침에 대한 법조계의 대체적인 반응은 현행 실정법과 배치되는 문제가 있다는 것이었다. 첫째로, 제30조 3항은 "환자 또는 가족 등 환자 대리인이 회생의 가능성이 없는 환자에 대하여 의학적으로 무익하거나 무용한 진료를 요구하는 경우, 의사는 그것을 받아들이지 않을 수 있다."고 하였는데 이는 필요한 조치를 취하지 않아 환자의 사망에 이르게 하는 '소극적 안락사'를 일부 인정한 것이 아닌가 하는 반응이 있었다. 그리고 안락사 문제를 제외한 나머지 의료윤리주제들에 대해선 다음과 같은 비판이 있었다.

둘째로, 제54조에서 낙태에 대해 "의학적·사회적으로 적절하고 합당한 경우라도 인공임신중절(낙태)을 시행하는데 신중해야 한다."고 명시하였는데 이는 특별한 주의를 요하는 경우의 낙태행위를 윤리적으로 인정하는 셈이다. 그러나 현행 모자보건법은 기형아나 강간 등에 의한 임신 등 특수한 경우에만 낙태를 인정하고 있다.

셋째로, 제56조 2항은 "금전적 거래 목적의 '대리모 관계'는 인정하지 아니한다."고 하였는데 이는 금전적 거래 이외의 대리모의 출산을 인정하는 것이다. 그러나 금전거래가 없는 대리모도 현행 민법상 '선량한 풍속이나 기타 질서 위반 행위'에 해당된다는 것이 법조계의 의견이다. 또한 대리모의 인정은 차후 '엄마가 누구냐'는 모권논쟁의 불씨를 남겨놓게 된다.

넷째로, 제61조는 "뇌사는 심장사와 더불어 죽음의 기준으로 인정한다."고 하였는데 이는 장기 이식목적 이외의 뇌사를 인정하고 있지 않은 현행법과 정면으로 배치된다.

2) 반생명적 독소조항을 담고 있다.[3]

위에서 언급된 법조계의 반응과 비슷하게 종교계와 시민단체 역시 의사윤리지침은 소극적 안락사를 사실상 인정한 것이고 낙태인정범위를 확대시켰으며 금전적 거래 목적이 아닌 대리모 출산을 인정하였다는 점에서 반생명적 요소를 담고 있다고 부정적인 반응을 보였다.

3) 국민적 합의 도출 과정이 없었다.

또 하나의 비판은 대한의사협회가 국민적 합의의 도출 없이 의료계의 편향된 시각으로 치우쳐져 있는 의사윤리지침을 성급하게 선포하였다는 것이다. 따라서 분야별로 충분한 논의를 거쳐 국민적 공감대를 형성하는 것이 필요할 것이라고 요구하였다.

4. 기독교윤리학적 평가

1) 적극적 안락사의 금지 규정

의사윤리지침은 제58조에서 적극적 안락사를 금지하고 있다. 이 규정은 안락사가 허용되거나 서서히 입법화가 되어가는 세계적인 흐름을 고려할 때 매우 중요한 규정이라고 할 수 있다. 안락사의 허용 내지 입법화는 심각한 문제를 야기하기 때문이다. 첫째로, 의사에 대한 신뢰의 관계를 해치게 될 것이다. 둘째로, 연대감이 약한 가정은 짐스러운 가족에게 안락사를 택하여 삶의 현실에서 사라지도록 권유하게 될 것이다. 셋째로, 환자나 노인들 스스로가 이제 마지막으로 가족들에게 안락사를 할 때가 오지 않았는지를 생각하도록 공공연하게 요구하는 일이 벌어질 것이다. 넷째로, 노인과 고통 받는 사람들을 사회적 죽음에 처해버리는 위험스런 경향이 확산될 것이다. 다섯째로, 자신들이 다른 이들과 사회에 짐이 된다는 말을 직접 또는 간접으로 들은 사람들은 자살을 생각하게 되는 경향이 더욱 늘어날 것이다.4) 이런 점에서 전통적으로 '고통 받고 있는 환자의 고통을 종결시키기 위해 동정심에서 의도적으로 환자를 죽이는 행위'로 이해되었던 안락사를 금지하고 있는 이 규정은 생명의 존엄성을 중시해야 하는 생명윤리의 관점에서 볼 때 매우 의미 있는 근본규정이라고 할 수 있다.

2) 회복불능환자의 치료 중단의 주체문제

제30조 3항에서 의료진과 보호자 사이의 의견의 불일치가 있을 때 의사가 일방적으로 결정할 수 있다는 항목은 치료중단의 결정이 의사 중심적으로 이루어지고 있다는 점에서 문제가 있다. 의료진과 환자 또는 보호자 사이에 가치관의 차이가 있을 때 이를 어떻게 해결하는 것이 옳은 것일까? 이런 갈등 문제는 의사중심의 일방적인 접근보다는 환자 또는 보호자의 의견이 보다 존중되는 방향으로 상호합의하에 해결되어야 한다. 이를 위해서는 미국의사협회가 제시하는 다음의 절차가 도움이 될 것이다.[5]

- 1단계: 심각한 의학적 문제가 발생할 경우에 대비하여 어느 수준까지 치료할 것인가에 대해 환자, 보호자, 의료진 간에 미리 상의하여 합의해 두는 것이 가장 바람직하다.
- 2단계: 미리 합의해 두지 못한 경우, 환자가 입원했을 때 보호자, 의료진과 함께 상의하여 치료의 목표설정에 대해서 환자가 결정하도록 한다.
- 3단계: 환자나 보호자가 결정하기 어려울 때는 환자의 후견인, 환자가 자문을 구한 사람 등이 의사결정에 참여하도록 한다.
- 4단계: 상기 절차로 합의에 이르지 못한 경우, 같은 의료기관 내의 윤리위원회와 같은 조직에 의뢰한다.
- 5단계: 윤리위원회의 결정에 대해 의료진이 받아들이지 않을 경우,

동일 의료기관 내의 다른 의사에게 의뢰하여 의견을 구할 수 있다. 한편, 환자나 보호자 쪽이 반대할 경우, 다른 의료기관으로의 전원이 고려될 수 있다.

· 6단계: 합의가 이루어지지 않고 다른 의료기관으로의 전원도 여의치 않을 경우, 적극적인 개입은 불가능하다.

3) 임종환자의 소위 '품위 있는 죽음'에 대한 의사조력의 문제

의사협회의 '의사윤리지침' 57조 2항에 보면, "죽음을 앞둔 환자가 자신의 죽음을 긍정적으로 받아들여 품위 있는 죽음을 맞이할 수 있도록 필요한 도움을 줄 수 있다."고 했는데 이는 임종환자의 품위 있는 죽음을 위해서는 의사가 안락사를 시행하거나 의사조력자살을 도울 수 있다는 뜻으로 풀이된다. 만약 그런 의미라면 이것은 생명을 보호해야 하는 의사들을 자살방조자 또는 촉탁살인자로 만드는 길을 열어 둔 것이 아닌가 하는 의구심이 든다. 그런데 진정으로 품위 있는 죽음이란 안락사를 통해 이루어진다기보다는 호스피스 제도를 통해서 이루어진다는 사실에 주목할 필요가 있다. 사실, 고통의 경감을 제공하려는 의술의 목표를 달성하기 위해 안락사가 불가피한 것은 아니다. 왜냐하면 안락사를 반대하는 의사들은 고통의 처리가 어려운 경우가 있기는 하지만 실제로는 그렇게 흔한 것은 아니며 또한 최근의 통증조절방법이 아주 성공적이어서 고통 때문에 삶을 종식시켜야 한다는 제안의 필요성이 사라져가고 있다고 말하고 있기 때문이다.[6] 영국의 엑세터 호스피스의 길버트 박사는 다음과 같이 말한다.[7]

> 지난 30년간의 호스피스 경험을 통해 볼 때, 이런 방식의 양질의 치료가 질병이 상당히 진행되었고 계속 진행 중인 이들에게 행해질 때 측은한 마음에서 안락사를 요청하는

일이 사라지고 있음을 우리는 보았다.

4) 치료유보와 치료중단의 개념혼돈의 문제

의사윤리지침의 28조, 30조, 60조 등을 보면 치료유보와 치료중단이 구별되지 않고 있다. 그러나 치료유보는 새로운 특정 치료를 시작하지 않는 것인 반면, 치료중단은 이미 시행중인 특정 치료를 중단하는 것이라는 점에서 분명히 구별할 필요가 있다.[8] 이 문제와 관련하여 허대석은 "의사협회가 발표한 윤리지침 안에는 '의미 없는 치료의 중단'과 '소극적 안락사'의 개념이 혼돈되어 있다. 따라서 '회복불능환자의 진료중단'을 사회가 '의사협회, 소극적 안락사 강행'이라고 비난함에 있어 적절한 대응을 하지 못하였다."[9] 고 의사윤리지침 안에 있는 개념의 불명료성을 지적하고 있다.

5) '어떤 치료가 중단 가능한가?'의 문제

의사윤리지침 "28조와 30조의 대상 환자가 각각 '생명이 위급한 환자'와 '의학적으로 회생의 가능성이 없는 환자'로 구분되어 있지만 그 실질적인 내용은 차이가 없다. 두 경우 모두 환자 자신 또는 환자의 대리인이 문서로 '생명유지치료를 비롯한 진료의 중단이나 퇴원'을 요구할 경우 이를 수용할 수 있다고 하고 있다. 그러나 중단될 수 있는 생명유지치료와 진료가 무엇인지에 관해서는 구체적인 언급이 없다. 이를 좀 더 명확하게 명시할 필요가 있다."[10]

5. 임종환자의 연명 치료 중단에 대한 대한의학회의 의료윤리지침

1) 용어의 정의[11]

  (1) 임종환자

  임종환자란 현대의학으로 치유가 불가능한 질병이 있으면서 적극적인 치료에도 반응하지 않고 사망에 임박했다고 생각되는 환자이다.

  (2) 연명 치료

  연명 치료란 환자의 주된 병적 상태를 바꿀 수 없지만 생명을 연장하는 치료이다.

  (3) 의미 없는 치료

  의도하는 목표를 달성하지 못할 것으로 예상되는 치료로서 다음의 경우가 이에 해당된다.

  · 환자의 경과에 도움을 줄 가능성도 있으나 해를 끼칠 우려가 매우 큰 치료
  · 치료를 극대화하여도 효과가 없는 경우
  · 이전에 동일한 치료법을 시행하였으나 효과가 없음을 이미 경험한 경우

  (4) 윤리적 행위

  윤리적 행위란 자율성 존중의 원칙, 악행금지의 원칙, 선행의 원칙, 정의의 원칙 등 국제적으로 널리 인정되고 있는 윤리원칙에 따르는 판단과 행위를 의미한다. 이에 따라 비윤리적 행위란 직업적인 행위들 중 위의 윤리기준들을 준수하지 않는 행위를 말한다.

  (5) 사망

사망이란 생명 활동의 영구적인 정지를 말하는 것으로, 사망은 심폐기능의 정지인 심폐사 또는 뇌기능의 소실인 뇌사에 근거하여 판단된다.

(6) 안락사

대한의학회의 의료윤리지침은 적극적 안락사와 의사조력자살만을 안락사로 정의한다. 적극적 안락사란 환자가 감내할 수 없고 치료와 조절이 불가능한 고통을 없애기 위한 목적으로 환자 본인 이외의 사람이 환자에게 죽음을 초래할 물질을 투여하는 등의 인위적·적극적인 방법으로 자연적인 사망 시기보다 앞서 환자를 사망에 이르게 하는 행위 중, 환자가 원하든 원하지 아니하든 환자의 사망에 의사가 직접적으로 관여하는 행위를 말하고, 의사조력자살이란 환자가 자신의 생명을 끊는 데 필요한 수단이나 그것에 관한 정보를 의사가 제공함으로써 환자의 죽음을 촉진하는 행위를 말한다.

(7) 존엄사

존엄사란 인간이 존엄성을 유지한 임종을 위하여 부가적인 고통을 초래할 수 있는 연명 치료를 유보 또는 중단함으로써 초래되는 자연스러운 죽음을 말한다. 임종환자의 무의미한 치료의 중단은 이에 해당된다.

2) 임종환자의 진료 지침[12]

(1) 충분한 설명에 근거한 환자의 동의(Informed Consent)

임종환자들에서도 진료에 관한 자율성은 존중되어야 한다. 그러므로 의사는 환자가 자신의 병적 상태를 이해하고 이성적으로 선택할 수 있도록 도와야 하며, 의식이 분명한 환자가 자신의 치료에 관해 충분히 생각하고 나서 스스로 결정하였다면 이는 존중되어야 한다. 의식이 불분명한 환자의 경우에 의사는 환자의 대리인에게 의학적 사실을 정확하게 전달하여 그 결정이 환자에게 최선의 이익이 될 수 있도록 하여야 하고, 보다 나은 의료 조치에 대한 권고를 하여야 한다. 또한 예상되는 향후 치료 방향과 심폐소생술 시행 여부 등과 같은 중요한 결정 사항에 대하여 의사는 환자나 그 대리인들과 충분히 협의하여 될 수 있는 대로 사전 지침을 받아 의무기록으로 남겨두기를 권장한다.

(2) 치료유보(Withholding)와 치료중단(Withdrawing)

연명 치료는 임종환자에 수행되는 인공호흡기, 신장투석, 항암 화학요법, 그리고 인공 영양과 수액 치료 등을 포함하여 이 보다 광범위한 조치들이 포함될 수 있다. 흔히 수행 중인 치료를 중단하는 것을 의료인들이 꺼려하나 연명 치료의 유보와 중단 사이에 윤리적 차이는 없다. 심각한 상태의 환자의 치료 수준에 대한 의사 결정에 있어 주된 고려 사항은 해당 환자의 삶에서 최선은 무엇인가 이지, 가족이나 사회의 부담을 줄이는 것이 주된 고려사항이 되어서는 안 된다. 치료 중단에 관한 논의는 환자가 살아날 가능성이 매우 낮거나 치료로 인하여 겪을 신체적, 정신적 부담이 치료로 얻을 수 있는 효과보다 훨씬 더 크게 생각되며 또한 설령 회복된다 하더라도 환자가 견뎌가야 할 삶의 질을 받아들이지 못할 것으로 판단될 경우 등에서, 환자나 그 대리인과 시작할 수 있다. 이 때 환자의 삶의 질은 환자의 평소 관심사와 가치관에 의해 정의되어야 하며 연명 치료의 지속 또는 중단을 결정할 때 중요한 결정인자로 고려되어야 한다. 연명 치료의 유보 또는 중단 결정 과정에서 의사는 환자 또는 대리 결정권자에게 관련된 모든 의학정보를 알려주어야 한다. 만약 환자가 택하고자 하는 가치 선호의 증거가 있을 때는 그 판단에 근거하며 대리 결정을 할 때는 대리인은 평소 환자의 삶에 대한 가치와 고통이나 죽음에 대한 환자의 태도 등을 고려하여 결정하여야 한다. 만약 결정능력이 없는 환자에서 그의 선호와 가치에 대한 적절한 증거가 없다면, 그 결정은 환자에게 최선의 이익이 되는 것은 무엇인가에 따라 결정되어야 한다. 의사들은 임상에서 죽어가는 환자의 고통을 덜어주고 그의 품위와 자율성을 존중해야 할 의무가 있다. 의사는 이를 위하여 임종환자에게 행해지는 효과적인 완화치료가 비록 죽음을 재촉할 가능성이 있다 하더라도 지속적으로 제공할 수 있다. 그러므로 사망이 임박한 중환자의 모든 생명 유지 치료를 유보 또는 중단하는 것은 윤리에 어긋나지 않는다. 그러나 의사는 안락사나 의사조력자살에 관여하여서는 안 된다. 또한 집중치료의 중단이 환자 상태를 방치하거나 포기하는 것이 아니며 의료인들은 사망에 이르기까지 환자의 고통이나 두려움을 완화시키기 위한 노력을 지속하여야 한다.

(3) 무의미한 치료(Futile Management)

더 이상의 치료가 환자에게 효과보다 해를 끼칠 우려가 더 크다고 생각되는 '무의미한 진료'의 판단에 대하여 의사와 환자나 그 가족간 의견이 다를 경우 흔히 분쟁의 소지가 되고 있다. 우리나라는 국가가 제공하는 진료비 보조제도나 공공 간호서비스 제도, 그리고 사회에서 마련된 불우 환자에 대한 공적 부조가 거의 전무하므로 환자에게 행해지는 치료가 무의미하냐 아니냐에 대한 다툼이 외국과 다르게 나타난다. 경제적 어려움으로 인하여 더 이상의 치료를 받기 어려운 환자들에서는 흔히 진료비 부담이 무의미한 치료 논쟁의 실제 큰 원인이다. 또한 진료비 부담에 대한 경제적 어려움은 크지 않으나 치료 후 심각한 후유증을 남길 것으로 예상되는 환자의 경우에는 퇴원 후 환자 간호의 어려움이 무의미한 치료 논쟁의 원인이 되기도 한다. 이 경우들에서 환자의 가족들은 치료의 중단을 요구하면서 더 이상의 치료는 무의미하다고 주장하기도 한다. 국내의 경우 보호자와 이러한 이견이 발생할 때 그 윤리적, 법적 책임이 전적으로 환자의 대리인과 의사에게 한정되어 있다. 그러므로 국가적 진료비 보조 체계, 공공 간호서비스 제도 등이 정립되기 전까지는 외국의 의료 윤리 판단 기준을 국내 의료 상황에 모두 적용하기는 현실적 어려움이 매우 크다. 그럼에도 불구하고 의료인들은 의료윤리적으로 최선의 결정을 내릴 수 있도록 노력하여야 하며 무의미한 치료에 대한 견해 차이가 있다면 이를 조정할 수 있도록 환자나 그 가족들과 충분한 대화를 하여야 한다. 즉 의료인은 환자나 그 가족과 치료의 목표에 대하여 충분히 논의하고 그 과정의 일들을 공유함으로써 서로가 만족할 수 있는 수준의 치료가 수행될 수 있도록 노력하여야 하며 그 노력을 가능한 문서로 기록해 두어야 한다. 만약 환자나 그 가족들과 무의미한 치료에 대한 분쟁이 발생했을 때 의료인들은 가능한 그 해결을 독자적 판단에 의존하지 말아야 한다. 환자나 그 가족들이 의사가 생각하기에 명백히 의미 없는 치료를 요구하는 경우는 의사가 이를 거절할 수 있으나 이러한 의사의 결정이 합당한 진료 기준에 의거하여야만 하며 의미 있게 정의될 수 있는 개념에 근거하여야 한다. 또한 그 결정을 단독으로 하는 것보다는 동료 의사나 병원윤리위원회 등의 자문을 받을 것을 권장한다. 치료비를 지불하는 의료보험조합에서 의미 없는 치료로 판단한 경우에도 의사는 의학적으로 정당한 결정을 하여야 한다. 지속적 식물인간 상태의 환자는 특별한 이유가 없는 한 중환자실에서 치료하면 안 된다. 또한 뇌사자에게 치료 행위를 계속하는 것은 의학적으로 근거 없는 행위이며 뇌사로 진단되면 치료중단을 적극적으로 검토하여야 한다.

(4) 심폐소생술 하지 않기

의료인들은 심장 또는 호흡이 정지된 환자들을 소생시키도록 노력해야만 하지만 심폐소생술을 시행하는 것이 부적절한 상황이거나 환자의 의지나 최선의 이익에 반하는 상황일 때에는 예외로 한다. 의사들은 심폐소생술에 대해 환자들의 희망을 존중해야 할 윤리적 의무를 지고 있다. 의사는 삶의 질에 관한 자신의 개인적 가치판단에 의거하여 심폐소생술에 관한 환자의 판단을 무시해서는 안 된다. 심폐소생술에 의해 환자의 생명을 연장시킨다 하여도 그 삶이 의미가 없을 것으로 예상되는 경우에는 환자 자신, 환자 대리인, 혹은 담당의사에 의해 심폐소생술 포기 문제가 제기되고 환자나 그 대리인과 의사 사이에 미리 심폐소생술 포기 여부를 토의하고 결정할 수 있다. 그 사실은 환자의 의무기록에 문서화되어야만 한다. 이는 환자로 하여금 질병으로 인한 사망을 자연스럽게 받아들이도록 하며 사망에 이르는 불필요한 고통과 시간을 줄이고 존엄성을 유지하고 임종하는 데 도움이 될 수 있다.

(5) 임종환자의 중환자실 치료의 거절

(6) 임종환자의 이송과 자의 퇴원

(7) 임종환자의 연명 치료의 중단에 관하여 환자, 환자의 대리인

및 의료진들 사이에 발생한 이견의 조정

6. 사회적 반응

1) 현행법과 상충된다.13)

첫째로, 의료윤리지침은 사망이 임박했다고 판단되는 임종환자의 경우 환자나 가족이 치료를 요구하더라도 의사가 합당한 진료기준에 근거해 거절할 수 있도록 규정하였다. 그러나 이는 의사는 항상 환자 치료에 최선을 다하도록 규정되어 있는 현행 의료법과 상충된다.

둘째로, 의료윤리지침은 식물인간 상태나 집중치료가 도움이 되지 않는 환자들의 중환자실 입원을 거부할 수 있으며 환자가 원치 않는 경우나 사실상 의미가 없는 심폐소생술 시행은 거절할 수 있도록 했는데 이 역시 "의사는 항상 최선의 진료에 임해야 한다."는 의료법 규정과 상충된다.14)

이렇게 윤리지침이 현행 의료법과 상충되는 부분이 있는 것과 관련하여 보건복지부 관계자는 "현행의료법에 위반되는 의사의 결정사항이 문제가 될 때 의료계가 제정한 윤리지침은 의사를 법적으로 보호해 줄 수 없고 해당의사는 법적인 제재를 피할 수 없다."고 말하기도 했다.15)

2) 생명경시풍조를 조장한다.

의료윤리지침은 환자나 보호자와 의사의 합의하에 임종환자에게 명백한 의미 없는 치료는 거절할 수 있다고 하였는데 이는 현행법과 상충될 뿐만 아니라 생명경시풍조를 조장하는 것이라고 시민단체와 윤리학계는 비판하였다.

3) 충분한 공론화의 과정이 없었다.

생명안전윤리모임 사무국장은 "시민단체나 종교계의 의견을 무시하고 의사가 지침이나 규정을 주도해 만드는 것은 생명윤리를 심하게 훼손할 수 있다.", "이 지침이 실행되면 가난한 사람이 집중적으로 진료 중단 대상이 될 것이기 때문에 충분한 공론화의 과정을 거치지 않으면 수용할 수 없다."고 의료계 중심의 일방적인 윤리지침 제정을 비판하였다.16)

7. 기독교윤리학적 평가

1) 용어 정의의 문제

첫째로, 안락사 개념정의의 문제이다. 대한의학회는 "환자가 감내할 수 없고 치료와 조절이 불가능한 고통을 없애기 위한 목적으로 환자 본인 이외의 사람이 환자에게 죽음을 초래할 물질을 투여하는 등의 인위적·적극적인 방법으로 자연적인 사망 시기보다 앞서 환자를 사망에 이르게 하는 행위 중 …… 환자의 사망에 의사가 직접적으로 관여하는 적극적 안락사"와 "환자가 자신의 생명을 끊는 데 필요한 수단이나 그것에 대한 정보를 의사가 제공함으로써 환자의 죽음을 촉진하는 의사조력자살"만을 안락사로 정의하고 있다.

이러한 정의는 안락사논쟁의 혼란을 피하기 위한 의도가 있는 것으로 안락사 문제를 정리하는데 매우 의미 있는 작업이라고 여겨진다. 사전적 의미로 볼 때 안락사란 "치유될 수 없는 상황이나 질병으로 커다란 고통이나 어려움을 안고 있는 사람을 아무런 고통을 주지 않고 죽여주는 행위나 관행,"17) 또는 "고통 받고 있는 환자의 고통을 종결시키기 위해 동정심에서 의도적으로 환자를 죽이는 행위"[18]를 지칭하는 용어이다. 흔히들 안락사를 능동적 안락사와 수동적 안락사 또는 적극적 안락사와 소극적 안락사로 구분하고 있는데, 사실 이러한 구분은 안락사 이해에 큰 혼란을 야기할 뿐이다. 왜냐하면 수동적 안락사라는 말 속에는 생명유지기술의 중지와 관련하여 수동적인 것은 없기 때문이다. 오히려 그것은 계획적인 행위이다.[19] 따라서 안락사라는 말은 그 단어가 본래 지니고 있는 본질적 의미에 초점을 맞춰 사용할 필요가 있다. 이런 의미에서 주사나 약물 등의 투여로 직접 죽음을 초래하는 일 또는 말기환자에게도 응당 베풀어져야 할 기본적인 치료나 간호 행위, 영양공급 등을 거부함으로써 서서히 죽음에 이르게 하는 일 등이 안락사의 범주에 속한다고 볼 수 있을 것이다. [20]

둘째로, 존엄사 개념의 문제이다. 대한의학회는 존엄사를 "인간의 존엄성을 유지한 임종을 위하여 부가적인 고통을 초래할 수 있는 연명 치료를 유보 혹은 중단함으로써 초래되는 자연스러운 죽음"이라고 정의하면서 "임종환자에게서 의미 없는 치료의 중단은 이에 해당한다."고 하였다. 이처럼 존엄사를 의학적으로 무의미한 연명 의료 중단에 의한 죽음이라고 본다면 크게 문제시할 필요는 없을 것이다. 그러나 존엄사라는 용어를 "환자의 인격적 존엄을 유지하려는 목적의 안락사"를 의미하는 말로 사용할 경우[21]도 있기 때문에 존엄사라는 말의 사용은 유의해야 할 필요가 있다고 본다.

2) 임종환자 진료 지침

첫째로, 고려해야 할 문제는 자율성존중의 원칙이다. 의료윤리지침은 "임종환자들에서도 진료에 관한 자율성은 존중되어야 한다. 그러므로 의사는 환자가 자신의 병적 상태를 이해하고 이성적으로 선택할 수 있도록 도와야 하며 의식이 분명한 환자가 자신의 치료에 관해 충분히 생각하고 나서 스스로 결정하였다면 이는 존중되어야 한다."고 주장한다. 물론 칸트가 말하는 대로 자율성은 도덕의 전제 조건이다. 그러나 안락사 문제와 관련하여 자율성존중의 원칙은 오용될 소지가 높다. 왜냐하면 자율성존중의 원리를 강조하는 운동가들 가운데는 그 원리를 다음과 같이 정의하는 사람들이 있기 때문이다.22)

> 존중 원(이는) 이성적 행위자들이 강요나 간섭으로부터 자유롭게 자기 자신의 자율적인 결정에 따라서 살아갈 것을 허용하라고 우리에게 말한다. 만일 어떤 이성적 행위자가 자발적으로 죽기를 선택했다면 자율성 리는 우리로 하여금 그들이 선택한 대로 할 수 있도록 그들을 돕도록 이끌 것이다.

공리주의자 밀 역시 우리가 다른 이를 헤치지 않는다면 우리가 바라는 대로 살거나 죽을 수 있는 보편적인 권리가 존재한다고 주장했다. 이처럼 자율성의 원리는 인간을 자기 생명의 주인으로 보는 안락사 정신23)과 쉽게 연결된다는 점에서 오해의 소지가 높은 개념이다. 분명한 사실은 생명윤리에 있어서 자율성이란 절대적인 것이 아니라는 점이다. 자신의 몸이라 하더라도 윤리적으로 행할 수 없는 것들이 있기 때문이다. 예컨대 불법적인 약물 복용이나 성매매 행위 등이다. 더 나아가 기독교윤리학적 관점에서 볼 때 인간이 죽음의 시기를 결정하는 것은 생명의 주인이신 하나님에게 속한 것이지 인간에게 속한 것이 아니다.24)

둘째로, 안락사와 치료중단의 구별문제이다. 의료윤리지침은 안락사와 무의미한 치료의 중단을 서로 다른 별개의 개념으로 구별시키고 있다. 다우마에 따르면, 안락사는 극심한 고통을 피하는 동시에 고통 없이 편안하게 죽고자 하는 시도인 데 반해, 치료의 중단은 죽음의 과정에 수반되는 고통을 피하려고 하지 않으며, 편안한 죽음을 인위적으로 시도하지 않는다.25) 이렇게 볼 때 의료윤리지침이 연명 치료 중단의 개념을 안락사와 구별시킨 것은 의미 있는 일이라 하겠다. 이런 점에서 말기암 환자가 더 이상의 회복가능성이 없을 때 더 이상의 치료를 받지 않겠다고 스스로 결정하는 것이나, 또는 더 이상의 회복가능성이 없는 환자가 나중에 연명 치료의 한 방법으로 인공호흡기의 부착이나 심폐소생술 등을 하게 될 상황이 오게 될 때 그러한 방법을 사용하지 말도록 의료진이나 가족에게 요청하는 것은 안락사라고 보아서는 안 된다. 오히려 그것은 의료집착적 행위의 포기라고 보아야 할 것이다.26)

셋째로, 치료유보와 치료중단의 근거로서 제시되는 삶의 질의 논리에 대한 문제이다. 앞에서 논의한 대로 대한의학회는 적극적 안락사와 의사조력자살만을 안락사로 규정하고 이를 금지한 반면, 치료유보와 치료중단은 가능하다고 주장하면서 이에 대한 근거로 낮은 회생가능성, 균형적 추론의 논리, 그리고 삶의 질의 논리 등을 제시한다. 이 중에서도 의료윤리지침이 중요하다고 강조하는 것은 삶의 질의 논리이다. 의료윤리지침은 "설령 회복된다 하더라도 환자가 견뎌가야 할 삶의 질을 받아들이지 못할 것으로 판단될 경우" 연명 치료 중단을 의사가 환자나 대리결정권자와의 논의를 시작할 수 있는 것으로 말하고 있다.

여기서 우리는 생명의 존엄성보다는 인간다운 삶의 질이 보다 중시되는 모습을 보게 된다. 이처럼 삶의 질이 지나치게 강조될 때 자칫 중증장애인이나 기형아, 치매노인들, 정신병자와 같이 인간다운 삶의 질을 영위하지 못하는 사람들의 생명의 존엄성이 흔들릴 소지가 있음을 지적하지 않을 수 없다.27) 말하자면 삶의 질의 논리가 가지는 문제점은 생명을 목적으로 보기보다는 도구로 보는 일종의 공리주의적인 생각이 내포되어 있어서 그것은 결국 힘없고 약한 사람들을 죽이는 결과를 야기할 수도 있다는 점이다.28)

넷째로, 치료유보와 치료중단의 근거로 제시되는 낮은 회생가능성에 대한 문제이다. 의료윤리지침은 회복 불가능한 환자의 경우 가족 등 대리인이 생명유지치료의 중단이나 퇴원을 요구할 경우 의사가 이를 수용할 수 있는 것으로 명시하고 있는데 여기서 회복불가능성에 대한 판단은 객관성과 신중함을 담보하는 것이어야 한다. 왜냐하면 의학적으로 생존가능성은 '있다가도 없고, 없다가도 있기도 한 것' 이고 또는 '많다가도 적게 되고 적다가도 많게 되는' 그런 것이기 때문이다.

다섯째로, 의학적으로 무의미한 치료의 판단과 치료중단의 정당화문제이다. 손명세에 따르면, 그것은 "생명의 연장도 삶의 질의 향상도 달성하지 못할 것으로 예상되거나, 설혹 생명의 연장이니 삶의 질 향상에 도움을 줄 가능성도 있으나 그런 가능성보다는 오히려 해를 끼칠 가능성이 큰 치료, 이미 생명의 연장 효과도 삶의 질 향상 효과도 없음이 확인된 치료"29)를 말한다. 그러나 "말기환자의 경우에서 그렇듯이 어떤 치료는 의학적으로 그 효과가 불분명하거나 긍정적인지 부정적인지 평가하기 힘든 경우가 많다. 가령 어떤 치료는 생명은 연장시키거나 삶의 질은 떨어뜨리며 반대로 다른 어떤 치료는 생명은 단축시키지만 삶의 질은 높이는 경우가 있다. 이 경우에서는 치료가 환자에게 이익인가 손해인가에 대해서 합리적인 사람들끼리도 의견이 다르다."30) 이렇게 볼 때 무의미한 치료를 판단하는 문제는 주관성이 개입될 소지가 높다고 할 수 있으며 그런 점에서 무의미한 치료의 판단 문제는 매우 신중하게 처리되어야 한다.

그러면 어떤 치료가 주관적으로 의미 없는 치료라고 판정될 때 그 치료를 중단하는 것은 정당화될 수 있을까? 이런 경우 손명세는 "환자에 대한 치료가 의사의 가치관에 비추어서 무의미하거나 가족의 입장에서 무의미하다는 것은 그런 치료의 중단을 정당화시킬 수 없다. 반면 환자 자신의 입장에서 그 치료가 무의미하다면 그런 치료를 중단하는 것은 정당화될 수 있을 것이다."라고 말한다.31) 이런 점에서 본다면, 의료윤리지침에서 "환자나 그 가족들이 의사가 생각하기에 명백히 의미 없는 치료를 요구하는 경우는 의사가 이를 거절할 수 있"다고 언급한 표현은 논란의 여지가 많다고 여겨진다. 따라서 이러한 논란의 소지를 줄이기 위해서는 치료중단이 정당화될 수 있는 조건을 "무의미한 치료의 여러 종류 중에서 '의학적으로 무의미한 치료'와 '(의학적 효과가 현저하지 않으며) 환자 관점에서 무의미한 치료'의 경우"로 제한할 필요가 있다고 본다.32)

그런데 식물인간 상태의 환자에 대한 치료중단의 문제에 있어서는 대한의학회 의료윤리지침이 "지속적 식물인간 상태의 환자는 특별한 이유가 없는 한 중환자실에서 치료하면 안 된다."라고만 잠깐 언급하였지만, 식물상태의 환자가 어떤 상태의 존재인지 확인할 필요가 있다. 많은 경우 식물인간은 실제적으로 죽어가는 과정 중에 있는 존재가 아니기 때문에33) 식물인간의 연명 치료(환자의 주된 병적 상태는 바꿀 수 없지만 생명을 연장하는 치료)의 중단은 허용되어서는 안 된다.34) 이에 따라 식물인간에 대한 인공영양공급과 수분공급의 중단은 허용될 수 없다.

여섯째로, 죽음의 판단기준의 문제이다. 의료윤리지침은 뇌사를 심장사와 더불어 죽음의 기준으로 인정하고 있다. 우리의 현행법에서는 장기를 제공하려는 경우에는 뇌사를 인정하는 반면 그 이외의 경우에는 뇌사를 인정하지 않고 있다. 우리의 법률은 죽음을 판정하는데 이중적인 잣대를 사용한다고 볼 수도 있는데 현행 법률이 "뇌사를 죽음으로 판정하는 것은 장기이식과 관련하여 더 이상 회복이 불가능한 생명으로부터 다른 사람의 생명을 구할 수 있다는 점에서 그리스도교적인 희생과 사랑에도 부합된다."고 볼 수도 있다.35) 그러나 뇌가 죽은 것에 대한 판정자체의 정확성에 대한 의학계에서의 논란도 마무리되지 않은 시점에서 의료윤리 지침이 뇌사를 심장사와 더불어 죽음의 기준으로 인정한 것은 기존의 죽음의 기준, 즉 심장의 작동이 멈추고 호흡이 멈추며 아울러 동공이 열리며 반사가 소실되는 뇌기능정지를 모두 확인하고 죽음을 선언하던 관행에 배치된다는 점에서 문제가 있다고 본다. 뿐만 아니라 뇌가 인간의 인격적인 삶을 영위하는 매우 중요한 부분이기는 해도, 신체의 한 부분에 해당되는 뇌만을 분리하여 한 장기의 기능정지를 전체의 죽음으로 인정하려는 것은 인간을 유기적인 전인으로 보는 기독교적 인간관에도 배치되는 견해라고 볼 수 있다.36)

8. 나가는 말

안락사란 기본적으로 고통 중에 있는 말기환자가 고통을 피하기 위한 목적으로 죽음을 선택하는 행위를 말한다. 오늘날 많은 사람들은 인간 자신이 자기 몸의 주인이기 때문에 살 권리와 죽을 권리를 스스로 선택할 수 있다는 자율성존중의 원리를 따라 안락사를 용인해가고 있는 추세에 있다. 그러나 기독교 신앙은 이런 의미의 안락사를 허용할 수 없다. 왜냐하면 안락사는 하나님의 주권과 생명의 신성성을 침해하는 행위이기 때문이다. 그러나 그렇다고 해서 우리는 생물학적 생명을 최고선으로 보지도 않는다. 본회퍼의 말대로 "자유에의 여정 중 죽음은 가장 찬란한 축제"라고 볼 수 있기 때문이다. 따라서 우리는 안락사 문제에 관한 두 가지의 극단적인 입장, 즉 죽음을 선택할 수 있는 절대적 권리로 주장하는 입장이나 급진적인 살 권리를 주장하며 피조물된 인간으로서 죽음의 과정을 주제넘게 연장하려는 입장 모두를 배격한다.[37]

지금까지 우리는 이러한 기독교윤리학적 입장을 가지고 안락사 문제와 관련한 대한의사협회와 대한의학회의 윤리지침들을 분석해보았다. 전체적으로 볼 때 대한의사협회와 대한의학회의 윤리지침들은 안락사를 묵인하거나 안락사를 서서히 법제화하려는 세계적인 흐름 속에서 적극적 안락사를 금지하였고 다른 한편 의료집착 행위 등 무익한 치료가 이루어질 수 있는 현실 속에서 의학적으로 무의미한 치료의 중단의 필요성 등 의료윤리의 세부 지침들을 제시하였다는 점에서 긍정적인 측면이 있다. 그러나 또 다른 한편으로 보면, 두 개의 윤리지침들은 여러 측면에서 결함을 지니고 있는데 위에서 언급한 바와 같다. 전체적으로 볼 때 대한의사협회나 대한의학회는 윤리지침이 생명경시현상을 부추기고 있는 것이 아닌가 하는 의구심을 가지는 세간의 부정적인 시선을 불식시킬 필요가 있는데 이를 위해 인간의 존엄성, 생명의 신성성의 관점을 강화할 필요가 있을 것이다.

3
'연명 치료 중단을 위한 의료법 일부 개정 법률안'에 대한 기독교윤리적 고찰

이연곤 | 문화교회 전도사

1. 들어가는 말

오늘날 과학과 의학의 급속한 발달에 힘입어 인간의 건강 수준이 향상되고 평균수명이 현저하게 길어지면서 죽음을 정의하려는 시도와 함께 치료 행위를 언제까지 할 것인가의 문제가 제기되고 있다. 현대의료에서 치료의 범위는 넓어졌지만 많은 경우들이 더 이상 '건강회복'을 의미하는 것이 아니라 '병의 악화 속도를 늦추는 것'이거나 '숙지는 않게 함'에 머무른다. 그러면서도 그 치료과정은 육체적으로나 정신적으로 매우 힘겨운 것일 때가 많다. 이런 이유로 의료인과 가족들은 연명 치료 중에 그런 치료를 시행하는 것이 과연 바람직한가, 아니면 치료의 계속보다 치료를 중단하거나 유보하는 것이 더 나은 선택인가를 고민하게 된다.

이와 같이 현대의학은 인간에게 죽음과 죽어가는 과정을 통제할 수 있게 해 주었지만 이런 통제와 더불어 새로운 치료법을 사용하거나 사용하지 않을 적절한 때가 언제인지 선택해야 했고, 이런 선택이 윤리적 딜레마를 낳았다. 그래서 인간이 더 많이 통제할수록 더 많은 선택이 주어지고, 선택이 더 많아질수록 더 많은 딜레마가 생긴다.

그렇다면 현대의학이 이런 경향으로 나간다면 미래는 어떻게 될 것인가? 생명을 연장하는 능력이 오늘날의 이런 딜레마에 제대로 대처하는 능력을 앞지르는 일이 계속될 것이다. 그리고 그 비용은 천문학적으로 계속 늘어날 것이다.

우리나라에서도 연명 치료는 지난 '보라매병원사건'을 계기로 지속적으로 논의되어 왔다. 최근에는 '보라매병원사건'에 대한 의료계의 입장을 충분히 반영하여, 2006년 2월 24일 '연명 치료 중단을 위한 의료법 일부 개정 법률안'이 안명옥 의원(국회 보건복지위원회 위원, 여성위원회 위원, 저출산·고령화 특위위원)에 의해 발의되었다.[1] 이 개정 법률안은 의학적으로 회생 불가능한 환자를 특수 기계장치 등을 통해 연명시키는 것은 환자 본인과 그 보호자에게 부담을 가중시키고, 이를 승인한 의사에게 일방적으로 책임을 묻는 불합리한 일들이 사라질 수 있게 하는데 있다. 이를 위해 이 문제를 해결할 수 있도록 중앙의료심사조정위원회 및 지방의료심사조정위원회 심사결정에 따라 치료중단을 할 수 있도록 돕고 있다.

이 개정안은 환자 보호자 쪽의 치료 중단 요구가 있거나 의학적 기준에 따른 치료 중단 필요성이 판단되는 경우에 의료심사조정위원회의 심의와 결정에 따라 연명 치료를 중단할 수 있도록 하고 있다. 안명옥 의원은 "환자가 의학적으로 회생 불가능함에도, 특수 기계장치 등을 통해 억지로 연명시키는 것은 환자 본인에게나 가족에게 고통이며 사회적 부담도 크다"고 발의 배경을 밝혔다. 그리고 발의된 의료법 개정안은 환자 가족의 경제적 사정으로 연명 치료를 위해 금전적 지원이 필요한 경우에는 응급의료 기금의 재원을 통해 지원할 수 있는 방안을 마련하고 있다. 이 개정안은 의료계의 요청을 수렴해 발의되었지만, 연명 치료 중단 여부를 두고 '생명윤리'에 대한 일대 논쟁을 부를 것으로 예상된다.

본고에서는 연명 치료에 관한 용어사용의 불명확성으로 인한 혼선을 줄이고자 연명 치료, 연명 치료 중단과 안락사의 관계, 그리고 존엄사에 대하여 개념 정리한 후, 우리나라에서 연명 치료 중단에 대한 법적 발의가 등장하게 된 배경과, 그로 인한 윤리적 문제들을 살펴보겠다. 이러한 논의를 통해 연명 치료 중단은 인간 생명의 존엄의 기초 위에서 숙고, 결정되어야 함을 강조하고자 한다.2)

2. 연명 치료란?

연명 치료란 '환자의 주된 병적 상태를 바꿀 수는 없지만 생명을 연장하는 치료', 혹은 '치료에 의해서 상태가 좋아지지 않는 환자의 상황이나, 치료에도 불구하고 영구적 무의식 상태나 집중적 의학적 치료에 의존해야만 하는 경우'를 지칭한다.3)

말기 환자에 대한 의미 없는 연명 치료와 관련된 논의에서 숙고해 볼 문제는 중 하나는 치료의 유보(withholding)라는 표현과 치료의 중단(withdrawing)이라는 표현 중 어느 것이 더 적절한가의 문제이다. 현재의 많은 논의에서는 이 양자가 명확히 구분되지 않고 혼용되어 사용되고 있으며, 유보보다는 중단이라는 표현이 더 많이 사용되고 있다. 일례로 대한의사협회가 2001년 제정 공포한 '의사윤리지침'을 보면, "생명유지치료를 비롯한 진료의 중단"(28조 3항), "회복 불능 환자의 진료 중단"(30조), "의학적으로 의미 없는 치료의 보류 및 철회 회용"(60조) 등과 같이 두 용어가 혼용되어 있고, 중단이라는 표현이 더 자주 사용되고 있다.

연명 치료 유보이란 의학적으로 회복 가능성이 없는 말기 환자에게 제공될 수 있는 각종 생명연장치료를 유보(withholding)하는 것을 의미한다. 즉, 의학적으로 회복 불가능한 말기 환자에 대한 의미 없는 치료의 보류를 의미한다.4)

중단이란 연명 치료를 중단하는 것으로, 더 이상의 치료적 행위가 환자의 회복에 영향을 미치지 못하는 경우에 생명유지 장치를 철회하거나 더 이상의 치료적 활동을 보류하는 것으로, 생명유지에 직접적으로 영향을 주지 않는 치료를 중단하는 것과 생명 유지에 영향을 주는 치료를 중단하는 것으로 나눌 수 있다.5)

그러나 '연명 치료의 중단'을 '치료의 중단'과 혼동하지 말아야 한다. 연명 치료는 중지하더라도 통증관리나 생리기능 유지 등의 완화의료(Palliative Medicine)6)의 시술은 계속하며, 자연사의 임종을 환자의 뜻에 따라 존엄스럽게 맞게 해준다는 뜻이 된다.

3. 안락사와 연명 치료 중단, 그리고 존엄사

1) 안락사와 연명 치료 중단

안락사(euthanasia)의 어원상의 뜻은, '고통과 통증이 없는 편안한 죽음'을 뜻한다. 그러나 오늘날에는 질병으로 인한 극도의 고통을 종식시키려는 의학적 개입을 가리킨다. 난치병이나 불치병으로 큰 고통을 받고 있는 환자의 비참한 생명을 중단시키려는 안락 살해(mercy killing)을 흔히 '안락사'라고 부른다. 안락사는 학자들에 따라 다양하게 분류되고 있으나, 크게 적극적 안락사와 소극적 안락사로 분류할 수 있다.7)

특히 말기 환자에 대한 연명 치료 중단은 흔히 소극적 안락사로 인식되는 경우가 많다. 대한의사협회가 '의사윤리지침'에서 "회복 불능 환자에 대한 진료 중단을 수용할 수 있다"는 입장을 밝히자, 일반 여론은 "대한의사협회가 안락사를 허용하였다"로 오해하기도 하였다. 물론 '의사윤리지침'의 일부 내용이 불분명하여 이런 오해를 받을 소지가 있기는 하지만 연명 치료 중단과 안락사를 구분하는 것은 가능하다. 단순히 의료 행위만을 고려한다면 양자가 혼동될 수 있으나, 근본 목적을 고려한다면 양자는 구분된다. 안락사는 환자의 죽음이 목적이지만, 연명 치료 중단은 말기 환자의 남은 삶의 질 향상과 인간다운 죽음이 목적이다. 다시 말해서, 연명 치료 중단은 말기 환자의 죽음을 재촉하는 데 목적이 있는 것이 아니라 환자에게 고통을 가중시킬 수 있는 무의미한 치료를 중단하여 환자에게 인간다운 죽음을 맞도록 하는 데 그 목적이 있다.

따라서 말기 환자에 대한 연명 치료 중단에 대한 논의에서 연명 치료 중단과 안락사를 구분[8]할 수 있으며, 구분하는 것이 연명 치료 중단과 관련된 논의를 명확히 하는데 도움이 된다.

2) 존엄사

안락사의 외연은 매우 넓어 그 의미가 다소 혼란스러운 면이 있다. 그리하여 제한적인 상황을 나타내는 용어가 생겨났다. '존엄사', '자연사', '의사조력자살' 등이 그러한 용어들이다. 이중 연명 치료 중단과 관련 있는 용어는 존엄사(death with dignity)이다. 존엄사는 무의미한 연명 치료를 중지하여 인간다운 품위 있는 죽음을 맞이할 환자의 '죽을 권리'(right to die)에 초점이 맞추어져 있다.[9]

존엄사(Death with Dignity)란 의학적으로 회생이 불가능한 지속적 식물상태(Persistent Vegetative State, PVS)의 환자가 품위 있는 죽음을 맞도록 하기 위하여 생명유지장치 등의 치료행위를 제거하는 것을 말한다. 하지만 지속적 식물상태의 환자로부터 생명유지장치 등의 치료행위를 제거하는 것이 법적, 윤리적으로 정당한가에 대한 논의에는 학자들, 전문가들 사이에서 이견이 있다. 하지만 엄밀한 의미에서, 안락사는 의사가 도와주는 살인행위인데 반해 존엄사는 연명 치료행위 중단에서 오는 죽음으로 구분하기도 한다.10)

'존엄사'에 대한 논의를 할 때마다, 먼저 강조되어야 할 것은 '존엄사'에 대한 올바른 정의이다. 그것은 오랜 세월동안 국내외를 막론하고, 존엄사에 대한 논의를 할 때 서로 다른 의미로 해석하고, '존엄사'와 '안락사'를 혼용해서 거론해 옴으로서, 일반인들에게 많은 혼선을 일으켜 왔기 때문이라고 할 수 있다.11)

'안락사'와 달리 '존엄사'의 현황은 한국을 제외한 대부분의 선진국에서는 법적으로 또는 관습적으로 이미 마무리되고 수용되고 있는 현실이다. 존엄사는 '안락사'와 다른 개념으로 전문적 의료현장의 임종의료 분야의 논의이며, 어디까지 불치병으로 죽음을 앞두고 고통 받고 있는 환자와 환자가족과 환자를 치료하고 있는 의료진 간의 고민하는 현장의 논의이다. 또한 환자의 권리와 임종환자의 마지막 삶의 질, 그리고 의료전문인들의 전문적 식견에 바탕을 둔 윤리적, 의학적, 법률적, 자율적, 경제적 논의이다.

4. 연명 치료 중단이 생명윤리의 문제가 된 배경

우리나라에서는 1997년 '보라매병원 사건' 이후 말기환자에 대한 연명 치료 중단에 대한 논의가 활발히 진행되면서, '환자의 생명을 보호하기 위한 의료 행위를 계속하여야 할 의사의 의무는 어디까지인가', '의학적으로 회복 불가능한 환자에 대한 과다한 연명 치료를 계속해야 할 것인가' 등의 문제가 제기되었다. 더불어 의학적으로 회복이 불가능한 환자에 대한 무의미한 치료(Futile treatment) 여부 문제와 완화의료 및 존엄사에 대한 제도적 보완과 환자의 고통과 권리를 최대한 존중하는 사회적 공감대 형성의 필요성이 제기되었다. 이에 대한의사협회는 1998년부터 '의사윤리지침' 연구 용역 사업을 시작하여, 2001년 '의사윤리지침'을 최종 확정·공포하였다. 또한 최근 한나라당 안명옥 의원은 회생 불가능한 환자에 대한 불합리한 연명 치료를 중단할 수 있는 법적 근거를 마련코자 「의료법 일부개정안」을 발의했다.

이와 같이 '보라매병원 사건'이 연명 치료 중단에 관한 관심과 논의를 직접적으로 불러일으켰지만, 연명 치료 중단이 생명윤리 문제로 등장하게 된 배경으로는 연명 치료기술의 발전, 임종 장소의 변화, 죽음의 질 문제에 대한 관심, 의료 자원 효율성 문제 등을 지적할 수 있다. 이러한 배경들은 서로 유기적으로 연관되어 있으며, '의료의 패러다임 전환'으로 압축될 수 있다[2].

과학의 발달은 수년 전만 해도 같은 상황에서 사망했을 환자들의 생명을 인위적으로 수일에서 수년까지 연장할 수 있는 첨단 기기들을 만들었다. 이로 인해 지금 의료 현장에서는 적절한 치료가 이루어지지 못해 일어나는 인명 경시문제보다 오히려 소생 가능성이 거의 없는 환자에게 행해지는 의료 집착적 과잉진료의 폐해가 의료 윤리 문제로 부각되고 있다.

의료 현장에서는 의미 없는 연명 치료를 받는 말기 환자의 증가로 인해, 제한된 중환자실의 의료 자원을 보다 소생 가능성이 있는 환자들에게 적절히 사용하지 못하는 사례도 증가하고 있다. 제한된 의료 자원을 보다 효율적으로 사용하기 위해서 말기 환자에 대한 연명 치료를 적절한 시기에 중단할 수 있어야 한다는 의견이 의료 현장에서 많이 제기되고 있다.

뿐만 아니라, 인위적으로 인체의 기능을 조절할 수 있는 연명도구13)가 급속히 발달하면서, 회생가능성의 예측이 대단히 어려워졌다. 법은 회생가능성이 있었는가? 없었는가? 둘 중 하나의 답을 요구하고 있지만, 실제 진료현장에서는 회생가능성의 판단이 100%와 0%로 명확히 구분되는 경우는 거의 없으며 대부분 일정 확률로 가능성을 예측해 볼 수 있을 뿐이다. 낮은 확률이지만, 회생가능성이 있는 환자를 포기하는 것은 옳지 않다는 원론적인 이유로 임종이 다가온 환자에게 온갖 연명장치를 사용하여 심장이 멎는 기간을 최대한 뒤로 미루는 것이 자신의 의견을 표현할 수 없는 환자들이 고통 받는 기간을 연장하고, 그 보호자들에게 얼마나 큰 부담을 주고 있는 일인지에 대한 윤리적 문제와 함께 품위 있는 죽음(death with dignity)에 대한 권리가 제기되고 있다. 이는 회생가능성이 거의 없는 환자에 대한 검사나 연명 치료가 오히려 환자의 고통을 유발하거나 연장시키기 때문에 품위 있게 죽을 권리를 침해한다는 주장이다.

또한 임종 장소가 가정에서 병원으로 이동하고 있다.14) 전통적으로 우리나라는 임종을 가정에서 맞도록 하였다. 그래서 과거에는 병원에 입원 중인 환자가 임종에 가까워지면 대부분 환자를 집으로 모셨다. 그러나 최근에는 가족 형태 및 주거 환경의 변화 등으로 병원에서 임종을 맞는 경우가 꾸준히 증가하고 있다. 따라서 임종 장소가 병원으로 옮겨짐에 따라 삶의 마지막 순간에 들어선 환자에게, 집에서 임종을 맞이했다면 사용되지 않았을 최신 의료 기술들이 많이 사용되고 있다. 이로 인해 자연스러운 죽음의 현상이 치료의 실패로 인식되기도 하고, 의미 없는 치료를 언제 중단할 것인가에 대한 물음들이 제기되고 있다.

5. 연명 치료 중단에 관한 윤리적 문제

인위적으로 생존기간을 연장할 수 있는 의료기술의 발전은 치유가 불가능한 환자를 치료하는 상황에서 도덕적·사회적 갈등을 유발시키고 있다. 오늘날 이들 환자들에 대한 의료인이 당면한 문제는 환자의 생명을 얼마나 오래 연장시킬 수 있는 가에 있는 것이 아니라 환자의 생명을 연장시키기 위한 노력이 과연 합당한 일인가를 결정해야 하는 것이다. 회생이 불가능하다고 판단되어진 환자에게 단순히 생명유지를 위한 의료기술을 적용하는 것은 환자의 의미있는 삶을 연장하는 것이 아니라 고통을 받는 기간을 연장하는 무의미한 노력일 수도 있기 때문이다.

하지만 여기서 문제가 되는 것은 무엇을 기준으로 그러한 치료가 환자에게 무의미한 치료가 된다는 것을 결정할 수 있는가 그리고 누가 치료중단을 결정할 수 있는가 하는 것이다.

1) 연명 치료 중단의 결정요인

연명 치료 중단의 결정요인은 무엇보다도 회생가능성이다. 현재 환자의 상태와 예후, 치료가능성 등에 대한 판단은 의사의 몫이며, 가족들은 어떤 객관적인 자료에 근거하여 의사결정을 하기보다 의사의 전문적인 판단을 그대로 수용하고 있는 실정이다. 그러나 과거와 달리 오늘날 진료현장에서 회생가능성에 대한 의학적 결정을 흑백논리로 이원화시키는 것은 불가능하다.

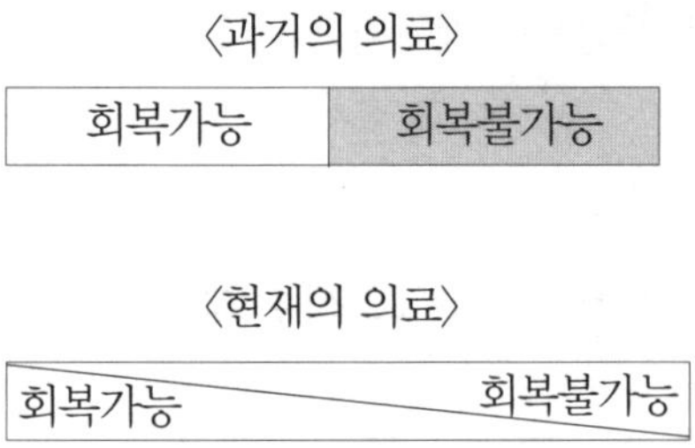

⟨과거의 의료⟩

| 회복가능 | 회복불가능 |

⟨현재의 의료⟩

| 회복가능 | 회복불가능 |

그림 1. 의료의 패러다임 전환[15]

따라서 의사는 환자, 보호자(혹은 법적대리인)와 협의 후에, 직업적 윤리기준과 의료 전문지식에 근거한 자율적이며 신중한 결정을 내려야 한다. 그리고 정확한 의학적 판단을 위해서는 담당 의사 혼자 성급하게 결정하지 말고 관련된 의사들과 협의하여야 한다. 판단이 어려울 경우에는 병원윤리위원회의 협의를 요청해야 한다.

또한 연명 치료중단에 영향을 주는 요인으로 고령, 고통경감, 신체손상, 의식수준, 부담감, 주변의견, 가족의 과거 경험, 환자본인의 평소 희원 등이 있다.[16] 그러나 의사결정 능력이 떨어지는 말기환자의 경우 고령이나 고통경감, 신체손상을 이유로 쉽게 치료중단을 결정하는 일은 환자를 유기하는 일이며, 간호에 대한 부담감, 경제적 어려움으로 치료중단을 결정하는 것도 환자의 존엄성을 해치는 것이다. 따라서 말기환자의 연명 치료를 중단하고자 할 때 환자의 상태에 대한 확실한 의학적 근거를 바탕으로 결정하되 환자의 이익이 최대가 되도록 하여야 한다. 동시에 연명 치료에 대한 의료재정적 지원과 지역사회 기관과의 연계를 통하여 환자의 생명의 존엄성이 보호되어야 할 것이다.

2) 연명 치료 중단의 결정자

우리나라는 죽음에 대한 논의 자체를 꺼려하며 환자 본인에게 질병 자체에 대한 정보를 충분히 주지 않는 경우가 대부분이라서 죽음의 과정이나 의미 없는 치료의 중단을 결정할 때 환자 본인의 의사가 반영되기는 매우 어려운 실정이다. 또한 말기 진단과 연명 치료 중단에 대하여 환자에게 알리는 일이 투병생활에 도움이 되지 않고 환자에게 해를 주는 것이라 여기고 있기 때문에 연명 치료의 중단을 결정하는 주체는 많은 사례에서 환자 본인이 아니라 의사와 가족이다.17)

이는 환자의 자율성을 중요시하는 북미의 경우와는 무척 다르다. 미국의 경우 환자의 자율적 의사존중이 매우 중요하여 환자가 의식이 있을 경우 일차적 의사결정을 하고 의식이 없는 경우를 대비하여 미리 사전 의사결정서를 받아둔다. 그렇지 못할 경우 환자의 유언이나 평소의 말이나 행동을 근거로 보호자가 의사결정을 할 수 있도록 되어 있다.

따라서 현재 우리나라에서 무엇보다 중요한 것은 환자 본인의 참여 여부이다. 환자가 의사결성 능력이 있다고 판난되는 경우, 상태와 예후에 대한 충분한 설명을 하여 환자가 결정에 참여할 수 있는 기회를 마련하여 환자의 자율성을 바탕으로 합당한 결론을 얻을 수 있도록 하여야 한다.

그러나 사실상 연명 치료 중단의 결정의 주체가 누구이든지, 그 결정은 많은 복잡한 문제를 야기할 소지가 있다. 그래서 최근 의료행위의 지속여부 및 범위에 대한 결정을 사회적 합의로 이루어내야 한다는 인식이 높아져가고 있다. 따라서 이러한 문제는 법과 제도의 정비와 더불어 사회·문화적으로도 성숙되어야 할 것이다.

6. 결론

인간의 생명은 하나님의 선물로서 주어진 것이며, 이는 어느 가치보다도 기본적이며 상위의 가치로 본다. 인간의 생명 가치와 치환될 수 있는 다른 가치는 존재하지 않는다. 따라서 인간생명을 직접적으로 해치는 안락사는 반대한다.

연명 치료 중단을 안락사에 포함시켜 논의하기도 하지만, 행위의 목적을 고려한다면 연명 치료 중단은 안락사와 구분되는 것이며, 무의미한 치료행위를 지속해야 할 윤리적 의무는 없다. 인간은 제한된 존재이다. 인간의 생물학적 수명이 제한되어 있고, 병원에서 치유할 수 있는 질병치료도 제한적이다. 이러한 인간조건을 수용하지 않고 무의미한 치료행위를 지속한다면 이는 환자의 고통을 연장시키는 의료집착이라 할 수 있다.

그러나 무의미한 치료인지 아닌지를 여부를 결정하는 데는 신중한 판단이 요구된다. 연명 치료 중단은 환자의 실존적 삶의 죽음과 관련되므로 신중하고 조심스럽게 접근해야 하며, 인간생명의 존엄성을 기초로 판단되어야 한다. 이와 관련하여 의사의 정확한 판단, 환자의 자율적 판단 등이 중시되어야 할 것이다.

연명 치료 중단은 말기 환자에 대한 공격적 과잉 진료 행위에서 벗어나고 임종자의 존엄성을 실현하는 것을 목적으로 한다. 그런 관점에서 연명 치료 중단은 치료의 중단이 아니라 환자가 자연스러운 죽음을 맞이하도록 도와주는 것이다. 따라서 계속적인 완화의료의 시술과 더불어 환자와 그의 가족들에게 편안함을 제공해야 한다. 동시에 환자나 환자와 가까운 사람들을 포기하는 것이 아니라, 의료진은 그들의 지원이 계속될 것이라는 확신을 주고, 의료 기기들을 적게 사용하고, 환자가 안심하고 위엄을 유지하는 간호 중심의 수단들을 사용해야만 한다. 환자의 손을 잡아주고, 환자의 입술을 적셔주고, 환자와 가족들에게 말을 걸고 그들의 말을 들어주는 단순한 행동들이 첨단 장비만큼이나 큰 의료 행위이다. 인간생명의 존엄성에 바탕을 둔 환자, 환자 가족, 그리고 의료진 사이에 끊임없는 대화가 진솔하게 이루어져 한다.

   나아가 의료 전문가들은 삶의 종말을 의학적 실패로 볼 것이 아니라, 계획되어 있는 자연스러운 사건으로 생각하고 받아들이는 자세가 필요하다. 가족들과 친구들이 사랑하는 사람의 죽음을 대항해야 할 어떤 것으로 이해하기보다는, 용기와 위엄을 가지고 맞이하도록 환자와 가족 그리고 의료진들이 서로 도와야 할 것이다.

4

안락사법 개정에 대한 국회 동향

박성관 | 장로회신학대학교 교회와사회연구부 연구원

1. 들머리

최근 국회에서 안락사법 개정에 대한 발의가 몇몇 의원을 중심으로 발의되었다. 이 논의는 의도가 어찌되었던 간에 생명권에 대한 논의에 관심을 불러일으켰다. 안락사에 관한 논의의 역사는 오래되었다. 이 문제는 죽음의 시점을 어떻게 정하느냐와 관련하여 중요한 문제가 되고 있는 것이 사실이다. 이러한 논의의 이면에는 생명에 대한 관심보다는 현실적인 문제가 더 깊다고 볼 수 있다. 특히 회생 불가능한 환자에 대한 배려라든가 이들 환자 가족에 대한 배려가 그것이다. 또한 의사의 의료윤리와도 관계가 있을 뿐만 아니라 국가의 법체계와도 깊은 관련이 있다.

이 글에서 논의의 핵심은 안락사법 개정에 따른 안락사의 허용문제이다. 즉 안락사 문제를 어디까지 허용할 것인가 하는 문제다. 적극적 안락사 문제는 법학자들이, 소극적 안락사는 일부 종교인들이 관심을 갖는 부분이다.

최근 국회에서 일부개정법률안이 발의된 것이 논의의 출발점이 되었다. 좀 더 구체적으로 말한다면, 국회 안락사법 개정에 대한 국회동향이다. 우선 법률안의 제안 이유가 무엇이며, 법안 내용이 무엇인지 살펴 본

다음, 안락사법 개정에 따른 문제점을 짚어보고, 이에 따른 기독교적 대응 방안을 살펴보려고 하는데 이것이 이 글을 중요한 논의 가운데 하나일 것이다.

이를 위해서 국회에서 발의된 내용을 조목조목 분석한 다음, 4장에서 안락사법 개정안에 대한 문제점 및 기독교와 충돌하고 있는 영역을 중심으로 살펴보려고 한다. 그 첫번째 작업으로 법규범적 입장에서의 안락사법 허용문제를, 다음으로 안락사법 개정에 있어서 국가의 역할을, 끝으로 안락사법 개정에 대한 기독교의 입장을, 특히 기독교 생명윤리 입장에서 모색해 보고자 한다.

2. 최근 우리 사회현실 변화에 다른 입법 동향

안락사 논쟁의 역사는 오래되었다. 특히 현대사회에 들어와서 생명공학기술과 의료기술의 발달로 과거에는 상상도 할 수 없었던 일들이 일어나고 있다. 예를 들어 뇌사, 장기이식의 허용과 제한의 문제 등등 인간의 생명과 신체와 관련하여 많은 법적인 문제들이 제기되고 있는 것이 오늘의 현실이다. 이로 인해 입법정책에서도 새로운 패러다임이 요구되고 있다.

법의 임무나 과제는 보편적이거나 고정적으로 정해진 것은 아니다. 법은 시대와 장소에 따라 달리 적용될 뿐만 아니라 법의 역할과 내용도 사회의 변화에 맞추어 변화되어야 하는 것이 당연하다. 오늘날 세계적으로 인간의 의식과 사회제도를 바꾸는 위력적인 과학기술의 대명사는 단연 생명공학이다.1) 지금까지 새로운 과학적 가능성에 대하여 법률이 보인 반응은 다음의 네 가지 정도라고 할 수 있다. 법제도적으로 장려하거나, 아무런 법규를 두지 않음을 통하여 자유방임적 태도를 보인다거나, 연구와 이용을 절대적으로 금지하거나, 일정부분은 금지하고 일정부분은 허용하는 상대적으로 금지하는 것이 그것이다.2)

따라서 법은 인간의 생명을 대상으로 하는 연구와 관련하여 인류에게 유익한 결과를 가져오는 측면은 권장하고, 인간존엄에 해를 초래하는 측면은 억제되어야 할 것이다. 특히 안락사의 문제는 국가마다 해결책을 쉽게 찾지 못하는 어려운 문제 가운데 하나이다. 안락사(Euthanasia, Sterbehilfe)는 일반적으로 치료 불가능한 환자, 의식을 잃고 인공호흡장치 등으로 목숨을 이어가는 뇌사자 등의 경우에 인공호흡기 등의 생명 보조장치를 제거함으로써 고통 없이 죽음을 맞이할 수 있도록 해 주는 것을 의미한다.

안락사가 논의되는 경우가 개별적으로 다양하기는 하지만 안락사를 원칙적으로 허용하는 의견과 금지하는 의견이 대립하고 있다. 우리의 경우에는 안락사를 살인 또는 살인방조죄로 엄격히 형사 처벌하고 있다. 2004년 6월 대법원은 중환자실에서 인공호흡기를 부착하고 치료를 받던 환자의 처의 요청에 의하여 치료를 중단하고 퇴원하게 하여 환자가 사망에 이르게 된 경우에 있어서, 의사에게 살인방조죄를 적용하여 형사책임을 묻는 판결3)을 내린 적이 있다. 일명 '보라매병원 사건'이라고 불리는 이 대법원판결은 2001년 대한의사협회가 연명 치료 중단 또는 소극적 안락사의 경우를 허용하는 의사윤리지침을 만들었을 때와 유사한 사회적 논란을 일으키는 계기가 되었다. 의사를 형사 처벌하는 방법 이외에, 사회적 합의를 바탕으로 하여 안락사 문제에 대한 신중한 입법적 접근4)이 요구된다.

이처럼 법에 대한 비판자들은 항상 법이 사회변화에 대응하고 실질적 정의를 실현하는 방법으로는 부적당하다는 점을 지적하고 있다.5) 사회의 변화는 법의 변화를 앞서 가기 때문6)에 법과 현실의 괴리가 깊어지는 경우가 발생한 가능성은 상존하며, 이를 방치하는 경우에는 법의 신뢰도 저하와 규범력 결여라는 결과가 따르게 되는 것이다. 이러한 이유로 이미 20세기 초반에 미연방대법관.제롬 프랑크(J. Frank)는 법은 사회의 필요에 응답하여야 하고, 법은 적용의 대상이 되는 사회적 현실을 명확하게 반영할 수 있어야 한다는 점을 강조하고 있다.

하지만 사회현실 변화에 따른 법적 대응방안을 마련하는 경우, 다양한 의견과 주장을 가진 압력단체들로 인해 그리 단순한 것이 아니다. 사회의 변화에 법이 적극적으로 대응을 하는 경우에는 보수론자들이 반대를 하고, 사회의 변화에 법이 소극적으로 대응을 하거나 그 적응력을 상실하는 경우에는 진보론자들이 법질서의 무기력과 법의 무능력에 대하여 비판을 하는 경우가 많다.

국회도서관 입법정보연구관인 홍완식은 사회변화에 따른 입법의 방향에 대하여 다음과 같이 말하고 있다.

> 시대의 흐름이나 정보통신, 과학기술, 의료기술 등의 변화나 인식의 변화에 따른 적절한 법적 대응은 법의 규범력과 실효성을 유지하기 위하여 필수적이다. 이를 위해서는 비제도적인 입법과정이라 할 수 있는 입법정책에 관한 사회적인 논의가 필요하며, 정부와 국회에서의 제도적 입법과정에서는 이러한 사회변화와 이에 대한 사회적 논의의 결과를 적절히 반영하는 작업에 필요하다. 특히 비제도적 입법과정과 제도적 입법과정에서는 공히 사회적 힘의 우열이 반영되는 것이 아니라 국민 모두의 이익이 반영되도록

하여야 할 것이다.[7)]

법은 효력을 발생시키는 것이 중요하며, 이를 위해서는 사회적 합의가 필요한데, 그의 목적이 국민모두의 이익이라고 할 때, 환자 본인에게 아무런 혜택을 주지 못한다면 무슨 소용이 되겠는가? 그러나 환자에 대한 '혜택'을 어떻게 정의하느냐의 물음에는 가치판단이 개입될 수밖에 없다. 자칫 이 문제는 환자의 이익은 아랑곳 하지 않고 결국 환자 가족과 의료인을 위한 도구로 전락할 수도 있는 문제이기에 신중하게 접근해야 할 것이다. 최근 국회에서 의료법 일부 개정 법률안[8)]이 몇몇 국회의원들에 의해 발의가 되었다. 그들의 법률안 제안 이유와 그 내용을 살펴보자.

3. 안락사 법 일부 개정 법률안 제안 이유 및 내용

1) 제안 이유

제안이유를 보면 다음과 같다. 국민이 건강 및 보건에 대하여 국가로부터 보호받을 권리는 헌법상의 권리이다. 따라서 국민의 건강 및 보건에 관한 국가 및 지방자치단체의 책임을 의료법에 명시하여 보건행정의 지도원리를 명확히 함과 동시에 국민의 건강을 보호·증진하고자 한다.

의학적으로 회생 불가능한 환자를 특수 기계장치 등을 통해 억지로 연명시키는 것은 환자 본인에게나 그 가족에게 큰 고통이며 사회적인 부담도 큰 것이 현실이다. 회생 불가능한 환자의 의료비 지원이나 생계비 보조 등 경제적 지원 장치도 없고, 환자나 보호자의 의사에 반해 치료를 강행할 수 있는 제도적 장치가 없는 상태에서 여러 가지 이유로 연명 치료 중단을 요구하는 보호자나 이를 승인한 의사에게 일방적으로 책임을 묻는 것은 불합리하다. 따라서 의학적으로 회복 불가능한 환자에 관하여 무의미한 치료의 지속으로 발생하는 사회적 문제를 의료인과 환자 등의 당사자가 아닌 사회 전체의 입장에서 해결하기 위하여 의료인은 법 제54조의 2에 의한 중앙의료심사조정위원회 및 지방의료심사조정위원회의 심사결정에 따라 치료중단을 할 수 있도록 한다.

현행 진료기록부 등의 의무기록 사항을 '상세히' 기록하도록 하는 법규정은 형사처벌 규정으로서 명확성의 원칙에 반하여 자의적 판단이 가능하고 행정권의 남용소지가 있는 바, 이를 불식시키기 위해 이를 삭제하고 보건복지부령에 의하여 기록·보존토록 하고자 한다.

2) 주요내용

의료법 일부 개정 법률안 주요 내용을 다섯 가지로 구분하여 정리해 보면 다음과 같다.

첫째, 제3조의2를 다음과 같이 신설한다.

제3조의2(국가 등의 책임) 국가 및 지방자치단체는 국민의 생명과 건강을 보호하고 증진하기 위한 의료발전과 제도개선을 위하여 필요한 시책을 강구하여야 한다(안 제3조의2).

둘째, 제16조의2를 다음과 같이 신설한다.

제16조의2(치료계속의 결정 등)

① 의료인은 제16조의 규정에 불구하고 환자 등의 치료중단 또는 의학적 기준에 다른 치료 중단 등이 필요하다고 판단되는 경우

에는 제54조의2의 규정에 따른 중앙의료심사조정위원회 및 지방의료심사조정위원회에 심의·결정에 따라 환자의 치료를 중단할 수 있다.

② 의료인은 제54조의2의 규정에 따른 중앙의료심사조정위원회 및 지방의료심사조정위원회의 심의·결정에 따라 환자의 치료를 중단할 수 있다.

③ 중앙의료심사조정위원회 및 지방의료심사조정위원회의 장은 제2항의 규정에 다른 심의·결정 결과를 대통령령이 정하는 바에 따라 보건복지부장관에게 보고하여야 한다.

셋째, 제16조의3을 다음과 같이 신설한다.
제16조의3(치료계속의 지원 등)
① 보건복지부장관은 제54조의2의 규정에 따른 위원회가 위원회에 요청된 환자의 치료계속을 결정하고 대통령령이 정하는 범위 안에서 지원이 필요하다고 인정한 경우 환자의 치료계속을 위한 지원을 하여야 한다.

② 보건복지부장관은 제1항의 지원을 위하여 「응급의료에 관한 법률」제21조(기금의 사용)의 규정에 따른 응급의료기금에 매년 보건복지부장관이 정하는 비율을 계상하여야 한다.

넷째, 제21조제1항 중 '상세히 기록하고'를 '기록하고'로 하고, 동조 제2항 중 '보존'을 '기록·보존'으로 한다. 제54조의2 제1항 중 '조정하기 위하여'를 '조정하고, 의학적 판단에 따른 치료의 중단 등과 관련한 사항을 심의·결정하기 위하여'로 하고, 동조 제2항을 다음과 같이 한다.

② 중앙의료심사조정위원회 및 지방의료심사조정위원회는 각각 대통령이 정하는 바에 따라 전문의사 6인 이상을 포함한 15인 이하의 위원으로 구성한다.

다섯째, 제54조의 제3항 각 호 외의 부분 중 '중앙의료심사조정위원회'를 '중앙의료심사조정위원회 및 지방의료심사조정위원회'로 하고, 동항 제3호를 다음과 같이 하며, 동항에 제4호 내지 제6호를 각각 다음과 같이 신설한다. 3. 의학적 판단에 다른 치료중단 여부. 4. 치료계속의 지원 여부. 5. 대통령령이 정하는 범위 안에서 치료계속의 지원 여부. 6. 그 밖의 의료에 관한 사항

3) 개정안 내용분석

이번 국회에서 개정하려고 하는 내용은 크게 두 가지로 구분된다. 신설된 법안과 과거의 법안을 보충하여 새로운 법안을 만들려고 한다. 우선 신설된 개정안을 크게 세 가지로 구분하여 살펴보면 다음과 같다.

첫째, 제3조의2(국가 등의 책임) 국가 및 지방자치단체는 국민의 생명과 건강을 보호하고 증진하기 위한 의료발전과 제도개선을 위하여 필요한 시책을 강구하여야 한다〈신설안〉.

둘째, 제16조의2(치료계속의 결정 등)

① 의료인은 제16조에 불구하고 환자 등의 치료중단 요구 또는 의학적 기준에 따른 치료 중단 등이 필요하다고 판단되는 경우에는 제54조의2의 규정에 다른 중앙의료심사조정위원회 및 지방의료심사조정위원회에 심의·결정을 요청할 수 있다〈신설안〉.

② 의료인은 제54조의2의 규정에 따른 중앙의료심사조정위원회

의 심의·결정에 따라 환자의 치료를 중단할 수 있다〈신설안〉.
　③ 중앙의료심사조정위원회 및 지방의료심사조정위원회의 장은 제2항의 규정에 따른 심의·결정 결과를 대통령령이 정하는 바에 따라 보건복지부장관에게 보고하여야 한다〈신설안〉.

셋째, 제16조의3(치료계속의 지원 등)
　① 보건복지부장관은 제54조의2의 규정에 따른 위원회가 위원회에 요청된 환자의 치료계속을 결정하고 대통령령이 정하는 범위 안에서 지원이 필요하다고 인정한 경우 환자의 치료계속을 위한 지원을 하여야 한다〈신설안〉.
　② 보건복지부장관은 제1항의 지원을 위하여「응급의료에 관한 법률」제21조(기금의 사용)의 규정에 따른 응급의료기금에 매년 보건복지부장관이 정하는 비율을 계상하여야 한다〈신설안〉.

다음으로 과거의 법률을 어떻게 새롭게 개정하려고 하는지 구·신조문을 비교하여 자세히 살펴보면 아래와 같다.

첫째, 제21조(진료기록부 등)
　① 의료인은 각각 진료기록부·조산기록부·간호기록부 그 밖의 진료에 관한 기록(이하 '진료기록부등' 이라 한다)을 비치하여 그 의료행위에 관한 사항과 소견을 상세히 기록하고 서명하여야 한다. 이 조문의 밑줄 친 부분을 "① --- 기록하고 ---"로 고치려고 한다. 다시 말해, 이전의 '상세히 기록하고' 의 내용에서 '상세히'를 생략하고 그냥 '기록하고'로 변경하려고 한다.
　② 의료인 또는 의료기관의 개설자는 오류기록부 등(제21조1항의 규정에 의한 전자의무기록을 포함한다. 이하 제33조 제2항에서

같다)을 보건복지부령이 정하는 바에 의하여 보존하여야 한다. 이 조문의 밑줄 친 부분을 "②기록·보존 ---"으로 고치려고 한다. 다시 말해, 이전의 '보존'의 내용이 '기록·보존'으로 변경되었다.

둘째, 제54조의2(의료심사조정위원회)

① 의료행위로 인하여 생기는 분쟁(이하 '의료분쟁이라' 한다)을 조정하기 위하여 보건복지부장관 소속하에 중앙의료심사조정위원회를, 시·도지사소속하에 지방의료심사조정위원회를 둔다. 이 조문의 밑줄 친 부분을 "① --- 조정하고, 의학적 판단에 따른 치료의 중단 등과 관련한 사항을 심의·결정하기 위하여 ---"로 고치려고 한다. 다시 말해, 이전의 "조정하기 위하여"의 내용이 "조정하고 의학적 판단에 따른 치료의 중단 등과 관련한 사항을 심의·결정하기 위하여"로 변경되었다.

② 중앙의료심사조정위원회 및 지방의료심사조정위원회의 구성운영조정위원의 자격 기타 필요한 사항은 대동령령으로 정힌다. 이 조문의 밑줄 친 부분을 "---중앙의료심사조정위원회 및 지방의료심사조정위원회는 각각 대통령이 정하는 바에 따라 전문의 6인 이상을 포함한 15인 이하의 위원으로 구성한다."로 고치려고 한다. 이전의 "중앙의료심사조정위원회 및 지방의료심사조정위원회의 구성운영조정위원회의 자격 기타 필요한 사항은 대통령령으로 정한다."의 내용이 "중앙의료심사조정위원회 및 지방의료심사조정위원회는 각각 대통령이 정하는 바에 따라 전문의 6인 이상을 포함한 15인 이하의 위원으로 구성한다."로 변경되었다.

③ 중앙의료심사조정위원회는 의료분쟁을 조정하는 외에 보건복지부장관이 부의하는 다음 사항을 심의한다. 1.~2. (생략) 3. 기타 치료에 관한 중요사항 -〉중앙의료심사조정위원회 및 지방의료심사조정위원회 ---. 이 조문의 밑줄 친 부분을 "1.~2. (현행과 같음). 3. 의학적 판단에 다른 치료중단 여부〈신조문〉. 4. 치료계속의 지원 여부〈신조문〉. 5. 대통령령이 정하는 범위 안에서 치료계속의 지원 여부〈신조문〉. 6. 그 밖의 의료에 관한 사항"으로 고치려고 한다. 다시 말해, 이전의 "중앙의료심사조정위원회"의 내용이 "중앙의료심사조정위원회 및 지방의료심사조정위원회"로 변경되었다.

이번 일부 개정 법률안의 주요한 내용을 중심으로 요약하면 다음과 같다.

첫째, 국가 및 지방자치단체는 국민의 생명과 건강을 보호하고 증진하기 위한 의료발전과 제도개선을 위하여 필요한 조치를 취하여야 한다(안 제3조의2).

둘째, 환자 등의 치료중단 요구 또는 의학적 기준에 따른 치료중단 등이 필요하다고 판단되는 경우 이를 해결할 수 있는 제도적 장치를 마련하고자 한다(안 제16조의2, 제16조의3, 제54조의2).

셋째, 의료인의 진료기록부 기록의무에 있어 '상세히' 기록하여야 한다는 문구를 삭제하고 의료인 또는 의료기관의 개설자는 보건복지부령에 의하여 기록·보존하고자 한다(안 제21조 제1항, 제21조 제2항).

4) 의료법 일부 개정 법률안 비용추계서

비용발생에 대한 추계의견을 보면 다음과 같다.

첫째로는 재정수반요인이다. 법안에 따르면 의료인은 환자 등의 치료 중단 요구 또는 의학적 기준에 따른 치료 중단 등이 필요하다고 판단되는 경우에는 의료심사조정 위원회에 심의를 요청할 수 있다고 규정하고 있다(안 제16조의2 제1항). 그리고 의료심사조정위원회가 의료인의 치료중단 요청을 심의하여 치료계속을 명하면 국가가 치료계속을 위한 지원방안을 마련하여야 한다고 규정하고, 위의 지원을 위해 응급의려기금에 매년 보건복지부장관이 정하는 비율을 계상하도록 하고 있다(안 제16조의3).

둘째로는 법률안 비용추계이다. 치료중단 대상자의 구체적 범위, 치료중단의 절차, 치료계속자의 발생가능성 및 평균 치료비 지원액 등을 현재의 제한된 정보만으로 추정하기란 매우 어렵다. 또한 법안의 소용비용은 치료중단 대상인원과 그중 치료계속 가능자 발생비율에 따라 차이가 발생하는데 법안은 치료중단 대상을 구체적으로 규정하지 않음으로써 좁게는 뇌사자로부터 넓게는 경제적 어려움으로 인한 치료중단까지 보는 관점에 따라 범위가 달라지고, 이에 따라 비용추계액도 변한 것으로 예상된다.9)

셋째로는 추계의견이다. 법안의 수혜대상과 지원액 등을 구체적으로 추정하기 어렵고, 전제를 어떻게 하느냐에 따라 비용추계액도 상당한 차이가 있을 것으로 보여 정확한 비용추계가 곤란하다.

이번 법률 개정안을 낸 목적은 한 마디로 국민의 건강을 위해서 한 일로써 크게 세 가지로 정리해 볼 수 있다. 첫째, 환자의 존엄한 죽음에 대한 배려다. 둘째, 환자가족의 경제적·정신적 고통부담을 감소시키는 것이다. 그래서 전문 의료인(환자담당의사와 임상의사)의 판단에 따라 치료를 중단하거나 치료를 계속할 수 있다. 물론 법률 및 생명윤리는 판단능력이 있는 환자의 경우 생명유지치료를 거부할 수 있는 환자의 권리를 인정하고 있다. 일반적으로 회복의 가망이 전혀 없을 때의 치료거부는 도덕적으로 합당하다. 그러나 환자의 자율성에도 한계가 있다. 여기서의 문제는 의사 및 보건의료기관에게 무의미하다고 판단되는 고비용의 생명유지치료를 환자와 그 대리결정권자가 거부하는 경우에도 제공할 도덕적 의무가 있느냐의 물음이다. 셋째, 의사의 자의적 판단을 어느 정도 존중하겠다는 취지가 분명하다. 물론 이 모두는 시대의 흐름과 사회적 합의를 통한 법률안 마련에 기초하고 있다. 그러나 이번 국회의 일부 법률개정안을 보면 몇 가지 문제점을 드러내고 있는 것이 분명하다. 이것은 기독교와 정면으로 배치되는 부분이기도 하다.

4. 안락사 법 개정안에 대한 문제점 및 기독교와 대립영역

고대 그리스와 로마에서는 기형아를 출생할 경우 아이를 없애는 형식으로 안락사를 인정해왔다.10) 그러나 이와 반대의 입장도 있었다. 히포크라테스(Hipokrates)에 의하면, "나는 죽음을 유도하는 독물은 누구에게도 주지 않을 것이며, 가령 본인이 희망한다 할지라도 주지 않을 것이다. 또 배척해야만 하는 행위에는 결코 가담하지 않을 것이다."11) 그의 선서는 의사가 환자의 죽음을 초래하는 적극적인 행위를 해서는 안 된다고 명시하고 있다. 즉 죽이는 것과 죽도록 내버려 두는 것을 바르게 구분하면, 조력자살이 합법화 될 경우 자유롭게 행사하고 싶은 그것을 히포크라테스는 선서에서 금지하고자 하였을 것이다.

안락사 논의 이면에는 "나의 몸과 생명은 나의 것이다"라는 말에서 알 수 있듯이 생명을 가지고 태어난 인간은 자살을 할 권리, 자신의 삶을 스스로 마감할 권리 및 임종시 내지 임종에 필요한 모든 형태의 도움을 받을 권리를 가지고 있는 것인가에서 출발한다. 신치재(한남대 법학과 교수)에 의하면, "현재 우리나라에서는 아직 안락사 허용여부에 관한 법규는 없고 다만 하급심 판례에서 의사의 치료중단에 의한 사망사건에 대하여 살인죄로 인정한 판결(일명 '보라매사건')이 있으나 우리나라 법학자들은 엄격한 요건 하에 안락사(소극적 안락사뿐만 아니라 적극적 안락사까지도)를 적법으로 해석하고 있다"12)고 한다. 물론 법체계는 생명권을 보장하고 있다. 그러나 법체계의 생명권에 의하면, '능동적 안락사는 살인' 13)이다.

1) 법규범적 입장에서의 안락사 법 개정안에 대한 문제점

안락사 허용여부에 관한 법적 규율이 가능하기 위해서는 법체계가 결단에 따라 죽으려는 의사를 가진 자에게 자기 생명의 소유권을 인정할 수 있다는 것에서 출발한다. 만약 이를 인정하면 그에게 모든 형태의 안락사를 행할 권리가 인정될 것이다. 죽으려는 의사를 가진 자는 자기생명에 대한 소유권을 가질 것이다. 그는 자기생명의 소유자로서 자기생명을 임의로 처리해도 좋을 것이다. 그는 스스로 죽을 권리를 가질 것이다. 또한 그는 다른 사람으로 하여금 자신을 살해하도록 하는 권한을 가지게 될 것이다.14)

즉 여기서 논의의 핵심은 자기생명에 대한 소유권의 인정 여부다. 물론 소유권을 인정할 수도 있고 인정 안할 수도 있다. 만약 인정하게 된다면, 임의로 처분이 가능하고 스스로 죽을 권리도 갖게 된다. 그렇게 되면 다른 사람에게 자신을 살해하도록 부탁할 수도 있다. 법본질적인 입장에서는 세 가지로 나누어 볼 수 있다.

첫째, 생명은 그 생명을 살고 있는 자의 소유가 될 수 있는 법익인가? 이에 대하여 대체로 긍정한다. 왜냐하면 법체계는 행위능력 있는 존재를 통해 법익을 관리하기 때문이다. 어떤 존재가 그럴 권한을 가질 만한 존재이고, 임의로 법익들을 관리하기 위한 어떠한 권리들을 가지고 있는가 하는 점은 그 법체계 자체의 결단의 문제이다.

둘째, 자신의 생명에 대한 소유권을 인정하는데 따른 결론은 무엇이 될 것인가? 인간으로서 자신의 생명의 소유자인 자는 그의 생명이 자신의 것이 될 것이다. 자신의 생명에 대한 자신의 소유권이 그의 소유인 그 밖에 다른 법익에 대한 소유권과 다른 점은 자신의 소유권이 대체될 수 없고 대체가능한 어떤 법익과도 관련성을 가지지 않는다는 점뿐이다. 그는 자신에게 속해있는 생명을 원칙적으로 소유물처럼 자신의 임의대로 처리해도 좋을 것이다. 그는 자기 생명에 대한 소유자로서 자살할 권리도 가질 것이다. 그는 생명의 소유자로서 직접 스스로 죽을 권한을 가질 것이다. 뿐만 아니라 생명의 소유자로서 자신을 타살하도록 허용할 권리도 가질 것이다. 임종시의 도움이든 죽는데 주는 도움이든 인간을 생명의 소유자로 인정하는 도움이라면 범죄행위가 되지 않는다.

셋째, 인간은 자신의 생명에 대한 소유권을 가져야 하는가? 이것에 대체로 부정적인 경향이다. 어떤 법체계가 생명체 내지 더 구체적으로 말해 '인간이 스스로 가지고 있는 것' 에 대한 권리를 규율하고 있는가? 있다면 그것을 어떻게 규율하는가는 그 법체계의 가능한 범위 내에서 그 법체계의 결단에 의해서 이루어진다. 그 법체계가 어떠한 존재를 권리의 소유자로 포착하고 권한을 가질 수 있는 생명체에 대해 소유권을 보장하는가도 그 법체계의 결단의 문제이다. 법체계가 어떻게 결단을 내리는가는 특히 그 법체계의 '철학', 무엇보다도 그 법체계가 상정하고 있는 인간상 및 그 법체계의 사회 내지 국가 이데올로기에 달려있다. 어떤 사회가 이러저러한 정치 체계를 가지고 겪어본 경험에 따라 달라지기도 한다.15).

안락사에 관한 법학자들, 특히 형법학자들의 주장을 넘어서, 오늘날 우리는 의료현실의 새로운 상황을 예상해야만 하는 중요한 시기에 놓여 있다. 우리는 안락사의 유형을 치료중단, 존엄사 등 세분하여 구체적 유형에 적합한 이론을 구성할 필요가 있게 되었다.16)

법규범적 입장, 특히 법률개정안에 따른 (능동적) 안락사 허용여부와 관련하여 우리가 얻을 수 있는 것과 잃을 수 있는 것은 무엇인가?

우선 우리가 얻을 수 있는 것은 환자의 존엄한 죽음에 대한 배려이다. 그러나 분명한 죽음의 시점에 대한 일반적인 논쟁은 기독교의 생명관17)과 배치된다. 죽음은 예수의 십자가 죽음과 부활에 의해 이미 정복된 적이다. 죽음은 죄가 이 세상에 들어온 결과이다. 다시 말해 죽음은 죄의 결과의 최고 정점이다. 따라서 우리 기독교의 죽음이해는 영원한 생명에 이르는 문이며, 개인으로 하여금 하나님과 함께 영생을 누리도록 인내하는 유일한 통로이다.

이미 정복된 적으로서 죽음이란 죽음, 죽어감, 임종말기 환자들에 대한 돌봄과 배려에 대한 기독교 생명관이 무엇인가에 관해 여러 가지 의미를 지닌다. 죽음이란 인간 창조에 관한 하나님의 처음 의도의 한 부분이 아니라는 점에서 분명 적이다. 이런 의미에서 존엄한 죽음이란 모순적 개념이다. 개신교 윤리학자인 램지(P. Ramsey)는 '죽음'과 '존엄함'이란 두 단어를 한 문장에 동시에 사용하지 말 것을 제안하였다. 그러나 램지의 주장은 예수의 십자가 죽음과 부활에 의해 죽음이 이미 정복되었다는 사실을 과소평가하고 있는 것으로 보인다. 죽음이 정복되어 이제 더 이상 두려움의 대상이 아니라면, 모든 수단을 강구해서 죽음에 저항해야 할 필요가 없다. 따라서 임종을 앞둔 환자를 돌보는 자는 죽음을 예견하면서 모든 적극적인 치료를 제공할 필요가 없다. 동시에 불가피한 죽음을 연장하기 위해 이용 가능한 모든 적극적 치료를 요구할 필요도 없다. 물론 신체의 기능과 건강이 회복될만한 징조와 희망이 있는 경우에는 일반적으로 치료를 마땅히 해야 한다. 그러나 회복할 징조가 거의 없고 더 이상의 치료가 상태를 호전시키는 데 아무런 도움이 되지 않을 경우, 우리는 죽음이란 결코 모든 수단을 강구하여 싸워야 할 적이 아님을 알아야 한다. 물론 여기서 무의미한 치료와 의미 있는 치료를 구분하는 분명한 경계선은 존재하지 않지만, 의사와 환자가 서로 신뢰하는 가운데 마음을 열고 대화를 주고받는 가운데 이러한 경계선을 보다 분명하게 그을 수 있다. 죽음을 정복된 적으로 간주하는 기독교 생명관(혹은 사생관)은 무조건 생명을 살려내야 한다는 생명지상주의를 배제한다. 즉 살고자 하는 욕망을 단념하고 영생에 이르는 입구로서 죽음을 받아들이는 것이 바람직할 때가 분명 존재한다. 이러한 때가 바로 환자를 돌보는 자는 가능한 환자의 인간존엄성을 존중한 의무를 지닌다. '존엄한 죽음'을 옹호하는 사람들이 일상적으로 의미하는 것은 바로 이러한 죽음에 대한 이해이다. 이러한 죽음은 죽어가는 자를 돌보는 데 있어 마땅히 추구할만한 가치 있는 목표이다.[18]

칼라한(D. Callahan)은 중대한 질병 내지 노령의 경우, 의학적 치료와 돌봄이 처음부터 죽음을 염두에 두고 이루어져야 한다면, 질병을 치료하기 위해 끝까지 싸우기보다는 오히려 평화로운 죽음을 맞이하는 조치를 강구해야 한다[19]고 충고한다.

다음으로 얻을 수 있는 것은 환자가족의 경제적·정신적 고통부담 감소를 위해 치료중단과 치료계속의 문제이다. 치료중단의 경우, 죽음은 모든 의학적 치료의 궁극적 종착점으로 간주해야 한다. 우리는 삶의 종착점에서 '임박한 죽음'을 필사적으로 회피하는 일을 최소화하지만 모든 생명은 이러한 연속선상에 있다는 점을 이해하는 것이 중요하다. 여기서 죽음에 대한 바른 시점의 논의가 필요한 것은 치료중단이 자칫 장기이식을 위한 장기적출로 이어질 때, 환자의 존엄성에 있어서 딜레마에 빠질 수 있기 때문이다. 또한 치료를 계속할 경우, 어떤 환자가 어떤 기준으로 치료계속의 혜택을 받을 것인가? 대상자 선정과 그 기준은 무엇인가? 물론 심사 결정을 위하여 의료심사조정위원회가 15인이나 되지만 종교인이 참석해야 한다는 등 구체적으로 명시되어 있지 않다. 더 나아가서 비용분담은 누가 할 것이며, 자원마련을 어떻게 할 것인가 하는 문제가 발생한다.

마지막으로 의료인이 얻을 수 있는 것은 의사의 자의적 판단존중이다. 그러나 우리가 얻을 수 있는 것은 생명에 대한 통전적 이해를 가진 고통완화 의료기술을 가진 전문 의사의 자의적 판단을 존중한다. 오늘날 의료에서 자율성은 온정적 간섭주의에 대한 필연적 정당한 저항의 결과로 얻어진 것이다. 그동안 의사들은 "의사가 가장 잘 알고 있다"라는 태도를 취했으며, 환자는 의사의 이러한 태도에 좀처럼 이의를 제기하지 않았다. 그러나 이를 위해서는 전문 의사의 올바른 생명존중을 위한 인격과 덕의 함양을 위한 생명존중 교육이 선행되어야 한다. 현행 의료체계 속에서 이것이 가능한가 하는 문제다. 여기서 우리는 국가의 역할이 무엇인지 묻게 된다.

2) 안락사 법 개정에 있어서 국가의 역할

대법원 판사인 라인하르트(S. Reinhardt)는 시민의 사유권 중 '자유'의 소유권을 국가가 박탈해서는 안 된다는 조항은 개인의 존엄성과 자율성의 핵심인 선택권을 포함한다고 말한다. 이 권리는 개인의 존엄성과 자율성의 핵심인 선택권을 뜻한다. 이 선택권에는 '죽음을 앞당길 권리'와 '원치 않는 치료를 중단하거나 거부할 권리'가 포함된다.[20] 라인하르트는 자신의 논증이 정당한 다섯 가지 이유를 제시했다.

첫째, 국가에게는 어느 상황에서나 생명을 보호할 의무가 있고, 이 의무에는 죽음을 앞당기기 원하는 말기환자의 생명보호도 포함되는 것은 사실이지만, 국가의 생명보호권은 항상 통제력이 있는 것이 아니라 환자의 의학적 조건 및 이와 관련된 상황에 따라 결정된다. 둘째, 의료계내의 인식의 발달이 이제는 적어도 의사조력자살을 인정하는 단계에까지 발전되었다. 특수한 질병의 치료를 거부하는 환자의 의도가 수납되었다. 즉 평상적인 진료거부인정→고통경감을 위한 치사의 가능성이 있는 이중효과의 투약인정→환자의 생명종결을 목표로 한 단일효과 투약인정→참기 어려운 고통의 희생자의 생명종결 인정 등으로 발전되어 온 과정은 정당한 것이다. 셋째, 환자가 주위 사람들에게 천문학적인 의료비용을 떠맡기지 않으려는 배려에서 죽음을 앞당기고자 했을 때, 이 행위를 부당하다고 말하기 어렵다. 넷째, 의사조력자살에서의 의사의 역할과 자발적 안락사에서의 의사의 역할은 구분되어야 한다. 다섯째, 국가의 권리가 개인의 권리를 능가할 수 없다. 이외에도 국가는 의료자원을 보다 효율적으로 배분함으로써 보다 많은 환자들에게 공정하게 혜택이 돌아갈 수 있도록 하기 위한 정의실현 정책의 고려에 근거하여 환자의 자결권을 뒷받침하는 입법을 지원할 수 있다.21) 그러나 환자의 자결권을 보호하는 입법을 국가가 지원해야 한다는 논증은 몇 가지 결함을 지니고 있다.

첫째, 국가의 자결권 입법을 지지하는 논증은 국가가 시민의 사유권을 박탈해서는 안 된다는 논거를 제시하고 있으나, 안락사를 허용하는 입법은 '죽을 권리'를 허용하는 입법이 아니라 '타인을 죽이거나 죽이는 것을 돕는 권리'를 허용하는 입법이라는 점을 간과해서는 안 된다. 안락사 허용입법에 있어서 문제가 되는 것은 의사가 환자의 생명을 종결시키는 과정에 직접 개입하지는 않고 다만 도움이 되는 방법을 알려 주거나 약물을 안내해 주는 조력자살의 경우다. 곧 조력자살은 환자 스스로가 자율적으로 선택하여 시행하는 죽음의 길이 보다 인간적인 과정이 되도록 돕는 것뿐이므로 살인과는 무관하다는 것이다. 이 논증은 이 점에 있어서 의사조력자살은 치료의 중단과 다르게 취급될 필요가 없다고 본다. 그러나 로젠블룸(Victor G. Rosenblum)은 치료의 중단은 살인을 의도한 행위는 아닌 반면(omission), 의사조력자살은 명백히 살인의 의도를 가지고 수행된 행위이므로(commission), 형법상 살인행위가 된다[22]고 말한다.

둘째, 타인의 생명을 종결시키는 행위를 법적으로 뒷받침해주는 것이 국가에게 주어진 본연의 의무인가라는 문제가 제기된다. 카이퍼는 국가의 역할을 세 가지로 규정한다. 첫째는 사회 안의 각 영역들이 충돌을 일으킬 때 각 영역들 간의 경계선을 상호 존중하도록 강제하고, 둘째로는 권력자의 권력남용에 대항하여 개인들 특히 가난한 자들을 보호하고, 셋째로는 국가의 자연적 통일성을 유지하기 위한 재정부담을 지도록 강요한다. 이 세 가지 역할 가운데 사회 안의 가난한 자들의 보호가 국가의 임무 가운데 하나로 제시된다.

셋째, 엄청난 비용의 진료비, 의료재원의 효율적 배분과 같은 이유들은 인간의 생명이 천하와도 바꿀 수 없는 것으로서(마 16:26), 하나님이 독생자를 희생시키면서까지 회복시키고자 하셨을 만큼 고귀한 것임을 고려할 때 인간의 생명의 소중함을 상쇄시킬 만한 이유가 될 수 없다.[23] 가이슬러(Norman L. Geisler)는 살인할 수 있는 도덕적 권리란 결코 존재하지 않는다[24]고 말한다.

3) 국회 법률 개정안에 대한 기독교윤리적 대안

성서는 안락사 개념 자체를 언급하고 있지 않다. 따라서 성서적 세계관에서는 안락사에 관해서 직접적인 어떤 입장을 얻을 수는 없다. 그러나 성서는 안락사에 대해서 찬성 내지 반대 입장을 나타내고 있지 않다고 해서 안락사를 단순히 사적인 문제로 간주할 수는 없다. 왜냐하면 성서는 한 인간 생명의 시작과 끝과 관련된 물음으로, 단순히 한 개인의 문제가 아니라 인간의 생명이 관계된 개인 상호간의 문제이기 때문이다. 인간 생명의 발생은 인간의 자유로운 활동의 산물이 아니라 하나님이 주신 선물이기 때문에 생명의 종식을 단순히 한 인간이 좌우할 수 있는 문제가 아니다. 다시 말해, 인간생명의 죽음의 문제에 대해서만큼은 우리가 임의로 결정할 수 있는 문제가 아니라는 뜻이다. 기독교 입장에서 최근 국회 입법 동향, 특히 안락사법 개정에 관하여 우리는 어떠한 입장을 취할 것인가? 교회는 이 문제 앞에서 예수 그리스도의 신앙을 어떻게 표현할 것인가? 이 문제에 대한 답은 결국 기독교윤리 신학적 입장에서의 대답이 가능할 것이다.

우선 가톨릭의 입장을 간략히 정리하자면, 가톨릭교회는 타의적 안락사, 적극적 안락사, 자비적 안락사, 도태적 안락사는 어떠한 합리적 이유로도 허용되지 않고, 다만 죽음은 인간에게 불가피한 것이므로 소극적 안락사만 인간의 구체적인 상황에 따라 신중하게 허용될 수 있다고 본다.[25]

우리 개신교(프로테스탄트)는 안락사에 대한 보수적인 입장[26]과 진보적인 입장[27]을 가지고 있다. 바르트(K. Barth)가 보수적 입장[28]이라면, 상황윤리학자인 플레처(J. Fletcher)는 진보적인 입장을 대변한다.

우선 바르트는 안락사를 어원적으로 볼 때 "부드럽고 고통이 없으며 거의 아름다운 죽음"이라고 이해할 수 있다고 보면서도 당시에 일반적으로 사용되는 의미인 "주장에 따라 정당화할 수 있는 살해"(allegedly justifiable killing)를 의미하고 있다. 이것은 환자 자신과 환자와 함께 고통을 겪는 친척들을 돕는 것으로서 환자의 병이 더해가고 고통스러울 때 제공되는 살해를 함축하고 있다. 이것은 현대기술의 도움을 조작하여 효과 있게, 고통 없게 하는 방법으로, 환자의 이 세상의 삶(temporal existence)을 끝내게 함으로써 그의 정신적, 육체적 고통을 단축시키려는 것이다. 이러한 의미에서 바르트는 안락사도 인공유산과 같이 의료윤리의 특별한 문제로서 한계상황으로 보려고 한다. 바르트는 안락사를 선의의 인도주의보다는 하나님의 명령의 맥락에서 이해하고 처리하려고 한다. 즉 하나님만이 인간의 생명을 끝내실 수 있고 인간이 하나님으로부터 특별하고 분명한 명령을 받을 때에만 그것을 도와야 한다는 것이다. 바르트는 죽는 것 자체를 사는 것과 동일하게 하나님으로부터 온다는 관점에서 축복이지만 안락사에 참여하는 사람이 환자에게 그 살해가 축복이 되는 것을 어떻게 알 수 있는가 라는 질문을 한다. 그것은 단순히 인도주의적인 생각을 떠나 하나님의 명령의 관점에서 질문을 한 것이다. 이것은 생명을 존중하고 보호를 우위에 두는 이해라고 할 수 있다. 이것은 인간의 인위적인 욕망의 성취가 아니고 하나님의 명령에 복종하는 가운데 집행되어야 하는 것임을 나타내고 있다.29)

다음으로 플레처는 안락사를 인간의 존엄성의 맥락에서 이해하고 있다. 이것은 처음부터 인본주의적이고 인격주의적인 이해를 하려는 것이다. 즉 환자가 천천히 추하게 죽음으로써 고통을 당하고 비인간화된 모습으로 죽게 하기보다는 그러한 고통에서 피할 수 있도록 도와주는 것이 정당하다는 것이다.30) 그는 이러한 인본주의적이고 인격주의적인 가치체계가 생물학적 생명이나 기능의 가치체계보다 우위에 있는 윤리라고 생각한다. 하나님은 인간이 행복하기를 바라고 그 인간의 행복이 프로타고라스가 생각하는 대로 선한 것과 옳은 것을 스스로 평가할 수 있는 표준이라고 한다.

그러나 플레처에 따르면 윤리적으로 고려해야 할 것은 인간에게 필요한 것이 먼저이어야지 초월적으로 오는 궁극적 비준 같은 것은 아니라는 것이다. 소극적 또는 간접적 안락사는 윤리적으로 인정하는 것이 이미 정착되었으며 플레처가 관심을 갖는 것은 능동적이고 직접적인 안락사이다. 이것은 인간됨에 기초한 판단을 하고자 한 것이다. 그는 주로 생리적인 것보다 합리적인 인간됨을 주장하는데, 이러한 인간론은 인간(homo)보다 이성(ratio)을 삶(vita)보다 앞에 두고 있다. 다시 말해 인간적인 것이 산다는 것보다 더 가치가 있다는 것이다. 그렇기 때문에 뇌사는 인간의 합리적 능력이 끝난 것이기 때문에 뇌의 기능이 없는 것은 죽었다고 보는 것이다. 이러한 경우에 안락사의 가능성을 말한다.

플레처의 상황윤리를 따라가다 보면, 자칫 경사길 논증으로 접어들게 된다. 즉 자발적 안락사가 법적으로 허용되면 비슷한 경우에 처한 환자들의 생명을 자의적으로 종결시키는 문호가 점점 넓어져서 환자들의 인권이 일방적으로 침해당하고, 생명의 존엄성이 심각한 위기상황을 맞이하게 된다는 경사길 논증이다. 안락사 허용입법을 지지하는 논증은 경사길 효과가 실제로 일어난다하더라도 환자의 자결권, 환자가족들의 권익, 의료재정의 효율적 이용 등을 보장해 주는 선한 결과를 산출한다는 낙관적인 입장을 견지하며, 입법이 이루어질 경우에 예상되는 악용의 우려는 실질적으로 그리 큰 것이 아니며, 추가적인 보완입법조치를 통하여 제어할 수 있다고 생각한다.

그러나 이 같은 생각은 미끄러운 경사길(Slippery Slope) 논증이 제시하는 우려가 안락사허용입법을 추진하는 이론적 구성의 사례에서 실제로 나타났을 뿐만 아니라 역사적으로도 현실로 나타났다는 사실을 무시한 경솔한 판단이다.

경사길 논증의 우려가 안락사허용입법을 위한 이론구성에서도 나타날 수 있다는 사실은 플레처의 주도하에 입법적 차원에서 안락사허용입법을 구현하기 위하여 조직된 '헴록 안락사 협회'(The Hemlock Society)31)의 청사진에 그대로 나타난다.

원래 이 협회는 말기질환을 가진 성인이 자의식을 가지고 요청하는 경우에 안락사를 허용해야 한다고 생각했다. 그러나 이 상태에서 합리적인 자살을 요구하는 것과 의사의 통제를 필요로 하는 병리적인 자살을 요구하는 것을 구분하기가 어려웠고, 말기적 질환의 상태에서 단 한 번 있게 될 생명종결의 결단을 하려고 했을 때 환자가 정상적인 정신상태에서 결정을 했는가의 여부를 판단하는 일이 쉽지 않았다. 따라서 자연스럽게 비자발적 안락사허용범주에 포함되기에 이르렀다. 이 경우 대리 판단자가 환자의 최선의 이익을 위하여 판단한다는 조건하에 안락사가 허용되어야 하는 것으로 인식되었는데, 이때 노화, 정신질환 등으로 시달리는 환자에게까지 범위가 확장될 수밖에 없었다.32) 이러한 주장을 따라 가다보면, '빈대 잡으려다 초가삼간 태우는' 우를 범할 수 있다. 너무 많은 사람들이 생의 마지막 날들을 고통 가운데 보내고 있다는 것은 사실이다. 이제 임종말기 환자들이 겪는 고통의 문제에 대한 해결책은 조력자살의 합법화가 아니라 이보다 더 나은 고통완화정책이 되어야 한다. 오늘날 일어나고 있는 안락사 옹호운동의 배후에 숨겨진 가장 강력한 동기 중 하나는 병원에서 고통완화치료가 거의 이루어지지 않는다는 점이다. 따라서 조력자살의 합법화를 통해 이러한 문제를 해결하려는 시도는 당장 중지해야 한다. 여기에 대한 하나의 대안은 이용도가 낮은 보건의료기관 중 하나인 호스피스사역이다. 호스피스는 고통완화, 특히 임종말기 환자의 고통완화를 전문적으로 하는 의료시설이다. 여기서 환자들은 고통을 온전하게 치료

받으면서 질병말기에 오는 절망감을 극복하고 또 환자에게 혜택보다 부담이 더 큰 고비용의 의료기술을 받지 않고서도 생의 마지막 날들을 보낼 수 있다.

요컨대, 안락사법 개정 법률안에 대한 기독교적 관점은 구체적인 윤리적 대안이어야 한다. 생명에 대한 하나님의 절대 주권사상을 인정하여 죽음의 한계 상황에 대한 바른 인식과 기독교적 사생관의 확립이 중요하다. 또한 사회현실 상황에 따라 법을 제도화하는데 열린 자세로 임하면서도 문제점을 지적하고 그 대안을 제시할 수 있어야 한다. 구체적인 대안을 제시하면서 이 글을 정리하고자 한다.

5. 나가며

법규범적인 입장에서는 엄격한 전제조건이 있지만 적극적 안락사까지 인정하는 방향으로 입법논의가 있으며, 기독교의 진보적인 입장에서는 소극적 안락사 정도는 허용하고 있지만, 개신교의 보수적인 입장에서는 소극적 안락사도 부정하는 경향이 있다. 이러한 차이는 법과 도덕이 추구하는 가치가 다른 데 기인한다. 법은 개개인의 종교적, 도덕적 양심을 무시하지 않으면서도 다양한 가치관과 세계관에 기인한다. 즉 생명권은 누구도 포기할 수 없지만 인간의 개인적 권리라는 측면에서 착안하여 인간의 존엄성, 고통으로부터 자유, 인간답게 죽을 권리, 생명에 대한 자유권을 인정하여 결과적으로 적극적 안락사까지도 허용된다고 보는 것이다. 여기에 반하여 기독교는 하나님의 주권사상에 의하여 안락사 문제를 다룬다. 안락사 법 개정에 따른 안락사 논의가 적극적 안락사 허용은 인정되지 않을 것이다. 그러나 소극적 안락사까지도 신중하게 접근해야 한다.

이번 법률 개정안은 회복 불가능한 환자의 치료를 중단하는 것이 환자나 환자 가족을 위한 배려에서 오는 것이라고 주장하고 있다. 그러나 법적으로 생명을 종결시키는 것이 국가의 의무는 아니다. 국가의 의무는 오히려 죽어가는 환자를 끝까지 돌보는 일일 것이다.

죽어가는 환자를 잘 돌보는 데 있어 기독교윤리적 대안은 첫째로는 인간존엄성을 회복하고 돕는 일이다. 이것은 '좋은 죽음'을 맞이하도록 하는 일이다. 좋은 죽음은 좋은 돌봄으로, 죽음이 어떤 의미를 지니는지 이해하는 일이다. 죽음은 예수의 십자가 죽음과 부활에 의해 이미 정복된 적이다. 죽음은 영원한 생명에 이르는 문이며, 개인으로 하여금 하나님과 함께 영생을 누리도록 인내하는 유일한 통로이다. 보건의료에 종사하는 대부분의 사람들은 고통과 아픔의 완화가 좋은 죽음의 근본적인 요소라고 인정한다. 환자에게 불필요한 고통을 겪도록 방치하는 일은 인간존엄성을 훼손하는 일이며 비윤리적이다. 오늘날 의학이 고통을 적절하게 치료하지 못하는 현실 때문에 그 대안으로 의사조력자살에 대한 요구가 거세진 것이 사실이다. 만일 고통완화의료기술을 연구하도록 비용을 마련하는 일과 조력자살을 합법화시킨 후 이를 남용하지 못하도록 필요한 조치를 강구하는 방안 가운데 어느 하나를 선택한다면 우리는 사회의식의 변화와 흐름에 맞추어 고통완화의료기술이 더 많이 활용될 수 있도록 비용을 투자하는 방안을 선택해야 한다.

두 번째 실천 가능한 기독교윤리적 대안은 호스피스운동이다. 환자는 호스피스를 통해 고통과 절망감을 극복하고 높은 비용을 치르지 않고서도 인생의 마지막을 의미 있게 보낼 수 있다.

이번 법률 개정안을 보면 진료기록부를 작성하는 데 의사의 자의적 판단을 허용하여 상세히 기록할 필요 없이 단순히 기록하고 보존하게 되어 있다. 물론 진료기록부와 환자의 바람을 문서로 작성하는 것은 다를 수 있다. 그러나 세 번째 대안은 진료기록부와 함께 환자의 소망을 문서로 작성하는 것뿐 아니라 환자의 바람이 환자의 의도대로 실천될 수 있도록 보장해 주는 대리결정권자를 인정하여야 한다. 여기에는 환자 자신의 바람이 적힌 '리빙윌'(Living Will)을 환자 가족이 쉽게 볼 수 있도록 환자의 의료기록을 함께 보관하는 일이다.

1) J. Mollering, *Schutz des Lebensrechts auf Sterben* (1977), 4. ; 강구진 「형법강의 각론 I」 (1983), 41.; 문국진, "안락사의 의학적 측면," 「한국변호사협회지」 (1984, 1,), 20.
2) H. Ehrhardt, *Euthanasie und Vernichtung "lebensunwerten" Lebens* (1965), 7.
  P. Moor, *Die Freiheit zum Tode. Ein Pladoyer fur das Recht auf menschenwurdiges Sterben* (1973), 31.
3) 문국진, "안락사의 의학적 측면," 21.
4) 문국진, "안락사의 의학적 측면," 21.
5) 문국진, "안락사의 의학적 측면," 21.; 강구진, 「형법강의 각론 I」, 410이하; M.u. hutterotti, "Arztlicher Heilauftrag und Euthanasie-Gedanken zu arztlichen, ethischen und juristischen Aspekten," in: A. Eser(hrsg.), *Suizid und Euthanasie* (1976), 294f.; P. Sporken, "Euthanasie in Rahmen der Lebens und Sterbehilfe", in: A,. Eser(hrsg.), *Suizid und Euthanasie*, 276f.; K. Engisch, "Suizid und Euthanasie machdeutschen Recht", in : A. Eser(hrsg.), *Suizid und Euthanasie*, 315f.; J. Mollering, *Schutz des Lebensrechts auf Sterben*, 8f., 50f.

6) 문국진, "안락사의 의학적 측면," 21ff 참조.
7) 진계호, 『형법총론』 (서울: 대왕사, 1980), 258.
8) 강구진, 『형법강의 각론 I 』, 42.
   문국진, "안락사의 의학적 측면," 21에서는 이를 결정적 안락사로도 표현하고 있다.
9) 문국진, "안락사의 의학적 측면," 42.
10) 강구진, 『형법강의 각론 I 』, 42.
11) J. Mollering, *Schutz des Lebensrechts auf Sterben*, 8ff. 참조.
12) 심헌섭, "안락사 문제,"「고시연구」 (1976. 2.), 65.; 진계호, 『형법총론』, 258.
13) J. Mollering, *Schutz des Lebensrechts auf Sterben,*, 5.; 문국진, "안락사의 의학적 측면," 22.
14) K. Binding und H. Hoche, *Die Freigabe der Vernichtung lebensunwerten Lebens* (1920), 81ff.; 심헌섭, "안락사 문제," 65.
15) C. Roxin, *Der Schutz des Lebens aus der Sicht der Juristen*, in: H. Blaha, u.a.(hrsg.), *Schutz des Lebens* (1978), 94f.; J. Mollering, *Schutz des Lebensrechts auf Sterben*, 71.
16) Platon, *Politica*, v. 9, 181 (Rowohlts Klassiker).
17) 고대에 있어서 생존의 가치 없는 생명의 말살에 관하여는 H. V. Hentig, *Die Strafe*, I (1954), 166ff.
18) J. Mollering, *Schutz des Lebensrechts auf Sterben*, 70.
19) G. Simson, C als Rechtsproblem. *NJW* (1964), 1154.
20) J. More, *The Utopia in Ideal Commenwealth* (1899), 135.
21) M. Luther, *Tischreden*, Nr. 5207 (in Luthers Werke in Auswahl VIII: Tischreden-hrsg., v. Otto Clemen) (Berlin, 1930).
22) Niderschriff der amtl, *Strafrechtskommission des Reichsjustizministeriums*, 90. Sitzung, 2. Lesung v. 28. 10, (1935), 5, 18.
23) Tagungsbericht von T. Meyer, *ZStW* 83 (1971), 251f.
24) M. Marx, *Zur Definition des Begriffs*, "Rechtsgut," (1972), 62, 82.
25) R. Schmitt, "Strafrechtlicher Schutz des Opers vor sich selbst?" *Maurach-Festschrift* (1972), 113.
26) H. J. Hirsch, "Einwilligung und Selbstbesimmung," *Welzel-Festschrift* (1974), 779ff.
27) 1922년 소련은 환자의 요구에 의한 안락사를 처벌하지 않도록 규율한 바 있지만 몇 개월 시행하지 못했다. K. Hammann, *Die echte Sterbehilfe*, Diss, Kiel (1966), 121.

28) David W. Meyers, *The Human Body and the Law* (Chicago: Aldine Pub. Co., 1970), 146.

29) 위의 면.

30) G. Williams, *The Sanctity of Life and the Criminal Law* (1958), 289f. 윌리암스(Williams)는 그러나 이 판결에 대해 인과관계에 의한 해결방법은 잘못되었다고 논평하고, 오히려 의사는 고통을 제거하기 위하여 필요불가결한 의약품 투여를 포기할 수 없다는 점에서 해결점을 찾았어야 될 것이라고 한다. 이 같은 견해는 독일에서도 받아들여져 긴급피난(§34 StGB)으로 정당화시킬 수 있다고 보고 있다. J. Mollering, *Schutz des Lebensrechts auf Sterben*, 33, Anm., 219 참조.

31) 다만 윌리암스(G. Williams)는 만약 생존 자체가 환자에게 단지 고통을 의미하게 될 때에는 이 같은 생명유지의 의무에서 면제될 수도 있다는 견해를 피력하고 있다(J. Mollering, *Schutz des Lebensrechts auf Sterben*, 291).

32) H. Silving, "Euthanasia: A Study in Comparative Criminal Law," *University of Pennsylvania Law Review*, 103 (1954~55), 370ff.

33) J. Sanders, "Euthanasia: None dare it call murder," *The Journal of Criminal Law, Criminology and Police Science*, 60, (1969), 335f.

34) 이에 관한 상세한 보고는 J. Mollering, *Schutz des Lebensrechts auf Sterben*, 74.; 백형구, "안락사와 존엄성,"「대한변호사협회지」(1984, 1.), 17.

35) G. Simson and F. Geerds, *Straftaten gegen die Person und Sittlichkeitsdelikte in rechtsvegleichender Sicht*, (1969), 5f.

36) G. Simson and F. Geerds, *Straftaten gegen die Person und Sittlichkeitsdelikte in rechtsvegleichender Sicht*, 70ff.

37) ① 병자가 현대의학의 지식과 기술에 비추어 불치의 병에 걸려 있고 또한 그 죽음이 목전에 임박해 있을 것, ② 병자의 고통이 심하여 누구도 이것을 보고 참기 어려운 정도일 것, ③ 오로지 병자의 고통을 완화할 목적으로 행하여 질 것, ④ 병자의 의식이 명료하여 의사(意思)를 표명할 수 있는 경우에는 본인의 진지한 촉탁 또는 승낙이 있을 것, ⑤ 의사(意思)에 의할 수 없다는 것을 수긍할 수 있는 특별한 사정이 있을 것, ⑥ 그 방법이 윤리적으로 타당한 것으로 인용할 수 있을 것, 이상의 여섯 가지 요건.

38) H. Ehrhardt, *Euthanasie und Vernichtung "lebensunwerten" Lebens*, 10.; 백형구, "안락사와 존엄성,"13.; 김종원,「주석 형법각칙」(상) (1982), 458.

39) 황산덕,「형법총론」, 7판 (1982), 15.; 강구진,「형법강의 각론 I」, 43.; 백형구, "안락사와 존엄성," 15.

40) 유기천, 『형법학』 (총론강의) (서울: 일조각, 1980), 194.; 진계호, 『형법총론』, 262.; 정영석, 『형법총론』(5판) (1983), 162.; 정성근, 『형법총론』 (서울: 삼지원, 1983), 406.; 이재상, 『형법신강』 (총론Ⅰ) (1984), 183.
41) 만약 이 경우 의사가 환자의 의사(意思)에 반해서 고통을 감경시키는 주사를 놓았다면 그것은 상해죄가 될 수 있다는 독일 연방최고법원 판결이 있다(BGHSt, 11, 11.; BGHSt, 16, 309).
42) C. Roxin, "Der Schutz des Lebens aus der Sicht des Juristen," 86.
43) K. Engisch, Euthanasie und Vernichtung lebensunwerten Lebens in strafrechtlicher Behandlung (1948), 5.; Blei, Strafrecht (Ⅱ), BT, 10. Aufl. 1976, 16.; R. Goetzeler, "Gedanken zum Problem der Euthanasie de lege lata und de lege ferenda," Schweizerische Zeitschrift fur Strafrecht, 65 (1950), 404ff.
44) R. Maurach, Deutsches Strafrecht, BT, f. Aufl., (1969), 14f.; Eb. Schmidt, in: Ponsoldt, hrsg., Lehrbuch der gerichtlichen Medizin, 2. Aufl., (1957), 12f.
45) 같은 뜻: C. Roxin, "Der Schutz des Lebens aus der Sicht des Juristen," 87.; 강구진, 『형법강의 각론Ⅰ』, 42.
46) C. Roxin, "Der Schutz des Lebens aus der Sicht des Juristen," 87 참조.
47) K. Engisch, a.a.O., S. 6f. ; 강구진, 『형법강의 각론Ⅰ』, 42.
48) C. Roxin, "Der Schutz des Lebens aus der Sicht des Juristen," 89.; Sch/Sch/Eser, StGB Kommentar Rdnr, 4 vor §§211ff.; 반대로는 Bockelmann, Strafrecht des Arztes (1968), 112.
49) 존엄사의 문제와도 관련하여, 이른바 퀸란(Quinlan) 양 사건의 경우에서처럼, 여러 가지 평가측면에서 논란의 여지가 있게 된다.
50) 강구진, 『형법강의 각론Ⅰ』, 43.; 또 우리나라의 통설적 입장이라고도 할 수 있다.
51) G. Simson, "Ein Ja zur Sterbehilfe aus Barmherzigkeit", in Festschrift für E. Schwinge (1973), 89ff. ; 또한 상기 평 23)~25).
52) 최우찬, "안락사와 존엄사," 「고시계」 1989. 2, 38; 전지연, "안락사에 대한 형법적 고찰," 「한림법학」, 제4권 (1994/95), 120.
53) Schaeffer/Koop, 『인간 그 존엄한 생명』, 김재영 역 (서울: 라브리, 1988), 105.
54) 배준혁, "안락사·존엄사에 관한 일고찰" (고대 석사학위논문, 1989), 45 이하 참조.
55) 배준혁, "안락사·존엄사에 관한 일고찰," 83.
56) Schaeffer/Koop, 『인간 그 존엄한 생명』, 104 참조.

1) http://blog.naver.com/noesis204?Redirect=Log&logNo=26567452
2) 「조선일보」 (2001. 11. 19.).
3) http://www.hospitallaw.or.kr; 「가톨릭신문」 2001. 5. 6
4) Bernard Häring, *Free and Faithful in Christ: Moral Theology for Clergy and Laity*, vol. 3, 소병욱 역, 「자유와 충실: 사제와 신자들을 위한 윤리신학」 (서울: 바오로딸, 1996), 142-143.
5) 허대석, "임종환자의 삶의 질 향상을 위한 대책," 「임종환자의 연명 치료 중단에 관한 대한의학회 의료윤리지침 제1보」 (서울: 대한의학회, 2002), 98-99.
6) Scott B. Rae, *Moral Choices: An Introduction to Ethics* (Grand Rapids, Michigan: ZondervanPublishingHouse, 2000), 188; Jenny Teichman, *Social Ethics: A Student's Guide*, 조현아 · 류지한 · 추병완, 「사회윤리」 (서울: 백의, 2001), 111.
7) Jenny Teichman, 위의 책, 113.
8) 김중호 · 홍석영, "말기환자에 대한 연명 치료유보의 윤리," 한국생명윤리학회, 「생명윤리」 제4권 제1호(2003. 6), 11.
9) 허대석, "임종환자의 삶의 질 향상을 위한 대책," 「임종환자의 연명 치료 중단에 관한 대한의학회 의료윤리지침 제1보」 (서울: 대한의학회, 2002), 97.
10) 김중호 · 홍석영, "말기환자에 대한 연명 치료유보의 윤리," 「임종환자의 연명 치료 중단에 관한 대한의학회 의료윤리지침 제1보」, 11.
11) 고윤석, "임종환자의 연명 치료 중단에 관한 대한의학회 의료윤리지침 제1보," 「임종환자의 연명 치료 중단에 관한 대한의학회 의료윤리지침 제1보」, 103-104.
12) 위의 책, 104-108.
13) 김건열, "보라매사건–재발방지 위한 의료인의 대비," 「의협신보」 2003. 7. 24.
14) 「조선일보」 (2002. 5. 6).
15) 「동아일보」 (2002. 5. 27).
16) 「중앙일보」 (2002. 5. 6.).
17) H. Draper, "Euthanasia", *Encyclopedia of Applied Ethics*, vol. 2 (New York: Academic Press, 1998), 176.
18) Robert D. Orr, "The Physician-Assisted Suicide," Timothy J. Demy and Gary P. Steeart, ed., *Suicide: A Christian Response* (Grand Rapids, Michigan: Kregal Publications, 1998), 62.

19) Scott B. Rae, *Moral Choices: An Introduction to Ethics* (Grand Rapids, Michigan: Zondervan Publishing House, 2000), 184.
20) 이동익, 『생명, 인간의 도구인가?』 (서울: 바오로딸, 2004), 131.
21) 김중호·홍석영, "말기환자에 대한 연명 치료유보의 윤리," 한국생명윤리학회, 『생명윤리』 제4권 제1호(2003. 6), 8.
22) Jenny Teichman, *Social Ethics: A Student's Guide*, 조현아·류지한·추병완, 『사회윤리』 (서울: 백의, 2001), 106.
23) John Jefferson Davis, *Evangelical Ethics: Issues Facing The Church Today* (Phillipsburg, New York: Presbyterian and Reformed Publishing Company, 1993), 173.
24) Scott B. Rae, *Moral Choices: An Introduction to Ethics*, 190.
25) 이상원, "안락사는 정당한가?" 한국기독교생명윤리협회, 『안락사문제와 호스피스』 (2005), 45.
26) 이동익, 『생명, 인간의 도구인가?』, 131-132.
27) http://www.renalnet.co.kr/dr/DrParkRead.asp?id_num=21&table=park. ; Scott B. Rae, *Moral Choices: An Introduction to Ethics*, 199.
28) 노영상 『기독교생명윤리개론』 (서울: 장로회신학대학교출판부, 2004), 293.
29) 손명세, "안락사, 존엄사, 무의미한 치료 중단의 구분," 대한의학회, 『임종환자의 연명 치료 중단에 관한 대한의학회 의료윤리지침 제1보』, 46.
30) 위의 책, 47.
31) 위의 책, 47.
32) 위의 책, 47.
33) Scott B. Rae, *Moral Choices: An Introduction to Ethics*, 203.
34) http://wwwcmc.cuk.ac.kr/cgi-bin/cmc_news/news/medical_time.cgi?action=user&mode=read_text&tmpbnum=307&
35) 이동익, 『생명의 관리자』 (서울: 가톨릭대학교출판부, 1996), 216.
36) http://www.renalnet.co.kr/dr/DrParkRead.asp?id_num=21&Table=park&Page=13&Div=&Keyword=
37) 정원범, 『신학적 윤리와 현실』 (서울: 쿰란출판사, 2004), 210-212.

3

1) 주요내용은 다음과 같다. 국가 및 지방자치단체는 국민의 생명과 건강을 보호하고 증진하기 위한

의료발전과 제도개선을 위하여 필요한 조치를 취하여야 함(안 제3조의2). 환자 등의 치료중단 요구 또는 의학적 기준에 따른 치료중단 등이 필요하다고 판단되는 경우 이를 해결할 수 있는 제도적 장치를 마련하고자 함(안 제16조2, 제16조의3, 제54조의2). 의료인의 진료기록부 기록의무에 있어 '상세히' 기록하여야 한다는 문구를 삭제하고 의료인 또는 의료기관의 개설자는 보건복지부령에 의하여 기록 · 보존하고자함(안 제21조제1항, 제21조제2항). 안명옥의원 대표발의, "의료법 일부개정법률안" (의안번호 3974).

2) 개정 법률안의 전문은 다음과 같다[보건복지위원회 수석전문위원, 『일부 개정 법률안(안명옥의원) 검토보고서』 (2006, 4), 19-21.].

  (1) 제16조의 2

    ① 의료인은 제16조에도 불구하고 환자 등의 치료 중단 요구 또는 의학적 기준에 따른 치료 중단 등이 필요하다고 판단되는 경우에는 제54조의 2의 규정에 따른 중앙의료심사조정위원회 및 지방의료심사조정위원회에 심의 · 결정을 요청할 수 있다.

    ② 의료인은 제54조의 2의 규정에 따른 중앙의료심사조정위원회 및 지방의료심사조정위원회의 심의 · 결정에 따라 환자의 치료를 중단할 수 있다.

    ③ 중앙의료심사조정위원회 및 지방의료심사조정위원회의 장은 제2항의 규정에 따른 심의 · 결정 결과를 대통령이 정하는 바에 따라 보건복지부 장관에게 보고하여야 한다.

  (2) 제16조의 3

    ① 보건복지부 장관은 제54조의 2의 규정에 따른 위원회가 위원회에 요청된 환자의 치료계속을 결정하고 대통령이 정하는 범위 안에서 지원이 필요하다고 인정한 경우 환자의 치료계속을 위한 지원을 하여야 한다.

    ② 보건복지부 장관은 제1항의 지원을 위하여 '응급의료에 관한 법률' 제21조(기금의 사용)의 규정에 따른 응급의료기금에 매년 보건복지부 장관이 정하는 비율을 계상하여야 한다.

  (3) 제54조의 2

    ① 치료 행위들로 인하여 생기는 분쟁(이하 '의료분쟁'이라 한다)을 조정하고 의학적 판단에 따른 치료의 중단 등과 관련한 사항을 심의 · 결정하기 위하여 보건복지부 장관 소속 하에 중앙의료심사조정위원회를, 시 · 도지사 소속하에 지방의료심사조정위원회를 둔다.

    ② 중앙의료심사조정위원회 및 지방의료심사조정위원회는 각각 대통령이 정하는 바에 따라 전문 의사 6인 이상을 포함한 15인 이하의 위원으로 구성한다.

    ③ 중앙의료심사조정위원회 및 지방의료심사조정위원회는 의료분쟁을 조정하는 외에 보건

복지부 장관이 부의하는 다음 사항을 심의한다.

　　(가) 의료행위의 범위

　　(나) 의료인의 종결에 따른 업무한계

　　(다) 의학적 판단에 따른 치료 중단 여부

　　(라) 치료계속의 지원 여부

　　(마) 대통령령이 정하는 범위 안에서 치료계속의 지원 여부

　　(바) 그 밖의 의료에 관한 사항

3) 박연옥, "말기환자의 연명 치료 중단의 생명윤리적 고찰," 「간호학 탐구」, 제13권 1호, (서울: 연세대학교간호정책연구소, 2004), 105.

4) 홍석영, "말기 환자에 대한 연명 치료 유보와 임종자의 존엄성," 「과학사상」, 제1권 (서울: 범양사, 2004), 74-75.

5) 위의 책, 75.

6) 침습적(侵襲的)(invasive)인 연명 치료[예: 수술요법, 인공기계호흡, 투석요법, 항암치료 등]는 환자 본인의 결정에 의하여 (의식이 명료할 때는 환자자신의 의사표시로, 의식이 없을 때 는 "사전의료지시서"나 위임된 대리인의 결정으로) 보류하되, 환자의 생리기능유지 및 심리적 어려움에 대한 관리와 신체적 통증관리를 위한 치료를 계속하는데 이것을 완화의료라고 한다. 김건열, 「존엄사」(서울: 최신의학사, 2005) 참조.

7) 안락사의 유형에 대하여 노영상, 「기독교생명윤리개론」 (서울: 장로회신학대학교출판부, 2004), 299~324을 참조하라.

8) 가톨릭은 안락사와 과도한 연명 치료 중단을 구분한다. 즉, 무의미한 치료행위의 중단을 안락사로 간주하지 않는다. "사용되는 수단에도 불구하고 회피할 수 없는 죽음이 임박할 때, 불확실하고 고통스런 생명의 연장만을 보호해 줄 뿐인 치료법을 거부할 수 있는 결정은 양심 안에서 허용 된다"는 것이 가톨릭의 입장이다. 여기서 무의미한 치료를 거부할 때의 결정은 '양심' 안에서 이루어져야 한다는 것은 생명에 관련된 판단이 자칫 극단적 자유주의나 편의주의에 의해 이루어지는 것을 방지할 수 있는 규범이다. 교황청 신앙교리성, 「안락사에 관한 선언」1980 참조.

9) 노영상, 「기독교생명윤리개론」 (서울: 장로회신학대학교출판부, 2004), 310.

10) 김일훈, "역사적 변천 및 외국에서의 현황", 「임종환자의 연명 치료중단에 관한 대한의학회 의료윤리지침 제1보」, 2002, 65, 김중호, 홍석영, "말기환자에 대한 연명 치료유보의 윤리," 「생명윤리」, 제4권 제1호 (한국생명윤리학회, 2003, 6.), 10에서 재인용.

11) 김건열, 「존엄사」(서울: 최신의학사, 2005), 94.

12) 홍석영, "말기 환자에 대한 연명 치료 유보와 임종자의 존엄성," 「과학사상」, 제1권 (서울: 범양사 2004), 76-77.
13) 인공호흡기, 심박동장치, 심폐소생술, 신장투석 등을 사용하고, 인공적인 영양 공급을 지속하여, 말기 환자의 생명을 유지하는 경우가 증가하고 있다.
14) 홍석영, "말기 환자에 대한 연명 치료 유보와 임종자의 존엄성," 76.
15) 대한의사협회, 연명 치료 중단의 정책적 대토론회-보라매병원 사건을 중심으로, 2004. 8. 25. 국회의원회관 소회의실.
16) 박연옥, "연명 치료 중단을 결정한 말기환자 가족의 경험", (미간행박사학위논문: 연세대학교대학원, 2003), 76-81.
17) 박연옥, "말기환자의 연명 치료 중단의 생명윤리적 고찰", 118.

4

1) 박은정, 「생명공학시대의 법과 윤리」 (서울: 이화여자대학교출판부, 2000), 5.
2) 정상기, 명재진, 「생명과학기술의 응용과 기본권보호적 한계」 (서울: 집문당, 2003), 13-20.
3) 대법원 2004. 6. 24. 2002도 995.
4) 이상돈, "보라매병원 사건에 대한 대법원판례의 문제점과 법제화 대안", 연명 치료중단의 정책적 대토론회 (서울: 대한의사협회, 2004), 15-19.
5) 정동호, 신영호(역), 「법과 사회변동」 (서울: 나남, 1986), 14.
6) 법이 능동적으로 사회변동을 유도할 수 있는 것인가, 아니면 단지 수동적으로 사회변동을 반영하는데 불과한 것인가에 관하여는 서로 상반된 견해가 있다. 양건, 「법사회학」 (서울: 아르케, 2000), 309.
7) 홍완식, "사회현실의 변화와 입법" 「국회도서관보」(2004. 09), 29.
8) 의료법 일부개정법률안(안명옥의원 대표발의), 의안번호 3974, 발의연월일: 2006. 2. 24. 발의자: 안명옥, 이명규, 이혜훈, 이계경, 안병엽, 신학용, 신상진, 배일도, 엄호성, 윤건영 의원(10)
9) 치료중단의 대상을 매우 엄격하게 규정하여 대상자를 매우 좁은 범위로 한정한다고 한다면 의학적으로 소생이 불가능한 경우에만 치료중단 결정이 있을 것이고, 다라서 실제 치료계속의 결정을 받을 인원은 소수에 불과할 것으로 예상되어 치료비 지원에 따른 예산소요는 작을 것이다. 그러나 치료중단의 대상을 넓게 보아 경제적 어려움으로 인한 치료중단까지 인정하게 된다면 막대한 예산소요가 발생할 것으로 예상된다.
10) 한국가톨릭 의사협회(편), 「의학윤리」 (서울: 수문사, 1984), 248 참조.

11) 맹용길, 「생명의료윤리」, 90.
12) 신치재, "안락사: 법과 기독교윤리의 충돌영역", 2001년 한남대학교.
13) Norman L. Geisler, 「기독교윤리학」, 203.
14) Wilfried Bottke, 「촉탁살인과 안락사」, 김성돈, - 자신의 생명에 대한 소유권의 인정이 법적인 규율의 방향을 제시하는가? - "형법에서 생명보호", 한국형사법학회, 〈제3분과: 존속살해〉, 「형사법연구」, 제16호, 특집호(2001), p.200.참조.
15) W. Bottke 교수는 이러한 법본질적인 입장에서 안락사와 독일형법 제216조의 촉탁살인죄와 관계에 대하여 논하고 있다. 김성돈, 앞의 글, 201. 참조.
16) 임웅, 안락사 허용론, "형법에서의 생명보호," 한국형사법학회, 〈제4분과: 안락사〉, 「형사법연구」, 제16호, 특집호, (2001), 225.
17) 성서는 인간이 하나님의 형상대로 지음 받은 존재이며(창1:27), 그 생명의 주권은 오직 하나님께 있다(신32:39; 욥1:21; 히9:27). 그러므로 6계명의 말씀처럼 인간 상호간에는 "살인할 수 없다"(출20:13). '타인의 선택에 의한 죽음'(Francis A. Schaeffer& C. Everett Koop, 「인간 그 존엄한 생명」,116. 참조)을 강조하는 것은 '감히 하나님을 희롱'(Norman L. Geisler, 「기독교윤리학」, 202. 참조)하는 처사이다.
18) Scott B. Rae & Paul M. Cox, *Bioethics*, 「생명윤리학」감상득 역 (서울: 살림,2004), 362-63.
19) Daniel Callahan, "Toward a Peaceful Death," *Hastings Center Report* 23 (July August 1993), 33-38.
20) S. Reinhardt, "Three Court Decisions: B. Compassion in Dying v. State of Washington: United States Court of Appeals for the Ninth Circuit," In Michael M. Uhlmann ed., 1998. *Last Rights: Assisted Suicide and Euthanasia Debated* (Grand Rapids: Eerdmans, 1996), 487-88에서 재인용.
21) M. P. Battin, *The Least Worst Death*, Oxford: Oxford University Press, 1994. 497-516. 재인용
22) Victor G. Rosenblum, "Assisted Suicide in the United States," in *The 'Compassion' and 'Quill' Decisions.* Michael M. Uhlmann, ed., *Last Rights: Assisted Suicide and Euthanasia Debated* (Grand Rapids: Eerdmans, 1998) 541-42에서 재인용.
23) 이상원, "안락사는 정당한가," 「신학지남」(2001 겨울), 269. 참조.
24) Norman L. Geisler, 「기독교윤리학」, 위거찬 역 (서울: 기독교문서선교회, 1988), 202.
25) 김중호, "안락사에 관한 윤리문제," 「신학과 사상」, 13호 (1995. 6.), 67 이하 참조.

26) 보수적인 입장은 살인에 대한 반대하는 성경이 이를 뒷받침해주고 있다. 예를 들어, 십계명의 5계명이 살인을 금하고 있고, 또한 욥기에 보면 고통 가운데 신음하는 욥도 그것을 하나님의 뜻으로 받아들이면서도 죽음을 재촉하지 않는 모습 등이다.
27) 맹용길, 『생명의 윤리』(서울: 장로회신학대학교, 1987), 193.
28) K. Barth, *Church Dogmatics*, III/4(Edinburgh: T&T. Clark, 1978), 424ff 참조.
29) 바르트는 '생명존중'이라는 맥락에서 인간됨을 신학적으로 잘 정리해 주고 있다. 첫째, 인간은 하나님과 구별된 피조물로서 그의 현실과 독립성을 지닌다. 둘째, 인간은 영육합일체로서 합리적 피조물이다. 셋째, 인간은 하나님의 피조물과 합리적 존재로서 개체성을 가지고 고유성을 가지는 존재이다.
30) J. Fletcher, *Humanhood: Essay in Biomedical Ethics* (Buffalo: Prometheus Books, 1979), ch. 12.
31) 헴록협회는 6개월 안에 사망할 것으로 판단되는 질환을 말기질환으로 규정하고, 말기질환자가 안락사를 요구하면 허용해야 한다고 주장한다. 그러나 곧 말기질환 이외에도 치매, 골다공증, 사지불수 등과 같이 치유가 불가능한 심각한 육체적 질환도 대상에 포함시켰으며, 한걸음 더 나아가서 배우자 없이 사는 삶을 견뎌내지 못하는 정신적 고통을 겪는 자까지도 그 대상에 포함시켰다. 그러나 헴록협회의 대상 확대는 여기에 머무르지 않았다.
32) D. Alan. Shewmon, "Active Voluntary Euthanasia: Opening Pandoras Box," in: Michael M. Uhlmann, ed., *Last Rights: Assisted Suicide and Euthanasia Debated* (Grand Rapids: Eerdmans, 1998), 346-66. 재인용.